W0190388

Leopold von Ranke

# Geschichte Wallensteins

REPRINT – VERLAG
LEIPZIG

Die zum Teil geminderte Druckqualität ist auf den
Erhaltungszustand der Originalvorlage zurückzuführen


Volker Hennig, Goseberg 22-24, 37603 Holzminden
ISBN 3-8262-1805-1

Reprint der Originalausgabe von 1869
nach dem Exemplar der Universitätsbibliothek Leipzig
(Signatur: H.Austr. 8112)

Lektorat: Andreas Bäslack, Leipzig
Einbandgestaltung: Jens Röblitz, Leipzig
Gesamtfertigung: Westermann Druck Zwickau GmbH

# Geschichte Wallensteins.

Von

Leopold von Ranke.

Leipzig,
Verlag von Duncker und Humblot.
1869.

# Vorrede.

Wenn Plutarch einmal in Erinnerung bringt, daß er nicht Geschichte schreibe, sondern Biographie, so berührt er damit eine der vornehmsten Schwierigkeiten der allgemein historischen sowohl wie der biographischen Darstellung. Indem eine lebendige Persönlichkeit dargestellt werden soll, darf man die Bedingungen nicht vergessen, unter denen sie auftritt und wirksam ist. Indem man den großen Gang der welthistorischen Begebenheiten schildert, wird man immer auch der Persönlichkeiten eingedenk sein müssen, von denen sie ihren Impuls empfangen.

Wie viel gewaltiger, tiefer, umfassender ist das allgemeine Leben, das die Jahrhunderte in ununterbrochener Strömung erfüllt, als das persönliche, dem nur eine Spanne Zeit gegönnt ist, das nur da zu sein scheint, um zu beginnen, nicht, um zu vollenden. Die Entschlüsse der Menschen gehen von den Möglichkeiten aus, welche die allgemeinen Zustände darbieten; bedeutende Erfolge werden nur unter Mitwirkung der homogenen Weltelemente erzielt; ein Jeder erscheint beinahe nur als eine Geburt seiner Zeit, als der Ausdruck einer auch außer ihm vorhandenen allgemeinen Tendenz.

Aber von der andern Seite gehören die Persönlichkeiten doch auch wieder einer moralischen Weltordnung an: in der sie ganz ihr eigen sind; sie haben ein selbständiges Leben von originaler Kraft. Indem sie, wie man zu sagen liebt, ihre Zeit repräsentiren, greifen sie doch wieder durch eingeborenen inneren Antrieb bestimmend in dieselbe ein.

Jedermann weiß, wie sehr dies bei dem Manne unvergänglichen wiewohl noch zweifelhaften Andenkens, dem die nachfolgenden Blätter gewidmet sind, der Fall ist. Wer hätte jemals sich auch nur oberflächlich mit dem dreißigjährigen Kriege beschäftigt, ohne den Wunsch zu empfinden, über Wallenstein unterrichtet zu werden: — wohl die außerordentlichste Gestalt, die in der weitausgreifenden Bewegung der Epoche auftritt. Er erscheint als eine ihrer eigenthümlichsten Hervorbringungen; sein Emporkommen wird von ihr getragen: er gelangt zu einer Stelle, in der er eine Reihe von Jahren einen maßgebenden Einfluß ausübt, bis er zuletzt von einer Katastrophe erreicht wird, die noch immer unverständlich geblieben ist.

Ueber diese und das gesammte Thun und Treiben Wallensteins sind in den Archiven zu Wien, in welche auch seine Papiere übergegangen sind, in den letzten Jahrzehnten fleißige Forschungen angestellt worden, doch ist man damit über Anklage und Vertheidigung, wie sie im ersten Moment einander gegenübertraten, nicht hinausgekommen.

Und wenn man in andern Archiven weiter nachforscht, so erhält man nur einseitige Antworten, dem Verhältniß gemäß, in welchem die Staaten, denen sie angehören, zu den Begebenheiten standen.

Die sonst so aufmerksamen Venezianer treten dem inneren Getriebe der in Deutschland kämpfenden Interessen nicht nahe genug, um eine genügende Auskunft geben zu können. Bei weitem unterrichtender sind die Römischen Berichte; eingehend beschäftigen sich aber die Nuntien nur mit den Momenten, die mit der Herstellung des Katholicismus zusammenhängen; Wallenstein ist ihnen ein Phänomen, zu dem sie noch in keine unmittelbare Beziehung gekommen waren. Die französischen Sammlungen haben sehr merkwürdige Aufklärungen geboten, die sich jedoch nur auf den Einen Punkt beziehen, über den mit Frankreich unterhandelt wurde; über alle andern Fragen lassen sie im Dunkel. Aehnlich verhält es sich mit den aus den schwedischen Archiven erhobenen Notizen. Umfassend und von hohem Werth sind die aus den münchener Archiven stammenden Mittheilungen und Papiere; sie haben fast das Meiste zu der Auffassung beigetragen, welche heut zu Tage die Oberhand gewonnen hat; aber sie stellen doch hauptsächlich nur den Standpunkt der Feindseligkeit und des Argwohns dar, auf den sich der damalige Baiernfürst gegen Wallenstein hielt: für die Nachwelt kann dieser nicht maßgebend sein.

Wie die lebenden Menschen einander berühren, ohne einander gerade zu verstehen, oder auch verstehen zu wollen, in wetteifernder oder feindseliger Thätigkeit, so erscheinen die vergangenen Geschlechter in den Archiven, die gleichsam ein Niederschlag des Lebens sind. Allein da läßt sich eine dem Bedürfniß der Forschung entsprechende Kunde hoffen, wo eine solche selbst vorhanden war, und aufgezeichnet werden konnte.

In unserem Fall war das nur an zwei einander fernen und an sich entgegengesetzten Stellen zu erwarten: in Dresden, und in Brüssel.

Der sächsische Hof, von allem was Wallenstein namentlich in den letzten Jahren seines Lebens vor hatte und unternahm, unmittelbar berührt, stand zuletzt mehr als irgend ein anderer in seinem Vertrauen. Dagegen waren die Bevollmächtigten der spanischen Monarchie, deren Papiere gutentheils in Brüssel aufbewahrt werden, nicht etwa in den früheren aber in den letzten Jahren, seine entschiedensten und wirksamsten Gegner: die Nachrichten, die sie über ihr eigenes Verhalten geben, sind zugleich die wichtigsten für die Geschichte Wallensteins.

Viele andere, zuweilen sehr bedeutende Dokumente sind aus Privatarchiven zu Tage gekommen; ich zweifle nicht, daß sie sich noch immer vermehren werden. Aber schon das Vorliegende schien mir hinzureichen, um zu einer objectiven Auffassung des Thatbestandes zu gelangen. Nachdem ich in öffentlichen Vorträgen mehr als einmal davon gehandelt habe, darf ich, in einem sehr vorgerückten Lebensalter nicht säumen, sie dem Publikum, das mich an seine Theilnahme und Nachsicht gewöhnt hat, vorzulegen.

So bin ich auf den Versuch einer Biographie geführt worden, die zugleich Geschichte ist. Eins geht mit dem andern Hand in Hand.

Nur in fortwährender Theilnahme an den allgemeinen Angelegenheiten kann der Mann reifen, der eine Stelle in dem Andenken der Nachwelt verdient. In Zeiten gewaltsamer Erschütterung, in denen die Persönlichkeit am meisten ihr eingeborenes Wesen entwickeln und die Thatkraft sich ihre Zwecke setzen kann, verändern sich auch die Zustände am raschesten: jeder Wechsel derselben beherrscht die Welt oder scheint sie zu beherrschen; jede Stufe der Weltentwickelung bietet dem unternehmenden Geist neue Aufgaben und neue Gesichtspunkte dar; man wird das Allgemeine und das Besondere gleichmäßig vor Augen behalten müssen, um das eine und das andere zu begreifen: die Wirkung, welche ausgeübt, die Rückwirkung, welche erfahren wird.

Die Begebenheiten entwickeln sich in dem Zusammentreffen der individuellen Kraft mit dem objectiven Weltverhältniß; die Erfolge sind das Maß ihrer Macht.

Die Mannichfaltigkeit der Geschichte beruht in dem Hereinziehen der biographischen Momente; aber auch die Biographie kann sich dann und wann zur Geschichte erweitern.

# Inhalt.

# Analecten

zur

## Geschichte der Katastrophe Wallensteins.

# Erstes Capitel.

## Emporkommen Wallensteins in den österreichischen Erblanden.

Will man sich einen Begriff von der Persönlichkeit Wallensteins verschaffen, wie sie in den ersten Mannesjahren erschien, in denen ein Jeder seine Stellung zu ergreifen pflegt, unmittelbar an der Schwelle des praktisch-thätigen Lebens, so liegt dafür ein sehr phantastisches Document vor, dessen man sich aber doch bedienen mag.

Johann Kepler hat sich die Mühe genommen, die Constellation, unter welcher Wallenstein — 1583, 14. September 4 Uhr Nachmittag — zur Welt kam, zu berechnen und seine Bemerkungen daran zu knüpfen.

Es war nicht blos ein durch Bedürfniß und Armuth gebotenes Gewerbe, wenn der große Astronom von der Astrologie nicht abließ: er hatte sehr ernstlich die Meinung, daß die Configuration der Gestirne, wie sie in dem Momente gestaltet ist, in welchem der Mensch geboren wird, auf seinen inneren Lebenstrieb und seine Seele einen bestimmenden Einfluß ausübe[1]. Ueber das Schicksal des Menschen und seinen

1) Coelum praeter lucem nihil ad nos demittit; anima seu potius vita est qnae nascente homine influit in hanc quasi formam radiorum sideralium sic vel sic configuratorum in puncto nascentis hominis. Si configuratio est harmonica, pulchram formam nanciscitur animus vel animalis facultas. 1607. Opp. I, 385.

Lebensgang wache die Vorsehung und der schützende Genius, den sie ihm gegeben hat: sein Wesen conformire sich nach der Regel der Welt und der Stellung der beherrschenden Gestirne. Wenn nun der Meister, welcher den Satz verficht, daß seine Ansicht durch die Erfahrung bestätigt werde, die Nativität, die er aufstellt, zugleich erklärt, so entnimmt man daraus — denn etwas Nichtzutreffendes konnte er nicht sagen wollen — wie Wallenstein in seinem sechs und zwanzigsten Jahre den Menschen erschien: die Deutung der Gestirne wird unwillkürlich eine Charakteristik [1].

Den größten Werth legt Kepler auf die Verbindung von Saturnus und Jupiter, die in dem ersten astrologischen Hause, dem Hause des Lebens, stattgefunden habe. Saturnus deutet auf melancholische, allezeit gährende Gedanken, Nichtachtung menschlicher Gebote und selbst der Religion, Mangel an brüderlicher und ehelicher Liebe. Denn dies Gestirn macht unbarmherzig, ungestüm, streitbar, unverzagt. Da nun aber Jupiter sich mit Saturnus vereinigt, so darf man hoffen, daß die meisten dieser Untugenden sich in reifem Alter abschleifen werden. Kepler spricht die Meinung aus, zu dem Schicksal der Menschen sei der Himmel doch nur der Vater, Niemand dürfe ein Glück hoffen, zu dem keine Anleitung in seinem Gemüth sei, die eigene Seele des Menschen sei gleichsam die Mutter; den der Seele innewohnenden Kräften schreibt er eine verborgene Beziehung auf die Configuration

1) Zuerst mitgetheilt von Helbig: Ferdinand II und Wallenstein (der auch das Jahr der Abfassung auf 1609 bestimmt) mit einigen Anmerkungen von Wallensteins Hand versehen. Die Copie muß wenigstens 15 Jahre später sein, da in der Aufschrift der Titel Herzog von Friedland erscheint.

der Gestirne zu. Eine Ansicht der Persönlichkeit des Menschen von phantastischer Färbung, aber von einer gewissen Großheit. Vom jungen Wallenstein urtheilt Kepler, er habe ein unruhiges Gemüth, mehr Gedanken als er äußerlich spüren lasse, er trachte nach Neuerungen durch unversuchte Mittel. Aus der Verbindung saturnischer und jovialischer Einflüsse schließt er, daß ihn das ungewöhnliche Naturell zu hohen Dingen befähigen werde. Er schreibt ihm ein Dürsten nach Ehre und Macht zu, eigensinnigen Trotz und verwegenen Muth, so daß er sich einmal zu einem Haupt von Mißvergnügten aufwerfen könne; viele und große Feinde werde er sich zuziehen, aber ihnen meistens obsiegen. Nicht geringen Eindruck mußte es auf den jungen Wallenstein machen, wenn man ihm sagte, er sei unter demselben Gestirne geboren, wie einst der Kanzler Zamoisky von Polen und die Königin Elisabeth von England, von denen jener im Osten, diese im Westen von Europa fast zu gleicher Zeit die größte Rolle gespielt hatten.

Dieser imaginären Welt durften wir wohl gedenken, weil die Menschen der Epoche, und zwar selbst die Thatkräftigsten und die Gelehrtesten, nun einmal in dem Glauben daran befangen waren. Wenden wir nun den Blick nach den Antrieben, die ein junger Mann, an seiner Stelle, aus der realen Welt empfangen konnte und mußte.

Wallenstein — denn wir wollen bei der Form des Namens bleiben, die damals am meisten gäng und gäbe war und seitdem in Poesie und Historie in allgemeinen Gebrauch gekommen ist[1] — stammte von einem der czechischen Herrengeschlechter in

1) In einem offiziellen Anschreiben vom 21. März 1621, im Friedländer Archiv, wird er als Oberst Wallenstein bezeichnet.

Böhmen, den Ralsko ab, das sich in die Wartenberg und die Waldstein schied[1]; er gehörte einer der mindestbegüterten Familien der letzteren an, die auf einem einzelnen Gut, Hermanic, im Kreise Königin-Gräz, wirthschaftlich Haus hielt, aber alle Ansprüche ihrer angesehenen Verwandtschaft theilte. Einen geistlichen Stand gab es in der böhmischen Verfassung nicht mehr: die Herren, welche sich im Besitz der eingezogenen geistlichen Güter behaupteten, bildeten den ersten Stand im Königreich. Allgemeine Bedeutung verlieh es ihnen, daß sie bei jeder Thronvacanz die Behauptung erneuerten, daß ihr König wählbar sei: Rudolf II hielt es nicht für rathsam sich mit ihnen darüber in Streit einzulassen. Auf das engste wurden sie dadurch mit dem deutschen Reich verbunden, wo man damals den Besitz von Böhmen beinahe als eine Bedingung für die Wahl zum Kaiserthum betrachtete. Seit den hussitischen Zeiten war Böhmen niemals wieder ganz zur katholischen Kirche zurückgekehrt: hier fanden die reformatorischen Bewegungen des sechszehnten Jahrhunderts den am besten vorbereiteten Boden; man gerieth in Folge derselben in ununterbrochene Beziehungen zu den Protestanten in Deutschland und in Frankreich. Aber auch der Katholicismus hatte hier tiefe Wurzeln; durch die Weltstellung der Dynastie und deren Verbindung mit Italien und Spanien ward er in lebendiger Wirksamkeit erhalten. Wenn nun die beiden religiösen Bekenntnisse auch in Böhmen mit einander kämpften, so ist doch kein Zweifel, daß das evangelische das Uebergewicht besaß. Es gewann hauptsächlich durch die böhmisch-mährischen Brüder, die sich eine von den Andern abweichende Verfassung gaben, zugleich einen national-czechischen

1) Schleiniz bei Dobner, Monumenta Boemiae I, 222.

Charakter. Nicht allein, daß die gelehrten Arbeiten der Brüder den größten Antheil an der sogenannten goldenen Epoche der böhmischen Literatur haben: — ihre Cantionale gelten als der innigste Ausdruck des religiösen Gefühls, der in dieser Sprache jemals zum Vorschein gekommen ist. Die Gesangbücher, mit ihren kunstreichen Randverzierungen, auf festem Papier, zum Theil auf Pergament mit guten Lettern gedruckt, zeugen von dem religiösen Eifer und von der Theilnahme der Begüterten. Als das herrlichste Product der Epoche betrachten die Czechen die Kralicer Bibel, das gemeinschaftliche Werk der Gelehrten der Brüderunität; die czechische Bibel ist wie die deutsche ein Denkmal der Sprache; auch den katholischen Czechen geht das Herz auf, wenn sie darin die Formen der Syntax und Grammatik finden, deren sie sich noch heute bedienen[1].

Und einen sicheren Anhalt fand die Unität, der evangelische Protestantismus überhaupt in Böhmen so gut wie in andern Ländern, an den ständischen Gerechtsamen. Die Herren übten in ihren Gebieten eine nicht viel minder durchgreifende Gewalt in religiöser Beziehung aus, als die deutschen Fürsten in den ihren. Die ständischen Ansprüche verschmolzen mit den Concessionen, welche der Fürst, der selber an der Einheit der katholischen Kirche festhielt, ihnen machte.

Aber auch in Böhmen drang die katholische Restauration, die ihre Grundlage in den Schlußsitzungen des tridentinischen Conciliums der Verbindung des Papstes mit den höchsten Gewalten verdankte, und deren Rechte verfocht, mächtig vorwärts. Der Orden der Jesuiten setzte sich in Folge der Vorkehrungen, die noch Kaiser Ferdinand I getroffen

1) Gindely, Geschichte der böhmischen Brüder II, 309.

hatte, in der Literatur und der Schule den böhmischen Brüdern mit Succeß entgegen. Er gewann durch Familienverbindungen, zu denen die Weltstellung des Hofes Anlaß gab, Vermählungen z. B. spanischer Damen mit böhmischen Magnaten, deren Unterstützung. Zu seinem besondern Vortheil gereichte ihm der Zusammenhang mit Italien und der Einfluß der italienischen Cultur, die nicht mehr in voller Blüthe stehen mochte, aber noch das größte Ansehen in der Welt genoß, in Bezug auf Wissenschaft, Kunst und gesellschaftliches Leben, und überwiegend einen katholischen Geist athmete.

Es versteht sich nun, daß dieser große und durchgreifende Gegensatz, der allenthalben in dem kleinen Königreich zur Erscheinung kam, in jedes persönliche Leben bestimmend eingriff.

Der junge Wallenstein (Albrecht Wenzel Eusebius) gehörte durch Herkunft und Landesart der evangelischen Partei an; sie hatte im Königingrätzer Kreise von jeher ihren vornehmsten Sitz gehabt und herrschte daselbst vor; der Vater und die Mutter bekannten sich zu ihr. Aber diese starben ihm, ehe er zwölf Jahre zählte; einer seiner mütterlichen Oheime, Albrecht Slawata, nahm ihn auf seine Burg Koschumberg zu sich, um ihn dort zugleich mit seinem Sohne erziehen zu lassen, und zwar in einer Schule der Brüderunität.

Die friedliche Disciplin der Brüder war jedoch wenig geeignet für den jungen Menschen, der von Kindesbeinen nur für das Soldatenwesen Sinn zeigte, und durch wilde Streiche sich schon früh den Beinamen: der Tolle zuzog. Eher wurden die Jesuiten in Olmütz mit ihm fertig, zu denen ihn ein anderer seiner mütterlichen Oheime brachte; er lernte da wenigstens Latein; einer der Patres hat da den Einfluß eines leitenden Freundes über ihn gewonnen. Wallenstein hat später einmal gesagt, dem verdanke er Alles.

Nicht eine bloße Veränderung in Schule und Disciplin war dies: es wurde zu einem Wechsel der Lebensrichtung. Von dem national-czechischen Element, das in der beschränkten Form der Erziehung ihn abstieß, riß der junge Mann sich los und gesellte sich dem andern bei, das den italienischen Charakter einer allgemeinen Cultur an sich trug, und ihm ein weniger gefesseltes, seinem Naturell mehr entsprechendes Dasein in Aussicht stellte[1].

Damit ist nun aber Wallenstein nicht etwa zu dem streng katholischen System übergegangen.

Wir finden ihn auf der lutherischen Universität Altdorf, wo er ein Andenken unbezähmbarer Heftigkeit hinterlassen hat — nur aus Rücksicht auf seine hohen Verwandten in Böhmen ist ihm die förmliche Relegation erspart worden — und bald darauf auf der venezianischen hohen Schule von Padua, die sich damals nicht durch jesuitisch-papistische Gesinnung

1) Palacky hat in den Jahrbüchern des böhmischen Museums II, 1 glaubwürdige Notizen hierüber aus einer Schrift von Cerwenka, der von 1668—1681 in Gitschin lebte, mitgetheilt. Daraus aber, daß Cerwenka noch ziemlich spät einige Nachrichten zusammengebracht hat, welche Andern unbekannt waren, geht noch nicht hervor, daß das, was er nicht erwähnt, unrichtig ist. Daß der Albrecht Waldstein, der in den Auszügen aus den Annalen der Universität Altdorf vorkommt, ein anderer von demselben Namen sei, ist schwer zu glauben. Auch in dem Empfehlungsschreiben Zierotins an Molart, welches Palacky aus Cerwenka mittheilt, wird unser Wallenstein, ohne Unterscheidung von einem andern, die doch in diesem Falle nöthig gewesen wäre, einfach le Baron Albert de Waldstein genannt, wie in der Altdorfer Matrikel Albertus de Waldstein Bar. Boh. Die Jugendgeschichte Wallensteins, wie sie früher angenommen wurde, möchte ich jedoch auch nicht wiederholen.

hervorthat. Die Italiener rühmen ihn, wie ganz er sich ihrer fieneren Sitte und Lebensart angeschlossen habe.

Auf die wissenschaftliche Schule folgte die militärische. Wallenstein that seinen ersten Kriegsdienst unter Basta, in jenem Heere, das zugleich den Türken widerstehen und den Nacken der protestantischen Ungarn beugen sollte. Nach dem Frieden näherte er sich jedoch dem Erzherzog Matthias, der die Protestanten in seinen Schutz nahm; der Mann empfahl ihn, der selbst an der Spitze der evangelischen Stände von Mähren stand, sein Schwager Zierotin. Der verfehlte nicht zu bemerken, daß der junge Wallenstein die Messe besuche, obwohl er wisse, so fügt er hinzu, daß das bei dem Erzherzog wenig austrage. In diesen Kreisen kamen andere Verhältnisse doch noch mehr in Betracht als das Bekenntniß. Albrecht Wallenstein ward als ein junger Mensch von Herkunft, Bildung und guten Eigenschaften empfohlen, der auch für sein Alter hinreichend verständig sei. Er suchte sich einen Dienst in der persönlichen Umgebung des Erzherzogs, wie es ausdrücklich heißt, zu einem Anfang weiteren Emporkommens.

Zu einem solchen wurde ihm aber noch ein anderer Rückhalt geboten.

Unter Vermittelung des Erzbischofs zu Prag — denn wie die Senioren der Unität, machten sich auch die katholischen Geistlichen mit den Vermählungen in den Herrengeschlechtern, durch welche Güter und selbst auf die Religion bezügliche Gerechtsame vererbt wurden, viel zu schaffen, — verheirathete sich der junge Wallenstein mit einer älteren Dame, Lucrezia Nekyssowa von Landeck, nach deren frühem Ableben ihre ansehnlichen in Mähren belegenen Güter — sie war die letzte ihres Geschlechts — in seinen eigenen Besitz übergingen.

Seitdem trat Wallenstein erst selbständig nnd wahrhaft ebenbürtig in die Reihe der mährisch-böhmischen Magnaten; er versäumte nicht, unter Kaiser Matthias den Hof zu besuchen. Von seinem Vater hatte sich eine ökonomische Ader auf ihn vererbt: er pflegte zu sammeln, bis er mit ungewöhnlichem Glanz am Hofe erscheinen konnte, den er wieder verließ, wenn sein Geldvorrath erschöpft war [1]).

Die wachsenden Mittel setzten ihn in den Stand, bei der ersten Gelegenheit, die sich darbot, noch ganz anders zu erscheinen: nicht an dem Hof des alternden Kaisers, mit Dienern und Gefolge, sondern in dem Feldlager des jugendlichen Nachfolgers, des Erzherzogs Ferdinand von Steiermark, der bereits zum König von Böhmen und von Ungarn gekrönt war, mit einer Truppenschaar, die er selbst ins Feld stellte.

Ehrgeiziges Emporstreben, Prachtliebe, gute Haushaltung verbanden sich bei ihm mit militärischen Intentionen.

König Ferdinand war damals in seinem eigenen erzherzoglichen Gebiet mit den Venezianern in Krieg gerathen. Ursache und Veranlassung gaben die Uskocken, welche, aus den nahen türkischen Gebieten ausgetreten, in Zengg unter dem Erzherzog Schutz fanden, und hierauf nicht allein die türkische Grenze unsicher machten, sondern auch das adriatische Meer und die Seefahrt der Venezianer, die dann Repressalien ausübten und die österreichischen Grenzlande an-

1) So erzählt die erste Lebensbeschreibung in Khevenhiller, Conterfet Kupferstich II, 219, eine Sammlung, in der sich manches Originale findet, das man in den Annalen vermißt. — Der lange Titel, den er damals führte, bei Dobner, Mon. I, 329.

griffen. Sie nahmen einige Schlösser im Golfe zu Triest und bedrohten Gradiska; wogegen dann Steiermark, Kärnthen und Krain zur Abwehr aufgeboten wurden. Kaiser Matthias und der Director seines geheimen Raths, Cardinal Klesel, mißbilligten den Krieg, weil ein im Jahre 1612 geschlossener Vertrag durch den Erzherzog nicht gehalten worden sei. Aber Ferdinand hatte die Unterstützung der Spanier, die in mannichfaltigen Irrungen mit den Venezianern begriffen, ihnen die ausschließende Herrschaft auf dem adriatischen Meere zu entreißen und eine unmittelbare Verbindung zwischen Neapel und Triest einzurichten gedachten. Der Krieg war auf die friaulischen Grenzmarken — am Karst und am Isonzo — beschränkt; aber die Theilnahme der beiden Parteien, welche Europa spalteten, giebt ihm eine allgemeine Bedeutung. Von Mailand und den katholischen Niederlanden waren spanische Kriegsvölker eingetroffen: unter Pedro de Toledo, Marradas, Dampierre; dagegen hatten die Venezianer holländische Hülfe unter dem Grafen Ernst von Nassau; eine Anzahl deutscher Fürstensöhne von evangelischem Bekenntniß diente unter ihren Fahnen.

Im Sommer 1617 nun belagerten die Venezianer Gradiska mit überlegener Macht. Schon war ein Versuch es zu entsetzen mißlungen: es schien, als ob die Festung durch Mangel an Lebensmitteln in Kurzem zur Capitulation genöthigt sein werde. Da war es, daß Wallenstein, in Folge einer an die persönliche Ergebenheit der reichen Landsassen gerichteten Aufforderung des Erzherzogs, im Lager eintraf. Er hatte einige tüchtige Schaaren zu Fuß und zu Pferd auf seine eigenen Kosten geworben, die er auf sechs Monat im Felde zu halten versprach. Er kam eben zur rechten Zeit, um an dem Unternehmen Dampierres, den bedrängten Platz mit Lebensmitteln zu versehen, durch

Rath und That Theil zu nehmen. Es gelang vollkommen. Auf dem Hinweg wurden die venezianischen Reiter, auf die man stieß, auseinandergeworfen; auf dem Rückweg wurde das zum Kriege untaugliche Volk, das man aus der Festung entfernen wollte, glücklich zwischen den venezianischen Geschützen hindurchgebracht[1].

Eine rechtzeitige Hülfleistung, von dem erwünschtesten Erfolge begleitet: die Venezianer gaben auf, den Platz zu erobern und wie sie vorhatten zu schleifen. König Ferdinand hat in späteren Jahren des Dienstes, der ihm dadurch geleistet worden war, oftmals dankbar gedacht.

Im Feldlager spielte Wallenstein, der, wie ein Vasall alter Zeiten, Diensteifer und Unabhängigkeit vereinigte, eine große Figur. Den Extravaganzen, die sein Thun und Lassen begleiteten, gesellte sich ein äußerer Glanz hinzu, welcher um so mehr Eindruck machte, und eine Freigebigkeit, die ihm Zuneigung gewann. Bemerkenswerth ist, daß schon damals die Feinde, die Venezianer, sich eben an ihn gewandt haben. In einem geheimen Buche des Rathes der Zehn findet sich die Notiz, daß einer der Getreuen, Namens Obizi, eine vertrauliche Conferenz mit Wallenstein hatte; sie betraf die Besorgniß eines neuen Friedensbruches, der dann auch — man erfährt freilich nicht, ob unter seiner Einwirkung — vermieden worden ist[2].

---

1) Khevenhiller, Ann. Ferd. VIII, 1050. Nani, Storia Ven. I, 138.

2) Communicatione alli savii della confidente conferenza e regionamento che'l fedel N. Obizzi mandato dal proveditor generale ha passato in Gradisca col Baron Volestain circa il moto causato in archiducali con pericolo di nuova rottura per avisi havuti da Venezia (1. Febr. 1618. Liber I Secretorum).

Ueberhaupt aber ergriff Wallenstein bei diesem Kriegszug eine politische und gesellschaftliche Stellung, die für sein Leben entscheidend geworden ist.

Es waren die Zeiten der großen Agitation der Erzherzoge für die Nachfolge Ferdinands im deutschen Reich: wenn nicht geradezu im Gegensatz, doch auch nicht im Einverständniß mit Kaiser Matthias und seiner Regierung. Der venezianische Krieg hing mit dem Plane zusammen, den Erzherzog Maximilian gefaßt hatte, die Succession im Reich, wenn es nöthig sei, mit bewaffneter Macht durchzusetzen[1]: ohne Rücksicht auf den Austrag in den religiösen Streitigkeiten, welchen der Director des kaiserlichen geheimen Rathes, Cardinal Klesel, vorangehen zu lassen für nothwendig hielt. Diesem selbst gab man es Schuld, wenn die Ideen des Erzherzogs Maximilian unter den deutschen Fürsten verlautbarten: was dann das Mißtrauen, das man gegen ihn hegte, zur Feindseligkeit steigerte. Auch von Denen, welche die Umgebung des Kaisers Matthias bildeten, den Großen seines Hofes und seines geheimen Rathes, wandten sich die meisten von Klesel ab, dessen einseitiger Einfluß auf den Kaiser ihnen nach und nach unerträglich wurde. Der Hofkriegsrathspräsident Molart — durch welchen Wallenstein einst an Matthias empfohlen worden — der Oberstkämmerer Freiherr von Meggau, der Obersthofmeister der Kaiserin, Graf Traut-

1) Gutachten Erzherzog Maximilians über die Wahl, Khevenhiller VIII, 888: Es würde in kaiserl. Majestät Belieben stehen, ob sie in währender Venedischer Unruhe mit derselben Occasion ein mehres Kriegsvolk auf die Beine bringen und so lange erhalten wollten, bis das löbliche Werk (der Succession) allenthalben incamminirt und zu erwünschter Endschaft prosequirt wäre.

mannsdorf, der sonst als ein Geschöpf Klesels betrachtet wurde, alles sehr wirksame und angesehene Persönlichkeiten, entzweiten sich mit ihm und standen auf der Seite des Erzherzogs[1]. Wie viel mehr mußte dies der Fall sein mit der Umgebung und den Räthen des König Ferdinand, der seine bisherige Stellung und seine Aussichten dem Erzherzog verdankte, der nur für ihn arbeitete. An ihrer Spitze stand Hans Ulrich von Eggenberg, der ursprünglich Protestant, sich doch längst dem katholischen System angeschlossen und selbst in den Niederlanden noch unter dem Herzog von Parma Kriegsdienste gethan hatte; schon ein bejahrter Mann von gereifter Erfahrung und guter Lebensart[2]: nahm er an dem Hofe zu Gräz eine Stellung ein, wie Lerma und Uzeda am Hofe zu Madrid: König Ferdinand widmete ihm von Anfang an ein unbedingtes Vertrauen. Eggenberg hatte die eine seiner Töchter mit Neidhard Freiherrn von Mersperg, einem geschickten und mannichfaltig brauchbaren Mann aus alter Familie, der damals die Leibgarde des Königs befehligte, verheirathet, die andere mit Leonhard Graf von Harrach, der den König bei seinen Reisen als Hofmarschall begleitete. Der Vater Leonhards, Carl Graf von Harrach, vertrat Eggenberg, wenn derselbe, wie schon damals oft geschah, den Hof verließ, und war überhaupt eines der thätigsten und angesehensten Mitglieder des kleinen Hofes

1) Auszüge aus dessen Briefwechsel bei Hammer, Khlesl Bd. III und IV.

2) Ein vernünftiger in allen Professionen wohlerfahrener trefflich beredter und compiter Herr, 2c. (compit ist accomplished). Khevenhiller, Conterfet II, 14. Außer den Nachrichten in dieser Sammlung lag mir ein Nuntiaturbericht von 1620 aus Bibl. Corsini in Rom vor.

und Staates. Ihm hauptsächlich waren die auf die Succession im Reiche bezüglichen Geschäfte anvertraut; aus den venezianischen Berichten sieht man, daß der Abschluß des Friedens zwischen Ferdinand und Venedig beinahe ausschließend in seinen Händen lag. Die Venezianer wurden durch seine standhafte Weigerung, den Frieden ohne das zu unterzeichnen, zu einer Nachgiebigkeit bei der Räumung der eingenommenen Plätze vermocht, die von ihrem Senat unangenehm empfunden wurde. Graf Harrach stand in vorgerückten Jahren: er hatte Kindeskinder; aber er wetteiferte mit jedem jungen Mann in Thätigkeit im Cabinet wie im Feld. Er liebte heitere Gesellschaft und hatte Freude an Unterhaltung.

Neben ihnen machte sich unter andern Graf Colalto, ein geborener Friauler und Unterthan der Republik, der vom Hofe des Kaisers unzufrieden geschieden war und sich zu Ferdinand gewandt hatte, bemerklich; er genoß die volle Gunst Eggenbergs und der übrigen Minister.

Alle wurden durch die Spanier zusammengehalten, wie denn der Vertrag über die eventuelle Abtretung der Vorlande die Grundlage der ganzen Combination mit Ferdinand und seinem Hofe bildete[1]. Oñate, der sie geschlossen, war ein eben so großer Gegner Klesels, als sein Vorgänger Zuñiga unter andern Umständen dessen Freund gewesen war.

Und an diese Combination nun schloß sich Wallenstein an. Er vermählte sich mit einer Tochter des Grafen Carl, Schwester Leonhard Harrachs, mit der er, so oft er sich auch von ihr trennen mußte, doch immer in einem innigen gegenseitigen Verhältniß geblieben ist; sie hat ihm eine Tochter

---

1) Vgl. die Abhandlung: Zur Reichsgeschichte. Werke VII, 244.

geboren. Durch seine Gemahlin kam er in die nächste Verwandtschaft mit den beiden Familien, die den Hof und die Rathschläge des Königs beherrschten.

Unverzüglich zeigte sich, was das zu bedeuten hatte.

Der venezianische Friede war kaum geschlossen, so brachen die böhmischen Unruhen aus. Die Böhmen wollten sich gegen eine Regierung, wie sie sie von dem Jesuitenfreund Ferdinand erwarteten, im voraus sichern; mit unbedachter Gewaltsamkeit entledigten sie sich einer Landesregierung, die bereits in seinen Ideen verfuhr.

Cardinal Klesel, dem die Gefahren des Hussitenkriegs vor Augen schwebten, hielt es auch dann noch für rathsam und selbst für möglich, den Frieden zu erhalten. Selbst als er sich entschloß, kriegerische Anstalten zu machen, dachte er die Leitung derselben in die Hände eines Mannes zu bringen, der soeben mit den Unterhandlungen beschäftigt war, des einzigen Mitgliedes des geheimen Raths, auf das er noch rechnen durfte. Alle andern waren dagegen und die Erzherzoge beschlossen es soweit nicht kommen zu lassen. Es war gleichsam ein politisches Naturereigniß, daß indem in Prag die eingerichtete Ordnung der Dinge, die auf gegenseitiger Anerkennung beruhte, durch die Gewaltsamkeit der Protestanten durchbrochen wurde, nun auch in Wien die Regierung stürzen mußte, welche sich auch dann noch die Vermittelung angelegen sein ließ. Der Director des kaiserlichen geheimen Rathes, Cardinal Klesel, wurde wider den Willen des Kaisers von den Geschäften entfernt. Colalto war es, der ihm ankündigte, daß er ein Gefangener des Hauses Oesterreich sei. Die bisherigen Collegen Klesels im geheimen Rath wußten es dann dahin zu bringen, daß der Kaiser die Abbitte der Erzherzoge annahm. Dieser selbst überlebte den Sturz des Ministers, der gleichsam seine eigene Abdankung in sich schloß, nicht lange. Dann setzte sich aus den beiden geheimen Räthen zu Grätz und zu Wien ein einziger zusammen, in welchem Eggenberg, Harrach, Trautmannsdorf vorwalteten, denen sich auch die Lichtenstein anschlossen, und der sich nun durch alles was vorangegangen war genöthigt fühlte, den Krieg zu unternehmen. Der gestürzte Minister hatte ihn zu vermeiden gewünscht; ohne selbst ausschließend der streng kirchlichen Richtung anzugehören, der nur ihr Fürst unbedingt huldigte, fühlte sich doch die neugebildete Regierung in die Nothwendigkeit versetzt, ihr Raum zu geben.

Sie war hinreichend gerüstet, um den Kampf zugleich gegen die ständischen Vorrechte und den Protestantismus, in welchem Rudolf erlegen war, wieder aufzunehmen.

In welche innere Verlegenheit mußten nun die ständischen Führer gerathen, die bei der Beschlußnahme in den Landschaften mit zu reden hatten. Auf der einen Seite die Ueberzeugung, daß die höchste Gewalt sich in einem den ständischen und religiösen Freiheiten des Landes entgegengesetzten Sinne constituiren würde, auf der andern das Recht, welches dem schon anerkannten und gekrönten König zustand. Männern wie Zierotin versagte die Weisheit Salomonis, die man ihm zuschrieb.

Für Wallenstein war es der zweite große Moment seiner religiös-politischen Laufbahn. Er hatte sich von den religiösen Sympathien seiner Landsleute losgerissen: sollte er auch die Tendenzen ständischer Freiheit verläugnen, mit denen sie sich durchdrungen hatten?

Wallenstein gehörte nun einmal durch seine persönliche Stellung der in Wien zur Herrschaft gekommenen Partei und ihrer Richtung an; für ihn war schon keine Wahl mehr möglich.

Aber es erregte doch allgemeines Aufsehen, wie seine Gesinnung mitten in dem Ereigniß tumultuarisch hervorbrach.

Als man vernahm, niederländische Kriegsvölker seien im Anzug, um der katholischen und monarchischen Reaction in den österreichischen Erblanden Bahn zu brechen, erwachte in den Böhmen das Bewußtsein ihrer ständischen Macht, die in dem letzten Kampfe gegen das Passauer Kriegsvolk Rudolfs II die Oberhand behauptet hatte. Allenthalben waren die Stände bewaffnet; man meinte durch eine Union Böhmens und der incorporirten Lande mit Oesterreich und Ungarn nicht allein der Gefahr vorzubeugen, sondern durch einen raschen Anlauf auf Wien in den Stand zu kommen, der höchsten Gewalt das Gesetz vorzuschreiben, oder sie in die eigene Hand zu bringen. Zu diesem Zweck rückte der böhmische Obergeneral Graf von Thurn Mitte April 1619 ins Feld.

Schlesiens war man bereits sicher; Alles schien zunächst an Mähren zu liegen. Die Mähren hatten etwa 5000 Mann ständischer Truppen; einer ihrer Obersten war Albrecht Wallenstein.

Aus den Briefen Thurns von seinem Feldzug sieht man, daß er über die gute Aufnahme, die er in Mähren fand, selbst erstaunte. Bei weitem die Mehrheit der Edelleute erklärte, daß sie mit ihren Brüdern und Nachbarn, den Böhmen, für Einen Mann stehen wollten. Die Bevölkerung war im Allgemeinen derselben Ansicht; sie hatte das Gefühl, daß sie sonst in einen Nachtheil gerathen würde, der ihr religiöses Leben bedrohe. Und auch in den gemeinen Soldaten der ständischen Regimenter herrschte diese Gesinnung vor; sie betonten, daß sie von den Ständen und dem Land geworben seien. Einer andern Meinung aber waren die Obersten und höheren Offiziere, die sich dem Kaiser als ihrem Kriegsherrn verflichtet fühlten, vor allen der Oberst Wallenstein. Mit der rücksichtslosen Entschlossenheit, die ihm eigen war, ergriff er für den Kaiser Partei. Seiner Truppen war er nicht mehr mächtig: er verließ sie lieber, als daß er sich den Ständen gefügt hätte. Aber so ganz mit leerer Hand dem Könige zuzuziehen, widerstrebte seiner Denkweise: Wallenstein hielt es für erlaubt, die Kriegskasse, obgleich sie eine ständische war — sie mochte neunzigtausend Thaler betragen — mit sich fort zu nehmen. Nicht so sehr seinen Abfall, als diese Handlung machten seine Landsleute ihm zum Vorwurf: er habe eine Sache gethan, über die jeder Cavalier erröthen würde. Wie sei die hoffärtige Bestie da gefallen!

König Ferdinand hat die Kriegskasse wieder herausgegeben; die Handlung Wallensteins sah er als einen Beweis seiner Treue und Hingebung an, die er mit höchsten Gnaden erwiderte. Auch von allen andern Seiten trafen flüchtige Getreue bei ihm ein. Wenn sich die Stadt Wien selbst zu dem Sinne der Landschaften in der Nähe und Ferne neigte, so gruppirte sich dagegen in der Hofburg um den König her Alles, was an der erblichen Autorität und ihrer Verbindung mit dem katholischen Bekenntniß festhielt.

Welches Ereigniß wäre es gewesen, wenn es dem Grafen Thurn gelungen wäre, sich wie er hoffte durch einen Handstreich der Stadt zu bemächtigen! Er wagte einen Streifzug gegen Wien[1]; ohne sein Gepäck und sein schweres Ge-

1) Aus den Briefen Thurns bei Müller, Fünf Bücher vom böhmischen Krieg. S. 169.

schütz mitzunehmen. Aber er erschien da zu schwach, um etwas auszurichten; er konnte nicht einmal den Zuzug der Verstärkung der kaiserlichen Truppen, welcher die Donau heraufkam, verhindern; sie traf eben in dem dringendsten Augenblicke ein, als der König in der Nothwendigkeit zu sein schien, den Ständen nachzugeben.

Ferdinand erklärte, er wolle eher betteln gehen, als das thun; es ist die entscheidende Handlung seines Lebens, daß er Stand hielt. Und wie dabei die religiösen Motive vornehmlich einwirkten, so hat die kirchliche Sage sich des Moments bemächtigt und ihn legendenartig ausgeschmückt. Seine kirchliche und politische Stellung beruhte fortan darauf. Die aus den Niederlanden und aus Oberdeutschland eintreffende Hülfe erweckte ihm und seiner Umgebung Zuversicht zu ihrer Sache: sie verschmähten jede Abkunft in der Hoffnung, die in Aufruhr und Abfall begriffenen Länder sämmtlich wieder zum Gehorsam zu bringen[1]. Berühren wir mit wenigen Worten, wie das geschah, und welchen Antheil Wallenstein daran hatte.

Einer der ersten Momente für die Begebenheit ist die Niederlage, welche Boucquoy im Augenblick jener Krisis den Böhmen bei Matolitz und Tein beibrachte, 10. Juni 1619. Und gewiß haben die auf Kosten Wallensteins in Flandern geworbenen 1000 Kürassiere[2], welche unter seinem Oberstlieutenant de Lamotte an der Schlacht Theil nahmen, zur Entscheidung derselben wesentlich beigetragen. Boucquoy setzte sich persönlich

1) „Die Länder alle zum Gehorsam zu bringen ist ihr Intent." Aeußerung des jungen Rheingrafen nach einer kurzen Gefangenschaft bei Boucquoy. Bei Müller, vom böhm. Kriege 183.

2) In dem Verzeichniß der Kriegsvölker Boucquoys, das nach Spanien geschickt wurde, stehen sie oben an. Villermont, Ernest de Mansfeldt I, 148.

an ihre Spitze und warf die Cavallerie Mansfelds, welche damals für die beste Truppe in Böhmen galt, auseinander.

Noch einmal jedoch, und in Wahrheit dringender als im Juni, wurde Wien im October 1619 gefährdet, als der Fürst von Siebenbürgen mit Böhmen und Mähren vereinigt heranzog; die österreichischen Stände, in Horn vereinigt, wünschten nichts mehr als seinen Sieg. Sie machten geltend, daß die Landschaften, selbst die Edelleute sämmtlich mit wenigen Ausnahmen ihrer Meinung seien. Die, welche zu den Ausnahmen gehörten, die entschlossenen Anhänger der königlichen Gewalt, bildeten, in Wien vereinigt, gleichsam eine Schaar von Emigranten, ihnen mußte alles daran liegen, die Autorität wieder herzustellen, unter der sie allein wieder zu ihren alten Besitzthümern gelangen konnten. Wallenstein war einer der thätigsten von ihnen. Wir hören, daß er der Horner Versammlung mit größerem Nachdruck einredete, als General Boucquoy, wiewohl auch er ohne Erfolg.

Da wurde es nun von entscheidender Bedeutung, ob sich Wien dem Angriff gegenüber behaupten würde. Am 24. October trafen Bethlen Gabor und Thurn bei weitem überlegen an Macht mit Boucquoy und Dampierre an der Wiener Brücke zusammen. Diese waren in offenbarem Nachtheil; alle umliegenden Wälder und Höhen waren von dem Feinde eingenommen, der noch immer Verstärkungen bekam; bei dem Rückzug über die Brücke entstand eine Unordnung, welche zu einer Niederlage zu führen drohte. Unter denen, welche in Mitten eines starken Kanonenfeuers Stand hielten, erscheint nun auch Wallenstein mit seinem Regiment[1]. Man hatte eine Schanze

1) Khevenhiller IX, 693.

vor der Brücke aufgeworfen, welche den Feind so lange fernhielt, bis der Uebergang über den Fluß in vollkommener Ordnung bewerkstelligt war, so daß man sich jenseits des Flusses dem Feinde wieder entgegenstellen konnte.

Doch würden auf diese Weise allein Ferdinand und seine Getreuen schwerlich jemals ihren Zweck erreicht haben, wären ihnen nicht die großen Europäischen Angelegenheiten zu Statten gekommen.

Soeben war Ferdinand hauptsächlich durch das Uebergewicht der katholischen Partei im Churfürstenrath zum Kaiser gewählt worden; wenn dagegen Friedrich von der Pfalz von den Böhmen zu ihrem König gewählt wurde, so befestigte das allerdings ihre ständisch-protestantische Combination und gab ihr einen Mittelpunkt; aber die zweifelhafte Rechtmäßigkeit dieses Verfahrens erweckte dem neuen Kaiser Sympathien, die ihm sonst schwerlich zu Theil geworden wären, im deutschen Reich und in Europa. Das Erbrecht des Fürstenthums war der Eckstein der Verfassung aller Reiche; man wollte es nicht durch den Erfolg der Böhmen erschüttern lassen.

Gleich damals vor Wien wurde die Entscheidung dadurch herbeigeführt, daß Sigismund III von Polen, eigentlich auch im Widerspruch mit seinen Ständen, einem royalistisch gesinnten ungarischen Oberhaupt gestattete, sich in polnischem Gebiete zu rüsten; ein Vortheil, den seine Truppen, meistens Kosaken, in Oberungarn erfochten, nöthigte Bethlen, den Rückzug anzutreten.

Eine sehr erfolgreiche Hülfe leisteten die Spanier, welche diese Sache für ihre eigene hielten; sie stellten zwei Armeen, von denen die eine unter Marradas von Mailand her nach

Böhmen, die andere unter Spinola von den Niederlanden nach der Pfalz vorrückte. Der eingeborene Ehrgeiz der damaligen Spanier regte sich in seinen vollsten Impulsen; sie unternahmen es selbst, ihre alte Oberherrschaft über Holland herzustellen.

Aber das Wichtigste war doch, daß die angesehensten deutschen Fürsten für den Kaiser Partei nahmen: der Churfürst von Sachsen aus dynastischer Sympathie, der Herzog von Baiern und seine Liga zugleich aus religiösem Eifer. Ein mächtiges Bündniß bildete sich wider den ständischen König von Böhmen, welcher vollkommen vereinzelt bei dem ersten Zusammentreffen unterlag.

Bei welthistorischen Ereignissen treten Persönlichkeiten, die nicht gerade zur Führung berufen sind, nothwendig zurück. Wallenstein war nicht in der Schlacht am weißen Berge, aber sein Regiment; man findet, daß ein Bericht seines Stellvertreters Lamotte über die feindliche Stellung, die er recognoscirt hatte, den Anlaß zu dem unmittelbaren Angriff gab, den die kaiserlichen Generale nicht billigten. Erst bei der Abwehr neuer Anfälle Bethlen Gabors und des Fürsten von Jägerndorf auf Mähren erscheinen die Wallensteinischen Heerhaufen mit einer gewissen Selbständigkeit. Sie erfochten Vortheile und schickten erbeutete Standarten nach Wien.

Der Sieg des Kaisers war nun aber zugleich der Sieg der Getreuen, die sich ihm angeschlossen, über die Gegner, welche den ständischen König anerkannt hatten, und die nun sämmtlich als Hochverräther betrachtet und mit dem Verlust ihrer Güter bestraft wurden. Wem anders aber sollten diese zu Theil werden, als eben den Getreuen?

Ein Fürst wie Wilhelm der Eroberer würde ein neues Lehensystem darauf gegründet haben. Wie weit in der Ferne aber lagen Ideen dieser Art. Die Güter wurden von der kaiserlichen Kammer als an sie heimgefallen betrachtet und verkauft d. h. verschleudert. Man klagt besonders den Statthalter Grafen von Lichtenstein an, daß er dies Verfahren zu seinem eigenen Vortheil in Gang gebracht und durch eine absichtlich herbeigeführte Münzconfusion begünstigt habe[1]. Da konnte nun ein Mann, der unleugbare Verdienste besaß, in hoher Gnade war und immer im Besitz baaren Geldes zu sein wußte, große Geschäfte machen. Wallenstein, der beides, Leidenschaft und Talent für Landerwerbung besaß, bediente sich der Gelegenheit mit Habgier und Einsicht. Die ansehnlichen Güter eines seiner nahen Verwandten, der als einer der Rebellionsrectoren galt, wurden ihm ohne Weiteres zu Theil. Der wirkliche Ankauf begann im Herbst 1621 mit einigen minder bedeutenden Gütern der mächtigen Berka von Dub, dann brachte er die Herrschaften Friedland und Reichenberg an sich, deren bisherige Besitzer die Waffen für den ständischen König getragen hatten — sie umfaßten 11,000 Dominial- und eben so viel Rustikalgüter — für 150,000 Gulden. Stadt und Schloß Friedland gehörten einst auch dem mächtigen Berka von Dub. Der Platz war vor Zeiten empörerischen Magnaten entrissen und einem deutschen Geschlecht übertragen worden[2].

---

1) Notizen aus den Cameralacten bei Hurter: Zur Geschichte Wallensteins, und am Schluß der Geschichte Ferdinands II. Aus dem Gewinn bei dem Geldwechsel wird die Differenz der spanischen Realen, in denen die spanischen Subsidien herüberkamen, mit den neugeprägten Münzsorten das Meiste beigetragen haben.

2) Nemethy, Schloß Friedland.

Jetzt sollte er wieder an eine einheimische, ursprünglich czechische Familie zurückkommen; im September 1622 erhielt ihn Wallenstein als Erblehn und ewiges Fideikommiß. Im Jahre 1623 wurden große Wutowitzische Güter im Bunzlauer Kreise und mehrere andere hinzugefügt, so daß man ihrer bald mehr als sechszig zählte. Die niedrigen Preise und die Gegenforderungen, welche Wallenstein für seine Vorschüsse aufzustellen hatte, der Einfluß seiner Freunde bei Hofe und das Ansehn, das er durch seine Haltung und seine Erfolge allmählich in Böhmen sich errungen, wirkten zusammen, daß ihm Niemand mit Erfolg in den Weg trat. In Kurzem der reichste Besitzer im Lande, wurde er im September 1623 zum Fürsten von Friedland erhoben.

Wenn man fragt, wie sich Wallenstein zu der Rekatholisirung Böhmens verhielt, die damals mit unerhörtem Nachdruck durchgeführt wurde, so ist kein Zweifel, daß er sie in soweit unterstützte, als es auf die Entfernung der Prediger und Lehrer in Böhmen ankam. Aus der Herrschaft Friedland wurden die lutherischen Pastoren sammt ihrem Superintendenten ausgewiesen, und ein katholischer Dechant trat an seine Stelle. In dem Berichte des päpstlichen Nuntius findet sich sogar, daß Wallenstein daran dachte, in seinen Besitzungen, also auch auf seine Kosten, ein Bisthum zu gründen[1]. Denn die ständische Erhebung, welche als Hochverrath bestraft wurde, hing mit dem evangelischen Bekenntniß auf das genauste zusammen. Die Institutionen der

---

1) Caraffa, Ragguaglio: Il S^re^ Colonello Walestain barone ricchissimo ha risoluto di eriggere un vescovado in una delle sue città, con fondarvi dal suo proprio la mensa episcopale.

katholischen Kirche schienen ganz dazu angethan, die bereits eingetretene politische Umwandlung zu befestigen. Ein besonderes Bisthum in dem erworbenen Gebiete würde dem Fürsten, der in dem Entwurfe der Stiftungsurkunde sich selbst und seinen Nachfolgern, Fürsten von Friedland, das Recht den Bischof und die demselben beizugebenden vier Prälaten zu ernennen ausdrücklich vorbehielt, eine besondere Selbständigkeit gegeben haben. Zu dieser Begründung eines isolirten erbländischen Fürstenthums ist es jedoch nicht gekommen [1]. In der wachsenden Verwirrung von Europa nahm der Ehrgeiz und die Thätigkeit Wallensteins eine umfassendere Richtung.

1) Dobner (Monumenta I, 348) fügt der Mittheilung des Entwurfes die Worte bei: At Episcopatus hujus fundatio quibusquibus demum de causis postea effectu caruit.

## Zweites Capitel.

### Antheil Wallensteins an den Ereignissen der Jahre 1625 und 1626.

Um zu verstehen, was er unternahm, und zu würdigen, was er leistete, müssen wir uns den größeren Schauplatz vergegenwärtigen, auf welchen sein Schicksal ihn rief, und an die allgemeine politische Verwickelung erinnern, welche von dem in Böhmen gegebenen Anstoß aus die Welt ergriff.

### Europäische Opposition gegen Oesterreich-Spanien, 1624 und 1625.

Unter den Motiven, mit welchen einst Klesel die Berücksichtigung der Ansprüche der deutschen Protestanten, auch der anstößigsten, auf die Session der reformirten Stifter, befürwortete, war eines der vornehmsten die allgemeine Theilnahme, die sie in Europa finden würden, wenn man mit ihnen breche; sie würden die erbländischen Stände und die Osmanen, die Holländer und großentheils die Schweizer, selbst England auf ihrer Seite haben, welchen allen zu widerstehen dem Kaiser die Kräfte fehlten.

So war es nun nicht gekommen. Der große Streit

war in den Erblanden ausgebrochen und durch ein paar glückliche Ereignisse zu einem raschen Ausschlag gediehen; aber verwandte Folgen knüpften sich doch daran.

Vor allem traten die Verhältnisse zu dem östlichen Europa in den Vordergrund.

Der Verbündete des pfälzischen Königs von Böhmen aus der Türkei, dem selbst die ungarische Krone zu Theil geworden war, Bethlen Gabor von Siebenbürgen, war nie bezwungen worden. Eben ihm vielmehr war der Sieger von Tein, der den böhmischen Aufruhr hauptsächlich niedergeworfen hatte, erlegen, in jenem großen Scharmützel vor Neuhäusel, an welchem auch der junge Cartesius Theil nahm. Wohl hatte nun Bethlen seitdem, im October 1621, seinen Frieden in Nicolsburg geschlossen und in Folge desselben die Krone herausgegeben, die er vorsichtig genug gewesen war niemals zu tragen; dabei aber behauptete er sieben ungarische Comitate und hielt die Religionsfreiheit nicht allein in diesen aufrecht, sondern sicherte sie auch in allen andern. Man hat ihn wohl den siebenbürgischen Mithridates genannt, er bewegte sich immer in neuen weitausgreifenden Entwürfen. Damals trug er sich mit dem Plane, mit Hülfe der Protestanten, denen er sich anschloß, die Krone von Polen zu erwerben. In Constantinopel, wo man seinen Frieden mißbilligte, erklärte er unumwunden, daß er ihn nicht zu halten gedenke: mit seinem Gesandten traf der Graf von Thurn daselbst ein, der sich als der Bevollmächtigte sämmtlicher Protestanten in den erbländischen Provinzen darstellte, welche gesonnen seien, trotz des Unglücks, das über sie gekommen, ihre alte Gesinnung und ihre alten

Verbindungen, vor allen mit Bethlen und dem Divan selbst, aufrecht zu halten [1].

Im Jahre 1623 ward der Krieg mit türkischer Hülfe erneuert. Bethlen hoffte auf die Mitwirkung des verjagten Friedrich von Böhmen; schon damals war davon die Rede, daß Mansfeld in Schlesien einfallen solle; der Graf von Thurn meinte wohl, die Mähren würden sich rühren, und erklärte sich entschlossen, in dem Kampfe zu seinem frühern Besitz zu gelangen oder darüber umzukommen. Unter den Feldobersten, die mit ihren in aller Eile aus den Garnisonen zusammengebrachten Regimentern dem vordringenden Feind entgegentraten, finden wir auch Wallenstein. Zu wirklichem Kampfe kam es jedoch auch diesmal nicht. Denn von den europäischen Freunden — mit denen kein bindendes Verständniß getroffen war — erhielt Bethlen keine Unterstützung, und seine türkischen Bundesgenossen verließen ihn. Er bot die Hand zu einem Stillstand, in welchem er seine Position nicht allein behauptete, sondern verstärkte. Sehr wahr ist es dennoch, daß seine Annäherung einen unbeschreiblichen Eindruck auch in Böhmen machte. Schon erlebte man, daß manche den Muth faßten, zu dem so eben abgeschworenen Protestantismus zurückzukehren. Und die Gesandten Bethlens gaben zu vernehmen, daß er die Unterhandlung über den Frieden hinziehen werde, bis er erfahre, ob er nicht wirklich Hülfe erlangen werde; wenn es geschehe, wolle er keinen Frieden machen, es wäre denn, daß alle seine Freunde mit ihm befriedigt würden. Unaufhörlich wiederholte der englische

1) Instructions of the ambassador of Bethlem Gabor and the count of Torne — 22. Aug. 1622, bei Roe, negotiations etc. p. 76.

Gesandte in Constantinopel der verjagten Königin von Böhmen, wie nützlich er für ihre Sache werden könne.[1] Seine Stellung und Macht bildete an sich eine Gefahr für die Conservation der in den österreichischen Erblanden getroffenen Einrichtungen.

Indessen hatten diese den Böhmen allenthalben auch die Sympathien wieder verschafft, die ihnen durch ihre politische Haltung verloren gegangen waren. Die gewaltsame Restauration des Katholicismus in dem Lande, das seit Jahrhunderten als die Geburtsstätte der Abweichungen vom Papstthum betrachtet wurde, erschien den Protestanten aller Länder als ein eigenes Unglück, als ein allen gemeinschaftlicher Verlust. Die Vertriebenen bildeten nun ihrerseits eine nationale und religiöse Emigration, welche zu großer Bedeutung gelangte. Auch an dem sächsischen Hofe, der an dem Unglück Mitschuld hatte, fanden sie eine so lebendige Theilnahme, daß man in Oesterreich davon betroffen wurde und die Sachsen die Gunst verloren, die sie bisher genossen hatten.

So waren die Elemente der erbländischen Opposition wieder in steigender Gährung, als in Deutschland ein Schritt gewagt wurde, der das Reich in seiner Gesammtheit und seinen tiefsten Anliegen aufregte.

Gleich bei der ersten Vereinbarung mit Herzog Maximilian von Baiern, ohne dessen Beihülfe an die Eroberung Böhmens nicht zu denken gewesen wäre, waren demselben Verheißungen von umfassendem Belang gemacht worden, die nun erfüllt werden mußten. Ferdinand II hielt sich für berechtigt, den Angriff, den er als König von Böhmen erfahren

1) 26. June 1624. I conclude, if it bee not too late and that prince too much neglected, he may bee a noble instrument of Y. Ms. service and the generall peace of Germanye. (Roe 254).

hatte, mit der Autorität zu rächen, die ihm als deutscher Kaiser zustand.

Friedrich V ward nicht allein aus seinem Erbland durch Waffengewalt entfernt gehalten: der Kaiser übertrug die Churwürde, die er besaß, auf seinen Verbündeten Maximilian von Baiern. Eine Maßregel, bei der man sich auf das Beispiel Carls V in dem schmalkaldischen Kriege bezog; sie war aber bei weitem durchgreifender. Denn Carl V übertrug den Churhut auf einen Fürsten, welcher am evangelischen Bekenntniß festhielt, Ferdinand II auf den Vorkämpfer des Katholicismus, der schon bisher der Führer der auf eine allgemeine Herstellung desselben dringenden Majorität im Fürstenrathe gewesen war und nun durch seinen Eintritt in den Churfürstenrath auch in diesem eine Majorität hierfür zu Stande brachte. Auf einem aus beiden Parteien zusammengesetzten Churfürstenrath hatte aber unter den drei vorangegangenen Kaisern die Regierung von Deutschland beruht. Nur unter Zustimmuug der drei katholischen Churfürsten war die Uebertragung geschehen; die beiden evangelischen waren weit entfernt sie zu billigen: wie viel weniger die evangelische Bevölkerung überhaupt! Statt den Frieden zu befördern, bildete diese Erhebung den Streitpunkt, in welchem der Gegensatz der beiden Religionsparteien sich concentrirte.

In der Besorgniß, von einem ähnlichen Schicksal betroffen zu werden, trennten sich die Unirten; sie waren leicht zersprengt worden. Die Liga stand allein im Felde und behauptete die durch Niederwerfung ihrer Feinde in Oberdeutschland errungene Stellung.

Mit ihrem Uebergewicht ging die Herstellung des Katholicismus Hand in Hand. Der Churfürst von Mainz schritt zur Gegenreformation an der Bergstraße. Würzburg, Augsburg, Elwangen, Kempten empfingen in ihren Streitsachen gegen die weltlichen Herren günstige Urtheile, in deren Vollstreckung man langsam vorschritt, die aber keinen Zweifel darüber ließen, daß die Ansicht der Mehrheit des Fürstenraths, wie sie bei der Vierklosterfrage emporgetaucht war, zur gesetzlichen Geltung gebracht werden sollte. Bei der Besetzung einer Propstei im Stift Halberstadt nahm der römische Stuhl zum Schutz seiner concordatmäßigen Rechte die Hülfe des weltlichen Arms in Anspruch[1]. Der ganze protestantische Name gerieth in Aufregung.

Und wenn die dynastischen Verbindungen Friedrichs V ihm für die Behauptung der böhmischen Krone nichts geholfen hatten, so traten sie in voller Wirksamkeit hervor, als sein Haus die Churwürde und selbst die alten Erblande verlieren sollte. Der König von Dänemark, Oheim der Gemahlin Friedrichs, war mit den böhmischen Unternehmungen desselben sehr unzufrieden gewesen. Aber das Uebergewicht des Kaiserthums in Deutschland und auch der ligistischen Waffen, die seinen Neffen entfernt hielten, und bereits Niederdeutschland erreichten, erweckten seine Eifersucht und seinen Ehrgeiz.

Im östlichen Europa wurde ein analoger Kampf zwischen Schweden und Polen ausgefochten. Gustav Adolf, durch Religion und wenigstens entfernte Verwandschaft mit dem Churfürsten von der Pfalz verbunden, meinte wohl im Stande zu sein, wenn er der Polen Meister werde, ihn in Böhmen wiederherzustellen. Er würde dann in beiderlei Beziehung

1) Caraffa, Germania sacra 178 (ed. 1639.)

den Fürsten von Siebenbürgen zu seinem Verbündeten gehabt haben. Er trug sich mit der Idee, während der König von Dänemark von der Weser nach dem Rhein vordringe, seinerseits einen Einfall in die Erblande zu unternehmen.

Es ist nicht dieses Ortes, die Fäden der Unterhandlungen, die nun über ganz Europa hin gepflogen wurden, auseinanderzulegen; das Verhältniß, durch welches sie Charakter und unmittelbare Wirksamkeit bekamen, lag in der Verbindung des erstarkenden deutschen Kaiserthums mit den traditionellen Tendenzen der spanischen Monarchie.

Denn von jener Abkunft zwischen dem damaligen Erzherzog Ferdinand und dem spanischen Gesandten über die gegenseitigen Ansprüche war doch alles ausgegangen; wie das Gold von Westindien zu allen Erfolgen mitgewirkt hatte, so stand jetzt die Abtretung der Niederlande und des Elsasses an die spanische Linie in Aussicht: wodurch nun die Erwerbung der Pässe vom Valtellin und die Besetzung der Unterpfalz eine universale Bedeutung bekamen. Die rheinischen Churfürsten gehörten dem vorwaltenden System an. Und soeben hatte Spanien den Krieg gegen die vereinigten Niederlande wieder erneuert. Sollten diese nicht erliegen müssen, wenn der Kaiser und der König ihre Kräfte dazu vereinigten? Unter einem ehrgeizigen Minister und einem jungen König, der etwas zu thun wünschte, strebte die spanische Monarchie empor.

Mochte nun in Frankreich ein Vieuville oder ein Richelieu am Ruder sitzen, auf die Länge konnte keine französische Regierung diesem Beginnen ruhig zusehen. Die Dinge lagen jedoch in Frankreich nicht so, daß es die Iniative hätte ergreifen können. Dagegen ward England durch seine eigensten inneren Zustände dazu eingeladen.

Ebendeshalb weil Spanien seine Politik aufs neue mit der deutsch-österreichischen identificirte, hatten die Unterhandhandlungen über die Vermählung des Prinzen von Wales mit einer spanischen Infantin nicht zum Ziele geführt. Der Prinz nahm ein Gefühl der Indignation und des Hasses, mit dem er sich in Spanien erfüllt hatte, auf den Thron mit, den er bald darauf bestieg. In dieser Beziehung hatte er das Parlament vollkommen auf seiner Seite; was man an der letzten Regierung am meisten tadelte, war eben die Rücksicht, die sie auf Spanien genommen, die Lauheit, mit der König Jacob die ihm so nahe liegenden Interessen des pfälzischen Hauses und des Protestantismus überhaupt behandelt hatte. Carl I schloß ein Schutz- und Trutzbündniß mit der Republik Holland, vornehmlich zum Seekrieg gegen Spanien, und einen Subsidientractat mit Dänemark, welches den Krieg in Deutschland zur Herstellung der Pfalz unternehmen sollte. Die Absicht war, durch die Aufstellung eines stattlichen Heeres an der Elbe und Weser den deutschen Fürsten und Ständen den Muth ihres Bekenntnisses zurückzugeben und sie zu einem allgemeinen Bündniß zur Herstellung des alten Zustandes zu vereinigen. Die drei Alliirten traten auf der einen Seite mit Frankreich, Savoyen, Venedig, auf der andern auch mit dem Fürsten von Siebenbürgen in Verbindung. Jacob I hatte eine Abneigung, die Osmanen auch nur indirect in die allgemeinen Angelegenheiten der Christenheit zu verflechten; unter Carl I fiel diese Rücksicht weg. Der englische Gesandte trug wesentlich dazu bei, daß der Großherr dem Fürsten die Erlaubniß gab, sich mit andern christlichen Mächten gegen Oesterreich, mit dem man gleichwohl in Unterhandlung blieb, zu verbinden. Bethlen schickte den Capitän Quadt nach dem Haag und begab sich selbst nach Kaschau, um den Erfolg seiner Negotiationen abzuwarten. Denn er wollte nicht eher wieder hervortreten, als bis er durch den Ausbruch eines ernstlichen Krieges in Deutschland und eine Erhebung des unterdrückten Protestantismus unterstützt würde. Dann aber dachte er hervorzubrechen, die Krone von Ungarn ohne Rücksicht auf die indeß vollzogene Wahl Ferdinands an sich zu bringen, und nochmals vor den Wällen von Wien zu erscheinen. Der englische Gesandte Roe, der es für seinen besten Ruhm hält, dieses Verhältniß angeknüpft zu haben, wird nicht müde, seinen Hof um Unterstützung des Fürsten zu ersuchen. Denn den Kaiser in den Erblanden anzugreifen und zu gefährden, sei das einzige Mittel, um ihn in Bezug auf die deutschen Angelegenheiten zur Nachgiebigkeit zu stimmen.

Der Moment ist einer der wichtigsten in der europäischen Geschichte, in welchem der große Kampf zwischen Oesterreich-Spanien, das nochmals die Idee der Wiederherstellung des Katholicismus vor sich hertrug, und den Mächten der europäischen Opposition, die den Protestantismus erhalten wollten, zum Ausbruch kam. Was Frankreich und Schweden später ausgeführt haben, das unternahmen damals England und Dänemark, in einer dem protestantischen Gemeingefühl noch mehr entsprechenden Tendenz als die darnach festgehaltene ist; die Erneuerung des maritimen Krieges gegen die Seeherrschaft der spanischen Monarchie, welche noch Portugal umfaßte, die Bewegungen in Italien, wo die Gegner derselben zuweilen selbst an dem Papstthum Rückhalt gewannen, zugleich die Aufrechthaltung der Republik der Niederlande und des europäischen Gleichgewichts überhaupt hängen damit zusammen. Doch war es nicht blos ein einseitiger Angriff; die Bedrohungen waren gegenseitig. Man darf nie vergessen, daß Oesterreich-Spanien, nach einer Reihe von Jahren, in denen der allgemeine Friede und das Gleichgewicht der Mächte und der Religionen bestanden hatte, wieder eine aggressive Haltung annahm, nicht geradehin mit den Weltherrschaftsplänen Philipps II, aber doch in einer gewissen Analogie damit. Philipp IV und Olivarez, Ferdinand II und seine Staatsmänner hatten die Feststellung eines allgemeinen Uebergewichts der spanisch-österreichischen Dynastie im Auge. Diese Tendenz und der Widerstand, den sie hervorrief, begegneten einander. In Wien ward eine Anzahl aufgefangener Schreiben eingebracht, die von den Regungen einer weitverzweigten Opposition Kunde gaben, welche vom Haag nach Venedig und Constantinopel reichte, und die Absicht verrieth, den in den Erblanden eingerichteten Zuständen ein Ende zu machen. Es war die natürliche Folge der Ereignisse und erschien den Betheiligten vor allem als Vertheidigung der einmal eingelebten Zustände; in Wien hielt man es für einen unberechtigten Angriff, den man zurückweisen müsse und mit neuen Machterweiterungen erwidern könne.

In dieser Krisis der Angelegenheiten hat nun Wallenstein die Sache des Hauses Oesterreich in Deutschland zu führen unternommen.

### Wallenstein in Niedersachsen. Verhandlungen des Kreistages.

Der Kaiser durfte jetzt auf die Hülfe nicht mehr rechnen, die ihm im böhmisch-deutschen Kriege von den Spaniern und der Liga geleistet worden war. Denn jene waren selbst in den Niederlanden vollauf beschäftigt, wo die Eroberung von Breda, die ihnen gelang, um so größere Anstrengungen der Republik, die jetzt durch halb Europa unterstützt wurde, hervorrief; das Heer der Liga unter Anführung Tilly's hatte alle Mühe, die mansfeldisch-braunschweigischen Truppen, die von Westen, und die dänischen, die von Osten heranrückten, auseinander zu halten und sich ihnen gegenüber zu behaupten. Und bei dem letzten Versuch, die erbländischen Garnisonen einem andringenden Feind entgegenzustellen, hatte man empfunden, wie wenig, wenn es in der bisherigen Weise geschah, darauf zu bauen sei. Wie leicht in der That, daß ein glücklicher Anfall von Ungarn her die kaum unterdrückte Empörung wieder ins Leben rief.

Da erschien nun Wallenstein in Wien, mit dem Antrag, wie einst ein Regiment so jetzt eine ganze Armee auf seine Kosten aufzubringen und ins Feld zu stellen. Sie sollte 15,000 Mann zu Fuß, 5000 zu Pferd zählen; er wollte sie führen, wohin man befehle, nach Ungarn oder Italien oder ins deutsche Reich[1]. Man soll ihn gefragt haben, ob er 20,000 Mann im Felde zu halten sich anheischig machen könne: worauf seine Antwort gewesen sei, nicht 20,000, wohl aber 50,000; er soll das Beispiel Mansfelds vor Augen gehabt haben. Ich wage nicht dies zu wiederholen. Denn die beglaubigte Nachricht ist, daß doch eben nur von 20,000 Mann die Rede gewesen ist, und für die Erhaltung einer Armee ohne Kosten des Kriegsherrn hatte er das beste Beispiel selbst gegeben. Als

1) Ich folge hierbei den Berichten des bairischen Agenten Leuker in Wien an den Churfürsten Maximilian, die ich bereits im Jahre 1831 eingesehen habe.

Generalquartiermeister in Böhmen hatte er schon bewiesen, wie ein Land einer überlegenen Mannschaft dienstbar zu machen sei; er hatte die fremden Truppen entfernt und ein System der Contribution eingerichtet, bei der die kaiserliche Armee sich behaupten konnte[1].

Lange bedachte man sich in Wien, denn das Unternehmen enthielt viele große Neuerungen; es konnte selbst bedenkliche Folgen nach sich ziehen. Noch schmeichelte man sich, auf einem Deputationstage, der nach Ulm ausgeschrieben war, die Ruhe in Deutschland zu befestigen, so daß das wiedergeeinigte Reich keinen fremden Einbruch zu befürchten haben würde. Da liefen Briefe der Churfürsten von Sachsen und Brandenburg ein, aus denen so viel erhellte, daß diese Versammlung nicht zu Stande kommen würde.

Mit doppelter Stärke und Berechtigung erhob sich nun im geheimen Rath die Meinung, daß der Kaiser sich selbst besser als bisher bewaffnen müsse. Der erste Minister Eggenberg, nunmehr auch Fürst, war noch immer gegen die Anträge Wallensteins, so sehr er ihn sonst beschützte; aber die meisten Mitglieder erklärten ihre Annahme für nothwendig. Wallenstein war im voraus zum Feldhauptmann für die kaiserliche Armee bestimmt; jetzt wurden seine Anträge angenommen; er bekam ein Patent zu seiner Werbung. Man wußte, daß er hinreichend mit baarem Gelde versehen sei, um sogleich ans Werk zu schreiten. Die im Dienst befindlichen Obersten erhielten Befehl, ihre Regimenter zu verstärken, jedes bis zur Zahl von 3000 Mann.

---

1) Khevenhiller, Conterfet II, 219: hat viel Ort in Mähren und Böhaimb recuperirt, und in Quartiren solche Anlagen gemacht, daß er sie ohne des Kriegsherrn Entgelt bezahlt.

Anfangs hat man noch einen Augenblick darüber geschwankt, wohin Wallenstein seine Richtung nehmen solle, ob nicht vielleicht eben doch gegen Bethlen, der eine die Erblande bedrohende Stellung inne hatte; aber diese waren viel zu erschöpft, um daselbst eine neue Armee erhalten zu können: und die große Entscheidung lag doch zunächst auf einer andern Seite. An der untern Weser und Elbe trat die europäische Combination von Dänemark, Holland und England der bisher in Folge der Schlacht am weißen Berge vollzogenen Umgestaltung der deutschen Angelegenheiten entgegen: hier mußte sie zurückgewiesen oder gebrochen werden.

Eben aber in Norddeutschland war der kaiserlichen Macht noch eine große Einwirkung möglich. Die mächtigen Häuser, Hessen und Braunschweig-Lüneburg, waren durch die wichtigsten Territorialfragen in sich selbst entzweit. Indem der Kaiser in dem Streit zwischen Cassel und Darmstadt, welcher Marburg betraf, zu Gunsten des letztern, in dem Streit zwischen Lüneburg und Braunschweig-Wolfenbüttel, über Grubenhagen, zu Gunsten Lüneburgs entschied, geschah es, daß zwar Cassel und Braunschweig dem Kaiser entfremdet, Lüneburg und Darmstadt aber um so mehr für ihn gewonnen wurden. Zwischen dem Landgrafen Ludwig V von Darmstadt, welcher mit Vorbehalt des evangelischen Glaubens übrigens eine sehr rührige Beflissenheit zu Gunsten der kaiserlichen Autorität entwickelte, und dem Herzog Georg von Lüneburg-Celle, der, ein Schüler Spinolas, in mannichfaltigen Diensten den Ruf eines guten Kriegsmannes erworben hatte, war die engste Familienverbindung geschlossen worden: Georg, zum Stammhalter seiner Linie bestimmt, hatte sich mit der Tochter des Landgrafen vermählt. Das Zerwürfniß der hessischen Fürsten hatte dem General der Liga bereits den Weg nach Hessen geebnet: die Entzweiung zwischen Lüneburg-Celle und Braunschweig-Wolfenbüttel lud Wallenstein nach Niedersachsen ein. Soeben hatte Georg sein Verhältniß zu dem niedersächsischen Kreise, dessen Truppen er anführte, aufgelöst, und dem König von Dänemark, dem er als Oberst verpflichtet war, seinen Dienst gekündigt. Der Kreis wählte hierauf den Herzog von Wolfenbüttel zum Befehlshaber seiner Truppen und ernannte den König von Dänemark, Herzog von Holstein, zum Kreisobersten. Damit war noch nicht ausgesprochen, daß sich der Kreis nun auch der Politik des Königs und seinem Einverständniß mit England anschließen würde; wenn es aber dahin kam, so konnte der Kaiser allemal auf die Unterstützung von Lüneburg rechnen. Auch zwischen den beiden Linien des Hauses Oldenburg war ein heftiger Hader ausgebrochen, der damals hauptsächlich daher rührte, daß der König von Dänemark den Prinzen Johann Adolf von Holstein-Gottorp von dem Erzstift Bremen ausschloß; er hatte dort in Concurrenz mit demselben seinen eignen zweiten Sohn zum Coadjutor wählen lassen. Johann Adolf war in kaiserliche Kriegsdienste gegangen und gehörte zu den Obersten, welche Truppen für die neue Armee Wallensteins aufbrachten. In den Häusern Brandenburg und Sachsen gab es in diesem Augenblick einen ähnlichen offenen Zwiespalt nicht. Aber die jüngeren Linien verfolgten doch eine andere Politik, als die Häupter der Häuser, die sich vom Kaiser nicht trennen mochten. Ein Markgraf von Brandenburg, welchem Jägerndorf zugefallen, betheiligte sich an dem erbländischen Kriege: er gehörte zu den Verjagten. Ein Prinz von Sachsen-Weimar diente unter den dänischen Fahnen. In der eigenthümlichsten

Lage befand sich der Bruder des Churfürsten von Brandenburg, Christian Wilhelm, Administrator von Magdeburg. Von dem Reiche war er nicht anerkannt; die Hauptstadt des Stiftes versagte ihm den Gehorsam; dem Domcapitel gegenüber hatte er die drückendsten Bedingungen, die ihn der Regierung fast beraubten, eingehen müssen. Sein Bruder, Churfürst Georg Wilhelm fürchtete sich selbst zu gefährden, wenn er ihn offen unterstütze.

Die von verschiedenen Seiten her angeregte Frage über die Stifter war nun aber die wichtigste, die es in dem Reich überhaupt gab. In den Zeiten der Reformation protestantisch geworden, von einer durch und durch evangelischen Bevölkerung gebildet und umgeben, hatten die norddeutschen Stifter, weit entfernt, zu Sitz und Stimme am Reich wie vor Alters zugelassen zu werden, nicht einmal die persönliche Zusicherung der regierenden Kaiser, sie in ihren Schutz nehmen zu wollen, erlangen können. Seit mehr als einem Jahrzehnt dem Kaiser weder durch Lehen noch durch Indult noch auch durch Huldigung verwandt und dem Angriff der eifrigen Katholiken, die principiell von reformirten Bisthümern und Erzbisthümern nichts hören wollten, ausgesetzt, suchten sie ihren Schutz in der Bewaffnung des niedersächsischen Kreises, dem sie großentheils angehörten, und in der großen politischen Combination, die sich in Folge der pfälzischen Verwickelung in Europa gegen das Haus Oesterreich bildete.

Wenn vor allem hiedurch der Kaiser veranlaßt wurde, sein Heer nach Norddeutschland zu schicken, so tauchte doch auch von Anfang an ein dynastisches Interesse hervor; namentlich die Absicht, an die Stelle des kriegerischen Administrators von Halberstadt, Christian von Braunschweig, der auf sein Stift schon von selbst Verzicht geleistet hatte, einen Erzherzog zu befördern. Ein ausführliches Gutachten liegt vor, in welchem dem Domcapitel gerathen wird, bei der bevorstehenden Wahl von dem Prinzen von Dänemark, an den man dachte, abzusehen, zumal da er als Ausländer betrachtet werde[1], und dagegen einen Sohn des Kaisers zu wählen, was ja mit Vorbehalt des religiösen Bekenntnisses geschehen könne.

In diese aus einer weitzurückliegenden Vergangenheit entsprungenen und für die Zukunft des Reiches entscheidungsvollen Verhältnisse sollte nun Wallenstein, an der Spitze des neuen Heeres, maßgebend eingreifen. Man hoffte noch ohne Anwendung der Waffen zum Ziel zu kommen. Der Feldhauptmann erhielt das Recht, nach seinem Ermessen, jedoch mit Zuziehung von Tilly, die Bedingungen einer Abkunft festzusetzen. Vornehmlich soll Niedersachsen entwaffnen, das fremde Kriegsvolk von dem Boden des Reichs weichen, zugleich aber soll man dafür sorgen, daß die Armee ohne Kosten des Kaisers vollständig bezahlt und dann abgedankt werde[2].

1) Bei Lünig, Staatsconsilia I, 1262. Darin heißt es: Rex Daniae habetur pro extero.

2) Als stellen wir solches D. L. als unserm General und die mit obbesagtem Grauen von Tilly vleißig die Sache conferiren wirdt, nochmals anheimb, die wirdt dero Unnß bekandten erfahrenheit und in solchen sachen habenden dexteritet nach, dieselbe verfassen und vorzuschlagen wissen, doch das vornemblich dahin gesehen werde, damit die ergriffene verdächtige Waffen ohne nachtheil und schaden unser und der gethreu gehorsamen Churfürsten und Ständte des Reichs von desselben Boden würklich abgeführt und daß solche wieder dieselbige ferners auch anderwerts durch keinen praetext oder Fürwandt dirigiert werden, genugsambe Versicherung geleistet, und alsdann unser Armada und ohne unser und unsern Erbkönigreich und Landen entgelt völlig bezahlt, contentiert und daselbst abgedankht werde, auch wir und andere des Heil. Reichs Craiß, die vorhin wegen der durchzug viel gelitten und an dieser Kriegs-

Als Wallenstein diese Weisung empfing, hatte er bereits in dem niedersächsischen Kreise eine feste Stellung genommen. Nicht durch Sachsen, was der Churfürst schwerlich geduldet haben würde, sondern durch Franken und Hessen rückte er dahin vor und besetzte zunächst Halberstadt und alsdann den größten Theil des Erzstifts Magdeburg mit seinem Heer. Die noch in den Gemüthern lebendige Verehrung gegen die kaiserliche Autorität erwachte um so stärker, je unerwarteter und nachdrücklicher sie auftrat: nirgends fand er Widerstand. Welch ein Ereigniß aber war es für den Kreis, der sich in seiner Autonomie zu behaupten vermeinte, daß dem ligistischen Heere, dem er kaum zu widerstehen vermochte, ein zweites kaiserliches zur Seite trat.

Wallensteins Armee befand sich, als sie einrückte, in einem wenig schlagfertigen Zustande; ihr Aufzug hatte ein zigeunerhaftes Aussehen: ihre Bewaffnung verrieth die tumultuarische Art und Weise, in der sie zusammengebracht worden war; es fehlte bei ihrem Einrücken nicht an mannichfaltigen Gewaltsamkeiten, welche in den landschaftlichen Chroniken und in den gewechselten Schriften mit gerechtem Unwillen verzeichnet sind. Dabei erhellt aber doch, daß eine gewisse Ordnung gehalten wurde. Friedlands Absicht war es wenigstens, daß Bürger und Bauern[1] neben den Soldaten sollten bestehen kön-

---

verfassung kein Schuld tragen, ferner mit durchzügen, einquartierungen und andern trangsalen verschont bleiben mögen. Hierüber wollen wir von einer Zeit zur andern über den Ervolg von D. L. die Relation gewertig sein und wir seiend und bleiben D. L. mit u. s. w. Geben unser Königl. Stadt Oedenburg den 4. November A. 1625.

An Herzogen zu Friedtlandt.

(Aus Leukers Papieren im Münchener Staatsarchiv.)

1) Khevenhiller (Ann. Ferd. X, 841) rühmt die gute Ordnung,

nen. Man traf Anstalt, daß die Aussaat geschah und für das künftige Jahr vorgesorgt wurde.

Darin liegt das Originale in dem Auftreten Wallensteins: Aufstellung einer Armee hauptsächlich durch seine Vorschüsse, Ernährung derselben durch die Contributionsverfassung, bei der das Land allenfalls bestehen konnte, beides auf den Grund des kaiserlichen Namens und Gebotes. Die Verbindung der militärischen Zucht, die er gewaltig handhabte, mit ökonomischer Fürsorge giebt seiner Occupation ein eigenthümliches Gepräge, sie hat einen landesfürstlichen Zug in sich.

Zugleich lag ihm nun die Unterhandlung ob, die über Krieg und Frieden entscheiden sollte.

Nicht gewöhnliche Besprechungen waren es, die auf dem Kreistag zu Braunschweig vom December 1625 bis in die ersten Monate des Jahres 1626 gepflogen wurden; sie hatten die größte Tragweite für das Reich und für Europa.

Man hielt noch für möglich, daß sich der Kreis der kaiserlichen Autorität fügen würde; dafür ließen die beiden benachbarten Churfürsten ihre Vermittelung eintreten; es war der Gesichtspunkt, den Wallenstein bei den Verhandlungen hervorhob. Er forderte, daß die Postulate des Kaisers erwogen, und nicht versucht werden solle, gegen die Erbietungen kaiserlicher Autorität Maaß und Ordnung festzusetzen. Dagegen bestanden die Stände auf der Constitution der Reichskreise, durch

---

daß das Land nicht verwüstet und verbrannt, auch die Leute nicht von Haus und Hof vertrieben, sondern alles wohl bebaut und eingeerndtet worden. Soldat und Bauer haben beisammen gelebt, und alle Kriegsherrn diese Manier Krieg zu führen vom Herzog von Friedland gelernt.

welche sie ermächtigt seien in den Waffen zu bleiben. Wenn die Generale zuerst die Entwaffnung des Kreises, so forderten dagegen die Kreisstände zuerst die Entfernung der Generale. Vielleicht hätte man sich darüber verständigen können. Aber es kamen noch andere in der Sache liegende Differenzen zur Sprache, über die das nicht zu hoffen war.

Die Generale stellten eine Bestätigung des Religionsfriedens in Aussicht, behielten sich aber die kaiserliche Jurisdiction dabei vor. Aber man hatte bereits erfahren, daß diese Reichsjurisdiction, von dem Kammergericht im Sinne der katholischen Mehrheit ausgeübt, zu einem Umsturz der protestantischen Religionsverfassung führte; hiergegen verlangte der niedersächsische Kreis gesichert zu sein. Die Stände sollten nicht allein in ihren Erbländern, sondern auch in den Stiftern und Erzstiftern bei der eingeführten Gerichtsbarkeit in geistlichen und weltlichen Sachen verbleiben, die Capitel bei ihren Wahlen gelassen werden, man sollte in Religionssachen auf keine Pönalmandate gegen sie erkennen. Weit entfernt die geistlichen Güter in Frage stellen zu lassen, forderten sie vielmehr, daß Fürsten und Stände auch in Bezug auf diesen Besitz in kaiserlichen Schutz und Schirm genommen würden.[1]

Was der Kreis in Anspruch nahm, war eben die politische und religiöse Autonomie, welche der Kaiser nicht dulden wollte. Wallenstein fügte noch eine andere Forderung hinzu. Seiner Instruction gemäß bestand er auf den Ersatz der Kriegskosten des Kaisers. Darauf aber konnte der Kreis

1) Resolution des Crayßes, 22. Februar 1626, bei Khevenhiller A. F. X, 878.

nun vollends nicht eingehen; er würde sich dadurch bei seiner Erschöpfung einer ferneren Occupation ausgesetzt haben.

Man könnte auch wohl hier meinen, ein Ausgleich wäre doch vielleicht möglich, weil im höchsten Grade wünschenswerth gewesen, um das bevorstehende Unheil zu vermeiden; aber es giebt Momente, in denen Rücksichten dieser Art alle Wirksamkeit verlieren. Die Generale repräsentirten die großen Interessen des Katholicismus, die mit der Reichsgewalt noch verbunden erscheinen; aber dieser überhandnehmenden Gewalt freien Lauf zu lassen, hätten die Stände für eine Gefährdung ihres zeitlichen und ewigen Heiles gehalten; den Reichsconstitutionen zufolge meinten sie mit ihrem Widerstand vollkommen im Rechte zu sein. Und noch konnte der eine und der andere Theil hoffen, den Sieg davon zu tragen. In Situationen, wo es keine denkbare Ausgleichung giebt, hat man noch allezeit und allenthalben die Waffen ergriffen.

### Feldzug von 1626 in Norddeutschland.

Was im Jahre 1626 im Felde erschien, war nicht die ganze weltumfassende Combination gegen das Haus Oesterreich, mit deren Bildung man umgegangen war, aber doch ein guter Theil derselben. Die engsten Bundesgenossen der Pfalz, England und Holland, setzten den König von Dänemark in den Stand, mit einer sehr stattlichen Macht den Versuch einer Herstellung der alten Zustände in Deutschland zu unternehmen. Er hatte nicht allein über seine eigene Armee, sondern über die Heerhaufen Mansfelds, Braunschweigs und Johann Ernsts von Sachsen-Weimar zu gebieten; er stand an der Spitze des niedersächsischen Kreises;

in Hessen und Thüringen erwartete man seine Ankunft, um sich für ihn zu erheben; seine Gesandten waren wohl aufgenommen in Magdeburg; ein einziger glücklicher Schlag würde Oberdeutschland und die österreichischen Erblande in Feuer und Flamme gesetzt haben. In Oberösterreich war ein Bauernaufruhr ausgebrochen, der den Churfürsten von Baiern abhielt, Tilly nach Wunsch zu unterstützen; über die Gesinnungen der Schlesier konnte kein Zweifel sein, obwohl sie an sich hielten; und in der Ferne setzte sich Bethlen Gabor, der sich soeben mit einer Prinzessin vermählte, die der dänisch-pfälzischen Verwandtschaft angehörte — aus dem Hause Brandenburg — in Bereitschaft, in Ungarn, wo er eifrige Anhänger hatte, vorzudringen und die alten Unternehmungen gegen Böhmen und Oesterreich zu erneuern.[1]

Wäre Tilly allein im Felde gewesen, und hätte ihn Christian IV zugleich von der Elbe und Weser her mit englischer, und worauf man eine Zeitlang rechnete, mit brandenburgischer Hülfe angegriffen, so würde es mit dem Ausgang sehr zweifelhaft gestanden haben.

Natürlich hätte der König von Dänemark nichts mehr gewünscht, als eine Trennung der beiden Armeen; die Bedrohung von Ungarn und Schlesien schien einen unmittelbaren Abzug Wallensteins nach den Erblanden herbeiführen zu müssen. Aber Wallenstein hielt dafür, daß dort auch ohne ihn Widerstand geleistet, hier aber seine Anwesenheit nicht

1) Bei Mauvillon: Militärische Blätter, Jahrg. 1823, findet sich ein mit Zuziehung dänischer Berichte abgefaßter Aufsatz über den Krieg Christians IV in Deutschland, in welchem die Stärke des Königs und seiner Bundesgenossen auf etwa 60,000, die der beiden Generale auf 70,000 Mann berechnet wird.

entbehrt werden könne. Denn sonst würden alle widerwärtig Gesinnten Muth fassen, sich offen zu erklären, und die Uebrigen genöthigt werden, ihnen beizutreten. Alles was er sah und hörte, hielt ihm die Nothwendigkeit, dort die aufwogenden Gegensätze durch überlegene Waffen nieder zu halten, im Bewußtsein.

Der König seinerseits ebenfalls davon durchdrungen, daß er militärisch im Vortheil sein müsse, wenn er etwas erreichen wolle, hatte den Muth auf die Gesammtstellung des kaiserlichen und des ligistischen Heeres anzugehen. Zu seiner Rechten rückte Johann Ernst von Weimar nach Westphalen, um den Holländern die Hand zu bieten; zu seiner Linken übernahm es Graf von Mansfeld, Wallenstein zu beschäftigen.

Zwischen diesen kam es zum ersten Zusammentreffen.

Mansfeld hatte die Elbe überschritten, und von den Landesherrschaften wenn nicht unterstützt, doch auch nicht ernstlich verhindert, die Pässe an der Havel eingenommen: auch Brandenburg war in seine Hände gefallen; dagegen aber hatte Wallenstein mit treffendem, strategischem Tact den Elbpaß an der Dessauer Brücke besetzt, wodurch das jenseitige Gebiet für seine Streifzüge eröffnet wurde. Die für die Aufstellung eines eignen Heeres von dem Administrator Christian Wilhelm bestimmten Sammelplätze konnten überfallen und wüste gelegt werden. Hierdurch veranlaßt, und wie man annahm auch deshalb, weil das sächsische Gebiet überzogen und der Churfürst Johann Georg für seine Neutralität gezüchtigt werden sollte,[1] unternahm Mansfeld, den Feind aus jener

1) So faßte man nach einem Schreiben Nethersole's die Sache im Haag auf: — he is in a good way, to attempt the taking of some

Stellung zu vertreiben, in der er seine Freunde beschützte und alle benachbarten Gebiete gefährdete. Die Kaiserlichen wiesen seinen ersten Anlauf zurück, aber sie sahen, daß er sich in den eingenommenen und im Halbkreis um den Brückenkopf errichteten Verschanzungen zu behaupten gesonnen war. Einer über den Fluß geschickten Abtheilung zu Fuß gegenüber hielt er sich in voller Schlachtordnung. Hierauf beschloß man im versammelten Kriegsrath, auch eine starke Reiterschaar über die Brücke zu führen und ihn aus seiner noch immer für die Kaiserlichen bedrohenden Position zu verjagen. Es war am 15/25. April 1626 Nachmittags drei Uhr, daß die beiden Heere handgemein wurden. Das entscheidende Ereigniß ist, daß ein niederländisches [1] Regiment, auf welches Mansfeld am meisten sein Vertrauen gesetzt hatte, von den Kaiserlichen über den Haufen geworfen wurde. Beim Anblick der gräßlichen Metzelei, die nun erfolgte, warf sich die gesammte Cavallerie von panischem Schrecken ergriffen in die Flucht. Die Kaiserlichen machten viele Gefangene, erbeuteten viele Geschütze und behaupteten sich fortan im ganzen Vortheil ihrer Stellungen

Der Erfolg war in so fern von Bedeutung, als der allgemeine Plan Christians IV dadurch unausführbar wurde, zumal gleich darauf der alte Kriegsgefährte Mansfelds, der Administrator von Halberstadt, der in das Eichsfeld eingebrochen war, einem frühen Tode erlag.

---

passages on the Elbe, in the principality of Anhalt, and so to fall in the elector of Saxony his country and make that the seate of the war, — for a reward of his neutrality. Roe, negotiations 507.

1) „Ein niederländisches Regiment (holländisch oder luxemburgisch?), worauf der Feind sein höchste Confidenz, so sich auch am tapfersten gewehret.“ Aelteste Relation nach München, mitgetheilt von Leuker.

Das Uebergewicht, das Wallenstein an der Elbe errungen, nöthigte den König, die Unternehmung in Westphalen, von der er eine Diversion erwartete, aufzugeben; die beiden Flügelbewegungen waren ihm mißlungen; er bedurfte seiner ganzen Macht im Centrum gegen Tilly, der nun wieder, von dem kaiserlichen General mit einigen Regimentern unterstützt, siegreich vorrückte; eben ein Wallensteinischer Oberst, de Fours, schlug die dänische Reiterei bei Kalenberg aus dem Felde, so daß der Platz selbst behauptet werden konnte.

Die einzige Aussicht für den König, seinen Feldzug dennoch mit Erfolg durchzuführen, lag dann in der Schilderhebung des entfernten Verbündeten, des Fürsten von Siebenbürgen. Dem war durch einen im April 1626 im Haag zu Stande gekommenen Vertrag außer monatlichen Subsidien auch eine Beihülfe von kriegsgeübten Truppen, namentlich von Fußvölkern, versprochen worden. Eine Summe Geldes wurde abgesendet, freilich auf weitem Umwege: der König von Dänemark ließ es durch Vermittelung der Holländer nach Constantinopel anweisen. Dringender noch war es, daß die Truppen, die man ihm zugesagt hatte, wenn auch nicht in der ursprünglich festgesetzten Zeit, aber doch noch im Laufe des Sommers bei ihm eintrafen. Nicht ohne große Mühe wurden die Mannschaften zusammengebracht und in Stand gesetzt. Ernst von Mansfeld und Johann Ernst von Weimar wurden bestimmt, von einem dänischen Kriegscommissar — Stellvertreter des Königs — begleitet, sie ihm zuzuführen; die Absicht war, dabei zugleich in Schlesien Fuß zu fassen und die beiden Kriege in Niederdeutschland und in Ungarn zu combiniren.

Durch den Einbruch der dänisch-deutschen Truppen in

Schlesien sah sich Wallenstein doch in der That genöthigt, den Erblanden zu Hülfe zu kommen, wie er denn zu diesem Zweck einen Theil seines Heeres vorausschickte und Ende Juli sich selbst auf den Weg machte. Am 3. August finden wir ihn in Cottbus, wo ihn die brandenburgische Regierung, schwach und furchtsam wie sie war, mit der größten Rücksicht behandelte.

Und nun schöpfte Christian IV freien Athem. Durch einen Vortheil, den er über Tilly davon trug — er entsetzte Nordheim — ermuthigt, verlor er keine Zeit, zur Ausführung eines Vorhabens zu schreiten, das ihm immer vorgeschwebt hatte. Am 12. August finden wir ihn in Duderstadt. Er dachte durch das Eichsfeld nach Thüringen vorzudringen, wo eben von dem ernestinischen Herzog eine stattliche Rüstung unter dem Namen einer Landesvertheidigung ins Werk gesetzt wurde, und alsdann von dem mittleren Deutschland in die fränkischen Bisthümer einzubrechen. Wie der Kaiser so würde auch die Liga in ihrem eignen Gebiete angegriffen worden sein. Dahin wollte es aber Tilly nicht kommen lassen. Er zog so eben aufs neue einen Wallensteinischen Heerhaufen an sich, so daß die Entfernung Wallensteins dem König zu keinem Vortheil gereichte, wegen der Einheit im Oberbefehl eher zum Nachtheil. Auf die Nachricht von der geschehenen Verbindung fand sich der König in der Unmöglichkeit vorzurücken. Nicht gesonnen, dort am Orte zu schlagen, entschloß er sich, sein in die Ferne angelegtes Unternehmen aufzugeben und zurückzugehn. Aber indem er sein altes Lager zu Wolfenbüttel wieder zu gewinnen trachtete, ward er festgehalten und nun doch in ungünstiger Stellung in dem Thale bei Lutter am Barenberg zur Schlacht genöthigt (17. August 1626). Eben die Wallensteinischen Reiter hielten ihn fest. Sie haben dann, als der Kampf einen Augenblick sich zu seinen Gunsten zu neigen schien, denselben zu seinem Nachtheil entschieden. Nur mit schwerem Verlust unter persönlichen Gefahren konnte er sich zurückziehen.

Christian IV war ein gebildeter, einsichtsvoller Mann, den Dänen gilt er fast für den besten ihrer Könige; aber den deutschen Krieg durchzuführen war er nicht geboren. Sein Zug nach Duderstadt muß fast als ein Abenteuer im Style der Zeit betrachtet werden. Denn wie hätte ein König von Dänemark und Herzog von Holstein die eigenen Gebiete einem starken Feinde, der hinter ihm stand, zur Beute lassen können? Ueberdies aber: der dynastische Ehrgeiz, dem er Raum gab, brachte ihn in Verwickelung mit den mächtigsten Ständen des niedersächsischen Kreises, die er beschützen sollte. Obgleich einem deutschen Fürstenhaus angehörig, wurde er doch als fremder König betrachtet.

Indessen ward durch die Schlacht weder sein Muth gebrochen, noch seine Machtstellung vernichtet. Sein Angriff war abgeschlagen, aber unter den Verbündeten machte es einen guten Eindruck, wie rasch er seine Truppen wieder sammelte und eine gute defensive Stellung, deren Mittelpunkt Stade war, einnahm. Auch Wolfenbüttel wußte er zu behaupten. König Carl I fühlte sich bewogen, ihm das englische Truppencorps, das in den Niederlanden stand, unverzüglich zuzusenden; er ließ ihn auch alle andere Unterstützung hoffen, deren er bedürfen werde[1].

---

1) according to the consequence thereof, if that king should not presently be reinforced and enabled to stand up again in oppo-

## Feldzug in Ungarn.

Während der zurückgelassene Theil der Wallensteinischen Truppen doch recht viel zum Sieg über den König von Dänemark in Norddeutschland beitrug, war der General selbst mit dem einzigen Verbündeten desselben, der im Felde stand, im Kampf begriffen. Es war der Fürst von Siebenbürgen, dessen Art und Natur zugleich in ihrer innern Energie und durch die Verhältnisse herbeigeführten Beschränkung auf das eigenthümlichste hervortritt.

Bethlen hatte durchgesetzt, daß die siebenbürgischen Stände seine junge brandenburgische Gemahlin als seine Nachfolgerin anerkannten, und erreichte, daß auch die Pforte diese Bestimmung sanctionirte. Die europäischen Gesandten, die sich dafür verwendeten, zogen in Betracht, daß mit der Dynastie zugleich die Religion im Lande festgestellt, der österreichische Einfluß ausgeschlossen, und wahrscheinlich auch Brandenburg bewogen werde sich der großen Allianz anzuschließen.

Um den Krieg, den man vorhatte, mit Erfolg zu führen, schien es aber nöthig, die Beistimmung und wo möglich auch die Theilnahme der Pforte zu erlangen. Die Form der Verhandlung war, daß Bethlen seine Wünsche zuerst den drei Gesandten von England, Holland und Venedig vortrug, welche sie prüften und dann in so weit einen An-

---

sition of the progress of a victorious army and in defense of those places and passages which remain still in his power. — Conway an Wake, 20. Sept. 1626, bei Roe 557.

trag bei der Pforte darauf begründeten, als sie damit einverstanden waren.

In diesem Augenblick ging nun der Wunsch Bethlens auf eine Ermächtigung der Pforte, mit seinen türkischen Hülfsvölkern in das kaiserliche Gebiet vorzurücken und daselbst Winterquartiere zu nehmen; zugleich sollten die Tartaren in Podolien eindringen, um die Polen zu beschäftigen[1].

Wären diese Maßregeln ergriffen worden, so würden sie dem Kriege wohl eine neue Wendung gegeben haben. Wallenstein wäre genöthigt gewesen, seine ganze Macht zur Wiedereroberung der besetzten österreichischen Gebiete zu verwenden, und der König von Schweden in den Stand gesetzt worden, an dem allgemeinen Kriege, ungehindert von Polen, Theil zu nehmen.

Einmal aber: sollte die Pforte eine so entschlossene Politik beobachten? Sie war noch in einem gefährlichen Kriege mit Persien begriffen. Und selbst die drei Gesandten wollten so weit nicht gehen; sie wollten den Tadel nicht auf sich laden, christliche Gebiete der Invasion der Türken unmitelbar Preis gegeben zu haben. Am leichtesten hätte sich der holländische in den Antrag geschickt; denn die Republik, sagte er, sei schon ohnehin schwarz angeschrieben, und sie kämpfe überdies um ihre Existenz; aber weder der Bailo noch Sir Thomas Roe mochten sich so entschieden in Widerspruch mit dem Gemeingefühl der Christenheit setzen.

Es schien ihnen genug, wenn die Pforte die noch schwebenden Unterhandlungen mit dem Kaiser und den Abschluß

1) Articuli aliquot adjuncti postulatis ser$^{mi}$ principis Transylvaniae, bei Roe 561, nr. 3 u. 6.

eines neuen Friedens an die Einwilligung Gabors und selbst der europäischen Fürsten knüpfte. Ferner wurde der Pascha von Ofen, Murtesa, nach Bethlens Wunsch und dem Antrag der Gesandten beauftragt, dessen eigene Besitzungen, so wie die türkische Grenze überhaupt sicher zu stellen und den Feind durch eine drohende Haltung zu beunruhigen.

Man ließ demnach dem Fürsten von Siebenbürgen freie Hand und unterstützte ihn selbst bei seinem Unternehmen mit dem Gewicht einer beschützenden Autorität; jede eigentliche Theilnahme sollte vermieden bleiben: und in so fern war denn von den Osmanen das gute Vernehmen mit dem Kaiser und von den Gesandten die Idee der Christenheit als einer Gesammtheit gewahrt.

Wie aber, sagte Roe im Gespräch mit dem Kaimakan, wird es möglich sein, die Truppen unter ihren Zelten ruhig zu halten? Sie haben den strengsten Befehl dazu, antwortete dieser; die Soldaten sollen nur etwa mit dem Bau einer Brücke oder einer Feste, die später nützlich werden kann, beschäftigt werden. Aber er selbst gab zu, daß es nicht leicht sein Verbleiben dabei haben werde. Murtesa-Pascha hatte doch zugleich den geheimen Auftrag, wenn er den Kaiserlichen einen großen Schlag beibringen könne, die Gelegenheit nicht zu versäumen, sondern dem Großherrn einen so guten Dienst zu leisten[1]. Der Gesandte sagt, es sei nicht seines Amtes gewesen, dem zu widersprechen: möge denn immer, nach der Lehre der Katholiken, von den Feinden Gottes einer den andern erschlagen.

1) Aus einer Parabel zieht der Gesandte den Schluß: that if he (Murtesa) could take the emperor at any great advantage, that he should use it. Roe an Conway, Negotiations 560.

Wenn es die Absicht Bethlens war, den Krieg gegen Oesterreich und das spanisch-katholische System in großem Styl zu unternehmen, so wurde das durch die allgemeine Lage der Welt und die Bedenklichkeit seiner Verbündeten selbst gehindert; aber dahin kam es doch, daß die Pforte ein enger begrenztes Unternehmen gegen den Kaiser nicht allein billigte, sondern eventuell mit ihren eigenen Waffen zu unterstützen bereit war. Es erschien als eine glückverheißende Combination, daß Mansfeld und Johann Ernst von Weimar von den Küsten der Nordsee heranrückten, um sich mit ihm zu verbünden. Die Vorliebe der Schlesier für den Protestantismus kam ihnen nicht wenig zu Statten. Hätte sich die niederschlesische Landmiliz den Heranziehenden entgegengestellt, so würden diese, da sie zugleich von den Wallensteinischen Reitern verfolgt wurden, wahrscheinlich zu Grunde gegangen sein; aber Niemand regte sich; die großen Städte glaubten genug zu thun, wenn sie ihnen nur keine Hülfe gewährten; inmitten einer Art von Wagenburg, die gegen einen plötzlichen Reiteranfall sicher stellte, durchzog Mansfeld Niederschlesien; in den Gebirgen angelangt fand er Zulauf von allen Seiten. In Mähren schien man sehr geneigt ihm die Hand zu bieten. Die Proclamationen des Mansfelders und des Herzogs von Weimar machten größeren Eindruck, als die Befehle der Regierung, ihnen Widerstand zu leisten[1]. In Böhmen setzte sich an mehr als einer Stelle, wie in Leitmeritz und Joachimsthal, der fortschreitenden Antireformation selbst ein offener Widerstand entgegen.

1) Caraffa, Germania restaurata 261: Rustici — — potius Mansfeldianis quam Caesareanis iterum adhaerere voluerunt.

Indeß waren die Bauern von Oberösterreich im vollen Aufstand; sie stellten einen Herzog aus ihrer Mitte auf. In Unterösterreich trug man Bedenken die Landmiliz zu bewaffnen, weil man ihren Abfall fürchtete.

Was hätte daraus werden müssen, wenn sich dort an den Confinien der verschiedenen Erbländer eine Kriegsmacht von Bedeutung behauptet, oder wenn sie gar einen namhaften Vortheil davon getragen hätte.

Einen Augenblick war Mansfeld in Gefahr, von den kaiserlichen Reiterschaaren unter Pechmann und Isolani, die ihm immer auf der Ferse waren, eingeschlossen, und bei der Ankunft des Generals vollends zu Grunde gerichtet zu werden. Aber indem er sich bald nach der einen, bald nach der andern Seite wandte, gelang es ihm, über die Waag, über welche er eilends eine Brücke schlug, zu entkommen; er verbrannte sie hinter sich und war schon in die schützende Waldung und dann nach den Bergstädten entkommen, ehe die Kaiserlichen ihrerseits eine Brücke geschlagen hatten.

Indem erschienen nun auch Bethlen und Murtesa-Pascha im Feld: — „ich muß mich gefaßt machen," sagte Wallenstein, „mit Bethlen, Mansfeld und dem Türken zugleich zu raufen; es graust mir aber vor ihnen allen nicht."

Noch eine andere Schwierigkeit aber, die er nicht voraus sah, sollte sich ihm entgegensetzen: sie lag in der Stimmung der Ungarn, die allerdings Mansfeld nicht gern in den Bergstädten sahen, von den Verwüstungen, mit welchen Murtesa seine Schritte bezeichnete, zu leiden hatten, aber eben so wenig auch unter die militärische Gewalt des deutschen Kaiserthums, welche Wallenstein repräsentirte, gerathen wollten.

Sonderbare Scenen, die man dann erlebte. In den

Scharmützeln trafen die Ungarn beider Seiten aufeinander; aber sie hielten die gezückten Waffen an; die, welche bei Bethlen waren, riefen den kaiserlichen und diese jenen zu, daß sie nicht mit einander schlagen wollten, die kaiserlichen verweigerten selbst die Türken anzugreifen.

Am 30. September standen die beiden Armeen am Granfluß einander schlagfertig gegenüber; aber schon waren vom Palatin friedliche Eröffnungen an Bethlen ergangen[1]: man kam überein, denn bereits war es Abend geworden, in der Nacht nicht zu schlagen, sondern zu unterhandeln — Aurora sollte, wie Wallenstein sagt, alle Tractationes abschneiden — allein auf der Stelle, noch in der Nacht, zog sich Bethlen in eine vortheilhaftere Position: am andern Morgen wich auch Wallenstein nach Neuhäusel zurück, von wo er ausgezogen war, mehr um sein Glück zu versuchen, als gerüstet und mit dem Nothwendigen dazu versehen einen Feldzug regelmäßig durchzuführen.

Bethlen vereinigte sich nun mit Mansfeld; er konnte sich einiger Vortheile rühmen, welche er der Tapferkeit desselben zuschrieb; allein da die Türken doch nicht abgehalten werden konnten, ihren Demetriustag zu beobachten und nach demselben nach Hause zu gehen, so fühlte er sich nicht im Stande, das Feld zu behaupten.

Seinerseits verzweifelte auch Wallenstein, etwas Entscheidendes auszurichten. Eine in Folge des Mangels an Lebensmitteln in seiner Armee ausgebrochene pestartige Krank-

1) Vgl. Bethlens eigenen Bericht bei Katona XXXI, 257 und die dort folgenden Auszüge aus Kemeny. Sehr zu wünschen wäre für uns Deutsche eine Uebersetzung dieser Geschichtsbücher.

heit machte seine Lage bedenklich, und überdies, er hielt nicht für rathsam die Feindseligkeiten an dieser Stelle im Gang zu erhalten. Denn das leuchtete doch ein, daß der deutsche Krieg in dem ungarischen seinen besten Rückhalt fand. Wie Carl V und Ferdinand I hielt er für nöthig, diese Unruhen beizulegen, um etwas in Deutschland auszurichten. So nachtheilig der Friede von Sitvatörök für den Umfang des kaiserlichen Gebietes war, so hatte doch der Abschluß desselben dem katholischen Deutschland die Möglichkeit gegeben, seine Kräfte gegen die Protestanten zu richten. War dieser innere Hader auf eine oder die andere Weise beigelegt, so konnte man sich auch wieder gegen die Osmanen wenden. Die beiden Kriege zugleich zu führen, war für den Kaiser wie die Sachen damals standen, unmöglich.

Zuerst kam es darauf an, sich der Feindseligkeit oder vielmehr der Verbindung derselben mit den deutschen Irrungen zu entledigen.

So viel bewirkte das Auftreten Wallensteins doch, daß Bethlen unter Vermittelung des Palatins den Stillstand und die Abkunft annahm, die man ihm anbot. Noch einmal ward ihm die territoriale Stellung, die er in den früheren Friedensschlüssen erlangt hatte, mit geringen Abwandlungen bestätigt; doch versprach er sich von seinen Bundesgenossen zu sondern, und namentlich die deutschen Völker, die ihm zugezogen waren, aus Ungarn zu entfernen.

So sagte er dem Kaiser zu. Wenn man aber die Eröffnungen seines Bevollmächtigten an den englischen Gesandten in Constantinopel hört, so hielt er die Absicht fest, im nächsten Jahr den Krieg zu erneuern, und zwar in einer noch größeren Bundesgenossenschaft, die er mit den deutschen Führern und den Bevollmächtigten des Königs von Dänemark verabredet; es war dabei von einem neuen Anfall auf das österreichische Gebiet von Dalmatien her, für den man Venedig zu gewinnen hoffte, die Rede.

Alles zusammengefaßt, führte der Feldzug von 1626 noch keinen entscheidenden Erfolg herbei. Der König von Dänemark hatte eine Schlacht verloren; aber er hielt sich überaus mächtig im Felde. Bethlen war zum Frieden gedrängt worden; aber von seinem Besitz hatte er nichts aufgegeben, und er bereitete sich zur Erneuerung seiner Angriffe. Wallenstein gewann eine großartige Stellung, indem er den Krieg nach beiden Seiten hin führte: an dem dänischen selbst abwesend durch seine Truppen Theil nahm und durch sein Vordringen in Ungarn einen neuen Umsturz in den Erblanden verhütete.

Werfen wir noch einen Blick auf die Männer, die ihm gegenüberstanden.

### Kriegsführer der Zeit.

Einst in Kaschau hatte sich Bethlen wohl um ein Anlehn geringsten Umfangs — von 100 Rthlr. — vergebens bemüht: jetzt war er ein mächtiges Oberhaupt der Weltbewegungen geworden. Bethlen verdankte sein Fürstenthum der Gunst der Pforte, und er schloß sich ihr mehr an, als seine Vorgänger pflegten; aber er war doch durch die ungarischen Gespannschaften, die er Oesterreich abgerungen, zugleich unabhängig von ihr. An dieses doppelseitige Verhältniß knüpfte sich seine Verbindung mit den erbländischen Ständen, den deutschen Fürsten, den europäischen Mächten. Daß er eine große Position hatte, die den Westen bedrohte, und ihrer doch nicht ganz mächtig, zugleich auf die Politik der Osmanen angewiesen blieb, gab seinem Thun und Lassen eine Färbung von Unzuverlässigkeit. Sein Gesichtspunct war, in dem Kampfe der Religionen und Völkerstämme eine selbständige, gleichsam internationale, Dynastie zu gründen. Daß er die Krone des heiligen Stephan einst in seinem Besitz gehabt, ohne sie doch behaupten zu können, ließ ihn nicht schlafen: in dem Verfolg der allgemeinen Irrungen hoffte er sie wiederzuerwerben. Mit ganzer Seele gehörte er dem evangelischen Bekenntniß an. Er hat selbst ein Kirchenlied gedichtet: sechsundzwanzigmal hat er die Bibel durchgelesen, er versäumte nie die Predigt; von dem Grunde seines Glaubens wußte er treffend Rede und Antwort zu geben[1]. Nachdem er viele junge Leute auf deutschen Universitäten erhalten hatte, stiftete er selbst in seinem Gebiet eine hohe Schule für die Protestanten, an der unter andern Martin Opitz eine Zeitlang eine Stelle gefunden hat. Inmitten des wilden Treibens der Soldaten zeigte Bethlen einen Begriff von Mannszucht: er unterstützte den Pascha von Ofen zur Unterdrückung der unbotmäßigen Agas, und forderte Mansfeld auf, keine Plünderungen zuzulassen. Bei den Ungarn erscheint er als ihr großer Fürst, voll von heroischem Muth, dem sie enthusiastische Bewunderung zollen. Aber selbst im Getümmel der Schlacht bewährte er Bedachtsamkeit und Umsicht. Und den Verhältnissen gemäß war er im Feldlager fortwährend zugleich mit

---

1) Dajka Appendix ad Bojhinium, bei Engel Monumenta Vngrica 444.

seinen Negotiationen beschäftigt: er pflegte den Gesandten in ihrem Vortrag Einhalt zu thun, um die vorgetragenen Punkte zu beantworten, dann hieß er sie fortfahren. Jeden Augenblick war er bereit, das Schwert in die Scheide zu stecken, unter dem Vorbehalt jedoch, es wieder zu ziehen, sobald sein Vortheil es erheischt. Nachhaltige Erfolge erwartete er nur von der Ueberlegenheit seiner Waffen. Eines Tages hat ihm sein Schwager Christian Wilhelm ein schönes venezianisches Glasgefäß zum Geschenk gemacht; er ließ es absichtlich fallen: über den klirrenden Scherben machte er dem Administrator ein schönes Schwert zum Geschenk: das, sagte er, bricht nicht, wenn es fällt. Ein guter Rath für das Haus Brandenburg, den er selber befolgte. Auf den Confinien der Barbarei und der Culturwelt war er eine emporstrebende gewaltige Natur. Er wollte, in weitestem Umfang, ein evangelisches Dacien gründen.

Indem man von Bethlen noch alles erwartete, erlag Mansfeld auf seinem Weg nach Venedig, wo die Mittel und Wege für die Ausführung der neuen Pläne gesucht werden sollten, einer Krankheit, die er schon lange in sich trug. Sein Vater, Peter Ernst von Mansfeld, hatte ein langes, thatenerfülltes Leben dem Dienst des Hauses Oesterreich gewidmet; an der Gründung der katholischen Niederlande den lebendigsten Antheil genommen und sie einst als Statthalter verwaltet. Der Sohn Ernst, aus einer von dem Gesetz nicht anerkannten Verbindung entsprungen und zwar von dem Vater legitimirt, aber doch den übrigen Kindern nicht gleichgestellt, fand in dieser zweifelhaften Position, die ihm Ansprüche gab, welche sich doch nie erreichen ließen, den Stachel zu einer excentrischen Thätigkeit. Als er im

Dienste des Erzherzog Leopold, dessen Unternehmungen ja selbst von sehr zweifelhafter Berechtigung waren, nicht mehr fortkommen konnte — man versagte ihm selbst das Lösegeld, das er, aus einer Gefangenschaft, in die er gerathen war, losgelassen, zu zahlen hatte, wenn er seinen Namen nicht an den Galgen angeschlagen sehen wollte — ging er mit der Truppe, die ihm folgte, zu dem Feinde über. Es war ein anderes Grenzgebiet der Gesinnung und der Lebensstellung, als das Bethlenische, auf dem sich Mansfeld entwickelte: zwischen den beiden politisch-religiösen Systemen, Spanien-Oesterreich und dessen Gegnern. Zurückgestoßen von dem ersten schloß er sich dem zweiten an: wir finden ihn im Dienste des Herzogs von Savoyen, der böhmischen Stände, des Pfalzgrafen Friedrich, der Generalstaaten, des Königs von England, und zuletzt Dänemarks. Nicht selten sind Versuche gemacht worden, ihn wieder auf die andere Seite zu ziehen, und man hielt es für möglich, denn ein entscheidendes Motiv bildete die Religion für ihn nicht, aber er blieb doch der einmal ergriffenen Partei getreu, in deren Dienst er sich den alten Gegnern furchtbar machte. In der spanisch-niederländischen Armee war es nicht selten, daß sich Regimenter, denen man ihren Sold nicht zahlte, auf eigene Hand in den Besitz einer Landschaft setzten, um sich bezahlt zu machen. Ernst von Mansfeld nahm eine ähnliche gewaltsam selbständige Stellung ein; es gab ihm Bedeutung, daß er auch sonst Sinn und Art der spanisch-niederländischen Kriegführung auf die entgegengesetzte Seite herüberführte. In höchst unregelmäßigen Bahnen bewegte er sich mit unvergleichlicher Gewandheit und unverwüstlichem Unternehmungsgeist: nach allen den Niederlagen, die er erlitten, immer wieder auf den Füßen und zur Stelle. Durch seine

Erscheinung, oder durch sein moralisches Verhalten konnte er keinen Eindruck machen: er war klein von Person und mißgestaltet[1]; auf seinen Feldzügen pflegte er von verdächtigen Weibspersonen begleitet zu werden; sein Degen allein, seine immer geschickte, kecke Heerführung gab ihm Ansehen. In Venedig glaubte man selbst an sein Glück, das ihn bei allen Unfällen doch begleitet habe: ehe Wallenstein emporkam, behauptete er den größten Namen unter den Condottieren dieses Zeitalters. Es ist wohl nur ein Scherz, wenn man gesagt hat, der Mufti von Ofen habe ihm einen Paßport zu dem islamitischen Paradies versprochen, dagegen ist glaubwürdig überliefert, daß er sich zuletzt katholisch erklärt habe. Doch das waren die Gedanken nicht, in denen er sich bewegte: er wollte sterben, wie er gelebt hatte, als Soldat. Als er sein Ende nahe fühlte, so erzählt man, ließ er sich möglichst gut ankleiden und den Degen anschnallen: zwischen zweien seiner Diener, auf ihre Arme gelehnt, aber in Waffen, so erwartete er den Tod[2]. Sein Credit in der Welt, seine bewegliche und doch auf ein bestimmtes Ziel gerichtete Thätigkeit, welche immer neue Mittel fand und neue Wege einschlug, machte seinen Abgang zu einem Verlust für seine Partei. Ohne ihn war Venedig zu keiner entscheidenden Leistung zu bewegen.

Während der Abwesenheit Mansfelds dachte Johann Ernst von Weimar, was auch immer mit Bethlen verabredet

---

1) Diese Schilderung stammt von Kemeny bei Katona XXXI, 258.

2) Die Sache ist mit ziemlicher Zuverlässigkeit von Gualdo Priorato erzählt, welcher des Zeugnisses der Diener dabei erwähnt (Historia di Ferdinando III. 173).

sein mochte, die deutschen Truppen in den ungarischen Bergstädten so gut wie in Oberschlesien zu behaupten; er hatte seine Winterquartiere in der Gespannschaft Thuroz genommen. Johann Ernst war ein Protestant ohne Wanken oder Fragen, durch Herkunft und Erziehung: ein Schüler Hortleders, des Mannes, der, indem er die Actenstücke über den schmalkaldischen Krieg sammelte, zugleich in den Protestanten den Sinn erweckte, welcher sie fähig machte, den noch gewaltigeren Kampf zu bestehen, der sich damals für sie eröffnete. In den ernestinischen Prinzen erweckte Hortleder das lebendigste Bewußtsein des Unrechts, das ihre Familie damals von dem Haus Oesterreich, dem sie doch vollkommen ebenbürtig sei, erduldet habe. Sie hielten an dem Wesen der lutherischen Lehre fest, die unter dem Schutze ihres Stammvaters emporgekommen war; bei der gelehrten Erziehung, die sich auf dasselbe basirt, bilden dann die Kernsprüche der heiligen Schrift und die Beispiele aus dem Alterthum, welche die eigene Lectüre dem Gemüth nahe bringt, das wirksamste Moment. Auch gute Sitte und moralische Führung gehört dazu: „denn sonst wird mit dem Leibe auch die Seele geschwächt; man erschrickt vor dem Ungemach des rauhen Pfades der Tugend, welcher doch allein zum Ruhme führt.“ Aus dieser Schule ging Johann Ernst hervor. Und welche Stellung hatte doch sein an sich noch machtloserer Oheim, Bruder seiner Mutter, Fürst Christian von Anhalt, durch freudiges Ergreifen der protestantischen Tendenzen erworben. So erkannte nun auch Johann Ernst den Pfalzgrafen Friedrich als den wahren König von Böhmen an, dem er sogar als Inhaber böhmischer Lehen Dienste zu leisten verpflichtet sei; er war mit in der Schlacht am weißen Berge; die widerwärtigen Folgen voraussehend, welche deren unglücklicher Ausschlag für ihn selbst und sein Land herbeiführen könne, mochte er nicht dahin zurückkehren: denn er wolle nicht durch Unterwerfung für recht erklären, was er in seinem Gewissen für unrecht halte; er wolle als Reichsfürst die Reichsfreiheit vertheidigen. Er nahm also an den Wechselfällen des Kriegs, von niedrer Stelle zu den höhern aufsteigend, weitern Antheil. Ihm und seinen Leuten war damals die Besetzung von Troppau, Oppeln, Jägerndorf zu danken, welche er alle sogleich auf die so eben aufgekommene Weise mit Erdwällen befestigen ließ; er zeigte Festigkeit und kaltes Blut, Einsicht und Energie, und schien sich noch zu einem großen Feldherrn ausbilden zu können. Zunächst würde er mit Wallenstein über Oberschlesien haben kämpfen müssen: aber schon war seine Lebenskraft durch die Anstrengungen des Krieges erschöpft. Er hatte bereits vierzehn Tage an einem Fieber gelitten, als er die Nachricht vom Tode Mansfelds bekam: er liebte ihn, soviel man weiß, nicht, aber ihre Sache war unauflöslich verbunden. Ein apoplektischer Schlag machte gleich darauf seinem Leben ein Ende.

Noch einen andern Verlust hatte, wie oben angedeutet, die protestantische Sache ein paar Monate vorher in dem Administrator von Halberstadt, Herzog Christian von Braunschweig, erlitten. An ihm sah man recht eigen, wie unnatürlich die Verbindung der bischöflichen Würde mit dem Wesen und der Natur eines jungen Reichsfürsten war. Wenn auf der andern Seite selbst ein Erzherzog und Bischof, wie Leopold von Passau, den Chorrock von sich warf, um sich mit den Waffen den Weg zur weltlichen Macht zu bahnen, so kann es so großes Erstaunen nicht erregen, daß der Administrator eines protestantischen Stiftes in dem allgemeinen religiösen Kampf eine militärische Rolle zu spielen unternahm. Sein Wahlspruch: Gottes Freund und der Pfaffen Feind, hat insofern einen Sinn, als man in der Zerstörung der erneuerten Institute des Katholicismus einen der wahren Religion geleisteten Dienst erblickte. Gelehrt war er nicht, wie Johann Ernst, obgleich er Universitäten besucht hatte; noch auch hielt er auf Mannszucht wie Bethlen, er ließ Gewaltsamkeiten geschehen und rühmte sich ihrer noch; dennoch war etwas Großartiges in ihm, was ihm, durch seine Bizarrerien noch gehoben, einst, als er in England erschien, die Aufmerksamkeit und persönliche Bewunderung des Hofes verschaffte. Er war freigebig ohne Gleichen und schien sein Leben so viel oder so wenig zu achten wie sein Geld. Sein Thun und Treiben gewann durch seine Hingebung für die verjagte Königin von Böhmen eine Art von romantischem Anflug. Sie war seine nahe Verwandte — ihre Mütter waren Schwestern — schön und unglücklich: sie sagt selbst einmal, daß ihr tapferer Vetter nur um ihretwillen in diese Sache sich eingelassen habe[1]. Nicht ganz gefiel ihr seine Waffengenossenschaft mit Mansfeld, zu dessen religiöser Festigkeit sie kein Zutrauen hatte, — diese Verbindung hat aber dem jungen Fürsten Gelegenheit zu seiner glänzendsten Waffenthat, dem glücklichen Durchbrechen der spanischen Aufstellung bei Fleurus, gegeben. Ein Lied rühmt die Freudigkeit, mit der er das Schwert in der einen, die Pistole in der andern Hand auf den Feind losgegangen sei,

---

1) Die Königin von Böhmen an Roe, Aug. 1622, wie da die Worte besser lauten: he hath engaged himself only for my sake in our quarrel. (Roe, Negotiations p. 74.)

und den Nachdruck, mit dem er die Seinen zusammengehalten habe. An der Sache, die er einmal ergriffen, hielt er, voll von unnachgiebigen Welfischem Ehrgeiz, auch dann fest, als sie Andern verloren schien. Er erklärte seinen Pardon nur annehmen zu wollen, wenn zuvor auch der König und die Königin von Böhmen den ihren empfangen haben und in ihre Länder zurückgekehrt sein würden. Für sich selbst konnte er sein Bisthum aufgeben, aber niemals die Rechte der Familie, der er angehörte. Immer tiefer in die Wirren des niederdeutschen Krieges verflochten, schlug er sich um den Besitz von Grubenhagen, den er dem Stammesvetter, dem kaiserlichen Urtheil zum Trotz bestritt, auf das tapferste: als ihn ein Fieber heimsuchte, das in wenig Tagen, im Juni 1626, seinem Leben ein Ende machte.

Bei aller Beziehung zu den großen europäischen und religiösen Fragen oder vielmehr gerade in Folge derselben mischen sich noch einmal individuelle Antriebe und Beziehungen in die Kriegführung der Zeit.

---

## Drittes Capitel.

Reichsverhältnisse. Ueberwältigung Dänemarks.

Ein verwandtes Moment lag noch in der Stellung Wallensteins. Denn wie von Anfang an, so hatte er auch jetzt, durch keine Pflicht verbunden, sondern freiwillig, auf eigene Kosten und seine eigene Rechnung, dem Kaiser Hülfe geleistet: und zwar im großen Maßstab. Er war der Unternehmer einer Kriegsbewaffnung, welche in so fern einen privaten Charakter an sich trug, als sie neue Ansprüche begründete, zu neuen Forderungen berechtigte, die nicht abgelehnt werden konnten, und die Einwirkung des Kaisers auf die Armee nothwendig beschränkte. Daß er nun aber oberster Feldhauptmann des Kaisers war, gab ihm doch wieder eine große öffentliche Stellung, an die kein Anderer reichte. Er repräsentirte die kaiserliche Autorität, die er nach tiefem Verfall plötzlich wieder durch ein Kriegsheer zur Geltung brachte, und zwar in Regionen von Norddeutschland, in welche selbst die Macht Carls V nie gereicht hatte. Wir berührten, wie der kaiserliche Name den Protestanten imponirte, selbst mehr als den Katholiken der Zeit. Denn diese hatten den Krieg bisher hauptsächlich mit eignen Kräften, nach eignem Ermessen geführt: es konnte ihnen nicht durchaus willkommen sein, daß nun auch ihnen gegenüber das Recht der kaiserlichen Oberherrlichkeit so mächtig emporkam, ohne daß man sah, wie es sich mit der damaligen Lage der Reichsgeschäfte vertragen würde.

Die deutsche Verfassung beruhte, so lange kein Reichstag berufen wurde, auf dem Zusammenwirken der kaiserlichen und der churfürstlichen Autorität. Das Einverständniß der drei geistlichen und der drei weltlichen Churfürsten, oder das Gleichgewicht, das sie einander hielten, hatte lange Zeit den Frieden in Deutschland erhalten. Durch die Ausschließung des rührigsten Protestanten, des Churfürsten von der Pfalz, aus dem Collegium, und die Ersetzung desselben durch den eifrigsten Katholiken, Maximilian von Baiern, war eine katholische Majorität, welche nun durch die politischen und religiösen Interessen auf das engste vereinigt blieb, im Churfürstenrathe gebildet worden. Sachsen und Brandenburg hatten sich bei dem Act der Belehnung fern gehalten, sie bestanden auf dem erblichen Rechte des Churfürsten von der Pfalz und seiner Familie; aber zu einem nachhaltigen Widerspruch, welcher Wirkung hätte haben können, ermannten sie sich doch nicht: die Autorität des churfürstlichen Collegiums erhielt sich auch unter der neuen Gestalt der Dinge und kam nun den katholischen Tendenzen mächtig zu Statten.

Lange Zeit wurde sie durch das Heer der Liga vertreten, an dessen Spitze der Wallone Tilly stand, der sich von den übrigen Kriegsführern dadurch unterschied, daß er wirklich eben nichts als General war, und den ihm vorgeschriebenen Anordnungen keinen eigenen Willen entgegen setzte. Die katholischen Fürsten und die Liga erschienen als die Meister der deutschen Geschicke.

Wie nun aber, wenn das Kaiserthum, das bisher zurückgetreten war, eine von ihnen unabhängige Wirksamkeit in

Anspruch nahm? Obwohl davon nicht ausdrücklich die Rede ist, so darf man doch voraussetzen, daß der Wunsch und das Bedürfniß, der kaiserlichen Autorität eine selbständige Repräsentation im Reiche zu geben, in Wien ein Motiv für die Annahme der Wallensteinischen Erbietungen gebildet hat.

Fürs Erste konnte es den Churfürsten und der Liga nicht anders als erwünscht sein, daß ein kaiserliches Heer im Felde erschien, welches viel dazu beitrug, daß den dänischen Angriffen ein nachhaltiger Widerstand geleistet wurde. Allein wenn es auf die Benutzung der gewonnenen Erfolge, die Fortsetzung des Krieges zu bestimmten Zwecken ankam, so stellte sich ein Zwiespalt heraus, der der damaligen Verfassung des Reiches entsprach.

Eine der gewaltigsten Aeußerungen der kaiserlichen Machtvollkommenheit war die Erhebung des Churfürsten Maximilian zur Churwürde; eben in ihm fand nun das Kaiserthum den eifrigsten Verfechter der ihm entgegengesetzten Prärogative des churfürstlichen Collegiums.

Der erste Widerstreit knüpfte sich, wie im deutschen Reiche gewöhnlich, an eine Territorialfrage.

Noch vor dem Tode Christians und der Schlacht von Lutter waren die Gebiete von Braunschweig-Wolfenbüttel dazu bestimmt, durch eine Achtserklärung dem bisherigen Fürsten abgesprochen und anderweit verliehen zu werden. Wallenstein, dem alles darauf ankam, die Verbindungen zu pflegen, die ihm den Weg nach Norddeutschland eröffnet hatten, trug kein Bedenken, dem nächsten Stammesvetter aus dem Hause Lüneburg die Belehnung mit den einzuziehenden Landschaften im Allgemeinen, besonders aber dem Herzog Georg die Erwerbung des Fürstenthums Göttingen in Aussicht zu stellen[1]. Schon im Dezember 1625 wurden der Secretär Wallensteins, Pergels, und der lüneburgische Rath, Dr. Hundt, darüber vollkommen einig. Wallenstein ließ eine sehr eifrige Verwendung dafür an den Hof abgehen.

Dagegen aber erhob sich eine andre unerwartete Prätension von einer andern Seite.

Churfürst Schweickardt von Mainz, der damals in Folge der Gegenreformation in höherm Grade Herr und Meister des Eichsfeldes geworden war, als seine Vorfahren, forderte zur Sicherung und Verstärkung dieser Besitzungen die Städte Göttingen, Nordheim und Münden für sein Erzstift. Er selbst konnte Verdienste geltend machen. Er hatte bei der Umwandlung der deutschen Zustände, der Wahl Ferdinands II und der Uebertragung der pfälzischen Chur auf Baiern, eine entscheidende Wirksamkeit ausgeübt. Ueberdies aber unterstützte Churfürst Maximilian sein Gesuch auf das dringendste[2].

---

1) v. d. Decken, Herzog Georg von Lüneburg I, 174.

2) In einem Schreiben des Churfürsten Maximilian, 28. Mai 1626, heißt es: Der Churfürst von Mainz fordere nicht allein Befehl an Tilly, daß er die drei braunschweigischen stätte Nordheim, Göttingen und Münden besetzen solle, sondern er fordere ihn, den Churfürsten Max, auf: bei der Kays. May. unserem allergnedigsten lieben Herrn und vettern was dahin zu interponiren, und dieselbe zu erbietten helffen, daß sie den Generalen dem Herzogen von Fridlandt gleichmessigen beuelch zufertigen, entzwischen Ihre Chur. Mainz L. zu etwas ergötzlichkeit dero erlüttnen schaden mit einer Kays. Expectanz auf benenete drey Braunschweigische Stätte versehen wollen.

Der Churfürst hofft, der Kaiser werde „auf villen bekhanten vrsachen und Motiuen geneigt sein, Chur. Mainz L. der gebettenen Expectanz halber auf gedachte drey Städt wüllfehrig zu erscheinen“.

Zunächst hier stieß das kaiserliche Interesse, wie es Wallenstein verstand und vertrat, mit dem ligistischen unmittelbar zusammen. Der General hatte einen Fürsten von Bedeutung in den kaiserlichen Kriegsdienst gezogen, indem er ihm die Anwartschaft auf ein Land versprach, welches ein um das kaiserliche Haus sehr verdienter Fürst, unter Unterstützung eines andern, der in noch höherer Gnade war, für sich selbst in Anspruch nahm. Die Natur der Menschen und der Dinge brachte es mit sich, daß daraus die mannichfaltigsten Zwistigkeiten folgten.

Erst durch diesen Gegensatz versteht man, weshalb Wallenstein dem jungen Georg, welcher ohne Zweifel damit sehr einverstanden war, verbot, die kaiserlichen Völker zur Vertheidigung des Eichsfeldes zu verwenden: „denn die Katholischen", sagte er, „müssen ihre Länder selbst beschützen"; — was man ihm auf der andern Seite sehr übel nahm und auch am Hofe zu Wien verargte.

Es sah fast wie eine Feindseligkeit und Bedrohung aus, wenn Wallenstein den Herzog Georg nach der Wetterau schickte, um die Werbung einiger neu zu errichtenden Regimenter, zu der er diesen Sammelplatz bestimmte, zu leiten. Er meinte, als Vertreter der kaiserlichen Autorität dazu berechtigt zu sein, mochten die territorialen Gewalten damit einverstanden sein oder nicht. Es war in unmittelbarer Nähe des Churfürstenthums Mainz. Alles war der Liga verhaßt, die Anmaßung des Generals, die Aufstellung der Truppen in jenen Gegenden, die Werbung selbst.

Ueberhaupt erhob die Liga ihre Stimme gegen die Rücksichtslosigkeit, mit der ihre Gebiete vom kaiserlichen General und seinen Truppen behandelt wurden. Die mainzischen Gebiete in Thüringen, die fränkischen Bisthümer, die Oberpfalz, welche unter der Verwaltung der Baiern stand, waren soeben von den Durchzügen der Wallensteinischen Regimenter und ihren Erpressungen auf das bitterste betroffen worden.

Die Fürsten erinnerten den Kaiser, welche Dankbarkeit er ihnen für das Uebernehmen der schweren Kriegslasten zu Gunsten seines Hauses überhaupt schuldig sei: wolle er dafür diese treu assistirenden Stände, „die katholischen vereinten", dem Raub einer ungebändigten Soldateska preisgeben? Sie forderten Bestrafung der Obersten, über die man sich beschwere und Einstellung der Werbungen. Sie hätten bereits damals gern gesehen, daß der General selbst seines Amtes entlassen worden wäre. Dafür lag ein anderer Beweggrund, der von dem kaiserlichen Interesse ausging, in Wallensteins letztem militärischen Verhalten: man machte es ihm zum Vorwurf, daß er den Einfall Mansfelds in Schlesien nicht überhaupt verhindert, und schrieb es seinem bösen Willen zu, daß er in Ungarn mit Türken und Siebenbürgern nicht ernstlich geschlagen hatte: er hätte sie vernichten können. Oder sei er zu einem Krieg in großem Style unfähig? er sammle nur immer Truppen, und liebe, große Heere unter sich zu haben; aber den Feind anzugreifen, dazu könne ihn blos der Zufall veranlassen. Wirklichen Widerstand wisse er nicht zu bezwingen. Wo würde man in Niedersachsen geblieben sein, wenn man nicht Tilly gehabt hätte? Auch der spanische Gesandte versicherte, er habe seinem Hof geschrieben, daß sich Spanien nur von dem katholischen Bund, nicht aber von Wallenstein nachhaltige Vortheile versprechen könne.

Wallenstein, durch alle die Beschwerden, die man gegen ihn erhob, und die zwar bei Hofe nicht alle den Anklang fanden, den die Gegner erwarteten, aber doch einen gewissen Eindruck machten, gekränkt — denn auch er glaubte ein großes Verdienst selbst in Niedersachsen, um wie viel mehr in den österreichischen Erblanden und in Ungarn, erworben zu haben — sprach von seiner Abdankung. Man erfährt, daß zuerst sein Schwiegervater Harrach mit ihm darüber unterhandelt hat, aber wegen der Bedingungen, die er aufstellte, nicht zum Schluß gekommen ist.

Der kaiserliche Hof befand sich zwischen den beiden Heeren, gleichsam Mächten, die sich nach und nach für ihn erhoben hatten, in einer widerwärtigen Verlegenheit; beide machten unleugbare Verdienste geltend, aber ihre Ansprüche liefen einander geradezu entgegen.

Ein Zustand, der um so bedenklicher war, da die allgemeinen Angelegenheiten durch den letzten Feldzug keineswegs zur Entscheidung gebracht waren. Der erste Minister des Kaisers, Fürst Eggenberg, hielt für nothwendig, mit dem General, auf dem die Kriegführung beruhte, persönlich Rücksprache zu nehmen; — was zu Bruck an der Leitha den 25. Nov. 1626 geschah.

Dem Minister eröffnete Wallenstein seine Gedanken systematischer, als er zu thun pflegte. Er ging davon aus, daß der kaiserliche Hof die europäischen Fürsten so gut wie alle gegen sich habe, wenige ausgenommen, welche für sich selbst beschäftigt seien. Der Kaiser und seine Erblande seien aber außer Stande, die erforderlichen Mittel aufzubringen, um den Krieg zu bestehen; diese Mittel müsse ihm das deutsche Reich gewähren. Um sich zu vertheidigen, bleibe ihm nichts übrig, als in dem Innern Deutschlands ein zahlreiches und mächtiges Heer aufzustellen, vor dem die Feinde weichen müßten, das man aber nie in die Gefahr bringen dürfe, in großen Schlachten oder langwierigen Belagerungen zu Grunde gerichtet zu werden. Mit dieser Armee dürfe das Haus Oesterreich nicht etwa Eroberung machen wollen: nur dann werde sie beisammen bleiben, da die Obersten, deren man sich bedienen könne, größtentheils Lutheraner seien. Darauf müsse man denken, das Reiche in Frieden zu setzen und darin zu erhalten; dann werde der Kaiser allen Seiten furchtbar werden.

Man sieht, Alles griff in einander: die große Menge der Truppen, die Ausdehnung ihrer Quartiere, die Contribution, womöglich ohne Gewaltsamkeit, die Aufnahme von Protestanten, die Rücksichtslosigkeit gegen die Katholiken, selbst die Vermeidung gefährlicher Schlachten. Wallenstein verhehlte nicht, daß er deshalb auch in Ungarn an sich gehalten habe; er meinte, daß man sich dort mit der Vertheidigung der Grenzen begnügen und einen Angriffskrieg unter allen Umständen vermeiden müsse.

Wer aber — fuhr er fort — könne es dem Kaiser verdenken, wenn er die Quartiere seiner Armee über ganz Deutschland ausdehne? er sei dazu vollkommen berechtigt. Ohne Mühe könne er 70,000 Mann regelmäßig im Felde halten. Wenn das ein paar Jahre geschehe, würden die Feinde selbst um Frieden bitten; er werde seine oberste Würde unter den Fürsten der Christenheit wieder zur Geltung bringen. Und indessen würden auch die Erblande wieder zu Kräften kommen: er werde beliebig nach allen Seiten hin Krieg zu führen im Stande sein.

Eggenberg wurde von diesen Gründen überzeugt: er billigte, was in Ungarn geschehen war, und ging — wir werden sogleich darauf zurückkommen — auf die weitern Ideen

Wallensteins darüber ein; man wollte vor allem darauf denken, die Erbstaaten vollends zu pacificiren, die dann zunächst noch die Last der Winterquartiere zu tragen hätten; aber indeß könnten die Werbungen fortgehen und darnach der Aufbau der kaiserlichen Macht in dem Innern Deutschlands vor sich gehen.

Alle den mächtigen Autonomien, die der kaiserlichen Macht bisher widerstanden hatten, sollte dadurch ein Zügel angelegt werden: nicht allein den protestantischen, sondern auch, wenn es nöthig sei, den katholischen. Nicht der Krieg allein war der Zweck der Aufstellung des Heeres, sondern diese war selbst der Zweck. Man hoffte ohne große Kriegshandlungen darauf den Frieden und eine dauernde Macht gründen zu können [1].

Der Erfolg von alle dem war, daß die Liga mit ihren Beschwerden kein Gehör fand. Der bairische Resident bei Hofe beklagt sich, daß man wohl Befehle in seinem Sinn erlasse; allein sie auszuführen oder auch nicht, stehe bei Wallenstein. Die über ihn einlaufenden Beschwerden gebe man an ihn zurück, der gleichsam über die Reichsfürsten zu Gericht sitze; er zeige sich sehr ungehalten gegen seine Ankläger und drohe, sich an ihnen zu rächen.

Auf den Gesandten selbst machte das so vielen Eindruck, daß er in den Extracten aus den ihm zugehenden Beschwerdeschriften die Stellen fortließ, in denen von Verdiensten des ligistischen Heeres und von der schlechten Behandlung, die es

1) Das wichtigste Actenstück dafür ist das erste in Aretins Wallenstein, datirt 26. Nov. 1626. Der Beweis des Verständnisses liegt unter anderem in der Erhebung Wallensteins zum Herzog von Friedland, die bald darauf folgte, — 1627.

erfahre, in hochtönenden Worten die Rede war: denn man werde dadurch das Gegentheil bewirken; Wallenstein sei sehr empfindlich und müsse geschont werden.

Damit aber erreichte er doch nicht, was er beabsichtigte: Wallenstein versagte dem ligistischen General die Zufuhr von Getreide aus dem Halberstädtischen Gebiet, denn nur für sein eigenes Heer meinte er die Hülfsquellen der von ihm eingenommenen Landschaften zu verwerthen. Tilly wurde schließlich angewiesen, was er brauche, sich von Böhmen her gegen Bezahlung zu verschaffen.

Es war schon so weit gekommen, daß die Mitglieder des kaiserlichen Rathscollegiums Bedenken trugen, mit Wallenstein in Streit zu gerathen; nur einer, Questenberg, wußte mit ihm fertig zu werden.

Man meint, Wallenstein habe durch Bestechungen oder Familienverbindungen oder auch geistlichen Einfluß bei Kaiser Ferdinand seine Absichten durchgeführt. Um dem entgegenzuarbeiten, wurden von Seiten der Liga andere angesehene Geistliche, die bei dem Kaiser Einfluß hatten, verwendet. Doch hing die Entscheidung von diesen persönlichen Einwirkungen nicht mehr ab. Beschwerden konnten vorgebracht und vielleicht auch gehoben werden: in dem Hauptziel der Politik waren die kaiserliche Regierung und der General einverstanden.

In den ersten Monaten des Jahres 1627 erneuerten sich die Klagen der vier Churfürsten und der geistlichen Herren aus Franken; sie wurden durch die aus den Erblanden erschallenden Wehklagen verstärkt.

In der Hoffnung, eine Abhülfe zu erlangen, sandte die Liga eine eigene Gesandtschaft nach Wien, die zu einer Zeit eintraf, wo Wallenstein, auf dessen Ankunft man die Erörterung der großen Fragen verschoben hatte, bereits selbst anwesend war.

Er versprach die Abstellung aller Mißbräuche, jedoch nicht der Werbungen. In den Verhandlungen darüber ist der Gegensatz der beiden Directionen eines Tages zu voller Erscheinung gekommen. Friedland bestand auf die Prärogative des Kaisers; er fragte, ob der Kaiser eine bloße Bildsäule sein solle? sie antworteten: das Reich sei nicht allein dem Kaiser verpflichtet, sondern dieser habe auch dem Reiche geschworen [1].

Wallenstein wollte dem Kaiser eine Gewalt verschaffen, die im Reiche nicht des Herkommens war. Die Fürsten bestanden auf eine Beschränkung der kaiserlichen Macht, die ihnen ihre Selbständigkeit sicherte. Es waren dieselben, welche die Mehrheit im Fürstenrath bildeten und die katholische Liga ausmachten. In den Angelegenheiten, die ein gemeinschaftliches Interesse bildeten, hatten sie die kaiserliche Autorität selbst über die Grenzen hinaus, welche ihr die alten Gesetze zogen, unterstützt; sie schien eine Zeitlang nur da zu sein, um ihre Wünsche zu vollziehen. Anders aber war es jetzt geworden. Von dem bewaffneten Kaiser und seinem General waren sie selbst eingeengt und bedroht. Sie waren entschlossen ihm, so viel nur immer möglich, zu widerstreben.

Fürs Erste suchte Wallenstein den Bruch zu vermeiden; er wollte versprechen, daß fortan keine Truppen auf das Gebiet der Churfürsten und der Liga überhaupt gelegt werden sollten; dagegen soll aber auch ihr Kriegsvolk sich nicht auf eine Weise ausdehnen, daß die kaiserlichen Quartiere dadurch beengt würden. Er rieth dem Kaiser, der Liga Satisfaction zu geben;

1) Aretin (Wallenstein S. 15) aus dem Berichte Senfftenau's.

nur möge er ihr beweisen, daß er Kaiser sei, und daß er sich nichts Unbilliges werde zumuthen lassen[1].

Auf einer ihrer Versammlungen im März 1627 hatte die Liga beschlossen, ihren Beschwerden durch einen Collegialtag der Churfürsten größeren Nachdruck zu geben, der auf der Stelle erst nach Nürnberg angekündigt, aber dann, weil man dort in den Bereich der friedländischen Soldateska zu gerathen fürchtete, nach Mühlhausen verlegt, im September und October daselbst wirklich zu Stande kam. Die katholische Majorität erschien da zum ersten Mal in ihrer Ueberlegenheit. Der bairische Bevollmächtigte ward als factisch berechtigt betrachtet, obwohl die Andern noch entfernt waren, die pfälzischen Rechte aufzugeben.

Es hat ein gewisses Interesse, wie sich auch unter den veränderten Umständen die beiden Parteien gegen einander stellten.

Die Proposition betraf die Abstellung der Gewaltthaten, welche die undisciplinirte Soldateska im Reich allenthalben verübe; Baiern trug darauf an, daß man die Ausschreitungen, die von derselben begangen würden, dem Kaiser durch eine Sendung vorstellen und um eine Remedur derselben bitten solle. Dabei äußerte der kölnische Gesandte, der Kaiser verdanke seine Herstellung in Böhmen der Unterstützung der unirten katholischen Fürsten. Der Churfürst von Sachsen wollte jedoch seinen Antheil an dem Ereigniß nicht so ganz in Vergessenheit stellen lassen: der Gesandte mußte jenen Ausdruck dahin berichtigen, daß der Kaiser von den getreuen Ständen über=

1) Schreiben Friedlands an den Kaiser — 24. Mai 1627 — bei Chlumecky, Regesten, Briefe Albrechts von Waldstein S. 49.

haupt hergestellt sei. Eine ausschließliche Verpflichtung des Kaisers für die Liga wäre ihm höchst anstößig gewesen[1].

Ueber die Hauptfrage ergriff dann der Churfürst von Sachsen — neben Mainz der einzige, der persönlich gekommen war — das Wort. Mit einer gewissen Beredtsamkeit beklagte er, daß der Krieg, den man durch Unterstützung des Kaisers zu dämpfen gemeint, Deutschland dennoch ergriffen habe und es ganz und gar zu veröden drohe. Denn allenthalben eröffne man Werbungen und nehme Durchzüge vor, ohne die Landesherren zu begrüßen, und verhänge schwere Contributionen. Schon sei es dahin gekommen, daß mancher Fürst nicht mehr zu leben habe; die Reichsverfassung werde nicht geachtet. Von der Präeminenz der Churfürsten, die billig bei einem neuen Kriegsunternehmen hätten gefragt werden sollen, rede man verächtlich. Man sieht, wie allgemein dies lautet. Johann Georg von Sachsen hütete sich sehr, blos von Wallenstein und den kaiserlichen Völkern zu sprechen; denn gegen den General der Liga liefen nicht weniger laute und begründete Beschwerden ein, als gegen den kaiserlichen. Vollkommen kam die Liga in Mühlhausen nicht zu ihrem Zweck. Zu einer eigentlichen Mission, die direct gegen Wallenstein gerichtet gewesen wäre, entschlossen sich die Churfürsten nicht. Sie begnügten sich mit ermahnenden Schreiben an die beiden Generale und einer schriftlichen Vorstellung an den Kaiser über die dringende Nothwendigkeit einer Abhülfe der unerträglichen Beschwerden. In dem Schreiben an Friedland bemerkte man einige Drohworte. Die brandenburgischen Gesandten, an deren

1) Ich schöpfe aus den brandenburgischen Berichten über den Tag von Mühlhausen.

Spitze Adam Schwarzenberg stand, forderten die Weglassung derselben, denn sie würden den General nur noch mehr aufreizen.

### Feldzug von 1627.

Im Frühjahr 1627 bewegte sich König Christian IV noch einmal in großen und glänzenden Aussichten. Er kündigte den Verbündeten, sowohl den Republiken Venedig und Holland, wie den Königen von England und Frankreich, seinen Entschluß an, den Krieg mit aller Macht fortzusetzen. Von den verschiedensten Seiten her zogen ihm kriegslustige Gehülfen zu. Aus Venedig kamen der Graf von Thurn, der seit einigen Jahren daselbst Dienste gethan hatte, und der Markgraf von Baden-Durlach, die als gute Kriegsleute und zuverlässige Protestanten galten. Französische Hugenotten fanden ihren Weg zu ihm. Den Engländern, die unter Sir Charles Morgan an der Weser erschienen, zur Seite, aber unabhängig von demselben kämpfen ein paar tausend tapfere Schotten: für ihren König war der deutsche Feldzug ein Theil des großen Angriffs auf Spanien, zu welchem ihn die pfälzische Verwickelung veranlaßte. Unter den deutschen Fürsten, die in dem Heer Christians fochten, finden wir Herzog Bernhard von Weimar, jüngeren Bruder Johann Ernst's. In Niedersachsen wehten seine Fahnen noch einmal in den festen Plätzen: Wolfenbüttel, Nordheim und Nienburg; sie trugen bei, den protestantischen Geist und Widerstand in Bürgern und Bauern, z. B. den Bürgern in Braunschweig und den Bauern im Harz zu erhalten. Man meinte, der Dänenkönig werde über die Weser vordringend Osnabrück besetzen, was dann der allenthalben gährenden populären Bewegung erst Bestand gegeben hätte[1]. Den größten Werth legte er auf die Stellung, welche die Obersten in seinem Dienst unter einem seiner Commissare, — denn so bezeichnete man damals die mit den unmittelbaren Befehlen der Fürsten betrauten Adjutanten, — des Namens Mitzlaff, in Oberschlesien inne hatten. Sie befestigten Kosel und Troppau und meinten im Stande zu sein, nicht allein diese Plätze zu behaupten, sondern weite Streifzüge nach den innern Erblanden auszuführen, und dadurch die protestantische Gesinnung zu beleben; dann werde Bethlen Gabor aufs neue aus Ungarn hervorbrechen und Wien bedrohen[2]. Christian IV rechnete noch auf Bethlen, der mit den deutschen Protestanten in einem Bündniß stehe, das ihm selbst den größten Nutzen bringe. Wirklich lagen damals Gelder in Venedig und in Constantinopel in Bereitschaft, die ihm bei einer entsprechenden Bewegung ausgezahlt werden sollten.

Und gewiß, wäre diese Combination im Gang geblieben, so würde Christian, wenn nicht, wie er erwarten ließ, noch einmal die Offensive ergriffen haben, wenigstens die defensive Stellung, die er eingenommen, würde er vertheidigt und einen für ihn ehrenvollen und für die protestantische Sache rettenden Frieden haben schließen können.

Da trat aber im Orient eine entscheidende Veränderung der politischen Lage ein.

Vor einigen Jahren hatten die Osmanen Bagdad ver-

---

1) Tilly an die Infantin 22. März, 21. Mai 1627. Villermont, Tilly II, 385.

2) Nachrichten über die Verhandlungen des Kriegsrathes; in dem oben erwähnten militärischen Bericht.

loren; ein Versuch es wieder zu erobern führte im Frühjahr 1627 zu blutigen und zweifelhaften Kämpfen, Unruhen und Verlusten, die einer Niederlage gleichkamen; der mächtige Wesir von Erzerum drohte mit Abfall. Unmöglich konnte dem der Divan zusehen; der junge osmanische Großherr, der sich als Kalife betrachtete, fühlte sich von religiösem Eifer zum Kampfe für seine Glaubensgenossen angetrieben. Sollte er auf Erfolge rechnen können, so durfte er nicht zugleich an der ungarischen Grenze Krieg zu führen haben.

Die innern religiösen Parteiungen beherrschten Orient und Occident wieder einmal am meisten. Wie der Großherr die Shiiten, so wollte der deutsche Kaiser die Protestanten niederwerfen. Darüber traten zunächst die zwischen ihnen selbst schwebenden Streitigkeiten in den Hintergrund. Denn diese betrafen nicht mehr das allgemeine Weltverhältniß zwischen Christenthum und Islam, wie vor Zeiten: es bedurfte nur einer Berichtigung der Grenzgebiete.

In dem letzten Feldzug waren beide Theile inne geworden, daß sie, ohne dabei jedweder für sich selbst in Gefahr zu gerathen, einander nichts entreißen würden.

Im Sommer 1627 kamen nun die Bevollmächtigten des Kaisers und des Großherrn in der Gespanschaft von Komorn auf dem Felde von Szön zusammen, beide des ernsten Willens, die Streitigkeiten zu schlichten, welche bisher den letzten Frieden unterbrochen hatten.

Den Osmanen mußte es leichter sein als den Kaiserlichen. Denn es galt die Erneuerung der für sie so überaus vortheilhaften Abkunft von Sitvatörök. Kaiser Rudolf hatte sich dadurch, daß er dieselbe nicht annehmen wollte, in jene Irrungen mit seinem Bruder und seinen Landschaften gestürzt, die das Unglück seiner letzten Jahre über ihn herbeizogen. Kaiser Ferdinand setzte nun die damals im Gegensatz mit Rudolf von den Erzherzogen ergriffene Politik fort, wenn er sich bequemte, den Frieden zu erneuern. Im September 1627 gelangte man zum Abschluß eines Vertrages, der noch der gegenseitigen Ratification bedurfte, aber den schon vor demselben durch die Verhandlungen herbeigeführten Zustand friedlichen Einvernehmens bestätigte.

Davon wurde nun auch Bethlen, der selbst einen Bevollmächtigten bei den Verhandlungen gehabt hatte betroffen. Er wäre zwischen den beiden großen Potenzen zermalmt worden, hätten sie gemeinschaftliche Sache gemacht. Die Könige und Staaten des Westens, seine protestantischen Freunde hätten ihn dagegen nicht schützen können. Wie er sich auch erklären, welche Hoffnungen er geben werde, er konnte sie nicht erfüllen.

Nur vergebens brachte der englische Gesandte in Constantinopel die ihm gegebene Zusage keinen Frieden ohne Einschluß der europäischen Verbündeten und die Sicherung der Freiheit in Deutschland zu schließen, in Erinnerung. Er zeigte ihnen, daß die allgemeinen Ausdrücke in dem Tractat, auf die sie sich bezogen, ohne Bedeutung dafür seien; sie begnügten sich doch aller Widerrede zum Trotz mit denselben[1].

Das hatte nun aber die unmittelbarste Rückwirkung auf die deutschen Angelegenheiten. Denn von Bethlen durfte man nichts erwarten. Nachdem man viel auf seine Zweizüngigkeit gescholten, beschied man sich doch, daß es nicht rathsam sei, ihn zu einem Losbrechen zu veranlasseu, was seinen Ruin,

1) Roe, Negotiations 700.

den man nicht wünschen könne, herbeiführen werde. Die nächste Folge war dann, daß die dänisch-deutschen Truppen in Schlesien, weit entfernt von Bethlen unterstützt zu werden, vielmehr von Wallenstein, der nicht von Bethlen beschäftigt war und seine Armee allmählig wiederhergestellt hatte, mit überlegener Macht angegriffen werden konnten.

Immer voll allseitiger Umsicht, traf er Veranstaltung, daß die Polen im Stande blieben den König von Schweden zu bestehen, und dieser nicht versuchen konnte, wie er vorhatte, von Polen her nach den Erblanden vorzudringen. Wallenstein schickte schon damals einige kaiserliche Regimenter nach Polen. Auf der andern Seite waren Oberösterreich und Mähren — denn der beabsichtigte Streifzug unterblieb — dem Kaiser unterworfen. Und wenn die dänischen Befehlshaber in Schlesien die Bedeutung ihrer Anwesenheit für die Religion hervorhoben und Buß- und Bettage in der strengen protestantischen Form anordneten, so konnte das doch eine so große Wirkung nicht haben, da Wallenstein von aller religiösen Verfolgung sich fern hielt und sein Heer großentheils aus Protestanten zusammensetzte.

Die vornehmste Sorge war alsdann, daß es dem König Christian gelingen dürfte, die Masse des in Schlesien stehenden Kriegsvolks an sich zu ziehen, und sich mit derselben, etwa in der Mark Brandenburg, zu verbinden. Wallenstein meinte, die dänischen Führer würden die neugeworbenen Truppen in den schlesischen Besatzungen lassen und mit ihrer Reiterei, so wie dem beritten gemachten bessern Fußvolk, davon ziehen, um sich mit dem König zu vereinigen[1].

Den Dienst, dies unmöglich zu machen, leistete dem

1) Vgl. Wallensteins Briefe von Förster, I, 95.

General vornehmlich der Herzog Georg von Lüneburg, der in die Mark Brandenburg eindrang und die Pässe über die Havel in seine Hände brachte, deren man zu dieser Verbindung bedurft hätte. Der Churfürst von Brandenburg beklagte sich vergeblich über das gewaltsame Eindringen eines so nahe befreundeten Verwandten aus dem Hause Lüneburg. Herzog Georg antwortete, er könne darauf keine Rücksicht nehmen, denn er müsse die Ordre der beiden Generale, Tilly's und des Herzogs von Friedland ausführen[1]. Mit ihm wirkten Aldringer und besonders der Oberst Hans Georg von Arnim zusammen. Die Mark diente zum Kriegstheater der mit einander kämpfenden Weltmächte; nicht einmal zu einer bewaffneten Neutralität konnten sie sich ermannen.

Wenn man in Wien und in München bisher darüber gescholten hatte, daß Wallenstein nicht geradezu auf Oberschlesien losging, gleich als wolle er nur eben immer große Heere commandiren ohne doch dem Feinde auf den Leib zu gehen; so stellte sich nunmehr heraus, daß die dänisch-deutschen Truppen sich nicht allein nicht gegen ihn zu behaupten, daß sie nicht einmal sich durchzuschlagen vermögen würden: so gut waren alle Maßregeln getroffen. Als Wallenstein im Juli 1627 mit einer beinahe dreifach überlegenen Macht auf sie losging, wichen sie allenthalben zurück: sobald sie dann einen empfindlichen Nachtheil erlitten, traten die gemeinen Soldaten in Haufen zu ihm über. Hauptsächlich den persönlichen Rücksichten der vornehmsten Führer, welche keine Begnadigung vom Kaiser erwarten durften, oder wofern sie geschlagen nach Dänemark kämen, ihr Leben zu verlieren in Gefahr geriethen,

---

1) Schreiben Georgs von Lüneburg, 3. Mai.

schrieb man es zu, wenn sie nicht ohne Weiteres zur Capitulation schritten.

Noch einmal versuchten sie ihr Glück. Bei der alten Grenzfeste zwischen Mähren und Polen, bei Cosel, dessen militärische Wichtigkeit auch damals beide Theile würdigten, machten die dänisch-deutschen Truppen einen Versuch, zu widerstehen, der sich anfangs selbst glücklich anließ. Die dänische Reiterei behielt im ersten Zusammentreffen die Oberhand. Aber indeß hatte Wallenstein, der mit trefflichen Geschützmeistern versehen war, eine Schanze erobert, von der aus er ihre Stellung beschoß. Als er sie dann zugleich in der Front mit überlegenen Truppen angriff, fühlten die Führer und der Kriegscommissar selbst, daß ihre Sache in Schlesien verloren war und suchten in eiligem Rückzug das Weite. Nach kurzer Gegenwehr mußte die Besatzung der Stadt, der es an Schießbedarf fehlte, capituliren[1]. Die dänische Reiterei, die sich zuerst nach den ungarischen Pässen wandte, fand den Rückhalt nicht, den sie daselbst erwartete; sie suchte nun doch auf weitem Umweg zu ihrem König durchzudringen. Wallenstein sandte ihr seinen besten Obersten Pechmann nach, der ihnen große Verluste beibrachte; er selbst kam dabei um; die Dänen wurden nahezu aufgerieben.

Indessen nahm Wallenstein die schlesischen Schlösser und Städte, die in feindlichen Händen gewesen, ohne Widerstand ein; er verfuhr dabei auf seine Weise. In Troppau hat er die Rathsherren so lange festhalten lassen, bis sie ihm eine Brandschatzung von 10,000 Thalern erlegt hatten. Im Monat

1) Lucä, Denkwürdigkeiten von Schlesien I, 695. Weltzel, Geschichte von Cosel 185.

August war alles beendigt. Wallenstein schickte die eroberten Fahnen nach Wien: man zählte ihrer, größere und kleinere, fünfundsechszig. Auch eine Leibfahne des Königs von Dänemark war dabei, die der dänische Commissarius geführt hatte.

In lautem Triumph wurden die Fahnen durch die Straßen von Wien getragen an dem Hause vorüber, welches der türkische Defterdar und Kiaja bewohnten. Der Anblick sollte sie von der Macht des Kaisers überzeugen und bei ihrer friedlichen Gesinnung festhalten.

Nun aber stand dem General nichts mehr im Wege gegen den König von Dänemark selbst anzugehen, wie er vernehmen ließ, die Fremden, die den Frieden und Wohlstand des Reiches stören, von dem Boden desselben zu verjagen. Das Glück wollte ihm so wohl, daß ihn dabei die politischen Verhältnisse des westlichen Europa unerwartet begünstigten.

Wem hätte mehr daran zu liegen scheinen sollen, daß in Norddeutschland eine ungebrochene Kriegsmacht im Gegensatz gegen Oesterreich aufrecht erhalten würde, als dem Cardinal Richelieu, der damals in Frankreich an das Ruder gelangt war und bei seinen ersten Schritten vor allem Andern die Beschränkung der spanisch-österreichischen Macht zu seinem Gesichtspunkt gemacht hatte? Und niemals lagen für König Carl I triftigere Gründe vor, zur Aufrechthaltung des Königs von Dänemark neue Anstrengungen zu machen, nachdem alle Andern, welche die Sache der Pfalz zu führen unternommen hatten, zu Grunde gerichtet waren. Damals waren aber England und Frankreich durch Irrungen, die in den religiösen Ansprüchen der Königin von England, einer französischen Prinzessin, ihren Grund hatten, in Krieg mit einander gerathen. Im Juli 1627 setzte Buckingham einen Angriff gegen die Insel Rhe ins Werk, bei der es auf die Unterstützung der französischen Reformirten und auf eine maritime Besitzergreifung im Gegensatz zugleich gegen Spanien und gegen Frankreich abgesehen war. Die dänischen und norddeutschen Verhältnisse blieben dabei unberücksichtigt. Vergebens unternahm der Administrator von Magdeburg eine Reise nach England und Frankreich, um die dringende Gefahr, in welcher sich Christian IV befand, und die Nothwendigkeit, ihn zu unterstützen vor Augen zu legen. Eine englische Flotte, die an den Mündungen der Elbe oder der Weser erschienen wäre, würde der protestantischen Sache einen wichtigen Rückhalt verschafft haben. Aber seine Anmahnungen brachten keine Wirkung hervor und konnten nach den Umständen keine hervorbringen.

In welche Lage gerieth nun der König Christian, als sich, indem er das Heer der Liga nur mit Mühe zu bestehen vermochte, nun auch das kaiserliche in einem durch seine Siege angewachsenen neuen Bestand gegen ihn heranwälzte.

Christian IV hatte ein sehr ausgedehntes Gebiet zu vertheidigen, das Erzbisthum Bremen, das Herzogthum Mecklenburg, und vor allem die niedere Elbe, die den Weg nach seinen Erblanden eröffnete. Ohne Zweifel hätte er seine Macht vornehmlich an dieser Stelle concentriren sollen, um einen nachdrücklichen Widerstand zu leisten. Aber er war weder seiner Truppen, noch seiner Landschaft mächtig. An der Weser hat der Generalcommissar Narpracht seinem Befehl, an die Elbe abzurücken, zweimal den Gehorsam versagt. In Holstein wie in Mecklenburg war der Adel geneigt dem Kaiser beizutreten. Der König war für die Kriegsmittel auf seine eignen Ersparnisse, oder den Verkauf seiner Kleinode angewiesen, was doch nicht soviel austrug, um die Soldaten zu befriedigen. Seine Heerführer waren Volontärs, die ihre eigne Sache in ihrer Weise verfochten, wie wir sie kennen, oder Fremde, von denen sich keiner unter den andern fügen mochte.

Wie ganz anders der General der Liga, dem so eben eine sehr bedeutende Bewilligung gemacht worden, und der General des Kaisers, der durch seinen letzten Sieg zu voller Autorität wie an dem Hofe, so in dem Heere gelangt war.

Unmittelbar nach der in Schlesien erfolgten Entscheidung überschritten Georg von Lüneburg die Havel, Tilly die Elbe (6. 9. Aug.); vor ihnen wichen die dänisch-deutschen Truppen von Boitzenburg und Lauenburg; früher tapfer und zu Zeiten glücklich leisteten sie jetzt keinen Widerstand. Es war als ob das Gefühl der feindlichen Uebermacht ihre Kräfte lähme.

Ende August trafen Herzog Georg, Tilly und Wallenstein in Lauenburg zusammen. Wallenstein führte achtzehntausend Mann zu Fuß, sechstehalbtausend Dragoner und Arkebusire, gegen achthalbtausend Kürassiere heran. Herzog Georg ordnete seine Regimenter dem General unter, dem sie früher angehörten. Tilly entschloß sich, ihm einen Theil seines Geschützes zu überlassen, und an der Unternehmung auf Holstein zugleich selbst Theil zu nehmen.

Als der Repräsentant der höchsten Autorität nahm Wallenstein in jeder Beziehung die erste Stelle ein; er war prächtig und anmaßend.

König Christian IV, von dem Vorgefühl des nahenden Verderbens ergriffen: trug dringender und eingehender als je auf eine Abkunft an; aber eben so waren die Generale von dem Bewußtsein ihrer Uebermacht durchdrungen: sie mutheten die härtesten Bedingungen an, Verzichtleistung nicht allein auf seine Stellung im niedersächsischen Kreise, sondern selbst auf sein Herzogthum Holstein, das er durch Felonie verwirkt habe. Sie wußten recht wohl, daß er solche Bedingungen nicht annehmen könne. „Aber," so sagen sie, „nachdem wir unsre Kräfte vereinigt, hoffen wir sie mit Gewalt durchzusetzen."[1].

Von vieler Bedeutung für die Vertheidigung von Holstein würde es gewesen sein, wenn der Markgraf von Baden-Durlach, der die dänischen Truppen an dem rechten Elbufer befehligte, sich mit dem König hätte vereinigen können. Noch beschäftigt, in der Mark Brandenburg die Ueberreste der dänisch-schlesischen Armee an sich zu ziehen, sah er sich jedoch plötzlich von ihm abgeschnitten. In der Hoffnung, was zu Lande unmöglich war, zur See auszurichten, nahm er seinen Weg durch das mecklenburgische Gebiet nach Wismar und der Halbinsel Pöl. Es dauerte aber mehrere Wochen, ehe die zu dem ferneren Transport erforderlichen Fahrzeuge herbeigeschafft wurden. Als es endlich so weit war, und die Truppen, noch immer eine stattliche Schaar, nach Heiligenhafen übergesetzt wurden, mußte er sehen, daß auch die kaiserlichen Kriegsvölker ihm hier bereits gegenüber standen. Es war der kaiserliche Feldmarschall Graf Schlick, der dann, zur rechten Stunde eingetroffen, keinen Augenblick zögerte, die markgräflichen Truppen anzugreifen, und zwar ehe sie noch sämmtlich ausgeschifft waren. Der tapfere Widerstand, den sie dennoch leisteten, bewirkte doch nichts weiter, als daß der Markgraf und die vornehmsten Führer Zeit behielten, sich mit den Uebrigen zur See zu retten. Bei diesem Anblick

1) Ihr Schreiben an den Kaiser, bei Khevenhiller X, 1444.

wollten aber auch die gelandeten und im Kampf begriffenen Truppen nicht mehr fechten. Die kaiserlichen Kürassiere, an die Seite reitend, ließen ihnen die Wahl, ob sie wieder zu dem Könige gehen oder zu dem Kaiser übertreten wollten. Sie gaben zu vernehmen, man habe sie betrogen: was sie nicht länger leiden werden; in großen Trupps herüberkommend, stellten sie sich unter die kaiserliche Fahne. Es waren drei Regimenter zu Pferd, vier Regimenter zu Fuß, fast die besten Truppen des Königs, auf die er sich am meisten verließ. Die kaiserlichen Obersten meinten, das Fundament einer gerechten Sache verschaffe ihnen den Sieg[1].

Indessen war nun aber auch der unmittelbare Angriff auf den König ausgeführt.

Da Tilly gleich im Anfang bei Pinneberg verwundet wurde, und als er geheilt war, seine Waffen gegen die festen Plätze in Niedersachsen wandte, so blieb der Feldzug gegen Dänemark ausschließend in Wallensteins Händen.

Er war dadurch unterstützt, daß der Herzog von Holstein, sowie die Stadt Hamburg auf die Seite des Kaisers traten, und der König auch in seinen eigenen deutschen Gebieten keine nachhaltige Unterstützung fand. Da nun die Dänen überhaupt mit dem Kriege nichts zu schaffen haben wollten, so blieb Christian IV hauptsächlich auf die Fremden angewiesen, deren Kraft aber in diesem Unglück versagte: sie zerstäubten vor seinen Augen.

Die sämmtlichen Franzosen in seinem Dienst fühlten sich

1) Lebensbeschreibung in Khevenhillers Conterfet, von der ich nur wünschte, daß sie Schlegel bei seinen fleißigen Anmerkungen zu Slange zur Hand gewesen wäre. Sie löst noch manchen Zweifel auf.

beleidigt, daß der König die französischen Obersten bei der Vertheidigung von Pinneberg unter einen deutschen Hauptmann stellte. Graf Thurn konnte sich in den Marschen nicht behaupten; wohl ließ er die Schleusen eröffnen, aber die herrschenden Südwinde verhinderten, daß das Wasser eindrang. Auf das tapferste wehrten sich die Schotten in Breitenburg unter dem Major Dunbar, der seine Waffen durch Gottesfurcht adelte; man sah ihn wohl seinem Haufen mit entblößtem Haupte betend vorangehen. Als er erschossen war, hätten sich die übrigen Offiziere gescheut, seinem Beispiel nicht zu folgen. Die Stadt wurde mit Sturm erobert, dabei alles niedergemacht, was die Waffen tragen konnte.

Wie später Cromwell in Irland und Monk in Schottland, so verfuhr Wallenstein damals in Schleswig: und mit ähnlichem Erfolge. Ein heftiger Schrecken ergriff die Truppen, welche noch Widerstand hätten leisten können. In Kolding hatten sie sich nochmals vereinigt; aber sie waren bald so entmuthigt, daß sie auch hier nicht Stand hielten, sondern sich zerstreuten.

Graf Schlick, der den glücklichen Schlag bei Heiligenhafen ausgeführt, war indeß über Kiel und Eckernförde nach Schleswig und Jütland vorgedrungen; er traf den Rest der dänischen Truppen, die überall vor ihm wichen, in Wensyssel und nöthigte sie, sich auf Gnade und Ungnade zu ergeben. Ihre Pferde wurden nun von den kaiserlichen Reitern bestiegen: Jütland sowie Schleswig brachte man in eine für besiegte Länder erträglich gute Ordnung. Dem Grafen Schlick, der allerdings den Weisungen seines Generals folgte, gebührt für die resolute und rasche Ausführung derselben bei dem Feldzug fast das meiste Lob.

Es war kein eigentlicher Krieg, sondern ein allgemeiner

Abfall. Wallensteins Truppen waren Ende des Jahres 1627 Meister des ganzen cimbrischen Chersones.

Christian IV hatte die Waffen nicht eigentlich als König von Dänemark, Herzog von Holstein — die Stände waren dagegen — sondern als das zur Action in Niederdeutschland bestimmte Mitglied der europäischen Allianz gegen das Haus Oesterreich-Spanien, in einem persönlichen, dynastisch-religiösen Interesse ergriffen. Sein Sinn war auf Offensive, im Bund mit mächtigen Verbündeten im Orient und Occident gerichtet. Aber die westlichen Mächte geriethen unter einander in Krieg; die Orientalischen, durch ihre anderweiten Weltverhältnisse veranlaßt, lösten sich ab. Er sollte dann die Gesammtmacht der Liga und des Kaisers bestehen: dazu aber war er nicht vorbereitet; er hätte es sich selbst niemals zugetraut. Die Ausbreitung seiner Kriegsvölker, nach Schlesien und Ungarn, über das rechte Elbufer hin, diente nur ihn zu verderben. Der plötzlich entwickelten Uebermacht hat er an keiner Seite rechten Widerstand entgegengesetzt; nicht einmal eine eigentliche Schlacht hat er geliefert.

Je umfassender aber seine Stellung gewesen war, je mehr sie in der Welt von sich reden gemacht hatte, um so größer war auch der Rückschlag in den Entwürfen und Erwartungen, die seine Niederlage hervorrief.

### Aussichten und Entwürfe.

Die stolzesten, weit über die ursprüngliche Absicht, einer Entfernung des Feindes von dem Boden des Reiches, hinausgehenden Hoffnungen erwachten in dem Haus Oesterreich.

Wie man die Sache am kaiserlichen Hofe auffaßte, zeigt

ein Gutachten Stralendorfs, der daran erinnert, daß die eroberten Gebiete eben die seien, von denen aus die Normannen ganz Europa überzogen; erst nachdem der gefährliche Feind niedergeworfen sei, habe man wieder freie Hand für Religion und Reich; man werde jetzt, was die Spanier gewünscht hatten, Meister der Elbe und Weser und ihrer Gebiete, um von da aus den rebellischen Feind, die Holländer, im Zaume zu halten: man könne sie zugleich von dem Norden trennen, von wo das Holz zu ihren Schiffsbauten komme, der Kaiser könne sich des einträglichsten Zolles, den es auf Erden gebe, bemächtigen.

Wer weiß nicht, daß auf der Stelle Unterhandlungen mit den Hansestädten eröffnet wurden, um einen unmittelbaren Handelsverkehr zwischen Spanien und Deutschland, ohne Dazwischenkunft von England und Holland zu begründen[1]. Nur zögernd gingen die Städte darauf ein; ihr Sinn war dagegen. Denn welchen Vortheil konnten sie sich aus der Störung der gewohnten Wege des Verkehrs versprechen?[2] Sie erinnerten — und so meinte Jedermann — dem Hause Oesterreich-Spanien

1) Das hanseatische Project wird daran anknüpfen, daß den Anssen-Städten von den Generalstaaten zugemuthet wurde: „in die Spanische Landt und mit deren Kauffleuten nicht mehr zu handthieren", was denselben zum großen Nachtheile gereichen und den Staaten leicht die Verschließung des Sundes von Seiten Dänemarks zuziehen dürfte. Protokoll des Churfürstenraths 1606 bei Londorp III, 587.

2) Nachricht bei Roe (714), November 1627: They aim at the Sound and the Baltique sea, and to go and fall upon Holland à toutte force, which they think will be easy, having so great possibility of providing ships from those parts. — Anstruther 731: If the towns are not too much wronged by the English, they will be loath to fall fowle with England, Denmark, Sweden and Holland.

liege nur daran, bewaffnete Fahrzeuge in der Nähe zu gewinnen, um auch von dort her Holland angreifen und wo möglich auf den Kopf schlagen zu können.

Wenn die Spanier ihr Augenmerk schon seit einiger Zeit auf die Occupation eines Seehafens an der Ostsee, der für ihre Schiffe offen bleiben solle, gerichtet hatten, so dachten sie auf diese Weise zugleich zu einer unmittelbaren Verbindung mit dem polnischen Reiche zu gelangen, dem sie durch religiöse Sympathien besonders nahe standen. Man hatte den Gedanken gefaßt, Polen durch Vermittellung einer Pacification mit Schweden nicht allein zu sichern, sondern diese Macht selbst für den Kaiser zu gewinnen. Wallenstein knüpfte daran an, daß der letzte Friede mit Dänemark für Schweden sehr ungünstig ausgefallen war: er stellte dem König Gustav die Erwerbung der streitigen Landschaften, selbst die Eroberung von Norwegen in Aussicht, wenn er mit dem Kaiser und den Spaniern gemeinschaftliche Sache machen wollte. Man bot ihm überhaupt eine grandiose Stellung an: der Besitz von Dänemark würde ihm unter kaiserlicher Lehnsherrlichkeit zugefallen sein. Der König von Polen würde seinen Anspruch auf die schwedische Krone haben fallen lassen; das vornehmste der zwischen den nordischen Potentaten streitigen Lande, Liefland, wäre bei Schweden geblieben. Unter den Motiven, die Wallenstein anführt, ist auch das, daß man den Krieg zwischen Polen und Schweden, in den man auch die Ungläubigen, Türken und Tartaren hineinziehe, nicht länger fortsetzen lassen dürfe. Der Kaiser, als das höchste Haupt der Christenheit, dürfe das nicht dulden. Diese Idee der abendländischen Christenheit unter dem Kaiser erhob sich noch einmal in aller ihrer Macht und zugleich ihrer

Beschränktheit. Zu den Feinden der Christenheit rechnete Wallenstein auch die Moskowiten; er brachte die Prätension des römischen Reiches auf das Ordensland Preußen in Erinnerung, wiewohl davon noch nicht die Rede sein dürfe; er hat das Land, soviel wir wissen, zugleich auch dem König von Schweden angeboten: Widersprüche dieser Art nahm er sich nicht übel. In die große nordische Allianz sollte, wie sich versteht, Spanien aufgenommen werden, doch nicht etwa Holland. Wallenstein theilte noch gegen die Republikaner die volle Antipathie des Erzhauses, er bezeichnete sie als Feinde und Vertilger der Könige und Fürsten.

Wie mächtig erhob sich da die Idee des Kaiserthums, als einer universalen Autorität! Sie fiel mit dem Gedanken der spanisch-österreichischen Weltmacht, die nun ihren Schwerpunkt in Deutschland gefunden haben würde, zusammen.

Noch ein weiteres großes Ziel faßte wenigstens Wallenstein ins Auge.

Der Friede mit den Osmanen, von dem wir wissen, wie sehr er das österreichische Gebiet in Ungarn eingeschränkt hatte, war noch keineswegs befestigt. Alle Tage erfuhr man durch Unruhen an der Grenze, wie wenig man auf die Freundschaft der Türken zählen durfte. Nach dem großen Umschwung der Dinge faßte Wallenstein den Gedanken, daß man von der Abkunft, zu der er selbst gerathen, absehen, und die im Westen siegreich geführten Waffen zu einem großen Angriff auf die Osmanen nach dem Orient wenden möge.

Es ist wohl der Mühe werth, bei diesem Plane, dessen in den Correspondenzen Wallensteins von Zeit zu Zeit gedacht wird, einen Augenblick zu verweilen. Was es damit für eine Bewandniß hatte, erfahren wir aus den Berichten des Nuntius Caraffa, dem Wallenstein Eröffnungen darüber machte, denn er rechnete dabei am meisten auf die Theilnahme des Papstes.

Wallenstein ging bei seinem Plane, wie er pflegte, von dem finanziellen Moment aus. Er schlug die zu dem Unternehmen erforderlichen Kosten auf sieben Millionen Thaler an: diese für jene Zeit ungeheure Summe dachte er auf eigene Hand aufzubringen, durch Verkauf von Gütern, Beiträge der Obersten, hauptsächlich durch die Geldsummen, die ihm die deutschen Fürsten und Städte schon deshalb zahlen würden, um sich seiner Soldateska zu entledigen. Er meinte damit 100,000 Mann ins Feld stellen und in nicht ferner Zeit zu der großen Expedition schreiten zu können. Von dem Papst erwartete er vor allem, daß er Entzweiungen, durch die man gestört werden könnte, namentlich zwischen Spanien und Frankreich verhüten, und sodann, daß er durch seine Mitwirkung den Osmanen die Hülfe der Tartaren entziehen werde. Er sollte die Polen bestimmen, den Tartaren keinen Durchzug zu gestatten; überdies aber Geld genug geben, um damit die Tartaren in Entzweiung und in Unthätigkeit zu erhalten.

Wallenstein hatte vor kurzer Zeit diesen Feind gesehen, aber vor ihm zurückweichen müssen. Mit besserer Kraft, auf den Rückhalt des deutschen Reiches gelehnt und vor allem mit dem Papst verbündet, hoffte er ihn jetzt über den Haufen zu werfen.

Das Reich der Osmanen befand sich in ziemlich aufgelöster Verfassung; noch war kein Köprili unter ihnen erschienen. Damals war auch Bagdad noch nicht wieder erobert und der Krieg gegen Persien wurde mit voller Heftigkeit geführt. Gerade deshalb, weil die Tartaren nicht soviel als man erwartete, gegen die Perser leisteten, war es zu einem Ausbruch von Feindseligkeiten in der Krim gekommen, in der das Haus der Gerai mit seinen Ansprüchen hervortrat. Im Jahre 1629, in welchem man frühestens an eine Ausführung des Unternehmens denken konnte, ist Bethlen Gabor gestorben: diese bedeutende nach Ost und West gerichtete Gestalt verschwand; von seiner Gemahlin setzte man voraus, daß sie sich an den Kaiser anschließen würde.

Wallenstein meinte, wenn er in der Nähe von Constantinopel sei, solle eine Flotte von Spanien, Venedig und dem Papst im Archipelagus erscheinen, um ihn zu unterstützen. Er dachte binnen drei Jahren den ganzen Krieg auszuführen: die Eroberungen werde man nach Maßgabe der Beiträge vertheilen, doch sollten sie alle unter dem Kaiser stehen, wie die Landschaften des Reiches. Wallenstein dachte, das System, das er in Deutschland angewandt hatte, auch im Orient zur Geltung zu bringen.

Ein Plan, mit dem es doch mehr Ernst war, als man annimmt und der dem Gesammtgefühl des christlichen Europa entsprach. Tilly ist bei einem Besuch, den er Wallenstein in Güstrow abstattete, sehr darauf eingegangen; er nannte es eine heilige, leichte und nützliche Impresa. Man hatte vor, mit Albanien zu beginnen, was damals unverzüglich möglich schien. Wallenstein und Colalto hatten einen Entwurf dazu gemacht, dem Tilly vollen Beifall schenkte. Höchlich erfreut war Wallenstein, daß die Gewaltthätigkeiten der Osmanen dem Kaiser gerechte Ursache zum Kriege gaben.

Wenn er der großartigen Hoffnung Raum gab, sich Constantinopel wieder zu erobern: Vasall seines Kaisers wollte er dennoch bleiben.

7*

Caraffa[1] empfahl den Plan des thatkräftigen Führers dem Papste, der denn auch einen eingehenden Brief an Wallenstein schrieb, in dem er ihn vor einer Mittheilung des Vorhabens an die Venetianer warnte und gegen die Abhängigkeit aller Eroberungen von dem Kaiser Einwendungen machte.

---

1) Caraffa gibt den Plan Friedlands folgendergestalt an: Primo voleva provvedersi di sette millioni: col vendere ed impegnare le sue robbe non feudali: col cavare denaro da capi, ed ufficiali dell' esercito, e da Principi, e città di Germania per liberarsi dagli alloggi, ed in altri modi, senza che l'Imperatore vi mettesse neppure un denaro. Secondo: Che voleva muoversi a Primavera dell' anno seguente. Terzo: Condurre cento mila Combattenti. Quarto: Non voleva, che l' Imperatore havesse alcun altro Principe compagno, se non Papa Urbano. Quinto: Che le Galere di sua Santità, del rè Cattolico, e de' Veneziani si trovassero nell' Arcipelago, ma non prima che egli fosse sotto Costantinopoli, acciocchè non irritassero il Turco muovendosi prima, e specialmente i Veneziani. Sesto: Che sua Santità tenesse uniti con suoi ufficj i rè di Francia, Spagna, e Veneziani; facesse ufficj co' Polacchi, per evitare qualche diversione e che impedissero il transito a Tartari, se volessero ajutare gli Ottomani. Settimo: Che sua Santità col mezzo de' Polacchi ponesse disunione fra detti Tartari per divertirsi, il che potevasi fare con cinquanta mila scudi l'anno. Ottavo: Che sua Beatitudine mandasse un Legato nell' esercito, e vi mantenesse dieci mila Polacchi a sue spese da cavarsi dalle Decime, Cruciate, e simili. Nono: Che gli acquisti pro rata sarebbero consegnati a sua Santità in tanti luoghi di poterne disporre sotto la sovranità però dell' Imperatore, como gli altri Principi dell' Imperio. Decimo: Che sperava di finir tal guerra nello spazio di tre anni.

## Viertes Capitel.

### Feldzug von 1628. Politische Umwandlung in Norddeutschland.

Mit diesen großen Entwürfen sich beschäftigend, welche Occident und Orient, den Norden und den Westen von Europa umfaßten, und hauptsächlich die Erhebung des Hauses Oesterreich zu einer dominirenden Stellung in der Welt bezweckten, verlor Wallenstein — er hätte sonst nicht er selbst sein müssen — doch auch die Förderung des eigenen persönlichen Vortheils niemals aus den Augen. Er war von dem ökonomischen Gesichtspunkt eines Gutsherrn, der seine Geldkräfte mit kluger Berechnung verwendet, ausgegangen; durch entschlossene Theilnahme an den Parteikämpfen der Zeit, militärische Dienste und Aufwendungen, vor allem durch die Ansprüche, die sich daran knüpfen ließen, war er zu einer territorialen Magnatenstellung, wie es noch kaum jemals eine umfassendere gegeben hatte, gelangt: er suchte sie zu einer selbständigen fürstlichen auszubilden. Indem er den Kaiser zum mächtigsten Herrn der Welt zu machen trachtete, wollte er doch von dessen Regierung nicht so ganz abhängig bleiben, wie andere Landsassen und Unterthanen.

In Folge der böhmischen Unruhen war er mit dem ausgedehnten Gebiete, das er zu einem Fürstenthum Friedland vereinigte, ausgestattet worden. Daß er nun im Jahre

1626, wie es in dem Diplom heißt, eine ansehnliche Armee auf die Beine gebracht hatte zur Dämpfung der in dem niedersächsischen Kreise hervorgebrochenen Kriegsbereitschaften [1], ward ihm durch die Erhebung des Fürstenthums in ein erbliches Herzogthum gelohnt, welches zugleich mit Rechten ausgestattet wurde, wie sie kein andres böhmisches Lehen besaß. Wallenstein durfte den Adel ertheilen, Münzen schlagen und war soweit Souverän, als es sich mit dem Lehnsnexus vertrug, ungefähr wie ein deutscher Fürst. Er legte mit dem organisatorischen Talente, das ihm eigen war, sogleich Hand an eine Verbesserung der Verwaltung und der Gerichte. Durch die im böhmischen Landrecht vorgenommenen Abänderungen meinte er das Volk wieder „zu gebührendem Respekt" gegen die Obrigkeit zu führen. Der Kaiser trug kein Bedenken, die neue Rechtsverfassung zu bestätigen, nur für einige wenige Fälle behielt er sich die Appellation vor.

Sehr auffallend lautet ein Privilegium, das sich Wallenstein damals verschafft hat. Sollte ein Besitzer dieser Herrschaften sich des Hochverraths schuldig machen, so dürfe ein solcher zwar am Leben gestraft werden, aber nicht mit Confiscation. Man hat angenommen, daß er im Voraus den Folgen verrätherischer Anschläge, mit denen er sich trug, habe begegnen wollen. Gleich als hätte nicht die leiseste Andeutung dieser Art ihn zu Grunde richten müssen. Nur das liegt darin, daß er für seine Familie ein Besitzthum schaffen wollte, das den Wechselfällen, wie sie in Böhmen oft genug zum Vorschein gekommen waren, nicht ausgesetzt sein sollte.

1) Urkunde vom 4. Januar 1627 bei Förster: Wallensteins Prozeß, Urkundenbuch S. 44.

Sein glücklicher Feldzug in Schlesien, durch welchen er das kaiserliche Ansehn in dieser Provinz wiederherstellte, trug ihm eine große Erwerbung in derselben ein. Unmittelbar nach den entscheidenden Erfolgen — 1. September 1627 — ist ihm das einst piastische Fürstenthum Sagan übertragen worden. Die Kammer hatte den Werth des Fürstenthums nach Abzug der darauf haftenden Schulden auf 150,850 Gulden taxirt. Dem General war es leicht eine Rechnung aufzustellen, der gemäß ihm bezeugt wurde, er habe eben diesen Preis erlegt.

Zuerst war es nur ein Kaufbrief, durch den er in den Besitz von Sagan gelangte; nach einigen Monaten knüpfte sich eine umfassende Lehnsertheilung daran. Wallenstein gewann damit zugleich eine Stelle in dem schlesischen Fürstencollegium, auf dessen Versammlungen seine Bevollmächtigten den Vortritt vor den geborenen Fürsten und einen maßgebenden Einfluß in Anspruch nahmen.

Aber noch höher standen seine Gedanken. Durch den dänischen Feldzug waren ihm noch andere große Aufwendungen — man schätzte sie auf drei Millionen Gulden — erwachsen; überdies aber erschien sein Sieg als ein Verdienst, das ein hochherziger Kaiser glänzend belohnen müsse. Im Bewußtsein seiner Stellung warf Wallenstein sein Augenmerk auf ein großes Reichsfürstenthum: er forderte Mecklenburg von dem Kaiser.

Die Doctrin des kaiserlichen Hofes war es nun einmal daß es ihm nach alten Kaiserrechten zustehe, über die durch Majestätsbeleidigung verwirkten Regalien und Lehen nach seinem Gutdünken weiter zu verfügen. Durch keine Rücksicht auf Agnaten und eine früher ertheilte Simultanbelehnung achtete er sich für gebunden. Darauf hatte man sich von Anfang an bei der Behandlung der pfälzischen Angelegenheit bezogen. Soeben wurde die Oberpfalz auf diesen Grund, jedoch nicht ohne daß damit eine Art von Kaufgeschäft verbunden gewesen wäre, an den Churfürsten von Baiern übertragen. Man brachte es in den eroberten Ländern allenthalben in Anwendung. In Holstein erklärte der Herzog von Friedland unumwunden, die Renten confiscirter adeliger Güter seien zur Bezahlung der kaiserlichen Offiziere bestimmt. Das Verfahren erhellt aus einer Forderung des Herzog Adolf von Holstein [1]. Seine Vorschüsse und Auslagen wurden von seinem Feldmarschall beglaubigt, und von dem Obergeneral anerkannt. Eine Confiscationscommission, aus Walmerode und einigen andern Hofkammerräthen bestehend, war im Lande. Dieser überwies der General die Forderung, indem er bemerkte: sie sollte eigentlich aus dem Kriegszahlamt befriedigt werden; da das aber keine Mittel dazu habe, so bleibe nichts übrig, als sie auf die Confiscationsgüter anzuweisen; als ein solches bezeichnete er die Herrschaft des verstorbenen Statthalters, Breitenburg und Pertinentien, und schon stellten sich Kaufleute dar, welche auf eine so ansehnliche Hypothek das Geld vorzustrecken willig waren. So wurde das Amt Hadersleben für Herzog Franz Albrecht von Sachsen-Lauenburg bestimmt. Zuweilen war der Gedanke, die Güter zu verkaufen, um die Kriegsobersten im Allgemeinen bezahlen zu können: meistens war die Vergabung ein Gemisch von Gnade und Zahlung. Der Churfürst von Mainz ergriff den günstigen Augenblick, den Hardenberg, dessen Besitzer in die Reichsacht verfallen war, sich selbst zuzueignen; andere Gerechtsame desselben überließ er dem kaiserlichen Rath Questenberg. Die

1) Handelmann, Herzog Adolf von Holstein 36.

Herrschaften des verstorbenen Administrators von Halberstadt vertheilte man an eine Anzahl namhafter kaiserlicher Kriegsführer. Julius von Merode bekam Blankenburg; Graf Thun Hohenstein; der Vetter des Generals, Graf Maximilian von Wallenstein, die Grafschaft Reinstein. Mit einem der abgesonderten Bezirke des Erzbisthums Magdeburg, Stadt und Schloß Querfurt, ward der Sieger von Heiligenhafen, Graf Schlick, ausgestattet.

Wenn man die Theilnahme der Edelleute an dem Kriege, den ihre Landesfürsten unternommen hatten, wie dort in Holstein geschah, als Majestätsverbrechen ahndete: wie viele Andern waren in demselben Falle; eine vollkommene Umwandlung des Landbesitzes im nördlichen Deutschland trat in Aussicht.

Ein ähnliches Schicksal schwebte über dem Herzog von Braunschweig-Wolfenbüttel; doch hatte dieser noch in dem letzten Augenblick der Entscheidung, vier Tage vor der Schlacht am Barenberg, eine Abkunft mit Tilly geschlossen, welche den Reichshofrath in seiner Entscheidung wenigstens zweifelhaft machte[1]. Die ganze Härte des Verfahrens dagegen ergoß sich über das Herzogthum Mecklenburg.

Die beiden Herzöge von Mecklenburg, Adolf Friedrich zu Schwerin und Hans Albrecht zu Güstrow, konnten keine Transaction dieser Art für sich anführen; man machte ihnen zum Verbrechen, daß sie allezeit halsstarrig an dem König von Dänemark festgehalten, dessen Absichten doch weit über die Kreisdefension hinausgegangen seien: vergebens sei ihnen von ihren Landständen angeboten worden, die Dänen aus den Festungen und Pässen, die sie eingenommen, herauszu-

1) Eine Notiz bei Mailath, österreichische Geschichte III, 141.

werfen: man gab ihnen Schuld, die Besetzung des Bisthums Schwerin durch die Dänen genehmigt zu haben, und maß ihnen selbst Theilnahme an jenen Verbindungen mit Bethlen und den Osmanen bei, die für die kaiserlichen Erblande so höchst gefährlich geworden waren. So verhält es sich auch ohne Zweifel. Die beiden Herzöge, der eine feuriger, der andere zurückhaltender, hatten sich doch der protestantischen Partei mit vollem Herzen angeschlossen; und die Unternehmungen des Königs von Dänemark gebilligt nicht allein, sondern auch unterstützt[1]. Wer wollte ihnen noch heute daraus einen Vorwurf machen? Doch hatten sie sich nicht vollkommen blos gegeben; sie konnten für jede ihrer Handlungen Entschuldigungen, die sich hören ließen, vorbringen: bis zur Evidenz ließ sich ihre Schuld nicht nachweisen. Aber der Kaiser nahm hierauf keine Rücksicht. Durch die offenkundigen Vorgänge hielt er sich für befugt, über ihre Gebiete als heimgefallene Lehen zu verfügen.

Wenn man nun am Hofe dem General, der, wie man sagte, den Kaiser vom adriatischen bis zum deutschen Meere zum Herrn gemacht hatte, eine große Belohnung schuldig zu sein bekannte, so wäre man sogar geneigt gewesen, ihn in Erinnerung an die alte Oberherrlichkeit des deutschen Reichs über den Norden, zum König von Dänemark zu erheben.

---

1) Darin möchte der wichtigste Moment liegen. Die Erwähnung ihrer ablehnenden Antwort begleitet David Frank: Altes und Neues, Mecklenburg Buch III. S. 18 mit der Bemerkung: „nun meinte Jedermann völlig überzeugt zu sein, daß die Herzöge es mit den Dänen wider den Kaiser hielten und die Dänen mit gutem Wollen der Herzöge in Mecklenburg wären". Das war überhaupt ihre vornehmste Differenz mit den Ständen, welche auf jedem Landtag hervortrat.

Nicht unmöglich schien das in dem ersten Augenblick der Niederlage König Christians, welche von den dänischen Reichsräthen ihm selbst Schuld gegeben und fast zum Verbrechen gemacht wurde, da der Krieg ohne ihren Antheil unternommen, und dann so schlecht geführt worden sei, daß er ihnen zum größten Nachtheil an ihren Besitzthümern gereiche. Ihr Unwille und die Besorgniß, die sie wegen einer Fortsetzung des Krieges für sich selber hegten, erweckte am kaiserlichen Hofe die Meinung, sie würden dahin gebracht werden können, ihre Krone, wie es schon hundert Jahre im Werk gewesen war, von dem Haus Oldenburg auf das Haus Oesterreich zu übertragen; unter erneuerter Festsetzung ihrer Freiheiten. Für den Kaiser hätte das Wallenstein in jener Zeit gewünscht; denn damit wäre man auf einmal des Sundes Meister geworden; und an die Verfügung über die Krone hätten sich andre Combinationen knüpfen lassen[1]: für sich selbst die Hand nach dieser Krone auszustrecken, lag jedoch nicht in seinem Sinne. Eine der Rede werthe Alternative ist es doch, die dem böhmischen Edelman vorlag, entweder König von Dänemark oder Herzog von Mecklenburg zu werden. Er sagte, die Krone werde er nicht behaupten können: er wolle mit dem, was sicherer sei vorlieb nehmen[2].

---

1) Bethlen Gabor wollte wissen, daß man noch zweifelhaft sei, ob Dänemark als Königreich oder als Herzogthum fortbestehen sollte. Man hat gesagt, wie Wallenstein für den dänischen, so sei Schlick für den schwedischen Thron bestimmt gewesen.

2) Postscript zu dem Brief an Arnim, 3. Januar 1627. „Man hätte mir's bei Hofe wohl verkunnt (vergönnt), und S. Kais. Mjt selbst; aber ich hab' mich gar schön bedankt, denn ich konnte mich nicht damit mainteniren."

Seinem Ehrgeiz wurde die hohe Befriedigung zu Theil, daß ihn der Kaiser bei einer Zusammenkunft zu Brandeis aufforderte, sich zu bedecken. Das war das Vorrecht der deutschen Fürsten in Gegenwart des Kaisers.

Bei der Uebertragung unterschied man das Fürstenthum an sich und das Einkommen. Die landesfürstliche Würde, die Jurisdiction und die Regalien wurden unter Betonung des hohen Werthes, der ihnen zukomme, dem Herzog von Friedland zur Belohnung der Dienste, die er geleistet habe, als freie Gabe übertragen: aus römisch-kaiserlicher Machtvollkommenheit. Die Einkünfte sollten abgeschätzt, und davon die Schulden des Landes bezahlt, vornehmlich die Ansprüche Wallensteins nach seiner zu justificirenden Liquidation, mit Einrechnung eines Gnadengeschenks von 700,000 Gulden, das ihm der Kaiser verwillige, befriedigt werden; was dann übrig bleibe, wolle man zur Bezahlung des Kriegsheeres verwenden. Hierzu sollte auch die Confiscation der Güter der Rebellen dienen, die sich der Kaiser ausdrücklich vorbehielt[1].

Man hat dem Kaiser vorgestellt, wie viel sich gegen diesen Beschluß einwenden lasse: die Schuld der Herzöge sei nicht eigentlich erwiesen, die Haltung des Generals nicht so ganz ohne Tadel noch Bedenken; man werde eine Aufregung der Reichsfürsten und selbst einiger europäischen Mächte hervorrufen, deren Folgen Niemand absehen könne. Aber das verschwand alles vor dem Eindruck der letzten erfolgreichen

1) In dem Texte der Urkunde vom 26. Januar 1628 bei Förster, Wallensteins Prozeß, Urkb. nr. 15, S. 92 dürfte der Absatz zu beseitigen, und statt Demnach, dennoch zu lesen sein. Die beiden Sätze sind nur ein einziger.

Kriegsthaten des Generals und vor der Erwartung der anderweitigen Dienste, die er noch leisten werde und solle.

Wenn man den Schritt in Erinnerung an das Herkommen im Reiche überlegt, so schloß er eine unermeßliche Tragweite in sich. Wem verdankte der Kaiser seine Krone, als den der alten Verfassung gemäß mit der Wahl beauftragten vornehmsten Fürsten? Die Prätension der deutschen Fürsten war, daß das Reich in ihnen beruhe. Der Kaiser, den sie mit der höchsten Macht bekleidet, verlor jetzt nicht allein die Gesetze, die seine Capitulation ihm vorschrieb, aus den Augen: er durchbrach selbst bei der Ersetzung der Verurtheilten den Kreis des erblichen Fürstenthums, und griff weit über denselben hinaus. Einen Edelmann seiner Erblande belehnte er mit den Spolien eines alten reichsfürstlichen Haüses, einem großen Herzogthum, und erhob ihn zu einer Territorialmacht, die ihm eine überwiegende Stellung im Reiche verhieß.

Auch trat man nicht sogleich mit dem ganzen Vorhaben hervor. Zunächst wurde dem General das Herzogthum, zwar zugleich mit herrschaftlichen Rechten, doch nur als Unterpfand für seine Geldforderungen übertragen, auf so lange, bis seine Kriegskosten ihm erstattet seien.

Die Landstände, die durch eine kaiserliche Commission gegen Ende März 1628 in Güstrow versammelt wurden, hatten den natürlichen Gedanken, die Summe, welche Wallenstein zu fordern habe, wenn sie geprüft sei, selbst zu übernehmen. Aber sie wurden damit in herben Worten zurückgewiesen. Man sagte ihnen, der Kaiser habe sie ihres Eides an die frühere Herrschaft entlassen und das Land dem Herzog von Friedland angewiesen: würden sie sich weigern, dem zu zu gehorchen, so würden sie nur beweisen, daß sie an den

Verbrechen ihrer Fürsten mitschuldig seien: während man es ihnen hoch anrechnete, daß sie dieselben zur Treue gegen den Kaiser angemahnt hatten. Ausschließlich auf die beiden Fürsten sollte die Strafe fallen. Das Recht der Regierung, so wie es diese besessen, sollte fortan dem Herzog von Friedland zustehen; man sagte ihnen, er werde das Land bei seiner jetzigen Verfassung lassen. Bei Gott und seinem Evangelium schwuren hierauf die Anwesenden mit aufgereckten Fingern dem Herzog von Friedland, denn noch war Wallenstein nicht zum Herzog von Mecklenburg erklärt, hold, treu und gehorsam zu sein. Den beiden Herzögen ging das Gebot zu, sich aus dem Land zu entfernen. Sie wünschten wenigstens ihre Gemahlinnen auf ihrem Leibgedinge zurückzulassen; bei schwerer Strafe wurde ihnen auferlegt, sie mit sich zu nehmen.

Der erste Act der neuen Regierung war die Bestimmung der Truppenzahl, welche das Land zum Kriege gegen die Dänen zu unterhalten hatte[1]. Man trug Sorge, daß die stärksten Quartiere nach den Strand hin gelegt wurden, um die Häfen gegen die nordische Macht zu behaupten. Denn nicht allein darauf war es abgesehen, Wallenstein wegen seiner Forderungen zufrieden zu stellen. Der Generaloberst der kaiserlichen Armee sollte zugleich ein ansehnliches deutsches Land zum Behuf der Kriegsleistungen in seinem eignen Namen einrichten und verwalten. Man verband damit noch eine weitere große Absicht.

Im Angesicht der Mißachtung, welche die deutschen Seefahrer von den andern Nationen erfuhren, und in Erinnerung an die alten Rechte der deutschen Kaiser auf die

1) Frank, S. 57. Spalding, Mecklenburgische Landesverhandlungen II, 554.

das Reich umspülenden Meere hatte schon Kaiser Rudolf II im Anfang seiner Regierung an die Aufstellung eines Reichsadmirals gedacht, zur Behauptung der Gerechtsame des Reichs und den Schutz der Seefahrt[1]. Darauf kam Ferdinand II in diesem Augenblick zurück. Wallenstein empfing den Titel eines Generals des baltischen und des oceanischen Meeres im geraden Gegensatz zu Dänemark, welches die Herrschaft über die deutschen Meere in Anspruch nahm. Wallenstein sollte über die Leitung des Seekriegs auf beiden Meeren eben so gut die oberste Entscheidung zu geben haben, wie über die Landarmee. In der That konnte sich Niemand verbergen, daß ihm ein Krieg bevor stand, für den das eine und das andere erforderlich gewesen wäre.

### Erneuerung des Krieges. Stralsund.

Nach den ersten Tagen eines verzweifelnden Unmuthes hatten sich die dänischen Reichsräthe doch entschlossen, gemeinschaftlich mit dem Könige, an dem sie festhielten, Anstalten zur Vertheidigung des dänischen Gebiets zu machen. Sie empfanden es als eine Beleidigung, daß es verletzt worden war, da sie sich doch von jedem Antheil an dem Krieg fern gehalten hatten[2]. Der Ertrag einer neuen Schatzung und die erhöhte Accise, freiwillige Beiträge des dänischen Adels und der Norweger, verdoppelte Anstrengungen des Königs und seiner Familie machten es möglich, eine wohlüberlegte

---

1) Bünau, de jure imperatoris circa maria § 31.

2) Molbech, Kong Christian den Fierdes, egenhändige Breve, — og Statsskrivelser tel Rigsraadet; No. 247; Tilläg til Nr. 255.

Küstenvertheidigung zu organisiren, und eine kleine Flotte in Stand zu setzen. Der brave König, schreibt hierauf der englische Resident von Hamburg im Januar 1628, hat sich wieder ein Herz gefaßt.

Was dazu das Meiste beitrug, war ohne Zweifel der Rückhalt, den er an der Bundesgenossenschaft fand, die ihm Gustav Adolf von Schweden antrug.

In dem Augenblick des großen Umsturzes in Norddeutschland hatte Gustav Adolf die Anwandlung, auf alle Einmischung in die deutschen Angelegenheiten Verzicht zu leisten. Aber das Emportauchen der maritimen Pläne weckte ihn auf. Er hörte, das Haus Oesterreich habe dem König von Dänemark, wenn er den Sund aufgebe, die Admiralität des Römischen Reiches versprochen: ihm selbst machte man Hoffnung auf Belehnung mit der dänischen Krone, wenn er sich anschließe; er hätte dann Liefland und Preußen, um das er so lange gekämpft, im Einverständniß mit Polen zu behaupten sich schmeicheln können. Ist aber nicht zugleich verlautet, man denke Dänemark an Wallenstein, und die Krone von Schweden dem Grafen Schlick einzuräumen? Dem kaiserlichen General würde es doch noch lieber gewesen sein, wenn die schwedische Flotte in ihren Häfen verbrannt worden wäre[1], denn dann hätte er vom Norden her nichts mehr zu fürchten gehabt, die Hansestädte hätten sich fügen müssen; die großen Entwürfe der katholischen Welt, in denen Liga und Kaiser noch vereinigt waren, hätten sich höchstwahrscheinlich ausführen lassen. Das Gefühl der allgemeinen großen Sache,

1) Die schief, wo sie seind müssen ins Feuer gesetzt werden. An Arnim. Förster, Wallensteins Briefe I, 150.

der es galt, hatte auf der andern Seite wohl Niemand mehr, als der König von Schweden. Ihm schwebte jeden Augenblick der universale Zusammenhang der Angelegenheiten vor Augen. Er behauptete den Krieg gegen die Polen hauptsächlich deshalb zu führen, um die Theilnahme derselben an den Kriegen des Kaisers und der Liga unmöglich zu machen. Statt auf die Anträge Wallensteins einzugehen, bot er seinem alten Gegner, dem König von Dänemark, in der äußersten Bedrängniß desselben die Hand zum Bunde[1]. Die Streitigkeiten der protestantischen Staaten unter einander erschienen ihm als Privatangelegenheiten: alle Rathschläge müsse man dahin richten, das gemeine Wesen zu retten. Er erklärte sich bei der ersten Annäherung Christians IV[2] bereit, nicht allein zur Vertheidigung des Königreichs, sondern auch der Ostsee, gemeinschaftliche Sache mit Dänemark zu machen.

Der Gedanke war, daß Holländer und Engländer zugleich mit den Dänen die Nordsee und den Sund, die Schweden und die Dänen die Ostsee gegen das Eindringen der kaiserlich-spanischen Seemacht zu beschützen haben sollten. Denn auf der Herrschaft auf der Ostsee beruhte großentheils die Conservation der beiden Reiche[3].

Indem nun hierüber mit sicherer Voraussicht des Gelingens verhandelt wurde, — schon die Annäherung erschien

1) Schreiben Gustav Adolfs vom 21. Oct. 1627, bei Geijer, schwedische Geschichte III, 143; aus dem Folgenden ersieht man die zwischen September und October vorgekommenen Schwankungen.

2) Sie ist vom 15. October: Schreiben an den Kanzler Chr. Friiß. Molbech 233.

3) Instruction vom 2. December 1627 bei Molbech No. 255.

dem Könige als ein Bund — trug ein spanisch-niederländischer Bevollmächtigter den versammelten Seestädten seinen Antrag auf eine Verbindung mit Spanien vor. Welchen Erfolg konnte er damit haben? Wenn zugleich der König von Dänemark den Städten drohte, im Bunde mit Schweden, England und den Generalstaaten, ihren Handel zu zerstören, wofern sie auf den Antrag eingingen, wie hätten sie nur einen Augenblick zweifeln können, denselben zurückzuweisen[1]. Man muthete ihnen an, sich einer Macht anzuschließen, die ihnen keine Hülfe leisten konnte und doch die ihre zu Zwecken benutzen wollte, die ihrer Religion zuwiderliefen. So erblickten die entfernten Städte, wie Danzig, in der beabsichtigten Verbindung zwischen Polen und Spanien vor allem ihre eigene Gefahr: denn nur auf eine Verstärkung der katholischen Gewaltsamkeiten gegen die evangelische Religion, der sie sämmtlich anhingen, sei es dabei abgesehen. Der Entwurf einer Allianz mit den Seestädten war ein Schloß in Spanien, wie die Franzosen sagen; Wallenstein ließ ihn baldigst fallen und forderte die Abberufung des Bevollmächtigten.

Was von der Hansa durch Unterhandlung unter spanischer Dazwischenkunft nicht zu erreichen war, suchte er — denn einen Genossen der Herrschaft wollte er niemals dulden — auf eigne Hand in den Küstenstädten, die direct oder indirect in seine Gewalt gekommen waren, durchzusetzen. Noch unter einer gewissen Theilnahme der Herzöge von Mecklenburg war Wismar mit einer kaiserlichen Besatzung belegt worden: im März 1628 erschien ein des Seewesens kundiger niederländischer Kriegsmann,

1) Erklärungen des dänischen Gesandten Kraz bei Reichard, Politik der Habsburger S. 136.

Graf Philipp von Mansfeld, daselbst, um an die Armatur der Schiffe Hand anzulegen; auch die Halbinsel Pöl war in Besitz genommen. Rostock hatte eine förmliche Einquartierung durch die Zahlung einer ansehnlichen Geldsumme zunächst abgekauft, ohne jedoch mehr als eine mündliche Versicherung, daß es von derselben befreit sein solle, erlangt zu haben; aber der Hafen wurde durch versenkte Schiffe gesperrt; am Ausfluß der Warne wurde ein Fort angelegt. Schon längst war auch der Herzog von Pommern — es war Boguslav XIV, der letzte seines Stammes — zu wachsamer Vertheidigung seiner Seehäfen aufgefordert, dann aber, indem er dazu Anstalt traf, genöthigt worden, eine ansehnliche kaiserliche Einquartierung in sein Land aufzunehmen, die vor allem bestimmt war, sich der pommerschen Küsten und Häfen allenthalben zu versichern. Der Herzog, der für seine Autorität im Lande der Unterstützung des Kaisers bedurfte, zeigte sich bereitwillig, dazu mitzuwirken.

Hiergegen trat nun aber in Stralsund — der Stadt, an der das Meiste gelegen war, und die sich, obwohl erbunterthänig, doch solcher Privilegien erfreute, die ihr einen hohen Grad von Autonomie sicherten — ein Widerstand hervor, der von Tag zu Tag weitaussehender wurde, und so wichtige Folgen gehabt hat, daß wir seinen Ursprung und Fortgang näher erörtern müssen.

Eigentlich dort an dem kleinen niedrigen Eiland zwischen der Stadt und der Insel Rügen, dem Dänholm, ist das Glück der kaiserlichen Waffen rückgängig geworden.

Gegen Uebernahme einer Rate der dem Lande durch die Einquartierung erwachsenden Kosten hatte die Stadt von dem Herzog die Versicherung bekommen, daß sie mit einer kaiserichen Besatzung verschont bleiben solle. Die Worte derselben zeigen, daß der Herzog seiner eignen Macht dabei nicht recht traute: er verspricht eigentlich nur seine guten Dienste[1].

Wenn nun dennoch die heranrückenden kaiserlichen Feldobersten auch ihrerseits eine bedeutende Summe Geldes — eben so viel wie Rostock zahlte — für die Befreiung von der Einquartierung forderten, so sträubte sich die Stadt dagegen, weil sie dann doppelt beschwert sein würde. Die Verhandlungen reizten die Gemüther, doch ist ein offener Streit darüber nicht ausgebrochen; die Stralsunder haben sich zuletzt verstanden, wenigstens einen Theil der geforderten Summe zu erlegen. Auch wenn die Kaiserlichen die Insel Rügen einnahmen, so konnte die Stadt nicht viel dagegen einwenden, da es der Herzog bewilligte.

Nun aber hatten die kaiserlichen Obersten, Arnim, Sparre und Götze, es rathsam gefunden, jenes kleine Eiland zu besetzen, ein unbestrittenes Eigenthum der Stadt, durch welches ihre Rhede beherrscht werden konnte: um keinen Preis wollten die Bürger die Nachtheile und die Gefahr ertragen, welche sie von dort bedrohe; es gelang ihnen im Anfang des März 1628, die kleine Besatzung, der man die Zufuhr abgeschnitten hatte, zum Abzug unter Capitulation zu nöthigen.

Was sie vermochte, ohne Weile noch Rücksicht zur Besitznahme zu schreiten, war vor allem die Kunde, die ihnen

---

1) „Daß J. F. Gn. unterthänige Stadt Stralsund wider Einquartierung der kaiserlichen Armee verbitten wolle, welches Stralsundische mit unterthänigem Dank angenommen." Neubur: Beitrag zur Geschichte des dreißigjährigen Krieges, 1772, S. 21. Ein gutes Specimen der Localhistoriographie des achtzehnten Jahrhunderts.

zukam, daß von den kaiserlichen Obersten alles zu einer förmlichen Belagerung von Stralsund vorbereitet werde. „Habt den Hafen in Acht“, schrieb man ihnen, „nach wie vor, daß kein frisches Volk mit Geschütz darauf komme“[1].

Ohne die dabei mitgetheilten Umstände zu verbürgen, kann man doch nicht bezweifeln, daß die Absicht des kaiserlichen Generals auf eine gewaltsame Unterwerfung Stralsunds gerichtet war. Sein Befehl an Arnim, der jetzt zum Feldmarschall befördert wurde, lautet, daß er die Stralsundischen angreifen und nicht wegziehen solle, bis sie eine starke Garnison aufgenommen hätten: denn würden sie etwas gegen den Kaiser erhalten, so würden alle Andern Muth fassen und Ungebührlichkeiten begehen[2]. Von seinen den Norden umfassenden Plänen und seinen monarchischen Principien einen Schritt zurückweichend, hegte Friedland damals den dringenden Wunsch mit Dänemark Frieden zu schließen[3], und selbst die Hoffnung, mit den Holländern eine erträgliche Abkunft zu treffen: eben in dieser Zeit trug er sich mit jenem Entwurf gegen die Osmanen. Aber dazu war es Bedingung, der vornehmsten Städte und ihrer Häfen mächtig zu bleiben; sich Stralsunds zu versichern schien unerläßlich. Noch meinte Arnim die Stadt wenigstens dahin zu bringen, daß sie eine Garnison des Herzogs von Pommern aufnähme. Wallenstein hielt eine kaiserliche Besatzung für besser, wenigstens müßte die herzogliche mit kaiserlichen Offizieren versehen werden: wolle sie sich nicht dazu verstehen —

1) Bei Neubur 85. Gegen Ende März.

2) 27. Februar. Bei Förster, Wallensteins Briefe I, 309.

3) 20. März. Ebenda 321.

so fügte er später, durch fernere Weigerungen aufgebracht, hinzu — so möge Arnim nur zu der Belagerung schreiten.

War nun dergestalt die Unterwerfung von Stralsund, mit welcher der dänische Krieg beschlossen und gleichsam besiegelt werden sollte, der Schlußstein des ganzen Systems, so sammelte sich, wie durch einen Zug der Natur, auch die ganze Widerstandskraft der Gegner dort am Orte. Unter den Truppen, welche die Stadt in Sold genommen, fanden sich viele, die im dänischen Kriege gedient hatten: sie waren von der kaiserlichen Acht betroffen, und sahen ihr Heil einzig in der Abwehr der kaiserlichen Garnison. Eine Menge von Flüchtlingen hatte in der Stadt ihre Rettung vor den Gewaltthaten der Soldateska gesucht und gab einen abschreckenden Bericht davon, was Jedermann von derselben zu erwarten habe. Seit der Besetzung des Dänholms durch die Kaiserlichen war in der Stadt ein Kriegsrath errichtet worden. Die Bürger, die an demselben Theil nahmen und bei wichtigen Fragen nach ihren vier Quartieren versammelt und mit ihrem Gutachten gehört werden mußten, verwarfen alle weitern Nachgiebigkeiten; wiewohl widerstrebend folgte der Rath doch zuletzt in der Regel ihrem Begehren. Sie waren damals durch ihren Handel zu einem gewissen Wohlstand und durch ihre auswärtigen Beziehungen zu einem nicht geringen Selbstgefühl gelangt: die Aufnahme einer Besatzung erschien ihnen überdies als eine Gefährdung ihrer Religion. Welch ein Geist unter ihnen herrschte, sieht man aus ihrer Drohung, sich mit Hab und Gut auf die Schiffe zurückzuziehen und das Beispiel der Meergeusen nachzuahmen.

Die Wiedereinnahme des Dänholms war hauptsächlich das Werk der erregten Bürger. Sie verbargen sich nicht, daß sie dadurch die Feindseligkeit der Kaiserlichen verdoppeln würden, aber sie wagten es darauf. Wenige Tage nachher, im April 1628, vereinigten sich Rath, Bestallte der Stadt, Capitäne und Aldermannen, und die ganze Gemeinde auf das feierlichste unter einander, die wahre Religion augsburgischer Confession und der Stadt Freiheit bis auf den letzten Blutstropfen zu vertheidigen, und keine Besatzung, von wem sie ihnen auch angemuthet werde, innerhalb ihrer Ringmauern und Schlagbäume aufzunehmen[1].

War es aber nicht die höchste Gewalt im Reich und ihr eigner Landesfürst, von denen sie sich damit losrissen?

Noch im Februar hatten sie bei der ersten Annäherung des Königs von Dänemark geantwortet: sie seien der Zuversicht, daß der Kaiser den hochbetheuerten Religionsfrieden beobachten und seine Armee ihnen nicht beschwerlich fallen werde; nunmehr aber waren sie von dem Gegentheil überzeugt. Und das war nun einmal das Schicksal des deutschen Reiches, das Schicksal der Welt, daß der religiöse Gedanke die politische Gemeinschaft, die auf ewig geschlossen schien, wenn nicht zerstörte, aber doch lockerte und in Zweifel setzte. Des Kaisers erwähnen die Bürger bei ihrer Verbindung nicht, nur des Reiches gedenken sie; sie wollen ihm getreu bleiben, sich auf keine Weise von ihm absondern lassen: jedoch auch das nur insoweit es vor Gott und der Nachkommenschaft zu verantworten ist: ähnlich wie einst die ersten Vorfechter der kirchlichen Reformation. Die Gemüther wurden durch die Prediger, die man einen Tag um den andern zu hören pflegte, in religiöser Stimmung gehalten.

---

1) Capitulation und Artikelsbrief vom 12. April, bei Neubur 240.

Was aber den Landesfürsten anbetrifft, so hielt die Stadt auf den Grund eines alten Privilegiums der Herzoge für erlaubt, mit den nordischen Fürsten in Beziehung zu treten, obwohl deren antikaiserliche Tendenz alle Tage mehr hervortrat.

Im Mai erschien eine dänische Gesandtschaft, welche der Stadt nicht allein dänische, sondern auch schwedische Hülfe verhieß, wenn sie festhalte, und ihr zugleich eine Anzahl Schiffe mit Munition und Kriegsgeräthschaft zur Verfügung stellte. Die Stadt erklärte, die Kaiserlichen standhaft von ihren Wällen und dem Dänholm abwehren zu wollen. Ein förmliches Bündniß ging sie nicht ein; doch war es nicht weit davon entfernt, wenn sie versprach, keinen Frieden zum Nachtheil von Dänemark zu schließen.

Bald darauf schickte der König von Schweden unaufgefordert eine Last Pulvers, und leitete Verhandlungen ein, die nach einiger Zeit zu einer engen Verbindung führten.

Die beiden Könige säumten nicht, als es nun zu ernstlichen Angriffen Arnims auf die Stadt kam — im Mai und Juni — ihr Hülfstruppen zuzuschicken, die sich bei der Gegenwehr sehr nützlich erwiesen.

Wie sehr aber änderte sich hierdurch die Lage der Dinge. Wallenstein hatte gemeint, durch eine rasche That sich der Stadt zu bemeistern und dann seinen Frieden mit Dänemark zu schließen, um seine andern Entwürfe vor die Hand zu nehmen. Jetzt bildete diese Stadt das Außenwerk eines neuen nordischen Bundes, der sich der Uebermacht des Hauses Oesterreich mit erneuter Energie entgegensetzte.

Um so dringender war es, ihrem Widerstand mit allen Mitteln ein Ende zu machen. Als sich Wallenstein im Mai 1628 aus Böhmen erhob, um von seinem neuen Herzogthum

Besitz zu ergreifen, lag ihm doch nicht weniger daran, die Stadt zu unterwerfen. Er erklärte sich entschlossen, keinen Accord mit ihr zu treffen, es wäre denn, daß sie sich zur Aufnahme einer kaiserlichen Garnison bequemte. Er bezeichnete es als offene Verschwörung gegen die kaiserliche Majestät, daß sie sich mit dem Feinde des Kaisers und des Reichs, dem Könige von Dänemark, verbunden habe. Indem er dagegen anging, rechnete er auf die Unterstützung der Reichsgewalten.

Er trat hierbei insofern in einem neuen Charakter auf, als er den Krieg nicht allein für die katholische und kaiserliche Sache, sondern zugleich für seine eigene, für das erworbene Landesfürstenthum und dessen Behauptung, zu führen hatte. Neben der allgemeinen wurde ihm dadurch jetzt eine umsichtige territoriale Politik zur Pflicht; vor allem mußte er in ein gutes Verhältniß zu dem angesehensten unter den Nachbarn, dem Churfürsten von Brandenburg, zu kommen suchen.

Brandenburg war noch bei weitem mehr in die europäischen Verwickelungen verflochten, als Mecklenburg; wie oft hatte man in Wien wenigstens unter der Hand davon geredet, daß Georg Wilhelm seinen Churhut zu verlieren nicht minder verdiene, als selbst Friedrich von der Pfalz. Aber auch eine andre Richtung ließ sich in der brandenburgischen Politik wahrnehmen. Der Gegensatz der beiden Parteien, welche die Welt spalteten, versetzte sich hier in das Cabinet selbst: das Uebergewicht der einen oder der andern Richtung entsprach dem momentanen Zustande der großen Angelegenheiten, so daß unter stetem innerem Streit eine Anknüpfung mit der entgegengesetzten Partei allezeit möglich blieb.

Mit dem Vertreter der Hinneigung zu dem Kaiser und der alten Unterordnung unter die Reichsgewalt, selbst einem guten Katholiken, Graf Adam von Schwarzenberg, kam nun Wallenstein auf der Reise nach seinem Herzogthum in Frankfurt a. O. zusammen. Die Conferenz sollte zur Vorbereitung einer Sendung des Grafen nach Wien dienen, die demnächst bevorstand. Wir dürfen wohl aus den Berichten Schwarzenbergs einige die Menschen und die Situation bezeichnende Züge wiederholen.

Wallenstein war den ersten Tag nicht zugänglich; er war in einer seiner bizarrsten Aufwallungen, in der er nicht nur keinen Lärm, sondern keinen Laut vernehmen wollte: man durfte die Glocken nicht ziehen; die Hunde, deren Gebell ihm besonders verhaßt war, mußten von der Straße geschafft werden; und wehe denen, die auch dann mit ihm in Berührung kommen mußten: das geringste Versehen bestrafte er mit Schlägen.

Den andern Tag erschien er um so leutseliger und angenehmer. Früh am Morgen ließ er den Grafen zu Wagen zur Audienz abholen, empfing ihn, wie dieser bemerkt, sehr gnädig an der Treppe, behielt ihn später an seiner Tafel, bei der er dann sehr aufgeräumt war; trotz der Anwesenheit einiger Gäste von fürstlichem Rang gab er dem Grafen den höheren Platz; er besuchte ihn am Abend in seiner Wohnung, und fuhr den andern Tag nach Tische wieder ein paar Stunden lang mit ihm spazieren.

Vor allem verlangte Schwarzenberg in seinen Anträgen eine Erleichterung der Einquartierung, über die er sehr ins Einzelne einging. Wallenstein hörte ihn, ohne ihn zu unterbrechen, vollständig aus, und versprach ihm dann, die Neumark vor Montecuculi, über den viel Klage war, sicher zu stellen, diesem lieber sein Regiment zu nehmen, als sein gewaltsames Gebahren zu dulden. Dann kam man auf die allgemeinen Verhältnisse zu reden. Friedland sprach sich besonders über den König von Schweden aus: das sei ein Fürst, bei dem man mehr auf das, was er thue, sehen müsse, als auf das, was er sage[1]. Der Kaiser könne ihn nicht in Polen dulden; sollte er dort weitere Fortschritte machen, so werde er, Friedland, selbst wenn es die Polen nicht zulassen wollten, mit 100,000 Mann gegen ihn vorrücken und ihn mit Gottes Hülfe vertreiben.

Er bemerkte, der Churfürst sei von den Dänen angeklagt, alles angestiftet zu haben; Schwarzenberg erwiderte, die Antwort sei leicht: wären die Dänen Freunde von Brandenburg, so würden sie das nicht sagen.

Sie besprachen alle brandenburgischen Angelegenheiten. In Bezug auf Jülich verhieß Wallenstein in Wien dahin zu wirken, daß dem Prozeß ein Ende gemacht werde. Schwarzenberg hatte keinen Zweifel, daß dies in seiner Macht stehe. Dagegen rieth er dem Churfürsten, auf Jägerndorf Verzicht zu leisten, das ohnehin kein Fürstenthum sei, sondern ein Landgut und nur wenig eintrage: er möge sich dafür etwas Anderes außerhalb erbitten. Den Anspruch Brandenburgs auf Pommern erkannte Wallenstein unbedingt an; er meinte, es würde besser sein, wenn der Herzog auf der Stelle mit Tode abginge; dann würde sich alles einrichten, und auf Mecklenburg mache er nur für sein Haus Anspruch.

1) „Mehr auf die Fäuste, als das Maul.“ Vgl. Raumer, Wallensteins Auftreten in der Mark Brandenburg, Berliner Kalender 1844 S. 284, nach den Berichten Schwarzenbergs; ich habe die Notizen aus denselben noch erweitern können.

Das werde eher abgehen, als das der mecklenburgischen Fürsten; dann würde auch Mecklenburg an Brandenburg kommen.

Welch eine Förderung würde es für Wallenstein gewesen sein, sein Haus mit dem brandenburgischen so eng zu verbinden, wie er vorhatte.

Einverstanden mit Brandenburg und Pommern, und Herr und Meister von Mecklenburg, schickte sich der Herzog von Friedland an, die Belagerung von Stralsund, die bisher noch keinen Erfolg gehabt, zum Ziele zu führen. Man schreibt ihm das Wort zu: es müsse herunter und wenn es mit eisernen Ketten an den Himmel gebunden wäre; doch findet sich dafür kein glaubwürdiges Zeugniß. Wohl hat er einst in einer Audienz den stralsundischen Gesandten, indem er mit der Hand über den Tisch fuhr, gesagt, so wolle er auch ihrer Stadt thun, gleich als denke er sie vom Boden zu vertilgen — ein Drohwort, wie er sie in momentaner Aufwallung nicht selten vernehmen ließ; mit aller Bestimmtheit aber darf man sagen, daß seine wohlbedachte Absicht damals nicht so weit ging. „Ich will mit den Stralsundern unterhandeln", sagt er in einem Brief an Arnim: „wenn ich ihnen einen Schlag beibringen kann", fügt er hinzu, „so will ich es nicht unterlassen, denn sie sind Schelme"[1]. Die Hauptsache war doch die durch die Gewaltmittel zu fördernde Unterhandlung. Indem er gegen Ende Juni wider die Stadt heranrückte, mit einer Heeresmacht, die man auf 20,000 M. schätzte und einem trefflichen Geschütz, das ihm aus brandenburgischen und pommerschen Zeughäusern geliefert worden

1) An Arnim, Prenzlau 28. Juni. Förster I, 352.

war und auf dessen Wirkung er hauptsächlich zählte, erklärte er sich doch zu allem, was recht und billig sei, bereit, wenn die Stadt dem Kaiser gehorsam bleiben wolle. Seine Ankunft vor den Mauern bezeichnete er mit einem heftigen Sturm gegen das Frankenthor, welches durch zwei Reihen von Verschanzungen gedeckt war; die äußeren wurden genommen; von einem plötzlichen Schrecken ergriffen wichen die Bürger auch von den innern nach dem Thor zurück: sie können sich ihre Rettung nur dadurch erklären, daß Gott für sie ins Mittel getreten sei[1]. Das Ereigniß ist, daß die eingetroffenen dänischen und schwedischen Hülfsvölker, besonders die Schotten unter den ersteren, den Kaiserlichen einen Widerstand leisteten, vor dem diese, auch ihrerseits nicht gemeint alles an alles zu setzen und des Stürmens müde, zurückwichen. Die zwar glücklich bestandene, aber noch immer obschwebende Gefahr des Untergangs und der Zerstörung brachte in der Stadt einen erschreckenden Eindruck hervor. Viele flüchteten ihre beste Habe auf die Schiffe; andere, namentlich eine Anzahl Frauen, fuhren nach Schweden davon. Es gewann nun doch das Ansehen, als ob Wallenstein auf diese Weise zu seinem vornehmsten Zweck gelangen würde. Die Stadt schickte dem „christlichen hochtapfern Reichsfürsten, auf dessen Gerechtigkeit und Billigkeit, Gnade und Huld sie vertraue“ ihre Abgeordneten in sein Lager im Hainholz. Er machte ihnen dann Vorschläge, die alles enthielten, was nur erwartet werden konnte; er versprach Vergessenheit alles Vergangenen und bestand weder auf den Dänholm noch auf die Aufnahme

1) Aus dem gleichzeitigen Tagebuch bei Zober: Belagerung Stralsunds, 190.

einer kaiserlichen Besatzung; er verlangte nur eine Besatzung mit herzoglichem Volk, welches zugleich dem Kaiser, dem Landesfürsten, sowie dessen Erben und der Stadt verpflichtet sein solle[1]. Denn nicht auf Zerstörung der Stadt war sein Sinn gerichtet, er wollte sie nur von den fremden Königen losreißen und sich des Vortheils ihrer geographischen Lage im Sinne der kaiserlichen Politik bedienen.

Seine Anwesenheit, das Vorrücken der Belagerungsarbeiten, die Wirkung der Geschütze bewirkten in der That, daß der Rath und ein Theil der Bürgerschaft, welche die Stadt nicht zu Grunde gehen lassen wollten, doch noch zu dem Entschluß kamen, die Bedingungen anzunehmen, die ihnen Friedland setzte. Sie erklärten sich bereit, eine herzogliche Garnison von 2000 bis 3000 Mann aufzunehmen[2], und nichts zu begehen, wodurch die Landesobrigkeit verletzt werden könne. Am 4/14. Juli ist eine Punctation darüber aufgenommen und bereits ein Schreiben abgefaßt worden, um bei den beiden Königen diesen Schritt mit der äußersten Noth und Gefahr, in der man schwebe, zu entschuldigen.

---

1) Aufzeichnung des Syndicus Doctor Hasert, bei Neubur 283.

2) Darüber war der vornehmste Streit. Die herzoglichen Beamten hatten Anfangs die Hoffnung gemacht, daß der General sich noch mit einer herzoglich-städtischen Besatzung unter jener Verpflichtung begnügen werde. Ich sehe nicht, ob es zu einer Verhandlung darüber gekommen ist: wenn es aber in der Punctation heißt, der Herzog solle „Ober- und Unterofficiers über dasselbe Volk (2000 M.) zu bestellen mächtig sein, jedoch mit unserm Vorwissen, damit kein Officier, wider welchen wir etwas Erhebliches und Rechtmäßiges einzuwenden — aufgedrängt werde", so erkennt man die unüberwundene Schwierigkeit; die Recusation sollte möglich sein, aber doch wieder geprüft werden können. (Neubur 286.)

Lief nicht aber auch dies der einmal eingegangenen, feierlichen Vereinbarung entgegen? Man begreift es, daß als die Punctation der Bürgerschaft vorgelegt wurde, von den vier Quartieren derselben nur ein einziges sie ohne Einschränkung annahm.

Die Bürger hatten zwei Einwendungen dagegen. Sie meinten, daß die herzogliche Besatzung bei der ungeheuern Uebermacht, welche der Kaiser und sein General im Lande besaßen, wie man sich auch anstelle, doch immer eine kaiserliche sein werde, — die andere, daß man damit das eben eingegangene Bundesverhältniß mit den beiden Königen brechen würde. Unmittelbar vor der Ankunft Wallensteins, im Gedränge der Befürchtungen und Hoffnungen war ein Tractat mit Schweden verabredet worden, zum gemeinschaftlichen Schutz der Ostsee und der Commercien, in welchem zwar die Verwandtniß der Stadt zu Kaiser und Reich, sowie zum Landesfürsten vorbehalten, aber doch zugleich eine beständige Verbindung mit der Krone Schweden zugesagt wurde. Wie ließ sich die Reichsangehörigkeit und ein dauerndes Verhältniß mit Schweden zugleich behaupten? Darin lag die große Streitfrage: Devotion gegen den Kaiser, oder Allianz mit den benachbarten Königen. Noch war der Vertrag mit Schweden nicht ratificirt; die Verhandlungen mit dem kaiserlichen General konnten dem zum Trotz ihren Fortgang haben. Der Rath und ein Theil der Bürgerschaft neigten sich zu einer wenn auch sehr bedingten Unterwerfung unter den Kaiser; denn es war das Altherkömmliche, entsprach einem tiefen nationalen Gefühl, das noch immer in den Gemüthern lebte, und sicherte jetzt zugleich vor den friedländischen Geschützen, deren drohender Donner alle Tage zu vernehmen war. Andere aber und zwar die Meisten waren dagegen: sie sahen in Friedland den Repräsentanten einer ihnen principiell feindseligen Gewalt: wohin würde man wohl ohne die Hülfe der fremden Truppen bei den letzten Stürmen gekommen sein; man war den Königen dankbar, und fühlte sich ihnen durch das commercielle Interesse und die Gemeinschaft der Religion auf das engste verbunden.

Unter mannigfachen Unterhandlungen schwankte noch alles hin und her, als Wallenstein inne wurde, daß die nordischen Könige in diesem Augenblick ihm auf der Ostsee überlegen geworden waren.

Am 10/20. Juli erschien der König von Dänemark mit 200 Fahrzeugen und einer Mannschaft von 8000 M. an Bord, in den Gewässern von Rügen. Er traf Veranstaltung, den Kaiserlichen den Uebergang dahin zu sperren: man hörte seine Karthaunen die Schanzen beschießen. So war Gustav Adolf, durchdrungen davon, daß der Fall von Stralsund unmittelbar einen Angriff auf die schwedischen Küsten zur Folge haben werde, zu dem Entschluß gelangt, einen ansehnlichen Theil seines Heeres dahin abgehen zu lassen, um es zu entsetzen. Eine Abtheilung war bereits unterwegs. Der See nicht mächtig, was konnte Wallenstein gegen die Könige ausrichten? Er besorgte sogar, wenn er sich weiter in die Fortsetzung der Belagerung verwickelte, so würden die Schweden vielleicht zu einem Unternehmen auf Colberg schreiten, die Dänen sich gegen Warnemünde wenden: ohne daß er Truppen frei habe, um sie abzuwehren[1].

---

1) Die schwedischen Hülfsvölker unter Leßley sind doch erst nach gefaßtem und ausgeführtem Entschluß 17/27. Juli, in Stralsund eingetroffen.

Noch hielten die Stralsunder Stand und faßten sogar Muth zu Ausfällen, bei denen sie wieder Erfolg hatten. Vor ihnen allein wäre aber Wallenstein wohl nie zurückgewichen. Was ihn dazu bewog, war die Gefahr, daß, während er Stralsund zu nehmen trachte, der rührige Feind einen oder den andern Seeplatz angreifen und in seine Hände bringen oder selbst ihm in den Rücken kommen könne.

Als die dänische Flotte bei Rügen anlegte, scheint er sofort seinen Entschluß gefaßt zu haben. Am 14/24. Juli traf er eine Verabredung mit dem Herzog von Pommern; am 15/25. verließ er sein Lager vor Stralsund, um sich nach seiner mecklenburgischen Hauptstadt Güstrow zu begeben.

Einige Tage darauf hatten die Stralsunder das Vergnügen, die Kaiserlichen ihre Schanzen eine nach der andern verlassen zu sehen. Anfang August konnte die Belagerung, an welche das Schicksal der nordischen Welt geknüpft war, als aufgehoben betrachtet werden.

In derselben Zeit ist noch eine andere Stadt unter ähnlichen Umständen belagert worden: Rochelle. Wie in Deutschland, so erreichte die vordringende katholische Reaction auch in Frankreich die äußersten Spitzen des Landes; Rochelle wehrte sich mit demselben Heldenmuthe wie Stralsund. Wie dies von den nordischen Mächten, so erhielt jenes Hülfe von England, und an sich konnte Carl I nicht für minder thatkräftig gehalten werden, als Christian IV; aber bei weitem großartigere Anstrengungen machte Richelieu gegen Rochelle, als Wallenstein und die kaiserliche Armee. Diese konnte den Dänholm nicht behaupten, die Rhede von Stralsund blieb allezeit für dänische und schwedische Hülfe offen; dagegen schloß Richelieu den Hafen von Rochelle, so daß die Versuche der Engländer es zu unterstützen, scheiterten; er fesselte, wie man sagen durfte, den Ocean. Der Protestantismus in Frankreich wurde des großen Bollwerkes seiner Unabhängigkeit beraubt: Rochelle dem König unbedingt unterworfen. Dagegen behauptete sich Stralsund ungebeugt in seiner Widersetzlichkeit gegen den Kaiser, obgleich er mit der territorialen Autorität des Landes vereinigt war; es ließ die Fahnen des europäischen Protestantismus von seinen Zinnen fliegen.

Der spätere Charakter der politischen Gewalt in Deutschland und in Frankreich wurde großentheils durch die Verschiedenheit dieses Ausgangs bestimmt.

Aber dabei wirkte noch ein anderes Motiv mit. Wenn die Katholiken sich wie Ein Mann um den König von Frankreich schaarten, so war das in Deutschland nicht der Fall. In dem Gefühle, daß er zur Eroberung der Stadt nicht stark genug sei, hatte sich Wallenstein an Tilly gewandt, der kurz zuvor Stade genommen und dann von allen weiteren Unternehmungen absehend zur Pflege seiner Gesundheit nach Wiesbaden gegangen war, und ihn um Ueberlassung einiger Regimenter ersucht, deren er auf das dringendste bedurfte; dieser fragte darüber bei seinen Oberen, den Churfürsten von Baiern und von Mainz an. Maximilian war nicht geradezu dagegen, weil er noch immer ein gutes Verhältniß zu dem Kaiser sowohl wie Spanien aufrecht zu erhalten für nützlich hielt. Aber wenn er doch auch die Besorgniß aussprach, daß das Kriegsvolk zu Grunde gerichtet und Friedland in seinen bösen Absichten gegen die gehorsamen Reichsstände gestärkt werden würde, so waren dies Betrachtungen, welche den Churfürsten von Mainz bewogen, sich mit Entschiedenheit dagegen zu erklären. Der General möge erst seine Werbungen einstellen und in Bezug auf die Quartiere nachgeben, sonst würde die Hülfeleistung ihn stärken und die Liga schwächen[1].

So versagte das Oberhaupt der katholischen Hierarchie in Deutschland dem Feldhauptmann des Reiches seine Mitwirkung, die damals hätte entscheidend werden können zur Unterwerfung des letzten Bollwerkes des Protestantismus im Reiche, das den Widerstand aufrecht erhielt. Denn so stark auch der Religionshaß gegen die gemeinschaftlichen Gegner wirkte, so war doch die Sorge, welche die katholischen Stände für ihr eignes unangetastetes Bestehen trugen, noch stärker.

Wollte man die Macht der Geister wägen, die damals in Pommern über die Geschicke Deutschlands und des nördlichen Europa mit einander kämpften, so dürfte man der Energie des protestantischen Widerstandes, der dort wenn nicht geradezu obsiegte, aber endlich doch noch einmal Stand hielt, den Preis zuerkennen. Jene stralsundischen Bürgermeister und Wortbalter, Steinwig, Gosen, Hasert, Koch haben sich eine Stelle in der allgemeinen Geschichte verdient, zur Seite der nordischen Könige und ihrer Minister.

Auf der Stelle zeigte sich, wie vollkommen Recht Wallenstein gehabt hatte, die Belagerung in eine Blokade von ein paar Schanzen hier zu verwandeln, und sich für seine Hauptmacht die Hände frei zu machen.

In den ersten Tagen des August landete Christian IV im Rücken derselben in Usedom. Er hatte nur die Ankunft

1) Actenstücke aus dem reichserzkanzlerischen Archiv bei Hurter: zur Geschichte Wallensteins, S. 272.

der Schweden vor Stralsund abgewartet, um von Rügen aufzubrechen. Sein Landheer bestand auch jetzt hauptsächlich aus Schotten und Franzosen. Er nahm die Schanzen von Peenemünde ein und bald darauf das Schloß zu Wolgast, wohin der Herzog von Pommern seine Geschütze und seine beste Habe in Sicherheit gebracht hatte.

Wallenstein war eben in Güstrow damit beschäftigt, die Verhältnisse in Mecklenburg fester zu bestimmen; noch immer als Pfandträger — er unterzeichnete noch immer: H. z. F., Herzog zu Friedland — verhandelte er mit den Ständen über die für die Soldaten aufzubringende monatliche Steuer, als er diese Nachricht empfing.

In welche Lage wäre er gerathen, wenn Christian IV sich in Wolgast behauptet hätte. Selbst des Herzogs von Pommern war er nicht sicher, wie viel weniger seiner Unterthanen, auch seiner Truppen. Den Befehlshaber in Wolgast hielt man für fähig, den Ort ohne Noth aufgegeben zu haben. Der Erfolg von Stralsund hatte einen Geist der Opposition im Lande erweckt, den man allenthalben spürte. In Mecklenburg regte sich die Sympathie für die verjagten Fürsten, die im niedersächsischen Kreise, in Magdeburg, waren. Wallenstein klagte über die „Impertinenzen" der Städte.

Da war kein Augenblick zu versäumen. Wallenstein zog das verfügbare, auch das in jenen Schanzen entbehrliche Kriegsvolk bei Greifswald zusammen und ging unverzüglich auf Wolgast los, ehe es noch durch neue Verschanzungen befestigt und unzugänglich geworden. An dem vornehmsten Paß, bei Moor und Wald, fand er jedoch die dänische Armee, unter der persönlichen Führung des Königs und seines Prinzen, so gut und so stark aufgestellt, daß er zum Angriff zu schreiten Bedenken trug. Er begnügte sich den Feind durch seine Geschütze, deren er neun bei sich führte, zu beschäftigen. Und indeß ward ein andrer Paß über den Morast gesucht und glücklich gefunden, welchen etwa zehn Mann auf einmal passiren konnten; das Wasser ging ihnen bis an die Kniee. Wallenstein ließ ein paar hundert Mann hindurchgehen [1], die im Stande waren, ihn zu behaupten. Eigentlich war seine Absicht, erst den folgenden Tag zu einer vollen, wohlvorbereiteten Action zu schreiten. Aber indem nahm man wahr, daß das dänische Fußvolk, durch die Auffindung und Besetzung des zweiten Passes erschreckt, an der Stelle, wo es den Kaiserlichen gegenüberstand, zu weichen anfing. Hierauf ließ Wallenstein seine Cavallerie, in der seine Ueberlegenheit bestand, angreifen: sie durchbrach die angefangenen Verschanzungen, wurde zwar einmal zurückgeworfen, sammelte sich aber wieder und drang aufs neue mit verdoppelter Heftigkeit vor: so daß Fußvolk und Reiterei des Königs vollkommen zersprengt wurden. Christian IV suchte seine Rettung auf dem Schloß. Da aber Wallenstein unverweilt die Stadt besetzen ließ und mit seiner Hauptmacht auf einer nahen Höhe die Nacht hindurch eine drohende Haltung annahm, hielt es Christian IV für rathsam sich auf seine Schiffe zurückzuziehen; Kanonen und Munition, die besten Schätze des Schlosses, auch die archivalischen, führte er

1) „Unter diesem haben J. F. Gn. den Paß suchen lassen, so von einem Feldwebel nicht weit von des Feindes Paß, da er gehalten, ungefähr bis an die Kniee tief, darüber etliche Mann neben einander bei zehen durchkommen, gefunden worden." Relation Wallensteins an den Kaiser, bei Khevenhiller XI, 217, der einzig verständliche, glücklicherweise auch zuverlässigste Bericht.

mit sich davon; — nach kurzer Zeit capitulirte die Besatzung, die er auf dem Schloß zurückgelassen.

Für Wallenstein eine charakteristische Waffenthat, in welcher er, mit Raschheit und Umsicht, die drei Waffen aufs beste verwendet hat: — und zugleich eine der bedeutendsten in ihren Folgen.

Denn dadurch wurde die Herrschaft des Kaisers, mit Ausnahme Stralsunds, über das gesammte diesseitige und jenseitige Pommern behauptet und Mecklenburg zu vollem Gehorsam genöthigt; die Stände mußten sich nun der angeordneten Contributionsordonnanz fügen, wenn sie nicht, wie Wallenstein sagte, ihm zu etwas anderm Anlaß geben wollten: denn er werde sich nicht behandeln lassen, wie die Herzöge bisher behandelt worden: er werde es nicht leiden. Rostock, das die Rechte einer freien Stadt zu behaupten suchte, konnte sich nicht länger weigern, eine kaiserliche Besatzung aufzunehmen. Wie war da Brandenburg, in der Mitte zwischen diesen beiden Herzogthümern und Schlesien, und selbst mit Einquartierungen heimgesucht, so ganz gefesselt.

Ob man aber, selbst in dieser Lage, den Krieg mit Dänemark weiter führen könne, war doch sehr zweifelhaft.

## Friede zu Lübeck.

Wohl hatte Tilly schon im März 1628 Stade eingenommen: und als nun im Spätjahr Wallenstein Mecklenburg verließ und wieder in Holstein erschien, gelang es ihm Krempe zu nehmen; indem er sich zum Sturm anschickte, ergab sich der Platz, dem alle Zufuhr abgeschnitten war. Aber weder das Eine noch das Andere konnte als entscheidend betrachtet wer den. Der Widerstand der Dänen an dieser Seite concentrirte sich in Glückstadt, das in ungehinderter Verbindung mit Holland und England durch die Nähe der eignen Marine noch besonders unterstützt wurde. In dem allgemeinen Ruin hatte dort Marquard Rantzau den Ruf eines tüchtigen Capitäns erworben. Er hatte die Deiche und Außenwerke erneuert und die Mittel herbeigeschafft, auch die Soldaten immer munter und unternehmend zu erhalten: im Sommer 1628 waren die Angriffe der Kaiserlichen wie dort an Stralsund, so hier an Glückstadt gescheitert; auch Wallenstein konnte nichs gegen den Platz ausrichten. In den Marschen war bei eintretenden Springfluthen und Ueberschwemmungen seines Bleibens nicht. Im Januar 1629 erlebte man vielmehr, daß die Besatzung die Quartiere der Kaiserlichen auf der Geest überfiel und ihre Werke zerstörte[1].

Es trifft sehr in die allgemeinen europäischen Verwickelungen, daß die Spanier mit oder ohne die Kaiserlichen die Insel Sylt zu einem Stapelplatz ihres Handels zu machen dachten, und die englischen Hülfsvölker, die noch in Glückstadt waren, von daher kommend an Sylt anlegten und dann die in Nordstrand errichtete kaiserliche Schanze zerstörten, worauf sie sich nach Schleswig wandten und Tondern einnahmen.

Was ließ sich überhaupt gegen Dänemark ausrichten ohne Seemacht?

Wie die Sachen standen, mußte man eher einen gefährlichen Angriff zugleich von Dänemark und Schweden auf die an der deutschen Küste eingenommenen Positionen erwarten.

---

1) Vgl. den citirten Aufsatz in Mauvillons militärischen Blättern, Jahrgang IV, Bd. II, S. 286.

Der König von Schweden, der durch Uebereinkunft mit Dänemark die Behauptung von Stralsund allein übernommen, ging mit dem Plane um, sich als Protector der Seestädte aufzustellen und ihre gesammte Macht unter seiner Führung zu vereinigen. Ein Glück war es noch, daß diese aus Rücksicht auf die Uebermacht der Kaiserlichen zu Lande nicht darauf eingingen. Aber eben so wenig mochten sie dem Kaiser Hülfe leisten; sie verweigerten es auf das bestimmteste. Wir werden der Umstände noch gedenken, die es auch für die Spanier zu einer Sache der Unmöglichkeit machten gegen die Dänen Hülfe zu leisten.

In dieser Lage bildete sich unter Kaiserlichen und Ligisten die Meinung aus, daß man den Krieg nicht länger fortsetzen könne[1]. Denn an Offensive könne man nicht denken, da man keine Schiffe habe, um den König auf seinen Inseln heimzusuchen, und die Vertheidigung der Küste, die sich längs der Ostsee dritthalbhundert Meilen hin erstrecke, sei unmöglich, wenn der König etwas vom Krieg verstehe. Er könne sie, wo ihm beliebe, anfallen: würden die Kaiserlichen sich irgendwo zusammenziehen, so würden sie ihm das Land an den übrigen Stellen offen lassen; würden sie sich über die ganze Küste ausdehnen, so würden sie an jedem einzelnen Punkte zu schwach sein. Was man auch versuche und veranstalte, binnen zehn Jahren werde man der dänischen Seemacht nicht gewachsen sein.

Man kam zu dem Ergebniß, da man bei fernerem Krieg nicht gewinnen, sondern nur verlieren könne, so müsse

---

1) Wir ersehen das aus dem Briefe bei Chlumecky: Regesten, Briefe Wallensteins S. 94.

man Frieden schließen. Um die Bedingungen zu vereinbaren, versammelte sich zu Anfang des Jahres 1629 ein Congreß in Lübeck, an welchem auch die Bevollmächtigten der Liga theilnahmen[1].

Anfangs ist man hier einander noch einmal mit den alten Forderungen entgegengetreten. Von deutscher Seite drang man auf die Abtretung der Landschaften, die der Kaiser in Besitz genommen, von dänisch-holsteinischer auf die Herstellung der Freiheit der Religionsübung in Deutschland und die Beobachtung der Reichsconstitutionen nach Maaßgabe der kaiserlichen Capitulation. In diesem Sinne instruirte auch Gustav Adolf seine Gesandten, die er für den Congreß abordnete, und zwar noch unumwundener: Ober- und Niedersachsen sollten in den Zustand, in welchem sie im Jahre 1620 gewesen, hergestellt, die Fürsten von Mecklenburg, wenn sie ja eine Schuld treffe, höchstens zu einer Geldbuße verurtheilt werden.

Hätten sich Schweden und Dänemark in diesem Sinne verständigt — und an Hülfe zur See würde es ihnen nicht gefehlt haben, die Emissare der fremden Höfe drängten dazu hin — so würden die deutschen Küsten nicht vertheidigt, in dem Innern des Reiches schwerlich ein Umschlag haben vermieden werden können; ein einziger Sieg der Schweden über die Polen würde dann auch die erbländischen Unruhen wieder erweckt und eine neue Kriegsbewegung im Osten hervorgebracht haben[2].

---

1) Principes et maximes contre la continuation de la guerre, bei Villermont, Tilly I, 444.

2) Vgl. Villermont, Tilly I, 467.

Der ganze Erfolg der bisherigen Siege würde in Frage gestellt worden sein.

Großes Aufsehen machte es, daß die beiden Könige im Februar 1629 eine Zusammenkunft in Schonen hielten. Sie fand auf einem Pfarrhof in altnordischer Einfachheit Statt: es gab wenig zu essen: man trank um so mehr schlechten Wein, der noch dazu gefroren gewesen war. Die Verhandlung war jedoch von der höchsten Wichtigkeit. Gustav Adolf trug auf eine Festsetzung der Friedensbedingungen an, auf denen man gemeinschaftlich bestehen wolle, und brachte dann Art und Weise, wie der deutsche Krieg zu führen sei, zur Sprache. So weit aber wollte sich König Christian nicht einlassen. Er hatte sich mit den Schweden zur Behauptung des gemeinschaftlichen baltischen Interesses verbunden; in dem Innern des deutschen Reiches wollte er sie nicht sehen. In ihm schlug noch die Ader eines deutschen Reichsfürsten; er fragte mit einiger Hastigkeit, was Gustav Adolf mit Kaiser und Reich zu schaffen habe. Der König von Schweden, der die Antipathie des Nachbars nicht erwecken wollte, zog es vor zu schweigen. Von einem Einverständniß blieb man weit entfernt: aber Christian IV hatte in so fern seinen Zweck erreicht[1], als man in Deutschland ein solches befürchtete.

Den dringenden und doch zugleich mehr als man wußte günstigen Moment ergriff nun Wallenstein mit entscheidendem Entschluß. Seine Meinung und sein Rath war, dem König Christian Holstein, Schleswig und Jütland zurückzugeben, und zwar unentgeltlich, ohne eine Forderung der Kriegs-

1) „ad augendam famam" hatte er einige Schiffe gefordert. Schreiben Gustav Adolfs an Oxenstierna, bei Geijer III, 136.

kosten, wie sie die Liga aufstellte. Um keinen Preis wollte er die schwedischen Abgeordneten, welche alles gestört haben würden, bei den Unterhandlungen zulassen: er versagte ihnen ihre Pässe nach Lübeck: aber auch die ligistischen Delegirten, von denen sich neue Weiterungen erwarten ließen, die eine sehr gefährliche Folge haben könnten, schloß er von den eigentlichen Unterhandlungen aus. Nicht allein auf eine Pacification mit Dänemark kam es ihm an, sondern auf eine enge Verbindung zwischen König und Kaiser.

Für Dänemark war es gewiß eines der wirksamsten Motive, daß es ohne Schweden gegen Deutschland nicht viel ausrichten und Schweden doch unmöglich ins Reich eingreifen lassen konnte; für die Stellung, die der Kaiser im nördlichen Deutschland und dem östlichen Europa einnahm, konnte ebenfalls nichts wichtiger sein, als Dänemark von Schweden nun loszureißen.

Eine große Concession bildete es von Seiten des Kaisers, daß er sich entschloß, die eroberten Länder zurückzugeben; aber einen fast nicht minderen Gewinn, daß Christian IV seinerseits alle Einwirkung, außer der, die ihm als Territorialfürsten zustehe, aufgab. Er verzichtete auf die niedersächsischen Stifter, für sich selbst und seine Söhne[1]; von seinem Kreisoberstenamt war nicht mehr die Rede; er verpflichtete sich ausdrücklich dem Kaiser in seiner kaiserlichen Regierung nicht zuwider zu sein, was doch nichts andres heißt, als

1) „Auch der Erz- und Stifter vor sich und dero geliebte Herren Söhne ferner nicht anmaaßen — noch Röm. Kais. Mt. in dero kaiserlicher Regierung Eintrag zufügen". Friedenstractat 12/22. Mai bei Dumont V, 384.

daß er sich gefallen lassen werde, was der Kaiser in Deutschland verfüge. Bisher hatte er seine Bundesgenossen durch einen Artikel, in welchem der Kaiser verspräche, Niemand gegen ordentliche Rechte zu beschweren, wenigstens einigermaaßen zu sichern gesucht; auf die Antwort, das sei ja auch der Sinn des Kaisers nicht, gab er die Einschaltung dieses Artikels auf.

So viel wir hören, hat er in Bezug auf die Herzöge von Mecklenburg, die wegen des Eifers, mit dem sie sich ihm angeschlossen, aus ihrem Lande verwiesen waren, einen Scrupel gehabt; man hat ihm aber denselben ausgeredet, denn er sei von ihnen zuerst verlassen worden.

Vornehmlich dadurch wurde die Politik Wallensteins bestimmt, daß Dänemark ihm den Besitz von Mecklenburg zugestand, Schweden bestritt. Zuweilen haben damals die wallenstein-mecklenburgischen und die schwedischen Schiffe vor den Häfen von Wismar und Rostock mit einander geschlagen.

Der König hat sich später noch einmal für seine Vettern die Herzöge verwandt, aber unter der ausdrücklichen Beschränkung, daß er damit dem getroffenen Vergleich nicht entgegenhandeln wolle[1]. Wohlmeinende Worte, aber ohne Bedeutung. Denn indeß war die Sache unter Einfluß seines Vergleiches selbst am kaiserlichen Hofe entschieden.

Der Kaiser versichert, er habe die von den Herzögen beigebrachten Entschuldigungen reiflich erwägen lassen, aber aus ihrem Inhalt und den Landtagsacten sei, was er früher nur

1) „Ob er wohl I. Kais. Maj. wider den getroffenen friedlichen Vergleich nicht behelligen wolle —" Bei Khevenhiller XI, 702.

als bekannt angenommen, erst recht gründlich bestätigt worden: indem sie sich mit Dänemark wider den Römischen Kaiser in Kriegsverfassung setzten und darin bis zur Entscheidung der Waffen verharrten. Und nicht um Sieg allein sei es zu thun gewesen: er hätte darüber selbst von Land und Leuten kommen können. Man hat in Wien noch einmal erinnert, daß er sich darüber mit dem König von Schweden in offenen Krieg verwickeln könne. Die Antwort war, von dem wäre nichts zu fürchten, da er in Preußen den Krieg gegen Polen führen müsse[1].

Unmittelbar nachdem der Lübecker Friede zum Abschluß gekommen war, sprach der Kaiser die Entsetzung der beiden Herzöge und ihrer Nachkommenschaft von den gehabten Land und Leuten zu ewigen Tagen aus, und übertrug das Herzogthum Mecklenburg, Fürstenthum Wenden, Grafschaft Schwerin, die Herrschaft der Lande Rostock und Stargard dem Herzog von Friedland, wegen der Dienste, die er mit heroischem Valor geleistet habe und noch zu leisten vermöge, mit allen ihren Hoheiten, Ehren, Rechten und Gerechtigkeiten. Er erklärte ihn und seine Erben durch feierliche Belehnung zu Vasallen des heiligen Reichs und Herzogen von Mecklenburg und wies die Stände an, sich gegen ihn zu verhalten wie es getreuen Unterthanen zukommt[2].

Das erste Edict, in welchem sich Wallenstein Herzog von Mecklenburg schreibt, ist vom 20. Juni 1629; es betrifft die

1) Khevenhiller XI, 713.

2) Urkunde bei Förster: Wallensteins Prozeß, Urkb. S. 94. Vortrag von Walmerode, bei Spalding: Mecklenburgische Landesverhandlungen II, 201.

Contribution. Wie den Friedländischen Engel und den Saganschen Adler, nahm er nun auch den Mecklenburgischen Stierkopf, den Rostockschen Greif in sein Wappen. So erscheint es bereits auf einer Münze von 1629, mit dem goldnen Vließ umgeben[1].

Welche prächtigen Gebiete: in Böhmen, Schlesien und Norddeutschland, vom hohen Gebirge bis zur See. Wallenstein legte Hand an, sie in eine administrative Verbindung zu bringen; für ihr Emporkommen trug er sich mit den großartigsten Entwürfen. Der oceanisch-baltischen Admiralschaft, von der jetzt nicht mehr die Rede war, hatte es entsprochen, wenn er einmal die Absicht ankündigte, die Ostsee, wie er sich hochtrabend ausdrückte, in den Ocean abzuleiten; in seinen mecklenburgischen Kammern hat man sich aber in der That mit dem Gedanken der alten mecklenburgischen Fürsten beschäftigt, einen Canal von Wismar durch die schwerinschen Seen nach der Elbe zu führen; ein Werk, das einen unbeschreiblichen Vortheil verhieß[2].

Wallenstein hatte keinen Sohn; aber bereits war eine Disposition getroffen, nach welcher sein Vetter Maximilian des Geschlechtes derer von Waldstein, zweiter Sohn des Oberstburggrafen Adam, und dessen Nachkommen nach dem Recht der Erstgeburt ihn beerben sollten. In diese Bestimmung schloß er jetzt die mecklenburgischen Lande ein[3]: er ver-

1) Vgl. Murr, Beiträge 384.

2) Notizen bei Reichard 190, und Wittich (in den Preußischen Jahrbüchern). Vgl. D. Frank, Alt- und neues Mecklenburg XIII, 77.

3) Die Urkunde ist schon vom 12. Juni; vor dem Act der Belehnung war sie bereits aufgesetzt.

ordnete „als ein Herzog und Fürst des heiligen Römischen Reiches, im Namen des Allerhöchsten“. Von dem Ehrgeiz großer Emporkömmlinge, eine Dynastie auf immer zu gründen, gleich den großen Fürsten der Welt, war auch Wallenstein erfüllt.

Daß er aber dafür weiter werde kämpfen müssen, darüber konnte er sich nicht täuschen. Denn noch war sein Besitz nicht anerkannt, nicht einmal im Reich, noch viel weniger in Europa.

## Fünftes Capitel.

### Epoche des Restitutionsedictes.

### Wallenstein und die Churfürsten.

Von Anfang war es die politische Stellung von Oesterreich, zu deren Vertheidigung Wallenstein die Waffen ergriffen hatte. Er acceptirte die intime Vereinigung des deutschen Oesterreich mit Spanien, durch die er selbst emporgekommen war, und verfocht sie, obwohl nicht gleichmäßig in jeder Form, die sie annahm, an seiner Stelle. Seine eigene Macht und fürstliche Würde war damit identificirt und repräsentirte das gewonnene Uebergewicht.

Eigenthümlich bedeutend war die Stellung, die er schon seit einem Jahr im Reiche einnahm, und konnte es noch mehr werden.

Wallenstein setzte sich zum Ziel, vor allem die Macht des Kaiserthums herzustellen, auf die er seine eigene Thätigkeit basirte. Denn nur auf eine oberste Autorität gestützt, konnte er sein Heer aufbringen, im Reiche erhalten, über die weitesten Gebiete ausdehnen, zugleich die Gegner als Rebellen behandeln, und die große Waffe des Kaiserthums anwenden, das Recht der Confiscation; die Aussicht, an diesem ungeheuren Erwerb Antheil zu nehmen, hielt sein Heer zusammen;

es war, obwohl durch seine persönlichen Anstrengungen und seine Vorschüsse zusammengebracht, doch auf den Namen des Kaisers geworben.

Der Gedanke der Religion, der einst bei der Dämpfung der böhmischen Rebellion, in der sich Protestantismus und ständische Rechte verbanden, eine so große Rolle gespielt hatte, trat hierbei weit zurück. Bei jener Abkunft mit Eggenberg nach dem türkischen Feldzug, deren wir gedacht, hatte sich Wallenstein ausdrücklich ausbedungen, daß er sein Heer so gut aus Protestanten zusammensetzen könne, wie aus Katholiken. Eine Anzahl von Fürstensöhnen aus protestantischen Häusern, Lüneburg, Lauenburg, Holstein dienten in seinem Heer. Einer seiner damaligen vornehmsten Kriegsgehülfen, Hans Georg von Arnim, war ein unerschütterlicher Protestant. Man bemerkte, daß die Regimenter, die sie befehligten, großentheils in protestantischen Landschaften einquartiert wurden und sich mit der Population in erträglich gutem Verhältniß hielten. Wie hätte der General an ihrer Spitze die Wiederherstellung und Ausbreitung des Katholicismus zu seinem besonderen Zweck machen können?

Bei ihm beherrschte die Idee der militärischen Autorität alles Andere. Wir kennen die Conflicte, in die er wegen seiner Werbungen und Durchzüge mit den Fürsten der Liga und ihrem Heere gerieth. Wenn dieselben im Jahre 1627 noch so leidlich vermittelt wurden, so daß Tilly selbst an dem Feldzug nach Holstein anfangs Theil nahm, so brachen sie gleich darauf, sobald man keinen mächtigen Feind im Felde gegenüber hatte und die Vortheile des Sieges zu vertheilen waren, in vollen Hader aus. Mit scharfem Befehl hatte Wallenstein, schon voll von seinem Erwerbungsplan, das Heer der Liga von den Quartieren in Mecklenburg ausgeschlossen, was diese, die auch ihrerseits nicht ohne Absicht auf das Land war, auf das empfindlichste verletzte.

Das Verhältniß mag daran ermessen werden, daß die katholischen Churfürsten schon gegen Ende des Jahres 1627 in wenig verhüllten Worten auf die Enthebung Wallensteins vom Generalat antrugen[1], und dieser dagegen die Meinung kund gab, nur dem Kaiser stehe es zu, Garnisonen in den eingenommenen Plätzen zu haben, nicht der Liga.

Und ohne alle Rücksicht auf die erhobenen Klagen, gemachten Erinnerungen wurden die Regimenter Wallensteins unaufhörlich verstärkt. Man hatte gemeint, die schwachen würden aufgelöst und ihr Bestand den übrigen hinzugefügt werden; aber die Werbungen gingen vielmehr mit so vielem Erfolge fort, daß auch jene zu einer regelmäßigen Stärke gebracht wurden. Die Kaiserlichen behaupteten nicht allein ihre alten Quartiere, sondern erweiterten sie unaufhörlich. Der Unwille, den die Ligisten hierüber faßten, war der Grund, weshalb sich im Sommer 1628 Wallenstein vor Stralsund so ganz vergeblich um eine Hülfe bemühte, die dort hätte entscheidend werden können. Ganz im Gegentheil, man ging darüber zu Rathe, wie die Bundesarmee zur Abwehr der Bedrückungen der friedländischen Soldateska verwendet werden könne.

Der Generalfeldhauptmann versäumte nichts, um die Excesse der Truppen zu verhindern. Aber das Meiste mußte

1) „Daß dero kaiserlichem Exercitus mehreres eingezogen — — und ein solches ansehnliches Directorium verordnet werde, zu welchem die Stände ein gutes Vertrauen, die Soldateska aber allen schuldigen Respect haben müssen, und also den geklagten, länger unleidlichen Pressuren abgeholfen werde". — Hurter, zur Geschichte Wallensteins, S. 111.

dabei doch den unteren Befehlshabern überlassen werden. Und in der Natur dieses durch freie Betheiligung und Hoffnung auf Genuß und Gewinn zusammengebrachten Heeres lag es, daß eine strenge Mannszucht doch nicht gehandhabt werden konnte. Dies war von jeher die unglückliche Eigenschaft deutscher Landsknechtshaufen gewesen. Bei dem Uebergang der Kriegführung in größere militärische Körper trat sie noch einmal auf das stärkste hervor. Die Bewegungen der Regimenter waren mit Gewaltsamkeiten und Verwüstungen bezeichnet. Und an eine allgemeine Ordnung war um so weniger zu denken, da die oberste Leitung selbst gespalten war. Einander gegenüber suchten die beiden Armeen sich wechselseitig die besseren Quartiere abzugewinnen. Es war nahe daran, daß sie gegen einander die Waffen ergriffen hätten.

Die alten Ordnungen und Institute, durch welche die Landschaften sich zu schützen gedacht hatten, wurden nicht mehr beobachtet. Die Durchzüge wurden unternommen, ohne bei den Landes-Obrigkeiten anzufragen; denn diese selber wurden mehr oder minder als Feinde angesehen. Die Gewalt mit Gewalt zurückzutreiben waren sie bei weitem zu schwach.

Die ganze bestehende Verfassung, aus andern Zuständen hervorgegangen und den militärischen Einrichtungen früherer Zeiten entsprechend, gerieth dadurch in Frage.

Und widersprach nicht die Aufstellung eines Heeres mit der absoluten Autorität, wie sie Wallenstein ausübte, der Reichsverfassung selbst? Eben darauf war diese berechnet gewesen, die höchste Gewalt in enge Schranken einzuschließen, die nun nach allen Seiten durchbrochen wurden. Die Aufstellung einer kaiserlichen Armee, in dem Umfang wie sie geschah, unter einem Führer mit den ausgedehntesten Rechten, welcher sich vom Hofe her nicht viel gebieten ließ: denn er selbst wisse am besten, was zur Herstellung der kaiserlichen Autorität gehöre; — mit dem System der Contributionen, von welchen die Landschaften, und der Confiscationen, von welchen die Fürsten und Herren heimgesucht wurden, bildete den größten Eingriff in die Reichsverfassung, den man seit Jahrhunderten erlebt hatte.

Da war nun aber nichts so wichtig, als die Uebertragung Mecklenburgs an den kaiserlichen Feldhauptmann.

Wiewohl man ein Vorbild dafür in der Uebertragung der pfälzischen Chur an Baiern sah, so waltete doch der große Unterschied ob, daß die geistlichen Churfürsten — in jenem Augenblick die Mehrheit des Collegiums, an dessen Beistimmung der Kaiser bei Handlungen dieser Art gebunden war — dafür gewesen waren, die Uebertragung von Mecklenburg dagegen sammt und sonders verwarfen. In dringenden Anschreiben nahmen sie sich der verjagten Herzöge an.

Aber schon war es dahin gekommen, daß sie hierbei auf ihrer Hut sein mußten. Wallenstein hatte seine Truppen in der Wetterau und der Eifel; von dort konnte er jeden Augenblick den Churfürsten von Mainz, von hier aus den Churfürsten von Trier überwältigen; Cöln war ohnehin unbewehrt. Den Churfürsten von Brandenburg hatte er durch die Besatzungen in der Mark in Fesseln gelegt. Der Churfürst von Sachsen ward im Besitz der Lausitz bedroht.

Der einzige, der auf eignen Füßen stand, war der nunmehrige Träger der pfälzischen Chur, Maximilian von Baiern. Er nahm sich der verjagten Herzöge, die an ihm ihre vornehmste Stütze zu haben meinten, mit besonderem Eifer an. Wie die churfürstliche Prärogative, so verfocht er auch die

Erbrechte der Fürstenhäuser mit lebendiger Sympathie. Die Absicht, aus den Spolien des Hauses Braunschweig Tilly und Pappenheim mit reicher Dotation auszustatten, wies er, obgleich diese Officiere der Liga waren, eben so energisch zurück, wie die Erhebung Wallensteins zum Herzog von Mecklenburg.

Es war nicht so sehr ein persönlicher Streit, nicht einmal zwischen Friedland und Maximilian, noch viel weniger zwischen den beiden Generalen, der die katholische Welt in Deutschland zersetzte, als der natürliche Gegensatz der großen Stellungen, welche im Kampf ergriffen worden waren: der kaiserlichen, die in ihrer militärischen Repräsentation aller alten Schranken spottete, und der churfürstlichen, welche, durch die erstere neu constituirt, doch nun die Befugnisse der alten reichsständischen Opposition für sich in Anspruch nahm.

Wallenstein, der sich auf jedem Schritte durch die Churfürsten gehemmt und selbst gefährdet sah, ließ sich in seiner hochfahrenden Weise gegen sie vernehmen. Er hatte noch keinen andern Begriff, als den, daß vor der höchsten Gewalt jede andere Berechtigung weichen oder von ihr zu Grunde gerichtet werden müsse, wie das vor Kurzem die mächtigen Stände in Böhmen erfahren hatten. Waren die Churfürsten und Fürsten des Reiches nicht ebenfalls Stände? Man hörte ihn sagen: es bedürfe ihrer nicht mehr; der Kaiser müsse Herr in Deutschland werden, so gut wie die Könige von Frankreich und Spanien in ihren Gebieten das seien. Man sprach damals viel von einer bevorstehenden Kaiserwahl. Man meinte, Wallenstein denke dabei den engen Verpflichtungen, die dem Kaiser bei seiner Wahlcapitulation aufgelegt zu werden pflegten, ein Ende zu machen. Er wollte nichts von den Rücksichten hören, die deshalb auf die Churfürsten genommen zu werden pflegten. Er ließ verlauten, es bedürfe keiner Wahl; dem Sohne des Kaisers stehe das Recht der Succession auch ohne Wahl zu [1].

An den churfürstlichen Höfen sammelte man alle Nachrichten aus der Umgebung Wallensteins, die sein hoffärtiges, von großen und weit aussehenden Entwürfen erfülltes Wesen kennzeichneten. Man schloß daraus, er habe die Vernichtung der churfürstlichen Macht und allgemeine Unterwerfung der Reichsstände beschlossen. Dort in Bingen sprachen sie dem Kaiser die Besorgniß aus, „daß ein neuer unhergekommener Dominat zu endlicher Eversion der löblichen uralten Reichsverfassung eingeführt werden wolle.“

Um es dahin nicht kommen zu lassen, haben sie ihre religiösen Antipathien so weit überwunden, daß sie den beiden protestantischen Churfürsten eine Vereinigung der Waffen zu diesem Zweck, die Aufstellung einer aus beiden Parteien zusammengesetzten Armee, der kaiserlichen gegenüber, in Vorschlag gebracht haben.

Wohin würden aber Sachsen und vollends Brandenburg gerathen sein, wenn sie das Ansehen des Churfürstenthums, so weit es an ihnen haftete, und ihre Truppen der überwiegenden Macht der Liga zur Verfügung gestellt hätten?

Aus der Mitte der churfürstlichen Mehrheit ging in Folge des Einflusses, den sie als die Präeminenz der Churfürsten repräsentirend ausübte, ein Beschluß hervor, welcher

---

1) Actenstück bei Hurter, Wallenstein 229. Die zuerst von Aretin publicirten und von Hurter aufgenommenen Mittheilungen über Wallenstein verdienen nur da Beachtung, wo sie von factischen Zuständen Meldung thun. Ihre Schlußfolgerungen beruhen großentheils auf Unkunde oder Verdacht.

die Gesammtverfassung des Reiches auf ständischer Grundlage und das Fortbestehen der Religion, die sie bekannten, sehr gefährdete.

## Das Restitutionsedict und Kaiser Ferdinand II.

Von allen Fragen, welche die Zukunft der deutschen Nation bestimmen mußten, bei weitem die wichtigste war damals doch die, welche den Protestantismus der geistlichen Stifter in Norddeutschland betraf: große Gebiete, in denen die dem Genius der Nation entsprechende, durch dessen eigenste Anstrengungen ins Leben gerufene Form der Religion die tiefsten Wurzeln geschlagen hatte, die reichsten Früchte hervorzubringen verhieß. Die Uebertragung der Stifter an protestantische Administratoren, die man sich bei dem Eingehen des Religionsfriedens und der Annahme des geistlichen Vorbehaltes durch den Sinn, in welchem man diesen auslegte, offen gehalten hatte, knüpfte die Fürsten, den Adel, die Städte und die Einwohner der benachbarten Gebiete an einander, und gab ihnen ein Gemeingefühl von einer Größe und Bedeutung, die selbst als ein nationales erscheinen konnte, so lange das Gesammtbewußtsein der Nation als solcher unentwickelt, oder durch den geistlichen Einfluß zurückgedrängt wurde. Dennoch war hauptsächlich durch die clericalen Mitglieder der Reichsversammlung der Beschluß gefaßt worden, in Folge der alten Satzungen des Reiches und der Kirche, die sie nie aufgegeben hatten, jene Stifter zurückzufordern[1]. Die Majorität des

1) Ich beziehe mich auf die näheren Ausführungen in der Abhandlung „Zur Reichsgeschichte". Werke VII.

Reichsfürstenrathes war dafür gewonnen: sie meinte sich dadurch im Besitz der Reichsgewalt, die constitutionell großentheils eine ständische war, zu behaupten, oder vielmehr erst vollkommen dazu zu gelangen.

Durch den Gegensatz, welchen diese Tendenzen hervorriefen, war der letzte Reichstag zersprengt worden; alle Versuche einen Ausgleich herbeizuführen waren an ihrer Stärke gescheitert; sie hatten zur Wahl Kaiser Ferdinands II vornehmlich beigetragen und zu den Diensten angefeuert, die ihm dann im Felde geleistet wurden; doch hatte der Kaiser noch immer nicht das letzte Wort gesprochen; die Entscheidung, welche in einer authentischen Interpretation des geistlichen Vorbehalts im antiprotestantischen Sinne bestehen sollte, hatte er noch nicht gegeben. Ehe man mit voller Entschiedenheit darauf drang, mußte es sich doch erst möglich zeigen.

Die Niederlage Christians IV, der das entgegengesetzte Prinzip verfocht, eröffnete die erste gegründete Aussicht; wir erfahren; daß auf die erste Nachricht von dem Ereigniß in einer Zusammenkunft des kaiserlichen und des bairischen Gesandten mit dem päpstlichen Nuntius die Rede davon gewesen ist. In der Sache selbst waren sie einverstanden, aber über die Anwendung der eingezogenen Güter gingen die Meinungen auseinander. Der kaiserliche Gesandte war der Ansicht, daß sie zur Belohnung der wohlverdientesten Großen des Hofes, der bairische, daß die Einkünfte wenigstens fürs Erste zur Befriedigung der Soldaten, der Nuntius, daß sie unmittelbar zum Unterhalt rechtgläubiger Bischöfe und zur Herstellung der katholischen Kirche verwendet werden sollten[1].

1) Tagebuch Preysings 19. Sept. 1626, bei Aretin, Baierns auswärtige Verhältnisse 211.

An andrer Stelle hat man den Gedanken gefaßt, die Verfügung über die geistlichen Güter zu einem Mittel der Reduction lutherischer Fürsten, z. B. des Churfürsten von Sachsen, dem man zugleich das Patronat über die von ihm eingezogenen Stifter lassen dürfte, zu machen[1]. Aber der geschäftliche Weg, auf dem die Sache sich bereits bewegte, war nicht der der Unterhandlung, sondern der Beschlußnahme der Reichsgewalt.

Auf das ernstlichste kam sie auf dem Churfürstentag in Mühlhausen zur Sprache. Die katholischen Churfürsten erklärten in einem besonderen Gutachten, daß der Kaiser als oberster Richter im Reiche die Befugniß habe, die Herausgabe der von den protestantischen Ständen eingezogenen Güter zu befehlen. Sie erinnerten ihn, daß ihm als dem Vogt der katholischen Kirche auch die Verpflichtung dazu obliege: die Verhältnisse seien nunmehr so angethan, daß er ohne alle weitere Besorgniß dazu schreiten könne. Es war nicht eine neue Verfügung, zu der sie ihn aufforderten, sie verlangten nur eine Declaration über den Sinn des Religionsfriedens, namentlich des geistlichen Vorbehaltes.

Die protestantischen Reichsstände hatten von jeher dem Kaiser ein solches Recht bestritten. Sie hatten weder dem Kammergericht noch auch dem Reichshofrath das Recht zuerkennen wollen, irgend eine maßgebende Bestimmung über die Frage zu treffen. Denn nur der Versammlung aller

1) Consultatio de modis Lutheranos reducendi, bei Moser, Patriot. Archiv VI, 385. Die Schrift kann nicht, wie dort angegeben ist, in das Jahr 1640 gehören, da Ferdinand II darin als Kaiser erscheint.

Stände auf einem Reichstag könne es geziemen, eine Satzung zu interpretiren, die unter ihrer Theilnahme gefaßt worden sei.

Wohl willigten nun in Mühlhausen die protestantischen Churfürsten ein, daß der Kaiser zur Erörterung der von den Ständen eingebrachten Beschwerden nach Maßgabe des Religions- und Profanfriedens aufgefordert werden sollte; sie thaten es in einem Gedanken des Friedens, damit das Mißtrauen gehoben werde; sie fügten ausdrücklich hinzu, es solle nur in so weit geschehen, als es dem Kaiser anheimgestellt sei.

Diese Worte „so viel und so weit darin submittirt" bilden, man möchte sagen, die Zunge in der Wage der allgemeinen deutschen Verhältnisse[1]. Sie waren in den Gesammtbeschluß der Churfürsten aufgenommen und enthielten eine sehr bestimmte Beschränkung des kaiserlichen Willens; in dem Wortlaut waren auch die protestantischen Beschwerden mitbegriffen, sie wurden ebenfalls einer Erörterung durch gemeinschaftliche Berathung vorbehalten. In dem besonderen katholischen Gutachten ist von einem Bedenken dieser Art nicht die Rede; die Voraussetzung herrscht darin vor, daß die Entscheidung unbedingt in der oberstrichterlichen Befugniß des Kaisers liege. Die Ausübung derselben erschien als eine Abstellung der Beschwerden der Katholiken, die eben durch die Vorenthaltung des obersten Richterspruchs beeinträchtigt seien.

Es war, wie man sieht, zugleich eine Frage über die kaiserliche Autorität überhaupt. Kaum läßt sich denken, daß man in den kaiserlichen Räthen dieser formellen Schwierigkeit

1) Tagebuch Preysings vom Dec. 1627, bei Aretin, Baierns a. V. 274.

besondere Beachtung gewidmet haben wird; anders verhielt es sich mit der Entscheidung in der Sache selbst. Niemand konnte sich ihre Tragweite verhehlen. Sie enthielt die Summe dessen, was für die Herstellung des Katholicismus geschehen sollte; aber auch dessen, wogegen die Protestanten immer angekämpft hatten. Daß der Krieg, der bisher noch immer als Unterdrückung der Beleidigung der kaiserlichen Majestät, Züchtigung der Rebellen und ihrer Anhänger betrachtet worden war, namentlich da, wo Friedland mit seinen Truppen waltete, durch Action und Reaction das Gepräge eines Religionskrieges erhalten mußte, lag am Tage.

Es war der letzte Schritt in der Abweichung von der Politik, die bei dem Religionsfrieden und seit demselben eingehalten worden war. Sollte Ferdinand II sich dazu entschließen?

Zeitgenossen und Spätere haben in Ferdinand gleichsam das Ideal eines katholisch-religiösen Fürsten zu erblicken gemeint[1]. Dabei ist jedoch viel Uebertreibung. Er hatte eine Vorliebe für Musik, die weit über das hinausging, was das Bedürfniß der Capelle erfordert hätte, und eine Leidenschaft für Baizen und Pirschen[2]. Man besitzt noch seine Schreibkalender, in denen er die Erfolge seiner Jagden aufgezeichnet hat, die Zahl der Thiere, die er jedesmal erlegt

1) Lamormain, Ferdinandi II christliche und heroische Tugenden, Khevenhiller XII, 2399. Daraus Hurter (Ferdinand, XI, 576) dessen Charakteristik eine Erneuerung der Lamormain'schen ist, mit etwas moderner Färbung.

2) Relation eines Nuntius, 1621: Ha S. M. gusto indicibile non solo nelle caccia, ma anche di poi in racontare le fatiche fatte in quella, la grossezza degli animali uccisi con tutte le circonstanze avvenutegle in campagna.

hatte, ihr Gewicht, die Enden der Hirsche. Mit scherzhaftem Behagen schreibt er einmal an Colalto, daß er nun auch einen Bären gefällt habe, von der Gattung, die man Ameisbären nennt — d. h. einen Myrmekophagen; — er habe ihn bei 70 Schritt aufs Korn genommen: und so gut getroffen, daß das Thier sogleich verendete. Auch auf den Jagden begleitete ihn die junge, schöne Gemahlin, die sich immer in einem sehr zärtlichen Verhältniß zu ihm hielt. In späteren Jahren fanden seine Aerzte die Jagden nicht mehr rathsam; aber er ließ sich darin nicht stören. In seiner Diät hielt er nicht viel besser Maß, als einst Carl V. Der Impuls der Natur war auch in ihm meistens stärker, als die Erwägung. Er war leutselig von Natur und liebte es so zu erscheinen. Nach seiner Capelle kommend und gehend nahm er Bittschriften entgegen, die dann meistens Rückstände betrafen, die man von seiner Hofkammer zu fordern hatte: er las sie durch und sprach wohl mit einem Petenten von der Sache, wenn er ihm auf der Straße begegnete; daß ihm aber Abhülfe seiner Beschwerde zu Theil geworden wäre, war damit keineswegs gesagt. Man fand es unverantwortlich[1], daß er seine Jäger und Musiker beschenkte, aber seine Gläubiger unbezahlt ließ. Böser Wille lag dabei nicht zu Grunde: das Geld verschwand, sowie es in seine Hände kam. Wie er den Genuß des Lebens liebte, so war es ihm ein Bedürfniß, seine Umgebung zu beschenken: er liebte, seine Minister und Generale groß zu machen, wenn es auch auf fremde Kosten, mit zweifelhaftem

1) Venier, relatione di 1630, in Fiedlers Sammlung I, 145: Si scandalizzano molti che per poter esser prodigo non ascolti l' instanze di tanti miserabili.

Rechte, oder in Folge der Kriegsentscheidungen geschah. Man zweifelte selbst an der Aechtheit seiner kirchlichen Gesinnung, wenn man sah, daß er seinen zweiten Sohn, Leopold Wilhelm, mit Pfründen überhäufte und dann doch zögerte, ihm die Weihen ertheilen zu lassen, weil es rathsam schien, damit zu warten, bis die Nachkommenschaft des älteren Bruders gesichert wäre. Seine Kirchlichkeit ging immer mit den Interessen der Familie und des großen Hauses, dem er angehörte, Hand in Hand.

Nicht als ob seine Religiosität erheuchelt gewesen wäre: sie war ohne Zweifel von ächtester Farbe, nach dem Sinne der Zeit. Ferdinand hat Pferde zu Tode jagen lassen, um nicht zu spät bei der Vesper zu erscheinen. Einer Procession aus der Hofkirche nach St. Stephan in Wien wohnte er in einem jener Regengüsse bei, die dort sonst Jedermann ins Haus treiben: man mußte Breter über die entgegenströmenden Bäche legen: so überschritt er sie mit niedergeschlagenen Augen, die Hände unter dem durchnäßten Mantel: die Stulpen seines Hutes hingen ihm ins Angesicht, das Wasser lief ihm den Hals hinunter. Dafür, sagte man damals, sei einer seiner gefährlichsten Feinde in derselben Stunde geschlagen worden. Denn das war überhaupt die herrschende Gesinnung. Die mancherlei Rettungen und unerwarteten Successe, die dem Kaiser begegneten, führte man auf Gelübde, die dann gelöst wurden, zurück. Man hat ihm gesagt, selbst seine Kaiserwahl habe er einer Erscheinung der Jungfrau Maria, die dem Churfürsten von Mainz in seinen Besorgnissen Muth eingesprochen habe, zu verdanken. Er selbst gab zu vernehmen, es gebe keine bessere Bastion für eine Festung, als eine Kirche unserer lieben Frauen. Er hat ihr Bild in die

Hauptfahnen seines Kriegsheeres aufnehmen lassen. Er betrachtete sich selbst wohl als den Kriegsherrn: für das alleroberste Kriegshaupt erklärte er die allerseligste Jungfrau und Mutter Gottes.

Nicht mit Unrecht, da diese Verehrung die Summe des Dienstes in sich schloß, von dem sich die Protestanten abgewendet hatten, und zu dem sie zurückgebracht werden sollten. Die Religiosität hat in sofern eine sehr individuelle, man möchte sagen, egoistische Ader, als sie zugleich als das vornehmste Mittel zur Herstellung und Ausbreitung der Macht betrachtet wird.

Nun war Ferdinand in seiner Jugend, zu Ingolstadt, mit den Doctrinen durchdrungen worden, die dem Protestantismus weder eine theologische, noch eine politische Berechtigung zugestanden. Die große Rolle an der Universität zu Ingolstadt spielte damals Gregor von Valencia, der die Unentbehrlichkeit einer infalliblen Autorität in der Kirche in der Weise behauptete, die später immer in Geltung geblieben ist, und diese Autorität dem römischen Stuhle vindicirte; er wurde von Canisius mit kirchenrechtlichen, von Gretser mit reichsgeschichtlichen Argumenten unterstützt. Man betrachtete den Protestantismus als eine Wiederholung früherer Ketzereien, welche, wie diese, nicht allein ohne jede Berechtigung sei, sondern mit allen Mitteln vernichtet werden müsse.

Welchen Eindruck mußte es nun auf den Kaiser hervorbringen, daß ihm das vornehmste Collegium im Reich, auf dessen Rath er durch die Verfassung angewiesen war, die Pflicht vorstellte, hierin eine Entscheidung zu geben, der Niemand zu widerstreben die Macht haben werde.

Nach den großen Ereignissen des Jahres 1627, bei der Anwesenheit des Hofes in Prag, kam die Sache in ernstliche Erwägung. Man begründete die Aufforderung dazu auf das zwiefache Motiv, daß es das Seelenheil so vieler Hunderttausender gelte, und Gott die kaiserlichen Waffen gesegnet habe. Der Kaiser erwiderte, alle seine Intentionen seien auf die Wohlfahrt der katholischen Kirche gerichtet, wie er das wegen der göttlichen Wohlthaten, die er empfangen, schuldig sei. Noch einmal belebte ihn der politisch-theologische Begriff des Mittelalters, in dem die weltlichen Interessen mit denen der Kirche als einer Sache Gottes identificirt erscheinen. Der päpstliche Nuntius unterstützte die Anmuthung mit dem Gewicht seiner Autorität.

Bei der Lage der allgemeinen Angelegenheiten und dem fortdauernden Schwanken der Kriegsgeschicke verwundert man sich nicht, wenn die Entscheidung noch verschoben ward. Erst als Wallenstein in Norddeutschland festen Fuß gefaßt, und wenngleich Stralsund nicht erobert, aber doch durch den Sieg von Wolgast das Uebergewicht der kaiserlichen Waffen aufs neue befestigt hatte, schritt man dazu. Aus den Berichten des Nuntius ergiebt sich, daß der göttliche Segen in dem Glück der Waffen mit der definitiven Entschließung in Verbindung gebracht wurde[1].

Am 13. September 1628 ist dann einer Deputation von geheimen Räthen und Reichshofräthen der kaiserliche Be-

---

1) Die Zeitbestimmung bei Caraffa (Germ. sacra 350): Deus post paucos ab ipsa deliberatione dies Caesarem insigni victoria remuneratus est, giebt zu Zweifeln Anlaß; die Verbindung der Idee aber liegt am Tage.

fehl zugegangen, zu einer Erörterung der Reichsbeschwerden — d. h. eben der von den katholischen Churfürsten angeregten — und ihrer Decision zu schreiten.

Wohin es führen würde, war gleichsam ein öffentliches Geheimniß.

Eines Tages hörte der brandenburgische Minister Schwarzenberg, der in Folge jenes Gespräches mit Wallenstein nach Wien gegangen war, die Messe bei den Jesuiten. Nach der Feier kam er mit dem Pater, der sie gelesen hatte, zu reden. Dieser drückte ihm sein Bedauern aus, daß nicht auch der Churfürst, sein Herr, katholisch sei, wie der Minister; — „wie dem aber auch immer sei", fuhr er fort, „die Katholiken müssen wieder bekommen was ihnen entrissen ist, im Brandenburgischen z. B. Havelberg, aber überhaupt alle Stifter, welche ihnen nach dem Religionsfrieden entzogen worden sind; sie müssen alle mit katholischen Bischöfen besetzt werden". Schwarzenberg erschrak vor diesem Gedanken; er bemerkte, man habe ohnehin Lärm und Unruhe genug, ein solches Beginnen werde zu neuen Empörungen führen.

Am Hofe war die Sache bald entschieden. Man trat mit den katholischen Churfürsten in nähere Berathung, und ward mit ihnen einig, die vor dem Passauer Vertrag eingezogenen Güter noch unangefochten zu lassen, aber alle die zu reclamiren, welche nach demselben in den Besitz der Protestanten übergegangen waren. Man wollte erst sehen, wie weit man mit diesen kommen würde; über die andern sei ohnehin noch keine Rechtsbeschwerde formulirt.

Alles ging in den reichsrechtlichen Formen, die seit der Wiedererstarkung der katholischen Majorität an den Reichstagen eingeleitet worden waren, vor sich. Der geistliche Vorbehalt ward in ihrem Sinne ausgelegt, die alte ferdinandeische Declaration als nicht vorhanden betrachtet; die Beschwerden über die Vertreibung der Protestanten aus den geistlichen Gebieten, so wie über die Ausschließung der protestantischen Administratoren von Sitz und Stimme auf den Reichstagen wurden für null und nichtig erklärt, und die Verfügung ausgesprochen, daß die seit dem Passauer Vertrag von diesen eingezogenen Stifter den Katholischen zurückgegeben werden sollten. Was die Majorität des Fürstenrathes von jeher gefordert, ward von der nunmehr gebildeten Mehrheit des Churfürstenrathes in Antrag gebracht. Der Kaiser sprach sich als höchster Richter dafür aus.

Jene Einrede der Protestanten, daß weder dem Kaiser und seinen Gerichten, die ja selbst Partei genommen, noch der Majorität der Reichsstände, die eben durch die Exclusion der reformirten Stifter und ihrer Inhaber gebildet war, ein Recht der Entscheidung in Fragen zustehe, welche über die Auslegung des Friedens entstanden waren; daß zu einer Interpretation der Gesetze dieselbe Autorität gehöre, welche sie gegeben habe, nämlich eine Versammlung der Reichsstände, — fand keine Rücksicht weiter. Der böhmische Krieg und was damit zusammenhing hatte an sich auf diese Frage keine unmittelbare Beziehung. Aber in dem Kampfe der Waffen waren die Protestanten niedergeworfen und besiegt worden. Nichts verhinderte, daß man nun den Streit in einem ihnen entgegengesetzten Sinne entschied.

Eine Commission, aus einem Reichshofrath und dem in dem Geschäft der Herstellung des Katholicismus schon geübten Bischof von Osnabrück bestehend, wurde ernannt, um das kaiserliche Decret zunächst in Niedersachsen in Vollziehung zu setzen. General Tilly erklärte sich bereit, mit allen seinen Kräften dazu mitzuwirken.

Damit wurde nun der Protestantismus nicht geradezu verpönt oder aufgehoben; aber man hatte vorlängst bemerkt, daß die Veränderung in den Bisthümern einen durchgreifenden Einfluß auf alle Stände in ihren Gebieten, sowie in den Nachbarlanden ausüben werde und müsse. Durch das Edict wurde die Axt an die Wurzeln der Reformation gelegt. Es war die ganze Form des norddeutschen Glaubens, Denkens und Lebens, der man den Krieg ankündigte.

Wie dann, wenn die beiden Commissionen, die weltliche der Confiscation und die geistliche der Restitution, zusammenwirkten? Wir erinnern uns, daß auch die Entsetzung der Herzöge von Mecklenburg auf den Grund, daß der Kaiser durch Ungehorsam berechtigt werde die ertheilten Lehen einzuziehen, verfügt wurde. Die kaiserliche Autorität entfaltete alle ihre Ansprüche auf einmal nach allen ihren Seiten. Nicht sowohl auf ein waffenstarkes und geistesmächtiges Deutschland war es abgesehen, als auf ein unterthäniges und wesentlich katholisches.

## Innere Gährung und äußere Gefahr.

Ob man in der kaiserlichen Umgebung die Ausführbarkeit dieser Entwürfe recht überlegte, ob man sie zusammengedacht hatte, obwohl sie zusammenwirken sollten, mag noch bezweifelt werden. Wie sie auftraten, widersprachen sie einander. Der eine war der Ausdruck jener Idee der katholischen Mehrheit, der seit sechszig Jahren, gar oft im Widerspruch mit dem Kaiser, emporgestrebt hatte; der andere realisirte noch einmal die kaiserliche Machtvollkommenheit, welche die katholischen Stände selbst nicht wollten.

Und wie wollte man dabei dem Auslande gegenüber bestehen, wenn man in dem Innern alles in volle Verwirrung brachte?

Gegen das Vorhaben des Restitutionsedictes sprach sich unter Anderen vornehmlich der Hofkriegsrathspräsident aus: in einem besondern Gutachten setzte er auseinander, daß ein Religionskrieg in aller Form, dessen Ausgang sich nicht absehen lasse, daraus entstehen könne.

Und wie hätte der Herzog von Friedland nicht von ganzer Seele dagegen sein sollen? Der Antrag kam eben von den vier Churfürsten, in denen er seine vornehmsten Gegner sah; er ging auf eine Erneuerung der weltlichen Autorität des Klerus, die ihm prinzipiell verhaßt war. Bei seinem Aufenthalt in Italien hatte er die Ansicht gefaßt, daß es auch in Deutschland so sein sollte, wie dort; die Bischöfe sollten keine weltliche Administration noch Autorität besitzen. Mit den meisten Bischöfen, mit denen er in Contact kam, war er in Hader gerathen: namentlich auch mit den fränkischen. Von ihrem Widerstand gegen die weltliche Macht, von ihren ständischen Bevorrechtungen wollte er nichts hören; er soll gesagt haben, es werde nicht gut im Reiche, als bis man Einem von ihnen den Kopf vor die Füße gelegt habe[1].

---

1) „Allein haben sie — der Bischof von Osnabrück — mir gesagt, es habe Ein Commissari, Mezger genannt, den anfang alles misdrawens verursacht, Ihndem Er den Herrn Bischofen von Wirzburg und andern Cur und Fürsten Ihns gesicht gesagt, es thue Kein guett bis man Einmall Einem Curfürsten den Kopf zwischen die Bein lege, vnd geistlichen die geistlichkeit administriren lasse, was aber die weltliche fürstliche obrig-

Und ganz außer der Zeit schien es ihm, zu geistlichen Reformen, welche die Wiederherstellung des Katholicismus betrafen, zu schreiten; er sagte, der Kaiser brauche keine Reformen, sondern Rekruten.

Schon im Sommer meinte er in dem stärkeren Widerstand, den er fand, die Wirkungen des Edicts zu bemerken. Es war abermals, wie zu Carls V Zeiten, die Stadt Magdeburg, die denselben leistete; er stand wenigstens in indirectem Zusammenhang mit den Differenzen über die Besetzung des Erzbisthums.

Dem Kaiser war es gelungen, die Halberstädter Domherren soweit zu bringen, daß sie seinen zweiten Sohn, Erzherzog Leopold Wilhelm, zu ihrem Bischof erwählten; denn auf das bloße Eroberungsrecht wollte er es nicht ankommen lassen, und lieb war es ihm zugleich, nicht genöthigt zu sein, die päpstliche Autorität anzurufen.

Aber Halberstadt bedeutete ohne Magdeburg nur wenig, und hier gingen die Dinge nicht so erwünscht. Das Domcapitel entschloß sich freilich, den Administrator Christian Wilhelm aus dem Hause Brandenburg zu entsetzen, weil er das Stift eigenmächtig in Krieg verwickelt und in Beziehung auf den Gehorsam gegen den Kaiser seine Capitulationsartikel gebrochen habe; aber es war doch weit entfernt, indem es von Brandenburg, von dem es keinen Schutz erwarten durfte, zurücktrat, sich an Oesterreich zu wenden. Das Capitel

keit vnd vberflissige guetter anlange, wollen E. F. G. es Ihnen nehmen vnd wie die bischoffe Ihn Italien sie reduciren, Solches werden Ihr F. G. von Würzburg nit allein geschehen vnd beweisen, Sondern Es seye geclagt worden, aber nichts darauff Erfolget." — Schreiben Pappenheims, bei Chlumecky: Regesten, Briefe Albrechts von Waldstein, S. 196.

postulirte vielmehr den sächsischen Prinzen August zu seinem Administrator — eine Combination von allgemeiner Bedeutung, durch die das dynastische Interesse von Sachsen, des einzigen protestantischen Fürstenthums, das noch auf festen Füßen stand, mit dem österreichischen in Conflict gerieth.

Die kaiserlichen Einwendungen gegen die Wahl kamen zu spät: der Churfürst erklärte, die sehr berechtigte Wahl seines Sohnes behaupten zu wollen.

An sich war nun der Sitz des Erzbisthums, die Stadt Magdeburg, mit dem Stift nicht einverstanden. Es geschah im Widerstreit mit den stiftischen Rechten, wenn Wallenstein die Stadt gleich bei seiner ersten Ankunft ermächtigte, ihre Mauern und Wälle zu erweitern. Wie viel hätte es unter den damaligen Umständen ausgetragen, wenn die Stadt hätte vermocht werden können, eine kaiserliche Garnison aufzunehmen. Er stellte ihr vor, die Kosten werde das Erzstift tragen.

Allein indessen war die Stimmung der Zeit verändert, das Werk der Herstellung schon überall in der Nachbarschaft begonnen und an vielen Stellen ausgeführt worden. Magdeburg war nicht weniger als Stralsund von dem Geist des protestantischen Widerstandes durchdrungen. Es wollte den unter Carl V erfochtenen Ruhm behaupten, das Bollwerk der evangelischen Kirche zu sein; bei der ersten Begegnung mit den kaiserlichen Truppen trat der volle Gegensatz hervor.

Die Bürger wurden als lutherische Buben von den Andringenden begrüßt. Sie dagegen erklärten, daß ihr Gewissen, die Rücksicht auf ihre Nachkommen sie verhindere, kaiserliche Besatzung aufzunehmen. Nur zu einer geringen Contribution wollten sie sich verstehen, welche die kaiserlichen Obersten ihrerseits nicht annahmen. Wallenstein selbst kam herbei; aber er sollte inne werden, daß seine Streitkräfte nicht hinreichten die Stadt zu überwältigen. Alle benachbarten Städte verwandten sich für Magdeburg, und Wallenstein mußte Bedenken tragen sie zu entfremden.

Er behauptete, der Grund ihres Widerstandes sei allein das Edict, das man in Wien wohl hätte aufschieben können: wie habe man dadurch Bremen, wo die ernstlichsten Versuche der Rekatholisirung gemacht würden, gleichsam zur Verzweiflung gebracht.

Er traf eine Abkunft mit Magdeburg, so gut sie eben möglich war; denn er empfand jeden Augenblick, daß die ganze Bevölkerung bereit sei sich zu erheben. Darin lag das welthistorische Moment, daß, indem ein umfassender Plan gemacht wurde, durch eine katholische Universität und eine Anzahl jesuitischer Collegien das Reich von Grund aus zu katholisiren, der General, der das Schwert in den Händen hatte, des Landes und des Volkes nicht mehr Meister war und selbst von diesen Versuchen nichts hören wollte.

Wallenstein war als Katholik emporgekommen und hielt an diesem Glauben fest; er hätte, es ist kein Zweifel daran, das Uebergewicht des Katholicismus, in so fern es nicht zum Vortheil der großen Bischöfe und der Liga diente, unter kaiserlicher Autorität gern gesehen: aber von aller Verfolgung war er weit entfernt. Den mecklenburgischen Ständen versprach er bei ihrer Erbhuldigung, sie bei ihrer Religion augsburgischer Confession, wie hergebracht, auch ferner zu belassen: denn immer sei es seine Regel gewesen, Niemand in seiner Religion und seinem Gewissen zu beunruhigen: das habe er in allen seinen Herrschaften und Landen, in der Armee und in seinem Hofhalt beobachtet[1]. So hatte er vor Kurzem seinen Landeshauptmann von Sagan, der religiöse Reformen ins Werk setzen wollte, seiner Stelle entsetzt. Der Statthalter, den er in Mecklenburg einsetzte, war ein Protestant; und hier hatte er selbst in seiner landesfürstlichen Eigenschaft ein Motiv, dem Edict zu widerstreben. Wenigstens ist in seiner Erbdisposition das Anrecht an das ihm verpfändete Bisthum Schwerin und andre geistliche Güter eingeschlossen. Noch viel widerwärtiger aber war es ihm als Vorkämpfer und Repräsentanten der kaiserlichen Macht. Daß man durch das Edict voreilig die Antipathien der mächtigen Städte, die Feindseligkeit des ganzen protestantischen Namens in Norddeutschland erweckte, gereichte ihm zu Verdruß und Besorgniß.

Er erinnerte auf das dringendste, mit den Restitutionsversuchen nun nicht auch in Schlesien die Gemüther zu verwirren; wie das damals in Breslau und Brieg erfolgte. Sei das System einmal befestigt, so werde sich alles ohnehin geben.

Indem aber in Germanien, das man hatte pacificiren wollen, um den auswärtigen Feinden gewachsen zu sein, der große Zwiespalt erst recht hervorgerufen wurde, und zwar nicht allein der tiefste und vornehmste zwischen den beiden Religionen, sondern ein andrer unter den Führern der Katholiken, über die geistliche und weltliche Macht, das Kaiserthum und ständische Rechte, erhob sich die Feindseligkeit gegen das Haus Oesterreich in etwas andrer Form als bisher, aber noch nachhaltiger und umfassender. Werfen wir einen Blick auf die Veränderung der politischen Lage.

---

1) Passus aus der Instruction, bei Spalding, Mecklenburgische Landesverhandlungen II, 208.

Alles hängt von der erwähnten Eroberung von Rochelle ab, nach welcher die französische Politik freie Hand nach Außen bekam. Bald darauf wurde der Krieg zwischen England und Frankreich durch die Vermittelung der Venezianer beendigt. Denn eben die italienischen Staaten und besonders Venedig sahen ihre einzige Rettung vor dem drückenden Uebergewicht der Spanier in einer freien Bewegung von Frankreich. Cardinal Richelieu war nunmehr im Stande, ihnen die Hand zu bieten. In den ersten Monaten des Jahres 1629 zogen die Franzosen über die Alpen; — eine Conföderation der italienischen Staaten unter seinem Schutze kam zu Stande, die zugleich gegen Spanien und den Kaiser gerichtet war, der seine oberherrlichen Gerechtsame zu Gunsten von Spanien ausübte.

Die drohende Haltung, welche Frankreich hierdurch zugleich in Bezug auf die Pfalz und Oberdeutschland überhaupt annahm, gehört mit zu den Motiven des Friedens von Lübeck[1], gegen den deshalb auch die Spanier nichts einzuwenden hatten.

Vergebens hatten sie dennoch gehofft, durch die Aufstellung einer maritimen Macht im Norden und Osten Holland zu beeinträchtigen; das Vorhaben rief die Feindseligkeit erst recht wach. Auf das gewaltigste regte sie sich in Folge eines Ereignisses, das in eine andere Reihe von Begebenheiten gehört, aber hier wegen seiner Einwirkung doch erwähnt werden mag.

Auf die Erneuerung des Krieges von Seiten der Spanier hatten die Generalstaaten dadurch geantwortet, daß sie, was

1) Vgl. ein Schreiben des Abts von Kremsmünster bei Klopp, Tilly I, 546.

lange gewünscht, aber aus politischer Rücksicht noch immer verzögert worden war, eine westindische Compagnie errichtet, von der man sagt, sie habe zwar für sich selbst nicht gar viel erreicht, aber übrigens ihre Rolle sehr wohl gespielt. Eine Eingabe von ihr liegt vor, in welcher sie den Generalstaaten ausführlich vorstellt, wie viel sie aufgewendet, wie viel Nutzen sie dem Lande gebracht, und welchen Abbruch sie, denn dazu war sie eigentlich gestiftet, der spanischen Monarchie zugefügt habe: sie fasse Fuß in Brasilien, allenthalben unterbreche sie den Waarenaustausch zwischen den Colonien und dem Mutterlande, so daß die Zölle abnahmen und der Credit verfiel; dagegen die Niederlande versehe sie unmittelbar mit den südamerikanischen Producten, was sie zu ihrem Welthandel bedürften. Was sie aber, und ohne Zweifel mit Recht, am höchsten anschlug, war ein Sieg, den ihr Admiral Peter Hein, ein Mann, der sich vom Matrosen bis zur höchsten Stelle in der Marine aufgeschwungen, in den westindischen Gewässern über die spanischen Galeeren, die dort noch für unbesiegbar galten, davon trug. Es war eine mit Waaren und Silber reich beladene Flotte, die auf ihrem Weg von Veracruz nach der Havanna, ohne von der Nähe des gefährlichen Feindes eine Ahnung zu haben, plötzlich auf die Holländer stieß, welche ihrer warteten. Den Spaniern gelang es noch, die Küste von Cuba zu gewinnen; sie liefen in die Bai von Matanzas ein; hier aber konnten sie sich der Holländer, die ihnen nacheilten, nicht erwehren: die sämmtlichen Schiffe mit ihrer Ladung fielen in deren Hände. Es war eine ungeheure Beute: so groß, sagt jener Bericht, wie noch nie eine nach Holland gekommen war; man kann denken, mit welchem Jubel sie empfangen wurde. Auch der König von Böhmen machte in seiner Freude sich auf, sie zu besehen. Denn auf der Stelle fühlte ein Jeder, welchen Zusammenhang der westindische Sieg mit allen europäischen Angelegenheiten habe. Die spanischen Truppen blieben nun vollends unbezahlt: und wurden wie vor Alters meuterisch. Die Spanier konnten zunächst die gewohnten Subsidien nicht mehr aufbringen; den Holländern ward es möglich ihre Freunde mit Geld zu unterstützen, und vor allem sie wurden freudig zum Krieg. Die Eroberungen von Herzogenbusch und von Wesel, die ihnen gelangen, gaben ihnen ihr fast verlorenes Ansehen im nördlichen Deutschland wieder zurück.

Zwischen der spanischen Regierung und der Republik war eine Zeitlang sehr ernstlich von der Erneuerung des Stillstandes die Rede gewesen. Aber mit dem lebendigsten Interesse, dem maritimen, verband sich der durch die religiöse Krisis aufgeregte Eifer der Prediger. Man beschloß vielmehr, die Sache der Pfalz auf das ernstlichste in die Hand zu nehmen. Indem man Tilly von Ostfriesland her an den Ausflüssen der Weser mit einer Uebermacht begegnete, die er kaum bestehen zu können meinte, wurde noch ein anderes Heer, 40,000 Mann stark, am Niederrhein aufgestellt, um den Churfürsten Friedrich nach der Pfalz zurückzuführen; man wollte die Gebiete der rheinischen Churfürsten besetzen und verwüsten, um sie zu nöthigen, bei dem Kaiser die Wiederherstellung des pfälzischen in Antrag zu bringen.

Von allen Feindseligkeiten die für Wallenstein selbst gefährlichste trat noch an einer dritten Stelle in Aussicht.

Von der Nothwendigkeit durchdrungen, den König von Schweden, der sich als der unversöhnliche Feind des kaiserlichen Systems und zugleich der Wallensteinischen Politik erwies, von weiterer Einwirkung auf die deutschen Angelegenheiten fern zu halten, hatte der General als das hierfür dienlichste Mittel angesehen, ihn in dem preußischen Kriege zu beschäftigen, und sich entschlossen, den Polen eine ansehnliche Hülfe gegen die Schweden zuzuschicken. Sie sollten im Stande bleiben, denselben die Spitze zu bieten und sie zu beschäftigen. Mit 10,000 Mann seiner besten Truppen rückte der Feldmarschall Hans Georg von Arnim im Mai 1629 im polnischen Gebiete vor; vergebens versuchte der König seine Verbindung mit den Polen zu verhindern; indem er von Marienwerder nach Marienburg zurückzog, um auch seinerseits Verstärkungen an sich zu ziehen, konnte er doch nicht ein Zusammentreffen mit dem überlegenen Feind vermeiden — bei Stuhm — in welchem er persönlich in Gefahr gerieth, gleichwohl nur unbedeutende Verluste erlitt und an der Fortsetzung seines Marsches nicht gehindert wurde. In dem festen Lager bei Marienburg, wo er seine Verstärkungen an sich zog, war er den Kaiserlichen und Polen, welche schlecht bezahlt waren, vollkommen gewachsen. Es scheint sogar, als sei dem Feldmarschall an einem Siege des kaiserlichen Systems, wie es sich jetzt durch das Restitutionsedict entwickelte, nichts gelegen gewesen: er hatte dadurch den trefflichen Besitz der Klostergüter zu Boitzenburg selbst zu verlieren gefürchtet: unmittelbar auf die Nachricht von seinem Sieg folgte sein Abschiedsgesuch.

Eine der Absicht ganz entgegengesetzte Folge hatte nun aber das Vordringen der kaiserlichen Völker auf polnischem Gebiet bei den Polen. Den polnischen Magnaten erschien die enge Verbindung ihres Königs mit dem kaiserlichen Hofe, bei der sie nicht zu Rathe gezogen waren, als eine Gefahr für ihre Freiheit. Das Uebergewicht der Deutschen war ihnen nicht minder verhaßt, als das der Schweden, und noch war auch hier der Protestantismus stark vertreten. Viele hätten lieber mit den Schweden gegen die Kaiserlichen gemeinschaftliche Sache gemacht, als mit den Letzteren gegen die Schweden.

Auf den König von Schweden mußte es Eindruck machen, daß der Feind, dessen er vor Kurzem Meister zu werden hatte hoffen dürfen, sich ihm kräftiger als jemals entgegenstellte; wie einer seiner Gesandten sagt, es sei so klar wie das Licht der Sonne, daß es nur durch den Vorschub der Kaiserlichen geschehe.

Aus diesen Gründen hielt man zu beiden Seiten einen Stillstand der Waffen für rathsam, der unter der Vermittelung eines eben eintreffenden französischen Gesandten am 16. September zu Stande kam, und zwar auf die Zeit von sechs Jahren, welche Raum zu weiteren Entwickelungen bot. Der König von Polen ward durch seine Magnaten dazu genöthigt. Gustav Adolph fühlte sich von seinem Geschick auf einen andern Schauplatz berufen.

Denn in den Begegnungen, die ihm zuletzt widerfahren waren, der Abweisung seiner Gesandten von Lübeck und dem Andringen kaiserlicher Völker, unter dem wenig bedeutenden Vorwand, daß sie im polnischen Solde seien, lag eine offenbare Feindseligkeit.

Es war im Anfang des October, daß Wallenstein diese Nachricht empfing; er fühlte vielleicht unter allen Lebenden am meisten, was sie bedeute, denn um sich her nahm er die freudige Erregung wahr, welche sich allenthalben in Norddeutschland kund gab. Er bemerkte, daß der geringste Anlaß eine allgemeine Rebellion hervorrufen werde.

Die Protestanten legten die bitterste Feindseligkeit an den Tag. Man sprach davon, einen allgemeinen Bauernaufstand zu veranlassen, das heißt, die gesammte Bevölkerung Mann bei Mann in den Kampf zu berufen. Das Wort ist verlautet, man wolle Germanien eher der alten Barbarei und Wildniß zurückgeben, als die Sache so fortgehen lassen. Wallenstein sagt, die norddeutschen Protestanten seien in einer so verzweifelten Stimmung, daß sie sich dem Teufel in der Hölle anschließen würden, wenn er sie rette: und dürfe man etwa auf die Katholischen trauen? Er bemerkt, man dürfe sich nicht einbilden, daß es nicht die Absicht der Franzosen sei, im Reiche vorzudringen, oder daß sie keine gute Aufnahme in Deutschland finden würden; mit den Katholischen seien sie schon verbündet.

In diesem Zustand hatte nun der kaiserliche Feldhauptmann die Aufgabe, nach allen Seiten Front zu machen, und schickte sich dazu an: doch fand er allenthalben in den eignen militärisch-politischen Zuständen Schwierigkeiten.

In Pommern standen 17,000 Mann; doch bat ihr General Torquato Conti um Versetzung. Arnim war auf sein Gesuch entlassen worden, und zwar auf der Stelle: denn man müsse ihn nicht zu der Einbildung verleiten, als könne der Kaiser seinen Krieg nicht ohne ihn führen.

Am Niederrhein standen der Graf von Nassau und Montecucculi; doch waren sie unter einander nicht einverstanden, und überdies beklagten sich die Obersten über die schlechte Behandlung, die ihnen Seitens der Spanier widerfahre.

Dieselbe Klage hörte man aus Italien: Nichts sei dort vorbereitet; selbst das Geschütz, das man vortrefflich im Stande zu finden gehofft, sei unbrauchbar. Allerdings meinte man selbst am kaiserlichen Hofe, man könne sich bei diesem Anlaß der venezianischen Gebiete bemächtigen; auch Wallenstein war dieser Meinung; aber die Venezianer hüteten sich im Felde zu erscheinen, wo sie hätten geschlagen werden können, und setzten ihre Plätze so gut in Stand, daß man sie schwerlich erobern würde.

Trotz des gewaltigen Kriegsheeres, das er aufgestellt hatte, fühlte er sich doch zu schwach, alle Feinde auf einmal zu bekämpfen. Aus seinem Briefwechsel mit dem Hofkriegsrathpräsidenten Colalto, seinem damals vertrautesten und einverstandensten Freunde, lernt man die Besorgnisse kennen, welche vom militärischen Standpunct aus in den Gesichtskreis traten. Man hielt selbst einen feindseligen Anfall von der Türkei her für möglich. Vor allem fürchtete man für den Elsaß, wo man ohne Zweifel einen Einfall der Franzosen zu erwarten habe.

Indem man sich nun nach neuen Truppen und Kriegsvorräthen umsah, schien es das Nothwendigste, dem innern Zwist zwischen Kaiserlichen und Ligisten ein Ende zu machen.

Im Januar 1630 empfing Wallenstein in Halberstadt den Besuch Tillys, Pappenheims und des Bischofs von Osnabrück; denn vor allem darauf kam es an, indem man nach allen Seiten hin zu kämpfen hatte, nicht die innere Entzweiung zum Ausbruch kommen zu lassen. In der Hauptstreitfrage selbst gab er keinen Schritt breit nach, die Quartiere konnte er sich nicht streitig machen lassen. Wenn Tilly sich über die Unzulänglichkeit der seinen beklagte, so rieth er ihm, sie ebenfalls über die katholischen Landschaften auszudehnen. Für sich bewies er durch eine und die andere Execution aufs neue, daß er Ordnung halten wolle. Er wußte den Bischof zu überzeugen, daß die neuen Werbungen, zu denen er schritt, gegen die auswärtigen Feinde unbedingt nothwendig und außer Beziehung zu den inneren Streitigkeiten seien; er wußte auch ihm die Befürchtungen auszureden, die durch die Aeußerungen jenes Agenten, die gleichwohl ihre Wahrheit hatten, entstanden waren.

Indem er die katholischen Churfürsten zu versöhnen hoffte, richtete er sein Augenmerk auch auf die Beruhigung der protestantischen. Er hätte den Churfürsten von Sachsen zu besuchen gewünscht; doch wurde er durch den Ausbruch eines Anfalles von Gicht hieran gehindert. In der Absicht, sobald wie es möglich würde, nach Carlsbad zu gehen, begab er sich, in einer Sänfte getragen, durch die Lausitz und Schlesien nach seiner Hauptresidenz Gitschin. Wohin aber seine Absichten in Bezug auf die protestantischen Churfürsten gerichtet waren, erkennt man aus einer Verhandlung mit dem brandenburgischen Minister Schwarzenberg, unmittelbar vor seiner Abreise von Halberstadt. Er sagte demselben alles Gute für Pommern und Preußen und Schonung für den Churfürsten zu, wenn derselbe dem Kaiser nur treu bleibe. Schwarzenberg forderte eine Assecuration für Innebehaltung der märkischen Bisthümer und Klöster. Wallenstein antwortete, es sei schwer, mit den Geistlichen — wie er sagt, den Pfaffen — zu verhandeln; doch hoffe er die Mittel zu treffen, um diese Assecuration auszuwirken.

Und niemals fürwahr wäre eine Versicherung aller deutschen Interessen, eine Vereinigung nicht allein, sondern verdoppelte Anstrengung aller Kräfte nothwendiger gewesen, als in diesem Augenblick. Es war der, in welchem Richelieu, der in einem ähnlichen Gesundheitszustand sich befand wie Wallenstein, aber sich ebenso in dringenden Momenten wieder zusammenraffte, seinen zweiten Zug nach Savoyen unternahm, bei welchem er sich Pinerolos bemächtigte.

Wallensteins vornehmste Absicht war gegen diese Invasion gerichtet. Er meinte, man müsse dem Herzog von Savoyen unter allen Umständen zu Hülfe eilen, und klagte nur, daß sich der kaiserliche Hof vorzugsweise nur mit kirchlichen Dingen beschäftige; dort glaube man, was man wünsche glauben zu dürfen; man werde bald sehen, wie man dabei bestehen könne.

Durch einen Brief, den er über die italienische Sache an den Beichtvater Lamormain, der bisher auf seiner Seite, geschrieben hatte, und den dieser indiscreter Weise dem päpstlichen Nuntius mittheilte, gerieth sein Beschützer Eggenberg in nicht geringe Verlegenheit, und Wallenstein selbst in Miscredit. Aber seine Ansicht drang noch einmal durch.

Colalto begab sich selbst nach Italien; Wallenstein, der von demselben immer als sein Commandeur betrachtet wurde, beabsichtigte ihm in Person nachzufolgen; eine stattliche Verstärkung zog bereits über Graubünden und Como den Piemontesen zu Hülfe. Wallenstein war mißvergnügt über Spinola, der die mit seinem König getroffenen Verabredungen nicht beobachtete. Er schickte einen Vertrauten nach Spanien, um Olivarez zur Leistung der versprochenen Geldmittel zu bewegen. Dann, sagte er, wolle er hineinziehen, ohne eine Stunde zu verlieren. Er schätze den Herzog, der sich jetzt ehrlicher Weise an den Kaiser schließen wolle; man solle ihm unmittelbar zu Hülfe kommen, ohne sich mit der Belagerung von Casale, die Spinola unternommen, aufzuhalten. Man dürfe ihn von den Franzosen nicht unterdrücken lassen.

Einer seiner Obersten war nach Nancy zu dem Herzog von Lothringen gegangen, um ihn zu einer Diversion in Frankreich selbst zu veranlassen, und kein Zweifel ist, daß Wallenstein den Venezianern zu Leibe gehen wollte. Es war schon lange im Werk gewesen; doch hatte man noch keine Gelegenheit dazu gefunden. Jetzt meinte Wallenstein dennoch, wie er sagt, ihnen „Etwas auf den Kopf zu geben". Darauf bezieht sich ohne Zweifel, wenn er die Ankunft spanischer Galeeren an einen Ort, den man wisse, erwartet, um eine Landschaft, die man kenne, anzugreifen. Er meinte die Rechte des Reichs in Italien wieder herzustellen, was zu Zeiten selbst den Spaniern bedenklich vorkam.

Er lebte und webte in imperialistischen Entwürfen. Daß der Papst mit den italienischen Fürsten und mit Frankreich verbunden war, hielt ihn in denselben keineswegs zurück. Er hat wohl einmal das drohende Wort verlauten lassen: „es seien schon hundert Jahre, daß man Rom nicht geplündert habe; und jetzt sei es noch viel reicher, als damals."

Weit ausgreifende Worte, wie er sie liebt, die mehr die äußerste Grenze des in einer bestimmten Richtung liegenden Möglichen bezeichnen, als ein Beschlossenes oder vollends Ausführbares.

Wie weit sollte man von einem solchen Ziel entfernt bleiben!

---

## Sechstes Capitel.

### Churfürstentag von 1630. Abdankung Wallensteins.

Indem sich der Herzog von Friedland — vorzugsweise mit diesem Titel ward Wallenstein auch nach seiner Belehnung mit Mecklenburg bezeichnet — in alle dem Wirrwarr entgegengesetzter Bestrebungen, bei dem ihm nicht wohl war, doch noch mit der Idee kriegerischer Unternehmungen trug, welche die Weltherrschaft seines Kaisers behaupten oder erweitern sollten, schwankte der Boden unter seinen Füßen.

Einzelnen äußeren Annäherungen zum Trotz wuchsen die Feindseligkeiten der Liga gegen ihn alle Tage stärker an. Im Frühjahr 1630 hielten die vornehmsten Stände dieser Verbindung einen Convent in Mergentheim, in welchem sie ihre Beschwerden auf das nachdrücklichste wiederholten. Hatten sie aber bisher auf eine Gleichstellung des „victoriösen" Heeres der Liga mit den kaiserlichen Truppen in Bezug auf die Quartiere gedrungen — wie denn auch jetzt die Anwerbung ligistischer Offiziere für den kaiserlichen Dienst ernstlich verboten wurde — so blieben sie dabei nicht mehr stehen: sie forderten eine durchgreifende Reform des kaiserlichen Heeres, die sie in den beiden Punkten zusammenfaßten: die protestantischen Obersten sollten abgeschafft, zugleich aber auch die Direction der Armee geändert werden. Das heißt, sie wollten den

General, der seines eignen Weges ging, verdrängen, und die nicht katholischen Obersten, die er mit gutem Bedacht aufgenommen hatte, ausstoßen, da sich von ihnen in den Restitutionsbestrebungen kein Gehorsam erwarten ließ. Die Ligisten klagten, an sich nicht mit Unrecht, daß das Reich allenthalben aus den Fugen gewichen sei, keine Constitution berücksichtigt, namentlich Recht und Würde der Churfürsten nicht mehr geachtet werde; doch gingen die Folgerungen, die sie daraus zogen, und die Anträge, die sie darauf gründeten, weit über eine Abstellung der hervorgetretenen Uebelstände hinaus. Statt des verhaßten Feldhauptmannes sollte der Kaiser selbst die Heerführung übernehmen, wenn nicht in Person oder vielleicht durch ein Mitglied seines Hauses, dann durch einen angesehenen Reichsfürsten. Sie meinten den Churfürsten Maximilian von Baiern, den weltlichen Führer der Liga; dieser würde dadurch die volle Direction der nunmehr in vornehmlich religiöser Zusammensetzung constituirten bewaffneten Macht im Reiche in die Hand bekommen haben. Ueberhaupt hielten sie mit dem Gedanken nicht zurück, dem churfürstlichen Collegium, das ist seiner katholischen Mehrheit, die entscheidende Autorität im Reiche zu verschaffen. So weit wollte jedoch der kaiserliche Commissar, Anton Abt von Kremsmünster, später Bischof von Wien, die Hand nicht bieten. Man konnte dort zu keinem Verständniß gelangen. Die weiteren Erörterungen wurden auf die bevorstehende Zusammenkunft, den nach Regensburg ausgeschriebenen churfürstlichen Collegialtag verschoben, von welchem dann — so baten sie im voraus — der Kaiser „passionirte Gemüther" fern bleiben lassen möge.

Den Collegialtag hatte der Kaiser vornehmlich in der

Absicht berufen, um die Nachfolge seines ältesten Sohnes Ferdinand, der bereits zum König von Ungarn erhoben worden war, auch im Kaiserthum noch bei seinen Lebzeiten zu sichern. Es war sein dringendstes Anliegen; aber es leuchtet ein: da er dabei von dem guten Willen der Churfürsten abhängig war, so mußten ihre Gegenforderungen um so größeres Gewicht bei ihm erlangen.

Die in Mühlhausen von den katholischen Churfürsten formulirten Anträge waren auf die Restitution der geistlichen Güter und die Entfernung des Herzogs von Friedland von dem Oberbefehl der Armee gegangen. Der Kaiser hatte das Erstere angenommen, und zwar durch eine eigenthümliche innere Regung seiner Religiosität bewogen: sollte er aber auch den General fallen lassen, der ihn erst zu einem selbständigen Kriegsherrn gemacht hatte? Für diesen sprachen, abgesehen von persönlicher Gunst, andere Gemüthsregungen, die dem Kaiser fast nicht minder tief gingen; es waren seine dynastischen Gefühle.

Bei weitem mehr als Maximilian und seine Linie, lebte Ferdinand II in der Idee des Gesammthauses Oesterreich-Spanien. Schon Matthias hatte sich derselben mehr genähert, als Rudolf; Ferdinand aber verdankte sein Emporkommen in den Erblanden und im Reich ursprünglich einem noch engeren Einverständniß mit den Spaniern gegen Matthias selbst. Wenn die spanischen Subsidien auch nicht sehr reichlich flossen, so gewährten sie doch bei allen Unternehmungen eine wesentliche Beihülfe. Die Idee des Gesammthauses beherrschte die Politik in Madrid wie in Wien. Wie der spanische Minister Olivarez die Verbindung mit dem deutschen Oesterreich jeder andern vorzog, namentlich, selbst zum großen Nachtheil des spanischen Handels, der Allianz mit England, so hielten hier die vorwaltenden Minister Ferdinands an der Verbindung mit Spanien fest, durch welche sie selbst emporgekommen waren. Der spanische Gesandte in Wien, der die Angelegenheiten der beiden Linien vereinbarte, war einer der mächtigsten Männer von Europa.

Meistentheils gingen nun die kirchlichen und die spanisch-österreichischen Interessen Hand in Hand mit einander; jedoch nicht immer.

In der pfälzischen Sache hätte Spanien, um mit den Stuarts in England nicht geradezu in Feindseligkeit zu gerathen, Concessionen von Seiten des Kaisers gewünscht, zu denen sich dieser wegen der Verpflichtungen, die er gegen die Liga und Baiern eingegangen war, nicht verstehen konnte. Wenn dagegen Ferdinand den Spaniern die österreichischen Besitzungen im Elsaß und die Unterpfalz einräumte, so regte er damit den Antagonismus der Macht zwischen Frankreich und Spanien auf, welcher die größte Schwierigkeit bildete, die der Erneuerung der Weltherrschaft des Katholicismus überhaupt im Wege stand, und nun in die deutschen Angelegenheiten eingriff.

Denn indem Cardinal Richelieu die große europäische Opposition gegen das Haus Oesterreich wieder belebte, fand er auch Eingang bei den Fürsten der Liga. Daß das kaiserliche Scepter in Ferdinands II Hand mächtiger geworden war, als einst selbst in der Hand Carls V, war den Spaniern sehr willkommen: aber den Franzosen unerträglich. Wir wissen, welch ein nachhaltiger Widerstand sich in den Fürsten der Liga, vor allem in den vier Churfürsten darüber regte. Frankreich und die Liga begegneten einander in dem Wunsch, die kaiserliche Macht einzuschränken. Wenn dann Frankreich dem Churfürsten von Baiern die Behauptung seines Churfürstenthums in seinem Hause zu ewigen Zeiten zusagte, so versprachen die Churfürsten dem König die Entwaffnung des Reiches und den Frieden in Italien; dem Cardinal fiel es auf, mit welcher ungewöhnlichen Entschiedenheit sie sich darüber ausdrückten[1].

Dem gegenüber erschien Wallenstein als der vornehmste Repräsentant und Vorfechter des kaiserlichen Ansehns. Er hätte, wenn es möglich gewesen wäre den Frieden mit Frankreich zu erhalten, die europäischen Waffen nach dem Orient zu tragen gewünscht. Als nun der Streit mit Frankreich wieder losbrach, so lag es nicht an ihm, wenn der Krieg nicht in großem Styl in Italien geführt und durch eine Invasion in Frankreich unterstützt wurde. Er trug sich mit dem Gedanken, den Ausbruch der großen religiösen Feindseligkeit zwischen Katholiken und Protestanten durch Schonung der letzteren vermeiden, und zugleich den Zwiespalt zwischen Liga und Kaiser durch persönliche Einwirkung auf die Führer zurückhalten zu können. Der Anfall der Schweden schien ihm für den Anfang nicht gefährlich, so lange er nicht von den Protestanten unterstützt werde. Vor allem mußte Frankreich selbst genöthigt werden die Waffen niederzulegen. Darin beruhte die großartige, in der deutschen Geschichte unvergleichliche Stellung, welche er noch in den letzten Monaten des Jahres 1629 und den ersten des Jahres 1630 einnahm, daß er die für das Reichsoberhaupt errungene Macht, die Parteiung zurückdrängend, nach allen Seiten hin aufrecht zu halten den

1) Mémoires de Richelieu V, 318.

Entschluß gefaßt und eigentlich auch den Beruf, selbst einen egoistischen Antrieb dazu hatte. In dem Uebergewicht seiner Armee im Norden und Süden von Deutschland lag zugleich die Autorität des Kaiserthums. Seine hochfahrenden Worte scheinen anzudeuten, als habe er eine Veränderung der Reichsverfassung beabsichtigt. Und wenigstens so viel ergiebt sich mit Sicherheit, daß er die weltliche Macht der Clericalen überhaupt verwarf und sie zu verringern suchte, und daß er namentlich dem Churfürstenrath die Prärogative, die ihn über das Kaiserthum erhoben hätte, nicht zugestand. Die Summe der militärischen und politischen Gewalt vindicirte er dem Kaiser, der ihm durch eine rücksichtslose Ausübung derselben ein großes Reichsfürstenthum verschafft hatte. In der Hauptsache waren die Spanier, wiewohl es in den Nebendingen mancherlei Mißverständnisse gab, sehr mit ihm einverstanden. Sie wollten einen bewaffneten Kaiser in Deutschland, der sie in Italien unterstützen könne. Und auch am Hofe hatte man recht wohl das Bewußtsein, daß kein Andrer ein solches Heer im Felde zu halten fähig sei, als Wallenstein. Noch bestand allen Zwischenfällen zum Trotz jene Combination, die einst in dem Feldlager von Gradisca geschlossen worden, vor der Kaiser Matthias und Cardinal Klesel erlegen waren. Noch hielt sich Eggenberg in vollem Ansehen; wenn er sich, was nicht selten geschah, seiner Gesundheit wegen nach seinen Gütern in Steiermark begab, ersetzte ein unaufhörlicher Courierwechsel die persönlichen Conferenzen; keine Entscheidung von einiger Bedeutung ward gefaßt, ohne daß man seinen Rath eingeholt; Erfahrung und politischer Tact machten denselben unentbehrlich, und in der Regel wurde er befolgt. Von den inneren Reibungen der Großen des

Hofes erfährt man, daß Trautmannsdorf und Meggau dem vorwaltenden Minister nicht selten widerstrebten; er setzte ihnen Männer von Geist und Talent entgegen, wie Anton Wolfrath Abt von Kremsmünster und Werda Freiherr von Werdenberg, ihm vollkommen ergeben, die für die geschicktesten Mitglieder des geheimen Rathes galten. Werdenberg erschien als ein Günstling des Glückes: seit Kurzem waren ihm anderthalb Millionen Gulden zu Theil geworden. Die Familienverbindung der Harrachs, welcher Wallenstein von Anfang angehörte, übte noch ihren Einfluß aus; seine Kriegshandlungen und deren Erfolg, die Erwerbungen, die er möglich machte, die Geschenke, die er nicht sparte, verschafften ihm allezeit mächtige Fürsprache.

Man kann kaum von einer andern Partei sprechen; aber eine andere von einflußreichen Persönlichkeiten verfochtene Direction der Politik gab es am Hofe. Sie beruhte auf den Reichshofräthen, welche die Reichsverfassung nur mit dem vollen Uebergewicht des katholischen Elementes suchten, den päpstlichen Nuntien, die ihr kirchliches Ansehn dem politischen der Spanier entgegensetzten, und den Beichtvätern, die in der Gelehrsamkeit und dem Eifer der Controverse mit der Ingolstädter Schule wetteiferten und den Kaiser bei seinen in der Jugend empfangenen Eindrücken festhielten[1]. Der damalige Pater Confessor Lamormain, ein geborener Luxemburger, war

1) Unterrichtend sind die Briefe Adam Schwarzenbergs über seine Mission nach Wien, August und September 1628, im geheimen Staatsarchiv zu Berlin. Da erscheint auch Klesel noch einmal, der aus der Verbannung wieder zurückgekommen war und von den geheimen Räthen viel consultirt wurde. Sie betrachteten ihn, so sagte er selbst, wie eine alte Registratur.

von Rom aus noch besonders angewiesen worden, sich mit dem Nuntius einzuverstehen.

Die wichtigste Frage nun, über welche damals die Meinungen auseinander gingen, bildete die mantuanische Succession. Denn das ganze spanisch-österreichische System beruhte auf der Fernhaltung des französischen Interesses von Oberitalien, wo die Spanier Mailand besaßen und die kleinen Fürsten in Unterordnung hielten. Es erschien als eine Gefahr desselben, daß ein in Frankreich erzogener Prinz, Gonzaga Nevers, zum Besitz von Mantua, wozu die herkömmliche Erbfolge ihn berief, gelangen sollte. Die Spanier benutzten ihren ganzen Einfluß, um den Kaiser zu vermögen, seine kaiserliche Autorität, denn Mantua war Reichslehn, dawider einzusetzen.

Dagegen waren die Bevollmächtigten des Römischen Papstes und die angesehensten Geistlichen am Hofe, welche die Sache des Nevers nicht allein für die gerechte hielten, — was sie, denke ich, war, — sondern die Entzweiung mit Frankreich, weil sie die Interessen der Kirche gefährden werde, mißbilligten. In den vorläufigen Verabredungen der Liga mit Frankreich waren auch allerdings religiöse Momente begriffen, z. B. die Aufrechthaltung des Katholicismus auch in den Gebieten, die man den protestantischen Fürsten zurückgeben dürfte. Pater Lamormain sagte jedem, der es hören wollte, daß er dem Kaiser die Gefahr seiner Seele, in die er sich durch den Krieg stürze, vorgestellt habe, und man wunderte sich, daß er nicht aus seinem Amt geschieden sei, da er nicht durchdrang. Auch jener Domenico, der in der Prager Schlacht die katholischen Soldaten mit vorgetragenem Crucifix angefeuert hatte, und der für einen Heiligen galt, hatte sich mit freimüthigem Eifer dagegen ausgesprochen. Aber in dem Kaiser überwogen die politisch-dynastischen Betrachtungen, denn zuletzt sah er in der Uebermacht seiner Dynastie selbst eine Angelegenheit der Religion.

Noch einmal werden bei diesem Conflict die Briefe von Bedeutung, die Colalto, der das kaiserliche Heer in Italien commandirte, und Wallenstein, der noch in Deutschland verweilte, mit einander wechselten.

Sie waren beide Gegner des Restitutionsedicts gewesen, und verbargen sich um so weniger die allgemeine Aufregung, welche dadurch entstanden war. Colalto war dennoch oder vielmehr ebendeshalb der Meinung, daß man den Krieg in Italien fortsetzen müsse. Denn dadurch beschäftige man Venedig, so daß es den Mißvergnügten in Deutschland kein Geld zukommen lassen, und Frankreich, so daß es keine Truppen nach Deutschland schicken könne; in Italien setze man die kaiserliche Gewalt über allen Zweifel hinaus fest. Er meinte, die Truppen der Liga und des Kaisers zusammen seien so stark, daß man sie in Deutschland nicht alle brauche; er wollte sie zu einem Angriff auf Frankreich verwendet sehen [1].

Wallenstein sah die Sachen nicht in so günstigem Lichte an. Auf den Gehorsam der Unterthanen in den Erblanden, auf den Colalto zählte, meinte er sich nicht verlassen zu können. In Norddeutschland, und wo er damals war, in Schlesien, empfing er den Eindruck, daß nicht allein die deutschen Protestanten, sondern auch die Neubekehrten in den

1) Instruttione al Collonello Piccolomini da riferir al Duca di Meckelburg li 5. Genaro 1630. Chlumecky, Regesten 329.

Erblanden in wachsender Erbitterung die Ankunft des Königs von Schweden auf das sehnlichste erwarteten, mit dem sie sich selbst auf die Gefahr des äußersten Verderbens verbinden würden. Die kaiserlichen Truppen, sagt er, dürfen keinen Ort verlassen, sonst lasse man dieselben gewiß nicht wieder ein. Die ligistischen seien gegen die Holländer unentbehrlich; der König von Frankreich ein mächtiger Monarch, der das Vertrauen von allen Katholiken in Italien, der Schweiz, vielleicht auch in Deutschland genieße[1].

Im Gefühl der äußeren Verwickelungen und ihrer Beziehung zu den inneren änderte Wallenstein von Zeit zu Zeit seine Ansicht über das unmittelbar Vorliegende. Er tritt in Unterhandlung mit den Holländern ein, und verspricht doch gleich darauf dem Könige von Spanien eine stattliche Kriegshülfe gegen die Republik. Einmal hat er sogar eine friedliche Abkunft mit Frankreich für rathsam und durchführbar gehalten. Aber bald darauf müssen alle diese Gedanken schwinden. Richelieu hat durch eine abermalige Invasion in Italien Piemont in die äußerste Bedrängniß versetzt und dadurch die Autorität des Hauses Oesterreich in der Lombardei in augenscheinliche Gefahr gebracht. Wiewohl unzufrieden mit dem spanischen Feldhauptmann Spinola, der seinen in Bezug auf die Verpflegung der kaiserlichen Truppen gegebenen Zusicherungen nicht nachgekommen war, spricht Wallenstein im Mai 1630 seine Meinung dahin aus, daß derselbe gegen Casale, und der Herzog von Savoyen gegen die Franzosen

1) Schreiben Wallensteins, Sagan 10. Febr., bei Chlumecky 208: wahrscheinlich an Questenberg. (Piccolomini war „dieser Tage“ bei ihm gewesen.)

unterstützt, und den italienischen Fürsten die Ueberzeugung gegeben werden müsse, der Kaiser verlange nichts, als was gerecht sei. Jene Invasion brachte auch eine für den Kaiser vortheilhafte Wirkung hervor. Daß sich Richelieu Pinerolos bemächtigt hatte, machte die italienischen Fürsten aufmerksam, wie gefährlich das Eingreifen der Franzosen in Italien selbst ihnen werden könne. Wallenstein hatte früher die Venezianer und den Papst bedroht; jetzt hielt er es für besser, alle Feindseligkeiten selbst gegen Venedig zu vermeiden. Sein Sinn wäre dahin gegangen, die Franzosen durch eine Diversion vom Elsaß her, zu der die Spanier von der andern Seite mit Freuden mitgewirkt haben würden, in ihrem eigenen Gebiet zu beschäftigen. Dem aber widersetzten sich die katholischen Churfürsten, die ja dem König von Frankreich ihr Wort verpfändet hatten, daß er vom Reiche nicht angegriffen werden würde. Sie erklärten unverhohlen, daß man den König von Frankreich zu keinen weiteren Feindseligkeiten reizen sollte, und machten damit Eindruck auf den kaiserlichen Hof. Richelieu hat dem Churfürsten von Baiern ausdrücklich danken lassen, daß er die Ausführung jener Absicht verhindert habe. Bei dem Schwanken der Verhältnisse und den entgegengesetzten Einflüssen konnte am kaiserlichen Hofe kein fester Plan ergriffen werden. Wallenstein klagt, der Eine ziehe her, der Andere hin, die größte Confusion trete ein; er habe mit den kaiserlichen Ministern mehr zu streiten, als mit allen Feinden; Eggenberg könne nicht allen widerstehen, und schon mache man ihm den italienischen Krieg überhaupt zum Vorwurf; in ein paar Monaten aber werde man sehen, wohin man gerathe. Es gehört zu den kriegerischen Tendenzen gegen Frankreich, daß damals Unterhandlungen mit dem König von Schweden eröffnet wurden; es geschah zu Danzig unter dänischer Vermittelung. Wenn aber die Dänen dort selbst den Schweden mittheilten, der Kaiser habe in seiner Instruction es vermieden, den König von Schweden zu nennen, ohne Zweifel, weil er das Recht Sigismunds III auf den schwedischen Thron noch anerkannte: — wie wäre da an eine Vereinbarung zu denken gewesen. Und doch wäre die Verständigung nach dieser Seite hin entscheidend gewesen. Wallenstein fürchtete nicht so sehr den König selbst, als sein Einverständniß mit den norddeutschen Städten und den Mißvergnügten überhaupt, die mit ihm unter Einer Decke liegen; das, sagt er, mache ihm Gedanken. Da trat die Rücksicht, die der kaiserliche Hof auf die persönliche Freundschaft des Königs von Polen nehmen mußte, ihm beim ersten Schritt entgegen. Aber so war seine Stellung nun einmal. Noch an der Spitze des kaiserlichen Heeres, der vornehmste Repräsentant der kaiserlichen Autorität im Reiche, und an sich gewillt, sie geltend zu machen: muß er jedoch jeden Augenblick empfinden, daß er die Situation nicht beherrscht. Seine Gedanken, über denen immer die große Idee schwebt, können doch nicht maßgebend sein; sie bewegen sich im Einzelnen den Umständen gemäß in verschiedener Richtung, finden jedoch in Folge andrer Beziehungen allenthalben Hindernisse. Im Mai 1630 beabsichtigte er nach München zu gehen, um noch einen letzten Versuch zu machen, sich mit Churfürst Maximilian zu verständigen; dann wollte er sich nach Memmingen begeben, von wo er seine Augen am besten nach allen Seiten richten könne.

Da traf ihn nun aber von eben der reichsständischen

Potenz, der er sich zu nähern suchte, der längst vorbereitete auf seinen Sturz angelegte Angriff.

Die katholischen Churfürsten in Person und die Bevollmächtigten der protestantischen versammelten sich Ende Juni 1630 in Regensburg, wo dann auch der Kaiser mit seinem ganzen Hofe eintraf.

Anfangs war noch viel von einer Fortsetzung des italienischen Krieges die Rede. Der Herzog von Guastalla war erschienen, um seine Ansprüche gegen Nevers geltend zu machen: wodurch die alten Gerechtsame des deutschen Reiches in Italien aufrecht erhalten werden würden. Den deutschen Fürsten stellte er vor, daß sie sich auf diese Weise am sichersten der überlästigen Soldateska entledigen würden. In diesem Sinne erklärten sich auch die Spanier. Ein spanischer Oberst Ajaza, der viel mit den brandenburgischen Gesandten verkehrte, wiederholte ihnen von Seiten seines Königs, daß derselbe als Reichsstand (im burgundischen Kreise) die Versuche der Franzosen sich in die Reichsgeschäfte, denen sie fremd bleiben sollten, zu mischen, nicht zugeben könne. Von Wallenstein, der nun nach Memmingen gekommen war und von dort seine militärischen Befehle ergehen ließ, erzählt man, er habe auf die Aufforderung selbst nach Regensburg zu kommen, mit einem seiner weitausgreifenden stolzen Worte geantwortet: er habe dort nichts zu suchen, sein wahres Quartier würde er in der Hauptstadt von Frankreich zu nehmen haben [1].

---

1) Ich benutze hierfür die Berichte der brandenburgischen Gesandten, die jedoch so wenig wie die sächsischen in das Geheimniß der katholischen Majorität des Collegiums eingeweiht waren.

Das war aber nicht im entferntesten die Stimmung in der churfürstlichen Versammlung zu Regensburg.

Die Churfürsten fürchteten mehr von den spanischen, als von den französischen Eingriffen. Der Churfürst von Trier befand sich in offenem Zerwürfniß mit der spanischen Regierung und galt bereits damals für französisch gesinnt. Der neue Churfürst von Mainz, Anselm Casimir Wambold von Umstadt, war gegen den Wunsch des Hauses Oesterreich gewählt worden und wurde als ein entschiedener Gegner der spanischen Entwürfe betrachtet: die Verhandlungen der Liga leitete er in einem der kaiserlichen Politik entgegengesetzten Sinne. Der Churfürst von Cöln war übrigens gut kaiserlich, doch stand ihm das Interesse seines Hauses, des bairischen, und die churfürstliche Autorität allezeit höher. Wahrhaftes Erstaunen erweckt die Tiefe und Macht der Antipathie gegen Oesterreich, welche sich in den Churfürsten regte. Sie wollten jetzt keinen Kaiser wieder, der zugleich König von Ungarn: so viele Gewaltsamkeiten seien ihnen von dem Kaiser begegnet. In dem Sinne der Churfürsten des dreizehnten und vierzehnten Jahrhunderts ist davon gesprochen worden, daß man, wenn der Kaiser nicht nachgebe, nach den Reichsconstitutionen befugt sein würde, ihn abzusetzen: und wenigstens auf die Wahl eines Römischen Königs, wie sie der Kaiser für seinen Sohn wünschte, einzugehen, hatten sie großes Bedenken. Was soll man sagen, wenn man erfährt, daß sie die Absicht aussprachen, lieber den König Ludwig XIII zum Römischen König zu wählen: denn der habe keinen Sohn und werde nicht daran denken das Reich erblich zu machen; er könne wenigstens dazu dienen, um die Krone dem Haus Oesterreich zu entreißen und sie für andere deutsche Fürsten zu retten; Louis XIII sei muthvoll, wohlberathen und unternehmend; der Segen Gottes begleite ihn. Sie haben den alten Sleidan aufgeschlagen und die Rede, durch welche nach ihm der Churfürst von Trier die Wahl eines Königs von Frankreich empfohlen haben soll, dem französischen Gesandten mitgetheilt [1]. Es geschah auf ihren ausdrücklichen Wunsch und Willen, daß der König eine Gesandtschaft an den Churfürstentag abordnete, um den Frieden mit dem Kaiser zu Stande zu bringen, die dann in die engsten Beziehungen zu den Churfürsten trat. In ihrer Mitte erschien der vielgewandte, mächtige, geheimnißvolle Capuziner Pater Joseph, der mit dem Abschluß eines besondern geheimen Vertrags mit den Churfürsten betraut war, welcher die Grundlage von allem, was man verhandelte, sein müsse. Die beiden Hauptpunkte, die dabei zur Sprache kamen, waren auf der einen Seite Sicherung der Pfalz für Baiern, auf der andern der drei Bisthümer für Frankreich; man suchte nach einem Ausdruck, der sie beide begriff. Baiern sollte sich nicht gegen die Franzosen erklären, wenn sie mit Spanien brechen würden; Frankreich genehmigte, daß dabei der Kaiser nicht erwähnt zu werden brauche, wofern man nur die Neutralität gegen Holland aufrecht halte. Diese Verhandlung, von welcher der eigentliche Gesandte Leon Bruslart nichts erfuhr, hatte für Richelieu noch mehr Werth, als der Friede mit dem Kaiser; er erklärte, jede Concession, die er in dem Frieden mache, geschehe nur aus Rücksicht auf Baiern. Man kannte diese Verhältnisse nicht: — wie würde sonst Wallenstein gehofft haben, Maximilian zur Theilnahme an

1) Mémoires de Richelieu V, 320.

seinen antifranzösischen Entwürfen fortzuziehen; — aber man empfand ihre Wirkung. Die Liga, ohne deren Mitwirkung der Krieg nicht weiter geführt werden konnte, drang auf den Frieden mit Frankreich.

Daß in diesen Tagen den Kaiserlichen die Eroberung von Mantua gelang, bildete eher ein Motiv dafür, als dagegen. Denn einmal wurde die kaiserliche Autorität dadurch so gewaltig erneuert, daß sie auch dann unerschütterlich bestand, wenn der Fürst, dem die Belehnung bisher versagt worden war, dieselbe nunmehr erhielt: unter Bedingungen, wie sie schon früher angeboten worden. Und zugleich mußte etwas geschehen, um die wegen der dabei vorgekommenen Gewaltsamkeiten aufgeregten italienischen Fürsten zu beruhigen. Man hätte sonst fürchten müssen, ihre Eifersucht gegen die spanisch-österreichische Macht könne noch einmal in helle Flammen ausbrechen.

Aber das wichtigste Moment für den Frieden lag doch auf einer andern Seite. In dem Augenblick, als die kaiserlichen Truppen in einer großen militärischen Bewegung nach Italien und Frankreich hin beschäftigt waren, und der Churfürstentag zusammentrat, welcher das Zerwürfniß zwischen dem Kaiser und den Ständen an den Tag brachte, landete der König von Schweden an der pommerschen Küste. Eben da setzte er an, wo es zwei Jahre früher der König von Dänemark versucht hatte, den Ruden und Usedom vorüber bei Peenemünde, indem er sich ebenfalls auf den Rückhalt an Rügen, das bereits in seine Hände gebracht war, und an Stralsund stützte, sowie im Vertrauen auf die Unterstützung der norddeutschen Population. Mit äußerster Anstrengung aller Kräfte hatte Wallenstein damals bei Wolgast die Dänen zurückgewiesen: den Schweden stand nur eine mäßige Heeresmacht gegenüber, die jeden Augenblick empfand, daß sie des Landes nicht mächtig war. An dem Churfürstentag selbst erschienen Gesandte des Herzogs von Pommern, welche die Hülfe des Reiches gegen den König, zugleich aber Erleichterung des Landes und Sicherung des Stiftes von Camin verlangten. Eine eingehende Resolution hierauf wäre bei den dortigen Stimmungen nicht einmal möglich gewesen. Man sieht, daß die veränderte Lage im Lande selbst das Gefühl der alten Selbständigkeit unter dem Schutz des Reiches und seiner auf den Religionsfrieden begründeten Ansprüche erneuerte. Was aber in Regensburg nicht zu erreichen war, das bot der waffenmächtige König, immer unter ausdrücklichem Vorbehalt der Rechte des Reiches, von freien Stücken an: die Behauptung von Camin im Gegensatz mit dem Restitutionsedict, selbst die Herstellung der landesfürstlichen Autorität in Stralsund und militärischen Schutz. Im Gedränge zwischen der ohnmächtigen und doch drohenden, innerlich feindseligen kaiserlichen Macht, und der vordringenden religiös-befreundeten schwedischen entschloß sich der Herzog, „nun denn in Gottes Namen" die Truppen des Königs in Stettin aufzunehmen, das sie sogleich in Vertheidigungsstand setzten. Das Ereigniß machte den größten Eindruck auch auf Wallenstein, der in diesen Landschaften halbwegs zu Hause war; er sah mit Recht darin nur eben den Beginn einer allgemeinen Erhebung, die er immer vorausgesagt hatte. Aber auch noch eine andere Betrachtung regte sich in ihm. Was der Herzog von Pommern that, war bei weitem mehr, als was die Herzöge von Mecklenburg verbrochen hatten; er erblickte darin eine Felonie, welche ein gleiches Verfahren begründe; er ließ dem Kaiser wissen, er denke ihm ein Herzogthum zu verschaffen, das sich über siebenzig Meilen hin ausdehne. Seine imperialistischen Tendenzen erwachten noch einmal. Er meinte jetzt selbst, man müsse den italienischen Frieden schließen: Colalto werde sich ein Verdienst erwerben, wenn er ihn baldmöglichst zu Stande bringe [1].

Wollte der Kaiser die Waffen zur Vertheidigung oder zur Weiterentwickelung der Macht nach Nordosten wenden, so mußte man im Süden und Westen Frieden haben. Die Parteien, die den Hof theilten, stimmten hierin zusammen. Die Gründe dafür waren die Unmöglichkeit den Krieg ohne Theilnahme der Churfürsten zu führen, das Vorrücken der Schweden, und die wachsende Macht der Holländer [2]. Es kam nur darauf an, Bedingungen zu finden. Die Absicht regte sich, mit dem italienischen Frieden zugleich den Austrag der zwischen Spanien und Frankreich schwebenden Irrungen zu Stande zu bringen. Die vornehmsten Bevollmächtigten, der Capuzinerpater Joseph und der Abt von Kremsmünster, stellten beide die Idee der Union der katholischen Mächte, zu deren Durchführung auch die Beihülfe des Papstes in Anspruch genommen wurde, in den Vordergrund. Wäre aber so viel nicht zu erreichen, so wollte man wenigstens vermittelst der italienischen Pacification den Zustand des Reiches sichern und nicht etwa die Besorgniß aufkommen lassen, daß der König von Frankreich später doch direct oder indirect die Feinde des Kaisers

1) Schreiben an Colalto, bei Chlumecky S. 241.

2) „Der schwedischen Mossa und der Holländer alleweil zunehmende und um sich fressende Gewalt." Khevenhiller XI, 1199; eines der besten Stücke in dieser Sammlung.

in Deutschland unterstützen dürfte. Pater Joseph ging mit Eifer darauf ein; er forderte nur, obgleich sich seine Vollmacht nicht so weit erstreckte, daß man doch ohne Verzug zu näheren Verhandlungen schreiten möge: er wolle, sammt dem Gesandten, mit Leib und Leben dafür haften, daß der König alles approbiren werde, worüber man hier übereinkomme. Cardinal Richelieu hat sich damals allerdings bewogen gefunden, dem Gesandten, dem sein vertrautester Rath zur Seite stand, eine unbedingte Vollmacht zu ertheilen [1].

Waren nun aber die ersten Schritte, welche in jedem Geschäft die entscheidenden sind, zur Herstellung des Friedens in Italien im Sinne der Churfürsten geschehen, so erhoben diese in wachsendem Selbstgefühl auch ihre anderweiten Forderungen, den Beschlüssen von Mergentheim gemäß, auf das nachdrücklichste.

Sie verlangten vor allem, bei ihren von dem Reiche in seiner Machtfülle herrührenden Rechten und Hoheiten geschützt zu werden gegen Jedermann, der sie beleidige, wer es auch sei; sie brachten in Erinnerung, daß der Kaiser die von seinem Heer eingenommenen Länder nicht versetzen noch veräußern dürfe: das Reich werde dadurch in Kriege verwickelt, von denen ihm nichts bewußt sei. Hauptsächlich drangen sie auf die Abstellung der Gewaltsamkeiten, durch welche alle Reichsordnungen über den Haufen geworfen würden, namentlich der Contributionen, wie man sie bis jetzt eintrieb, und auf die Einrichtung regelmäßiger auf die Kreise zu verthei-

1) On envoye un pouvoir non limité à Mr. de Léon pour faire le traitté. Vers le 24. août 1630. Lettres de Richelieu III, 882.

lender Leistungen: wozu dann ein einheitliches Kriegsdirectorium nothwendig sei. Wallenstein, gegen den alle ihre Klagen zielten, sollte schlechterdings von dem Kriegsdirectorium entfernt werden. Der Kaiser hatte sich bisher dagegen gesträubt; er hatte nur einmal, als ihm die Sache besonders dringend vorgestellt wurde, geäußert: auf Cavalierparole, er werde dem Uebel abhelfen. Mit dieser Art von Ehrenwort aber ließen sich die Churfürsten nicht befriedigen. Sie gaben zu vernehmen, daß sie vor der Gewährung ihres Ansuchens zu keinen weitern Verhandlungen schreiten würden. Der Kaiser, welcher gekommen war, um die Wahl seines Sohnes zum Römischen König wenn nicht durchzuführen, doch in den herkömmlichen Weg einzuleiten, mußte nun die ihm geschehene Anmuthung ernstlich ins Auge fassen. Am 5. August ist dann darüber in einer geheimen Rathssitzung, welcher der Kaiser beiwohnte, Berathung gepflogen worden. Die Räthe waren der Meinung, daß die Vorwürfe, die man gegen Wallenstein erhob, ohne Mühe abzulehnen wären, wie denn derselbe immer zur Zufriedenheit des Kaisers gehandelt habe. Einige Aeußerungen über die Mängel der kaiserliche Politik verwarfen sie mit Empfindlichkeit und Unwillen. Aber den Churfürsten in der Forderung, auf welche sie den größten Nachdruck legten, entgegenzutreten, hielten sie doch nicht für rathsam. Denn dann würde in der Körperschaft des Reiches kein weiteres Einverständniß zu erhalten, und hauptsächlich es würde unmöglich sein, das Successionswerk, an welchem in diesen schwierigen Zeiten um so mehr liege, in Gang zu bringen und zu fördern. Mit der Entschließung meinten sie noch so lange zurückzuhalten, bis man mit dem Churfürsten von Mainz über die zu erwartenden Gegenleistungen gesprächsweise übereingekommen sei.

Es scheint aber nicht, als ob man damit etwas erreicht hätte. Nachdem der italienische Frieden auf eine Weise begründet worden war, daß man dort freie Hand zu behalten nicht zweifelte, hielten die Churfürsten den Augenblick für gekommen, ihre Forderung mit doppeltem Nachdruck zu wiederholen. Am 13. August fuhren die geistlichen Herren persönlich bei dem Kaiser vor, um ihm diesen Antrag zu machen. Sie überreichten ihm eine Denkschrift darüber. Persönlich gedrängt, sagte der Kaiser endlich: ja, er wolle das Kriegsdirectorium bei seiner Armada ändern [1].

Bald hernach ließ er den Churfürsten eine schriftliche Resolution nach ihrem Sinne zugehen; er forderte sie zugleich auf, ihm Mittel anzugeben, um den General mit Glimpf und Ehre und mit Versicherungen in persönlicher und sachlicher Beziehung zu entlassen.

Freier von persönlicher Ungnade war wohl nie eine Dimission, als diese Entlassung Wallensteins aus dem Dienst. Zwei seiner besten Freunde am Hofe, die kaiserlichen Räthe Werdenberg und Questenberg, wurden an ihn abgefertigt, um ihm die Unvermeidlichkeit des gefaßten Entschlusses vorzustellen. Denn der Kaiser könne nun einmal die Assistenz der Churfürsten nicht entbehren; bei der neuen Einrichtung, die man dem Kriegswesen gebe, würde der General das Directorium nicht führen wollen.

Ganz so weit aber, wie die katholischen Churfürsten

---

1) Hurter, — dem hierfür die Originalacten zustanden — zur Geschichte Wallensteins 376. Die Mittheilungen Hurters sind von Lorenz: Oesterreichs Stellung in Deutschland 1858, Anmerkungen S. 29, aus denselben Acten wesentlich ergänzt worden.

wollten, war der Kaiser nicht zu bringen. Eines Tages sagte einer ihrer Räthe den Brandenburgischen, es sei beschlossen, den Oberbefehl dem Churfürsten von Baiern zu übertragen. Diese, die an dem Verfahren gegen Wallenstein niemals Theil genommen hatten und die neue Combination vielmehr fürchteten als wünschten, fragten nur, ob sich kaiserliche Majestät gern dazu verstehen werde. Die Antwort war: der Kaiser werde sich dazu verstehen; wie gerne, das könne man nicht sagen. Es wurde aber doch nicht durchgesetzt. Die Räthe des Kaisers machten die nachdrücklichsten und triftigsten Einwendungen dawider. Sie haben selbst aus der römischen Geschichte in Erinnerung gebracht, daß immer derjenige, welcher die Waffen in den Händen gehabt, auch das Kaiserthum an sich gerissen habe; — sie machten so viel Vorbehalte zur Behauptung der kaiserlichen Machtfülle über Krieg und Frieden, daß der Churfürst, der nicht schlechter gestellt sein wollte als Wallenstein gewesen war, auf das Generalat Verzicht leistete. Man kam überein, daß Tilly dasselbe zugleich im Namen des Kaisers und der Liga führen sollte.

Noch immer fuhr Wallenstein fort nach allen Seiten hin militärische Befehle zu erlassen, denn noch war der Frieden in Italien nicht gesichert; er sagte wohl, wenn man den Frieden wolle, müsse man sich zum Kriege gerüstet halten. Mit dem größten Nachdruck drangen die Churfürsten darauf, daß ihm seine Autorität definitiv entzogen würde; sie wiederholten ihre Drohung, keine Geschäfte zu verhandeln, bevor das geschehen sei; — so wenigstens versichert der päpstliche Nuntius.

Es gab einen Gesichtspunkt, unter welchem der Herzog von Friedland sogar zufrieden damit war. Bei der ersten

Nachricht von den in Regensburg gefaßten Beschlüssen sagte er, er werde dadurch von den Wirrsalen im Reiche erlöst, er komme damit aus einem großen Labyrinth[1]. Und wie oft war schon von seiner Abdankung die Rede gewesen; er hatte sie selber gefordert. Als er den Gesandten Audienz gab, die ihm seine definitive Abdankung ankündigten, hatte er eine lateinische Schrift neben sich, in welcher die Nativität des Kaisers und des Herzogs von Baiern, also die Constellation, unter der sie auf die Welt kamen, verzeichnet waren. „Wie die Herren sehen," sagte er ihnen, „die Sterne deuten an, daß der Geist des Baiern den Geist des Kaisers beherrschen wird." Indem er sich aber in Bezug auf das Generalat unterwarf, aus Mißmuth über die allgemeine Verwirrung, oder auch aus astrologischer Grille, meinte er doch nicht etwa den ihm übertragenen Landen und Leuten und seinen reichsfürstlichen Rechten zu entsagen. Die beiden Gesandten versprachen ihm im Namen des Reichs und der Churfürsten alle Satisfaction. Hierauf äußerte Wallenstein die Absicht, Mecklenburg gegen die Schweden zu behaupten, wie das einem jeden Reichsfürsten zukomme sein Land zu vertheidigen. Die Abgeordneten wußten aber wohl, daß die Churfürsten das Recht Wallensteins auf Mecklenburg in Zweifel zogen, weil die über die Herzöge ausgesprochene Achtserklärung ungültig sei; unter den Motiven gegen seine Heerführung war bemerkt worden, daß er keine anerkannte reichsfürstliche Würde habe; sie machten den Herzog auf den schwebenden Rechtsstreit aufmerksam. Auch darin also, in der Handhabung seines

1) Schreiben an Colalto vom 23. August (Chlumecky 242) in Bezug auf den in Regensburg gefaßten Entschluß.

großen Rechtes der Verfügung über die verwirkten Güter und Lande, gab Ferdinand II den Ansichten der Churfürsten nach. Der General ließ ihn aufmerksam machen, wie viel er durch die neue militärische Einrichtung, durch die Verringerung seiner Armee verliere: die Armee sei der beste Juwel in seiner Krone. Er hoffte ihn noch bei seinem eigenen Interesse festzuhalten, und erwartete einen eingehenden Bescheid von ihm. Daß ein solcher nicht erfolgte, daß er überhaupt gar keine Antwort bekam, war die vornehmste Kränkung, die er erfuhr, und die ihn auf das tiefste verwundete. So sehr er dieselbe in sich zu verschließen suchte, so ließ er doch das Wort verlauten, er werde dem Haus Oesterreich ferner nicht dienen. Denn durch diese Dienste hatte er sich seine reichsfürstliche Würde und seine Ausstattung mit einem großen Herzogthum erworben, welche die vornehmste Befriedigung seines Ehrgeizes ausmachte, die man nicht mehr anerkannte. Er löste den prächtigen Hofhalt auf, der ihn umgab, und verfügte sich nach Gitschin, dem vornehmsten Platz seiner böhmischen Besitzungen.

In Italien ward nun ein Stillstand verabredet; die kaiserlichen Befehlshaber wurden angewiesen, ihre Befehle nur unmittelbar von dem Kaiser anzunehmen; ein Theil der Armee ward entlassen, der größere unter den Oberbefehl Tillys gestellt.

Die Kaiserlichen hatten die Hoffnung gehegt, daß die Anführung der Truppen eben dem jungen König übertragen werden würde, den sie zum Nachfolger erhoben zu sehen erwarteten: ein solches Amt werde die Römische Krone wie ein Kleinod zieren — der Kaiser wäre dadurch für die Entlassung Wallensteins entschädigt worden; — aber die Churfürsten hatten, wie berührt, ihren Mitchurfürsten, den Herzog von Baiern empfohlen: der Kaiser mußte glücklich sein, daß man ihm Tilly zugestand.

Es war ein vollkommener Sieg des churfürstlichen Interesses über das kaiserliche. Ferdinand II verdankte den Churfürsten noch mehr als den Spaniern. Sie hatten ihn seiner religiösen Haltung wegen auf den Thron erhoben, mit Vorbehalt ihrer Prärogative; er hatte dann durch Wallenstein einen Versuch gemacht, sich über dieselben zu erheben und das Kaiserthum im alten Sinne zu erneuern. In dem Augenblick, als von der Wahl eines Nachfolgers die Rede war, nöthigten sie ihn in der Hauptsache davon abzustehen.

Es läßt sich nicht anders erwarten, als daß die Churfürsten im Besitz dieses entscheidenden Uebergewichts nun auch jenes Edict über die geistlichen Güter, zu dem sie ihn bewogen und gedrängt hatten, zu voller Ausführung zu bringen beflissen waren. Die Politik Wallensteins ist so eng mit dieser wichtigsten aller Fragen verflochten, daß wir ihrer in seiner Geschichte nochmals gedenken dürfen.

Die beiden weltlichen Churfürsten, Sachsen und Brandenburg, waren mit aller Entschiedenheit gegen das Edict. Noch vor der Eröffnung des Churfürstentags hatte Sachsen dem Hofe zu Wien eine Aufforderung, davon abzusehen, in so starken Ausdrücken vorlegen lassen, daß der Reichsvicekanzler sie dem Kaiser vorzutragen Anstand nahm. Die Gesandten hatten den Befehl, keiner Deliberation darüber im Churfürstenrath beizuwohnen, damit sie nicht durch ihre Anwesenheit die Beschlüsse der Majorität zu bekräftigen schienen; dem sich anzuschließen, hielten auch die brandenburgischen Gesandten für rathsam: denn würden sie erscheinen und dann den Beschlüssen der Uebrigen widersprechen, so würde das doch nicht die mindeste Wirkung haben. Man erkennt den damaligen Zustand der Verfassung. Die katholischen Churfürsten, durch die Anwesenheit der übrigen Ligisten verstärkt, hielten ihre besondern Conferenzen mit den kaiserlichen Räthen, über deren Ergebniß den protestantischen späterhin Mittheilung geschah. An den Verhandlungen mit Wallenstein hatten diese keinerlei Antheil; sie empfingen selbst, wie die Protokolle ausweisen, keine rechte Kunde davon. Wäre es auf sie angekommen, so würden beide Armeen aufgelöst und mit dem König von Schweden ein Friede vereinbart worden sein, — wie namentlich der Churfürst von Brandenburg beantragte, unter der Bedingung der Herstellung des alten Zustandes der Dinge in den Kreisen Obersachsen und Niedersachsen, d. h. in Norddeutschland überhaupt. Damit würde auch der König von Schweden zufrieden gestellt worden sein.

Wie wäre aber bei dem Uebergewicht der katholischen Fürsten daran zu denken gewesen, daß sie so nahe an dem Ziele, das sie seit einem halben Jahrhundert verfolgt hatten, davon zurückgewichen wären.

Indem der Kaiser den Churfürsten von Sachsen zur Theilnahme an den Rüstungen gegen Schweden einlud, fand er rathsam, auch dieser Frage zu gedenken; er erklärte sich bereit, den gütlichen Mitteln, die ihm von dem Churfürsten vorgeschlagen werden würden, Statt zu geben. Zu einer eigentlich collegialen Erörterung ist es auch dann nicht gekommen, wohl aber zu einer vermittelnden Verhandlung. Der Schwiegersohn des Churfürsten, Landgraf von Darmstadt, und einige andere Stände, aus verschiedenen Kreisen, haben der Mainzischen Kanzlei eine Reihe von Punkten eingereicht, deren

Gewährung für die Erhaltung des inneren Friedens nothwendig sei; nach einiger Zeit erfolgte eine Antwort aus der Mainzischen Kanzlei darauf: allerdings mit dem ausdrücklichen Vorbehalt der Unverbindlichkeit, — doch ist es der Mühe werth, der Momente zu gedenken, von denen die Entscheidung abhing.

Ueber die Mediatstifter schien eine Vereinbarung, so schwer sie sonst sein mochte, noch im Bereiche der Möglichkeit zu liegen; dagegen nicht in Bezug auf die reichsunmittelbaren Stifter, auf die doch den reichsfürstlichen Häusern das Meiste ankam.

Die Protestanten, die sich überhaupt nicht auf den Passauischen Vertrag verweisen lassen, sondern an dem Datum des Religionsfriedens festhalten wollten, waren nicht abgeneigt, alle die Stifter, die erst nach demselben eingezogen worden, zurückzugeben; nicht aber die, welche vorher eingezogen worden seien; für die, in welchen damals ein gemischter Zustand obgewaltet, verlangten sie die Herstellung eines solchen. Brandenburg und Sachsen machten überdies auf eine Ausnahme Anspruch: die volle Herstellung des Zustandes von 1621 und eine Versicherung des Besitzes, wie er damals Statt gehabt hatte, auf fünfzig Jahre, — sollte dann eine Klage gegen sie erhoben werden, die Erörterung derselben vor dem paritätisch eingerichteten Kammergericht.

Die Concession zu Gunsten der beiden Churfürsten, auf die für den Augenblick das Meiste ankam, verwarfen die Katholischen nicht schlechthin, und es hat wenig zu bedeuten, wenn sie die Zeit beschränkten; aber sie behielten sich ihren Begriff von der Reichsverfassung vor; die Erörterung sollte auch alsdann vor dem Reichshofrath und dem Kammergericht nach der herkömmlichen Form stattfinden. Von einem paritätischen Gerichte wollten sie nichts hören. Die Herstellung der Immediatstifter forderten sie aber unbedingt, gleichviel ob sie vor dem Passauischen Vertrag oder nach demselben eingezogen worden, und ob damals zum Theil schon die kirchliche Reformation daselbst eingedrungen gewesen oder nicht.

In diesem Anspruch liegt der vornehmste Moment. Darauf beruhte die Herstellung des katholischen Bekenntnisses in den norddeutschen Gebieten überhaupt, sowie das Interesse der fürstlichen Häuser. Man hat wohl gesagt, diesen würden die Stifter in ihrer Nachbarschaft wie vor Alters wieder zu Theil werden, wenn Gott sie erleuchte, d. h. wenn sie zum Katholicismus zurückkehren würden.

Was wäre in dem Augenblick des schwedischen Einfalles nothwendiger gewesen, als die beiden nordischen Churfürsten sicher zu stellen und sie zu eifriger Theilnahme gegen denselben zu vermögen.

Wohl wäre der Kaiser, wenn Sachsen und Brandenburg ihm in seinen stiftischen Prätensionen nicht mehr widerstrebt hätten, auch seinerseits geneigt gewesen, sie in ihren besonderen Forderungen zu begünstigen. Richelieu behauptet zu wissen, daß der leitende Minister des kaiserlichen Hofes daran gedacht habe; allein schon war man in Wien nicht mehr mächtig genug dazu.

Der päpstliche Nuntius Pallotta setzte sich der Suspension der Wiederherstellung der Güter und der vermittelnden Auskunft, welche in Bezug auf Sachsen und Brandenburg im Werke war, eifrig entgegen. Er verwarf die Erneuerung des Vertrags von Passau, welchen der Römische Stuhl nie anerkannt habe. Und wenn dann in Deutschland von der Verwendung des Einkommens der eingezogenen Güter zu andern als kirchlichen Zwecken die Rede war, so wollte er auch davon nichts hören. Wie man damals von Staatsraison redete, so sprach man auch von einer Ragione della Chiesa als der allgemeinen Regel des kirchlichen Verhaltens, die den Ansprüchen des Kaiserthums und der weltlichen Gewalt nicht viel weniger entgegenlief, als dem Protestantismus. Der Nuntius verwarf eine gemischte Commission aus Kirchlichen und Weltlichen, die zur Prüfung der bereits geschehenen Provisionen des Römischen Stuhls errichtet war. Und wenn am Churfürstentag zwar nicht von der Wahl eines Römischen Königs, aber doch von der Vorbereitung einer solchen die Rede sein sollte: so brachte der Nuntius die Ansprüche, die der Römische Stuhl von jeher auf Bestätigung einer solchen Wahl machte, mit allem Nachdruck in Erinnerung.

Die Herstellung der kirchlichen Autorität in dem beabsichtigten Umfang wäre mit der Herstellung der geistlichen Güter und der alten Hierarchie verbunden gewesen.

Der päpstliche Stuhl hielt auch die geringste Concession für verderblich, und übte auf die Beschlüsse der katholischen Churfürsten allezeit einen maßgebenden Einfluß aus. Der Nuntius rühmte sich seines Verständnisses mit dem Churfürsten von Baiern und der guten Wirkung, die dadurch erzielt worden sei. Sämmtliche Churfürsten haben ihm zugesagt, in allen Dingen, betreffend die Autorität des römischen Stuhls, die kirchliche Gerichtsbarkeit und die Ausbreitung der katholischen Religion, mit ihm zusammenzuhalten.

Zu weiterer Erörterung des obengedachten Vermittelungsvorschlags war eine Zusammenkunft in Frankfurt am Main angesetzt, bei der zugleich der Wahl halber auch die Churfürsten von Sachsen und von Brandenburg erscheinen sollten. Papst Urban hörte mit Mißbehagen von einer Conferenz zwischen Katholiken und Protestanten, und nahm sich vor, sie mit allen ihm zu Gebote stehenden Mitteln zu hintertreiben[1].

Die Protestanten, die von den Verhandlungen innerhalb der katholischen Kreise keine Ahnung hatten, fühlten doch, daß alle Concessionen, die man ihnen etwa zugestände, durch den Einfluß des päpstlichen Stuhles rückgängig gemacht werden könnten[2].

Wohl vernahmen sie noch von dem kaiserlichen Vicekanzler, daß man einen Unterschied zwischen den Immediat- und den Mediatstiftern machen werde: bei den ersten könne der Passauer Vertrag nicht beobachtet werden, wohl aber bei den letzten. Es wäre eine sehr ungenügende Abkunft gewesen, aber zugleich eine höchst unsichere. Die an Würtemberg gemachten Eröffnungen bewiesen, daß man auch bei den Mediatstiftern nicht darauf Rücksicht nehmen werde, ob sie vor dem Vertrag eingezogen worden oder nicht. Man sagte gerade heraus, dieser Vertrag sei durch Waffengewalt erzwungen, und man habe nicht die Verpflichtung ihn zu halten. Auch die exceptionelle Stellung, die für Brandenburg und Sachsen in Aussicht gestellt worden war, würde keine Halt-

1) Questa mescolanza di cattolici con eretici non piacque in modo alcuno ad Urbano, sicche si pose in animo quanto gli fosse possibile di distornarla. — Ich benutze die Berichte des Nuntius sowie der brandenburgischen Gesandten, ohne sie jedesmal im Einzelnen zu citiren.

2) Schreiben vom 7. Juli: „kann der Papst ebensowohl die Sincerationes (diese Zusicherung) cassiren, als er die Brehmischen cassirt hat“.

barkeit gewonnen haben: die herrschende Ansicht war, daß alle kirchlichen Güter wieder herausgegeben werden müßten.

In diesem Sinne predigte besonders Pater Weingarten in Regensburg in Gegenwart des Kaisers und der katholischen Fürsten. Er führte aus, daß Kaiser Carl V für seine Connivenz in Bezug auf die Besitzthümer der Kirche und den Fortschritt des Protestantismus überhaupt durch den Umschlag seines Glückes und die Nothwendigkeit, das Kaiserthum schimpflich abzugeben, bestraft worden sei; in der Aufregung der Rede warf er sein Barett auf die Kanzel mit den Worten: „werde Seine jetzt regierende kaiserliche Majestät die entwandten geistlichen Güter nicht herstellen, so werde ihn Gott strafen.“

Der Einbruch des Königs von Schweden, weit entfernt in diesen Absichten irre zu machen, bestärkte vielmehr darin. In Kurzem glaubte man seiner Herr zu werden: wehe dann seinen Anhängern. Man freute sich im voraus der Confiscationen, die über sie verhängt werden würden; denn der Beschluß sei gefaßt, keinen Frieden mit dem König von Schweden einzugehen. Daß sich dieser Mecklenburgs annehme, wäre noch zu dulden, aber nicht, daß er sich der Ausführung des Restitutionsedictes widersetzen wolle; man werde ihn schlagen, diesen angeblichen Liberator, diesen evangelischen Maccabäus; dann werde der Partei nicht weiter zu helfen sein, man werde auf ihre Ausrottung gedenken. So ließ sich besonders der Churfürst von Trier vernehmen. „Wenn die Schweden geschlagen seien, so würden die Evangelischen ihr Felleisen packen müssen, denn im Reich werde man sie nicht dulden.“ Es erweckte Erstaunen, daß gegen die Schweden keine ernstlichen Vorkehrungen getroffen wurden; Truppenzüge, die ihre Richtung nach Osten hin genommen hatten, sah man bald nachher nach Westen hin abrücken; es scheint, als habe man Handlungen der Feindseligkeit von Holland her gefürchtet; „indeß", so wollte man von Stralendorf gehört haben, „möge der König von Schweden nur weiter heraufkommen; möge sich zu ihm schlagen, wer da wolle: kaiserliche Majestät werde dadurch Gelegenheit zu neuen Confiscationen erhalten".

Die Gewaltmaßregeln waren in vollem Zuge. Die, welche gegen den Kaiser gedient hatten, wurden mit Confiscation heimgesucht — damals auch solche, die einst unter der Union Dienste geleistet hatten, wie Friedrich von Mons, Kraft von Hohenlohe; — man hatte ein Verzeichniß Aller, die sich jemals gegen den Kaiser erklärt hatten, der Anhänger des Königs von Dänemark, des Bischofs von Halberstadt und andrer Gegner; Leute waren darin verzeichnet, die sich sehr sicher wähnten; bei Berechnung der Kosten der Truppen und ihrer Aufbringung spielten die Erträge der zu erwartenden Gütereinziehungen immer eine große Rolle.

Was waren das für Proceduren, die soeben im Reich über die alten Widersacher, z. B. über Braunschweig-Wolfenbüttel verhängt wurden!

Um Tillys Dienste zu belohnen, hatte der Kaiser demselben eine Schenkung von 400,000 Rthlr. gemacht, mit denen er hauptsächlich auf den Grund einer von Dänemark abgetretenen Schuldforderung an Friedrich Ulrich von Braunschweig-Wolfenbüttel auf dessen Landschaft angewiesen wurde. Vergebens stellte Friedrich Ulrich die ganze Schuld in Abrede. Dem Grafen Tilly wurden dafür sieben fürstliche Aemter erblich zuerkannt, aber auch noch eine Anzahl anderer auf so lange in Besitz gelassen, bis die Agnaten jene Alienation anerkannt haben würden. So lautete eine Verfügung der Hofkammer, welche anfing sich in diese Angelegenheiten zu mischen[1].

Die Churfürsten waren mehr für die Restitution der geistlichen Güter, in der der Kaiser vielleicht einiges nachgegeben hätte; der Kaiser bestand auf seine Confiscationen, welche die Churfürsten zu beschränken wünschten: aber im Allgemeinen wirkten sie beide zusammen.

Der Kaiser konnte sich der Restitution doch niemals widersetzen, da er an der Einziehung der Erzstifter ein so großes Interesse hatte; wenn es darüber mit den Churfürsten zu mancherlei Zerwürfnissen kam, so war das den kaiserlichen Räthen nicht gerade unangenehm, weil sie dann den Kaiser um so mehr ausschließend in ihrer Hand behielten.

Immer in Geldverlegenheit, traf der kaiserliche Hof eben Anstalt, die Reichsstädte als Hypothek seiner Anleihen einzusetzen; mit Ulm wurde der Anfang gemacht.

Die Kirchengüter zum Vortheil der Liga und des Kaisers zurückgegeben, die Besitzthümer der protestantischen Fürsten confiscirt, die Lehen eingezogen, die Reichsstädte zur Hypothek der Schulden der kaiserlichen Regierung gesetzt: — in dieser Gestalt erschien die Ausbreitung des Katholicismus über die evangelischen Gebiete. Es waren die Umstände, unter denen Gustav Adolf in Deutschland auftrat.

Nimmermehr konnte man erwarten, daß die protestan-

---

1) So die brandenburgischen Gesandten, 29. Sept. 1630: Tilly werde auch so die übrigen Aemter behalten, „sintemal der Consenß schwerlich erfolgen wird." Die Erhebungen bei v. d. Decken über diese Sache sind noch unvollständig.

tischen Fürsten, die bei dem Fortgang des eingeschlagenen Systems ihren Ruin vor Augen sahen, sich dem König entgegensetzen würden.

Alles überlegt, meinten die eifrig Katholischen ihrer auch nicht zu bedürfen, wenn man nur durch den französischen Frieden in den Stand kam, die ganze Gewalt der katholischen Waffen unter einem bewährten und zuverlässigen General wie Tilly gegen ihn zu wenden.

Die Unterhandlungen über den Abschluß dieses Friedens bildeten noch einmal den Mittelpunkt aller Geschäfte.

Nachdem jene Einleitungen, auf die man fußen zu können meinte, getroffen worden, hatten die Churfürsten von weiterreichenden Forderungen abgerathen; weder auf eine allgemeine Schlichtung der Irrungen zwischen Frankreich und Spanien, noch auf eine Hineinziehung der alten Ansprüche des deutschen Reiches auf die drei Bisthümer wollten sie eingehen; sie riethen nur die mantuanische Sache zum Austrag zu bringen. Um es nicht zu einem Zusammentreffen der Armeen bei Casale kommen zu lassen, wodurch jedes Verständniß unmöglich geworden wäre, traf man in einem Moment, in welchem die kaiserlichen Truppen im Uebergewicht waren, einen Stillstand; als derselbe ablief, ward dann auch der Friede geschlossen. Der vom Kaiser zurückgewiesene, von Frankreich in Schutz genommene Prätendent Nevers-Gonzaga wurde als Herzog von Mantua anerkannt; der Kaiser versprach, den französischen Forderungen gemäß, seine Truppen aus den graubündener Pässen zurückzuziehen. Die französischen Gesandten nahmen dagegen eine Bedingung an, die allerdings von der obersten Bedeutung war: es war die Verzichtleistung auf alle Allianzen zum Nachtheil des

Kaisers und des Reiches. „Der allerchristlichste König“, so lautet der erste Artikel, „werde weder Kaiser und Reich, noch auch die Erblande der kaiserlichen Majestät anfeinden oder anfeinden lassen, oder sich bei ihrer Anfeindung betheiligen, weder direct, noch indirect, auf keinerlei Art und Weise: weder mit seinen Truppen, noch mit seinem Rath, auch nicht mit Geld, Waffen oder Munition zu Gunsten der Feinde des Kaisers und des heiligen Reiches, die es gegenwärtig sind, oder die sich noch als solche kundgeben werden.“ In denselben Ausdrücken verpflichtete sich seinerseits der Kaiser gegen den König. Man hat ein Schreiben des Kaisers Ferdinand, in welchem er sein Verfahren mit der durch das Restitutionsedict erweckten Aufregung der protestantischen Reichsstände entschuldigt, gegen die er jetzt die Kräfte aller Katholiken vereinigt zu haben meinte. Unmittelbar den Tag nach dem Abschluß begab sich der Kaiser nach der Kirche auf der Donauinsel am Orth, berühmt durch eine Legende der heiligen Jungfrau, und ließ eine Messe zur Danksagung für den Frieden celebriren. Er betrachtete denselben ganz vom religiösen Standpunkt aus und meinte nun der Ausführung des Edictes, in welchem sich religiöse und dynastische Interessen vereinigten, sicher zu sein.

Allein wie sehr täuschte er sich.

Richelieu hatte ursprünglich der Gesandtschaft unbedingte Vollmacht gegeben, und sein Vertrauter, Pater Joseph, selbst den ersten Artikel, an welchem den Deutschen Alles lag, entworfen: soviel man sieht, in gutem Glauben an seine Nothwendigkeit und aus katholischer Sympathie. Es dürfte bemerkenswerth sein, daß in dem Schreiben des Cardinals an Pater Joseph auch die Königin, Maria Medici, als einverstanden erscheint. So war die damalige Combination in Frankreich. Aber indem der Kaiser und die Churfürsten, langsam und bedächtig, Worte, Umstände und alte Zwistigkeiten erwägend, auf die Vorschläge, denen sie zu Grunde lag, eintraten, geriethen sie in Berührung mit den Gährungen des ewig beweglichen Frankreich. Mit Einem Mal veränderte sich dort die ganze Lage der Dinge. Bei einer Krankheit des Königs im Sept. 1630, die ihn dem Tode nahe brachte, waren die alten Gegensätze der Regierung und der Persönlichkeiten wieder hervorgetreten; Richelieu bedurfte, um sich zu behaupten, der Fortsetzung des Krieges; er fürchtete, eine Vereinbarung in der katholischen Idee würde seiner Macht Eintrag thun. Und überdies die eingegangenen Verbindlichkeiten waren ihm zu stark. Er meinte, die Venezianer, mit denen er in gutem Vernehmen stand, die Holländer, mit denen er soeben einen Tractat geschlossen hatte, und die Schweden, mit denen er fortwährend unterhandelte, würden sich nach einem solchen Friedensschluß für verlassen und aufgegeben halten. Er selbst wollte aus der Stellung der Opposition gegen das Haus Oesterreich nicht weichen. Er fand auch manche andere Ausstellungen in den einzelnen Artikeln zu machen, obgleich diese im Ganzen so günstig waren. Genug, er erklärte, den Frieden, so wie er vorliege, nicht annehmen zu können.

War man betrogen, oder hatte man sich selbst betrogen?

Die deutschen Truppen konnten nun fürs Erste Italien nicht verlassen; die politischen Verhältnisse blieben, wie sie waren; gegen den König von Schweden waren keine Vorkehrungen getroffen; täglich machte er neue Fortschritte.

Weit entfernt zu einer Vereinbarung im deutschen Reich

zu führen, hatte der Churfürstentag nur die Entzweiung in Evidenz gestellt. Wenn der Kaiser den katholischen Churfürsten in den großen Angelegenheiten nachgegeben hatte, so war doch sein Hauptanliegen, die Vorbereitung der Wahl seines Sohnes, keinen Schritt breit weiter gediehen; nur zur Repression der Protestanten war man einverstanden. Diese sahen sich von der übermächtigen Restaurationspolitik mit dem Untergang bedroht. Da erschien der fremde Fürst, der eben durch seine Bildung und Religion ihnen angehörte, durch seine Herkunft ihnen sehr nahe stand; in ihm stellte sich die europäische Opposition gegen das Haus Oesterreich dar, das nun nochmals in die Gestaltung der deutschen Angelegenheiten einzugreifen trachtete. Bei ihm wirkten die eignen schwedischen Interessen bei weitem stärker mit, als bei Christian IV die dänischen; die schwedischen Reichsstände waren zu Rathe gezogen worden und mit dem Unternehmen vollkommen einverstanden. Wie aber die Dinge lagen, hatte sich die protestantische Bevölkerung seit geraumer Zeit nichts Besseres gewünscht als seine Ankunft. Ihre Lage hatte sich seit dem dänischen Kriege unendlich verschlimmert. Indem Gustav Adolf Oesterreich angriff, kam er ihnen unmittelbar zu Hülfe. In seinem Succeß, seinem Schicksal concentrirten sich die deutschen Geschicke.

## Siebentes Capitel.

### Wiedereintritt Wallensteins.

Die Entscheidung lag darin, ob die protestantischen Reichsstände sich mit dem Könige von Schweden, obwohl er ein fremder Fürst war, vereinigen würden. Sie waren zunächst nicht dieser Meinung.

Im Angesicht der Verbindung der katholischen Stände und des Kaisers zur Durchführung des Restitutionsedictes hatte sich in den Protestanten die Absicht erhoben, eine Vereinigung dagegen zu bilden. Noch in Regensburg war sie gefaßt worden; dann waren die beiden Churfürsten, auf die alles ankam, Johann Georg von Sachsen und Georg Wilhelm von Brandenburg, in Annaburg zusammengetreten, um sie näher in Betracht zu ziehen. Unter den Räthen der beiden Fürsten gab es zwei Parteien, von denen die eine vor allen Dingen an dem Kaiser festzuhalten, die andere das evangelische Interesse unter allen Umständen zu behaupten anrieth. Besonders der brandenburgische Rath Götzen, der eben von Regensburg zurückgekommen war, bewirkte, daß die letzte die Oberhand gewann: man müsse, sagte er, den Katholischen zeigen, daß man unrechte Gewalt nicht leiden wolle. Der Beschluß war, unverzüglich einen Convent der Evangelischen zu berufen, dann erst auf jene Tagfahrt nach Frankfurt, wo über ein Compromiß berathen werden sollte, einzugehen[1].

Wir untersuchen nicht, ob man sich ohne das Erscheinen des Schwedenkönigs dazu entschlossen haben würde? Die ganze Lage wäre eben eine andere gewesen. In Annaburg sagte Götzen: man müsse sich der gegenwärtigen Occasion, die durch Schweden und die Staaten geboten werde, bedienen; — als aber gleich darauf ein schwedischer Oberst in Berlin erschien, um auf eine Vereinigung anzutragen, lehnte man das doch mit Entschiedenheit ab[2]. „Denn das Kriegsglück sei ungewiß, auch der König sterblich, und der kaiserliche Hof fest in der Gewohnheit der Confiscationen und der Translationen der Fürstenthümer von einer Familie auf eine andere.“

Zunächst meinten die Protestanten noch im Stande zu sein, durch eine starke Haltung den Katholiken zu imponiren, und den Schwedenkönig, auf den sie sich factisch lehnten, doch im Reiche nicht mächtig werden zu lassen. Ihr Ziel war die Herstellung des Bestandes und der Sicherheit der Evangelischen in Deutschland; der König von Schweden schien nicht mehr zu begehren.

In diesem Sinne wurde im März 1631 zu Leipzig eine zahlreich besuchte Zusammenkunft gehalten, in der doch endlich einmal der protestantische Name sich zu einem männlichen Beschluß vereinigte. Die Evangelischen erneuerten vor allen Dingen ihre Protestation gegen das Edict, und forderten Zurücknahme desselben, so wie alles dessen, was von der Commission für die Ausführung desselben verfügt worden sei;

1) Heyne, der Churfürstentag zu Regensburg 174.
2) Chemnitz I, 114.

zugleich aber beschlossen sie, sich zu ihrem Schutz in eine militärische Verfassung zu setzen. Die ihnen aufs neue angetragene Conjunction mit dem König von Schweden wiesen sie abermals zurück.

Mit ihrem Gesuch fanden sie bei den Katholischen, wie sich denken läßt, keinen Eingang. Die Stände der Liga beschlossen zu Dinkelsbühl, auf ihrer Auslegung des Religionsfriedens zu bestehen und sich lieber in neue Kriegsbereitschaft zu setzen, als davon zurückzutreten; der Kaiser gab über die eigenmächtige Bewaffnung der Evangelischen ein sehr lebhaftes Mißfallen kund.

Und indeß wurde das Gedränge der in Kampf begriffenen Gewalten immer stärker. Der König schloß nun erst ein förmliches Bündniß mit Frankreich, zu Bärwalde, dem der Grundsatz des Gleichgewichts der beiden Bekenntnisse zu Grunde lag; dagegen wandte sich der Vorfechter des Restitutionsedictes, der ihn nicht zurückzudrängen vermochte, mit aller seiner Macht gegen Magdeburg, die schon durch ihre geographische Lage unendlich wichtige Vorderstadt, wie vor Alters so auch damals, für die Vertheidigung der Protestanten. Es gelang ihm sie zu nehmen, ehe der König von Schweden fähig war zu ihrem Entsatz herbeizukommen.

Sehr wahrscheinlich, daß zu dem Brande von Magdeburg, der dann erfolgte, von dem militärischen Befehlshaber, einem Deutschen in schwedischem Dienst, und selbst von den entschiedenen Mitgliedern des Rathes eine eventuelle Veranstaltung im voraus getroffen war. Es wäre ein früheres Moskau gewesen. Die Flamme bezeichnete den Punkt, bis zu welchem die nationale Verzweiflung getrieben war. Die wilde Wuth einer ungebändigten Soldateska verwandelte die blühende

Stadt vollends in einen Schutthaufen. Nur die geistlichen Gebäude wurden gerettet, und der katholische Gottesdienst im Dom erneuert.

Damit hatte aber das kaiserlich-ligistische Heer doch wieder einen Sieg davongetragen. Es gedachte nun, die von den Protestanten vorgenommenen Werbungen zu unterdrücken, und wie durch eigene Werbungen, so besonders durch Heranziehung kaiserlicher Truppen aus Italien die volle Ueberlegenheit im Felde zu erlangen [1]. Zu diesem Zweck war dort endlich der Friede geschlossen worden — zu Chierasco, 26. April — auf Bedingungen, durch welche den Franzosen keine weitern politischen Verpflichtungen auferlegt wurden. Die Kaiserlichen fügten sich, weil sie nur dadurch stark genug zu werden meinten, die Empörungen im Reiche niederzuschlagen und gegen den König von Schweden offensiv zu Werke zu gehen: „dann können wir“ — ruft Pappenheim in einem seiner Briefe aus — „den Feinden noch diesen Sommer den Garaus machen. Gott gebe seine Gnade dazu.“

In dieser äußersten Krisis war es nun, daß die protestantischen Fürsten sich entschlossen, die Hülfe von Schweden anzunehmen.

Indem die kaiserlichen Truppen sich zuerst gegen die Gebiete von Hessen und von Thüringen, von welchen hundert Jahre früher die ganze protestantische Bewegung ausgegangen war, wendeten, um hier allem Widerstand ein Ende zu machen, schlossen die Fürsten, die ihre alten Erbeinungen wieder erneuerten, eine Allianz mit dem König, in welcher derselbe versprach,

---

1) Aus den „Kriegsschriften“ von 1820, ein Schreiben Pappenheims. DuJarrys, der 30jährige Krieg, II, 85.

die Waffen nicht niederzulegen, ehe ihnen und ihren Landen in geistlichen und allen andern Dingen Satisfaction zu Theil geworden sei. Als nun auch das Churfürstenthum Sachsen überzogen wurde, wie Johann Georg sich ausdrückt, „zuwider den hochverpönten Verfassungen des Reiches, besonders dem Religions- und Profanfrieden", schwanden in diesem Fürsten alle Bedenken: er entschloß sich zur Conjunction der Truppen, die indeß in einer stattlichen Zahl aufgebracht waren, mit dem König.

Also in dem Augenblick, daß den Restitutionsexecutionen durch ein überlegenes Heer freie Bahn gemacht, und die zum Widerstand gegen dieselben gesammelten Mannschaften auseinandergetrieben werden sollten, verbanden sich diese mit dem König von Schweden, um sich zu retten. Die Fürsten waren hierbei mit ihren Ständen und ihrem Volk einverstanden; unheilvoll erwies es sich nur, daß sie aus Rücksicht auf den Kaiser so lange gezögert hatten und auch jetzt nicht in Gesammtheit die Allianz auf wohlerwogene und allgemeine Bedingungen schlossen, sondern jeder Einzelne so gut es möglich war. „Man hat Uns" — sagt Johann Georg, um seinen letzten Schritt zu rechtfertigen — „gleich als mit einer Fluth überschwemmen wollen, Feldmarschall Tilly von der einen, Feldmarschall Tiefenbach von der andern Seite her; Altringer hat Uns den Rest geben und Unserem so hochverdienten Hause den Garaus machen sollen"; „aber" — fährt er fort — „der allerhöchste Gott hat diesen Rathschlag zu nichte gemacht: mit seiner starken Hand hat er Uns und Unsere Glaubensgenossen gerettet."

Tilly hatte sich nunmehr mit den frischen kaiserlichen Heerhaufen verbunden, aber dagegen die Vereinigung zwischen

Schweden und Sachsen nicht zu hindern vermocht, vielmehr dieselbe veranlaßt.

Die Feldschlacht von Breitenfeld erfolgte, — eine von den Bataillen, die durch ihre Folgen entscheidend geworden sind. Alles, was seit einem Jahrzehnt geschehen, war die Wirkung der Schlacht am weißen Berge. Breitenfeld war, wenn wir so sagen dürfen, die Antwort darauf. Die beiden Heere, welche Deutschland bisher niedergehalten, dem Katholicismus und dem Kaiserthum zurückzugeben versucht hatten, waren mit Einem Schlage erlegen! Die beiden andern, die den Protestantismus repräsentirten, erfochten den Sieg und wendeten sich nun in verschiedenen Richtungen, das eine gegen das Reich, das andere gegen die Erblande.

In Kurzem warf der König von Schweden lothringische und spanische Heerhaufen auseinander; er beherrschte den rheinischen und fränkischen Kreis.

Ueberall, wo er erschien, flüchteten die Männer der katholischen Restauration, und die Evangelischen säumten nicht die ihnen entrissenen Güter in Besitz zu nehmen; die Predigten begannen wieder, selbst die niedergedrückten Bauern in Oberösterreich regten sich; mit der Ausführung des Edictes war es auf Einmal vorbei. Hier und da haben schwedische Geistliche an der Herstellung der Gebete der augsburgischen Confession Theil genommen; von den geistlichen Fürsten war der, welcher die Hauptschuld an dem Gange der Dinge im letzten Jahre gehabt hatte, der Erzbischof von Mainz, der erste, der den Rückschlag fühlte; er mußte seine Hauptstadt verlassen. Wenn dann unter diesen Umständen der Gedanke an eine neue Kaiserwahl aufgenommen ward, so meinte man, Gustav Adolf werde sich von den protestantischen Churfürsten zum Römischen König wählen lassen: die Stimmen von Sachsen und Brandenburg seien ihm wahrscheinlich sicher; Rex Fridericus von Böhmen werde ihm durch die böhmische und die pfälzische Stimme zugleich die Mehrheit in dem Churcollegium verschaffen.

Denn wo die Kriegskräfte zugleich allgemeine Tendenzen repräsentiren, kann der Ausschlag einer Schlacht über die Zukunft der Welt entscheiden.

In der Bedrängniß, welche jetzt so unerwartet nach der andern Seite hin eintrat, einer Gefahr nicht allein für das kaiserliche Ansehen, sondern für das Haus Oesterreich, wandte der Kaiser nothwendig seine Augen auf Wallenstein.

Welches war nun aber dessen Haltung und persönliche Politik in der damaligen Verwickelung?

Niemand hatte außer den Nächstbetheiligten eine Ahnung davon; aber durch diese, und zwar den Zwischenträger, der dabei gebraucht wurde, selbst, erfährt man mit einer Genauigkeit über Tag und Stunde und fast den Wortlaut der Mittheilungen, die über die Thatsache keinen Zweifel übrig lassen, daß Wallenstein mit dem König von Schweden selbst in Verbindung getreten war[1].

---

1) „Gründlicher und wahrhaftiger Bericht von mir Jaroslaw Sesyma Rasin von Riesenburg, — der von 1630 bis 1634 geht — was zwischen Adam Erdmann Trcka, dem Friedlande, H. Matthias Grafen von Thurn und dem König von Schweden durch mich tractirt worden: 1635.“ Diese Mittheilungen überhaupt, die von Förster als ein Gewebe von Lügen betrachtet worden sind, treffen mit anderweit bekannt gewordenen Umständen und späterer archivalischer Erhebung so genau zusammen, daß ihre Authenticität angenommen werden muß. Man hat darüber einzelne urkundliche Nachweisungen von Helbig, Fiedler, Dudik. Vgl. die eingehende Anmerkung bei Hurter: Wallensteins vier letzte Lebensjahre, 97.

Die Sache wurde von Böhmen her durch Graf Adam Trzka und dessen Gemahlin, eine alte Dame, welche mehr Verstand und Entschluß hatte als er selbst, eingeleitet, und in dem schwedischen Lager durch Matthias Thurn gefördert. Der König, der bei der ersten Eröffnung die Augen verwundert aufthat, ging doch darauf ein und ließ vernehmen, wenn Wallenstein zu ihm übertrete, so wolle er, der König, für ihn alles thun, was er begehre.

Man begreift, wie viel dem einen und dem andern an einer Verbindung gelegen war. Wallenstein, der seinen Anspruch an Mecklenburg festhielt und seinem Nachfolger im Commando die Hülfsmittel des Landes zur Verfügung gestellt hatte, sah doch bald, daß dieser es nicht vertheidigen würde; man sagte in seiner Umgebung, der Kaiser habe kein Glück mehr, den Schweden falle ein Platz nach dem andern in die Hand. Die ohne seine persönliche Theilnahme oder doch Gewähr vermittelte Erklärung des Königs erwiderte Wallenstein mit dem Erbieten, zu dem König zu stehen, sobald Zeit und Gelegenheit es erlaube. Darauf sprach Gustav Adolf die bestimmte Versicherung aus: da der Herzog von Friedland dem Kaiser entfremdet sei, ihm gegen seine Feinde beizustehen, und ihn in allem zu „manuteniren". Wenn es der König hoch anschlug, den General von großem Namen, der zugleich eine so außerordentliche Stellung in den kaiserlichen Erblanden einnahm, für sich zu gewinnen, so gelangte dagegen Wallenstein durch das Versprechen, das der siegreich vordringende König ihm gab, ihn in seinen Ansprüchen gegen seine Feinde zu behaupten, zu einer Sicherheit für alle Wechselfälle, deren er begehrte und bedurfte. Man schreibt ihm das Wort zu: sie sei ihm so lieb wie die Welt.

Eine schriftliche Erklärung hat er auch dann nicht gegeben; er wiederholte nur noch nachdrücklicher, wenn er seine Zeit ersehe, werde er von dem Kaiser und dessen Hause abfallen. Das war noch vor dem Bündniß Johann Georgs mit Schweden. Wallenstein rieth dem König, sich unter allen Umständen mit dem Churfürsten zu vergleichen, und dann auf Tilly loszugehen; würden ihm dann etwa 12,000 Schweden unter dem alten Practicus, dem Grafen Thurn, mit dem er schon übereinkommen werde, zuziehen, so solle der König sehen, was sie für ihn thun würden.

Welch ein Ereigniß war nun die Schlacht von Breitenfeld auch für Wallenstein.

Eine Conferenz sonderbarster Färbung hat darauf zwischen Adam Trzka, dem Berichterstatter und dem Herzog von Friedland in dem Gartenhaus des Grafen Maximilian Wallenstein Statt gefunden. Man sah ein paar Jesuiten im Garten spazieren gehen. „Wir sollten sie mit zu Rath nehmen", sagte der Herzog, der in seiner besten Laune war. Er erging sich dann in Ausrufungen über den Ausgang der Schlacht. Wie sei da Tilly, der bisher einen guten Namen gehabt, so plötzlich um alle Reputation gekommen: „wenn mir das begegnete, ich nähme mir selbst das Leben; aber es ist gut für uns". Dann überließ er sich seinen anti-ferdinandeischen Phantasieen über die Zukunft. Wenn der König ihm Truppen schicke, wolle er bald die alten Offiziere des kaiserlichen Heeres, denen er viel Gutes gethan, an sich ziehen: er werde die Güter der Jesuiten und ihrer Anhänger den Soldaten geben. Die größte Thorheit, daß die Böhmen ihre Feinde Martinitz und Slawata nur aus dem Fenster geworfen: man hätte ihnen den Degen durch den Leib rennen sollen. Er vermaß sich, den Kaiser nach

Italien jagen, das Haus Oesterreich-Spanien von Grund aus verderben zu können. Die Rede ist davon gewesen, daß Gustav Adolf 12,000 M. mit 12 Stück Geschütz an Wallenstein überlassen, und dieser, zum Vicekönig von Böhmen ernannt, den Krieg in den Erblanden in seinem eignen Namen führen sollte[1]. Dagegen möge auch der König mit den Franzosen sich nicht zu tief einlassen; er möge die Feinde in Deutschland mit der Wurzel ausrotten, denn sonst sprösse die Weide allemal wieder auf. Wallenstein verrieth die Idee, mit Gustav Adolf den Austrag der Angelegenheit ohne Rücksicht auf Oesterreich und Frankreich in die Hand zu nehmen, und den alten Gegnern — er nannte den Churfürsten von Baiern ausdrücklich — seine Rache fühlen zu lassen. So die weitausgreifenden Anträge des Generals: warum ist der König nicht darauf eingegangen? Durch sein Bündniß mit Frankreich war er nicht allein dieser Krone verpflichtet, er hatte selbst versprochen, den Katholicismus zu sichern und sich mit den Fürsten der Liga zu befreunden. Eben in seinem Zuge nach den Rheinlanden begriffen, und neuen zahlreichen Feinden gegenüber, konnte er eine so starke Abtheilung seines Heeres nicht entbehren und an ein Unternehmen wagen, das doch noch ein abenteuerliches Aussehen hatte. Er verwies den General auf die Sachsen und ihren Führer Arnim, der damals mit etwa 18,000 M. noch in den Sechs Städten lagerte. Wallenstein hätte gern ein paar sächsische Regimenter bei dem schwedischen Volk, das zu ihm kommen sollte, gesehen: um der Sachsen Meister zu bleiben und dann zu unternehmen, was

---

1) Aus einem Schreiben von Thurn, mitgetheilt von Fiedler in dem Jahrbuch für vaterländische Geschichte. 1861.

ihm rathsam erscheine, und sich darüber mit dem König zu vertragen. Wie verschieden aber war es, wenn sie selbständig und stark unter einem Führer, von dem man wußte, daß er des Königs Freund nicht sei, nach Böhmen vorrückten. Wallenstein gab ein lebhaftes Mißvergnügen kund: da der König, sagte er, zurücktrete, nachdem die Sache schon so weit gekommen, so müsse etwas Anderes geschehen: die veränderten Umstände erweckten ihm andere Gedanken, er wünschte nun selbst, daß Arnim nur sobald wie möglich nach Böhmen käme, und bot die Hand dazu, daß die Sachsen Prag einnahmen.

Wenn jemals ein Anderer, so lebte Wallenstein fortwährend in der Anschauung und dem Mitgefühl der großen politischen Gegensätze und ihres Kampfes. Sein Sinn ging von Natur dahin, in ihrer Mitte sein eigenes Interesse und seine eigenen Gedanken geltend zu machen. Wenn er sich von dem Hause Oesterreich, seitdem er in Regensburg den Gegnern aufgeopfert worden war, in seinem Herzen geschieden und seine Interessen selbst im Bunde mit den Schweden geltend zu machen entschlossen hatte, so hinderte ihn das nicht, mit demselben auch wieder anzuknüpfen, sobald er unter Umständen, die es für ihn selber rathsam erscheinen ließen, dazu aufgefordert wurde.

Niemals war er in erklärter Ungnade gewesen. Der Kaiser bezeichnete ihn auch nach seiner Entlassung als seinen obersten Feldhauptmann; er zog ihn, wie er sich dies von Anfang an vorbehalten hatte, mehr als einmal zu Rathe; — eben die Fortschritte des Königs von Schweden gaben dazu schon im Laufe des Jahres mannichfachen Anlaß.

Die Combination, welcher der Kaiser in Regensburg nachgab, hatte kaum nach Verlauf eines Jahres zu dem

Ruin geführt: wie hätte er sich nicht an den damals Gestürzten, mit dem das Glück von ihm gewichen war, zurück wenden sollen?

Noch entschiedener sahen die Spanier die Sache aus diesem Gesichtspunkt an. Die Abdankung Friedlands war ganz gegen ihren Willen geschehen; denn eben in einem Augenblick war sie erfolgt, in welchem derselbe den Krieg in Italien zu führen sich gewillt zeigte; zu wiederholten Malen versicherte ihn König Philipp IV seiner fortdauernden Gnade. Die spanischen Staatsmänner mißbilligten die Abkunft mit Frankreich, zu der sich der Kaiser unter dem Einflusse der deutschen Churfürsten verstand. In dem Könige von Schweden sahen sie mit richtigem Gefühl einen Verbündeten der Franzosen.

So ist auch der Friede zu Chierasco auf der Grundlage der Capitulation von Regensburg nicht ohne den Einfluß des Beichtvaters in stetem Widerstreit mit dem spanischen Gesandten geschlossen worden. Die Ausführung desselben ward von den Spaniern bei jedem Schritt erschwert und gehindert.

Gleich damals — im Mai 1631 — forderten sie die Herstellung des Herzogs von Friedland in sein Generalat und versprachen eine Million zu zahlen, um ein neues Heer zu werben. Es war ihnen unerträglich, daß das kaiserliche Heer unter dem Oberbefehl Tillys in dem ligistischen aufzugehen schien. Die enge Verbindung des Papstes mit den Ligisten, denen er kirchliche Zugeständnisse machte, war ihnen auch deshalb widerwärtig, weil sie den Einfluß Frankreichs auf die Liga vermittelte.

Die Spanier hatten bereits wieder den Fürsten Eggenberg auf ihrer Seite, der den Franzosen ihre Nichtbestätigung der ursprünglichen Capitulation und ihre derselben zum Trotz nun erst recht in Gang gesetzte Verbindung mit den Schweden zum Vorwurf machte. Man sah allmählig auch in Wien in dem Verhalten der Franzosen nur eben die bitterste und hinterlistigste Feindseligkeit[1].

Unter den entgegengesetzten Einreden Derer, die allen Nachtheil von der Abdankung Friedlands herleiteten, und der Andern, welche dieselbe befördert hatten, so zu sagen der kirchlichen und dynastischen Partei, war dem Kaiser oft sehr trübe zu Muthe; er zeigte sich melancholisch-unentschlossen, bis dann wieder neue Ereignisse ihn erweckten.

In dem Umschlag des Glückes lag auch deshalb eine große Gefahr, weil die Ligisten es dem Kaiser übel nahmen,

---

1) „Nè mancavano i medesimi Spagnoli di fare continuamente nell' animo di Sua Maestà maggiore impressione con dire, che nel Convento di Ratisbona non potevasi pigliare peggiore risoluzione, che di levare al Duca di Fridland il carico di Generale, perchè dicevano, che tanto i Principi di Germania, quanto i altri Potentati erano uniti ad abbassare la Casa di Austria, ed in caso di repentina morte di Sua Maestà Cesarea dubitavano, che l' Elezione potesse cadere nello stesso Baviera". Depesche des päpstlichen Nuntius Rocci. — „Il Duca di Tursi, che mal volontieri sentiva tal richiamata, fece istanza, che si rimettesse il Duca di Fridland nel carico di Generale, e in tal caso egli prometteva, che il re cattolico darebbe un millione per assoldare nuove genti." Rocci 22. Mai 1631. — Derselbe 26. April: „Gli Spagnuoli promettono all' Imperatore due millioni per opporsi allo Sueco, che fà grandissimi progressi, e si lascia intendere di volere presto essere sotto Vienna, e l' Imperatore si ritrova senza denari e sebbene Sua Maestà è di ottima volontà in voler dare l' Investitura, con tutto ciò per la necessità, che hora ha de Spagnuoli, e per essere corrotti molti di questi Ministri da medesimi Spagnuoli — fanno fare ciò che vogliono all' Imperatore."

daß er seine Truppen nach den Erblanden berief; nach alle dem, was sie für ihn gethan, gebe er sie dennoch den Schweden Preis. Ihre einzige Rettung sahen sie in dem Schutz von Frankreich, den sie selbst ohne Einwilligung des Kaisers nachsuchten.

Welch ein Zustand war das aber für das Haus Oesterreich und dessen Zukunft. Wenn man den Lutheranern zutraute, Gustav Adolf zum Römischen König erheben zu wollen, so regte sich jetzt die Besorgniß, von den Franzosen und der Liga sei der Churfürst von Baiern zu dieser Würde bestimmt.

In dieser doppelseitigen Gefahr, zwischen den von verschiedenen Seiten her entgegenstrebenden Weltmächten erschien es nun als die dringendste Nothwendigkeit für das Haus Oesterreich, sich wieder für sich selbst zu bewaffnen.

In dem Augenblicke, daß die Sachsen in Böhmen eindrangen und die Bevölkerungen im protestantischen Geist sich regten, wurde es doppelt dringend, die Reste des alten Heeres zu verstärken oder vielmehr ein neues ins Feld zu stellen. An vielen Stellen versuchte man Werbungen; aber sie gewannen keinen rechten Fortgang. Als der einzige Mann, der fähig sein würde, sie in Gang zu bringen, ein Heer zu sammeln, erschien Wallenstein. Alle seine alten Freunde regten sich für ihn; er war in diesem Augenblicke wieder der Mann der spanischen und dynastisch-eifrigen Partei.

Und wenn man dann am kaiserlichen Hofe zunächst den Wunsch hegte, mit dem altverbundenen Hause Sachsen, das nur so höchst ungern zu dem König von Schweden getreten war, wieder anzuknüpfen, so meinte der Kaiser, dazu werde die alte intime Bekanntschaft Friedlands mit dem Feldmarschall der Sachsen, der früher unter demselben in kaiserlichen Diensten gestanden hatte, Arnim, am leichtesten die Gelegenheit darbieten. Arnim nahm soviel Rücksicht auf seinen alten General, daß er dessen böhmische Güter und Besitzungen gegen alle Unbill der Soldaten in seinen Schutz nahm.

Dieses Verhältniß zu ergreifen war nun Wallenstein auch aus eignem Antrieb entschlossen. Ende November 1631 kam es zwischen ihnen zu einer Zusammenkunft im Schlosse Kaunitz, auf dem halben Wege zwischen Prag, wo sich Arnim, und Pardubitz, wo sich damals Wallenstein aufhielt.

Man hat davon nur erfahren, daß da von der Beruhigung der Landbevölkerung und dem Frieden im Allgemeinen die Rede gewesen sei[1]. Dabei sind aber ohne Zweifel auch die allerwichtigsten Verhältnisse wenigstens berührt worden. Unmittelbar nach der Besprechung gab Wallenstein seine veränderte Gesinnung unumwunden kund. Bisher hatte er sich verschworen, dem Kaiser niemals wieder zu dienen, selbst nicht wenn er seine Seele dadurch aus dem Abgrund der Hölle retten könnte; jetzt erklärte er sich bereit das Generalat anzunehmen. Denn da nicht die Schweden, sondern die Sachsen in Böhmen seien, so müsse er die Sache in andrer Art und Weise führen[2]; er werde das Regiment in die Hand nehmen und um so besser durchführen können, was seine Intention sei.

Von den Anwandlungen, mit den Schweden gegen den Kaiser anzugehen, trat Wallenstein schroff und mit Einem Mal zu der Entschließung über, die Heerführung gegen die

---

1) Vgl. B. Dudik, Waldstein S. 160.

2) So äußerte er sich gegen den Vertrauten Bubna, von dem es Sesyma erfuhr: „Die Sach müste auf eine ander Formb gehen".

Schweden zu übernehmen. Sesyma versichert, er habe seitdem keine Aufträge mehr an den König bekommen. Die einverstandenen Böhmen schlossen sich dem General auch in dieser Richtung an.

Es war keineswegs persönliche Hingebung für den Kaiser, weder dynastische noch religiöse Sympathie für das Haus Oesterreich, was Wallenstein bewog, den Commandostab noch einmal zu ergreifen, sondern die bewußte Absicht, die Entscheidung der großen Angelegenheiten in seinem Sinne herbeizuführen.

Wallenstein war an sich darüber hinaus, einen Dienst anzunehmen, sei es als Vasall oder gegen Besoldung; wenn er aber das nun doch zu thun sich entschloß, und seine Sache nochmals mit der des Kaisers verband, welche Aussichten des Gelingens boten sich ihm dar?

Vor allem, wie durfte er erwarten, das österreichische Interesse, dem er sich anschloß, gegen Frankreich, welches im Bunde mit Schweden und Holland stand und von einem Staatsmann ersten Ranges geleitet wurde, aufrecht zu halten? Gerade damals schien es noch möglich. Eine Zeit trat ein, in der sich in Frankreich ein allgemeiner Mißmuth gegen die Verwaltung Richelieus hervorthat; die öffentliche Meinung war für den präsumtiven Thronfolger, Gaston von Orleans, und die Königin Mutter: und noch einmal erhob sich ein Mann, der selbst den Ehrgeiz gehabt hätte, sich mit Gustav Adolf zu messen, der letzte Montmorency, an der Spitze der Stände von Languedoc, um zunächst das alte Frankreich der Privilegien zu vertheidigen. Der Allianz zwischen dem Vorkämpfer der Monarchie in Frankreich, den Holländern und dem König von Schweden trat eine andere zwischen den

Spaniern, den ständischen damals populären Tendenzen in Frankreich, Gaston und der Königin Mutter entgegen, welche auf Erfolg rechnen konnte, wenn sie militärische Unterstützung in Deutschland fand.

Wie so ganz würde dann auch der Rückhalt weggefallen sein, den Baiern und die Liga, wie man durch intercipirte Schreiben erfuhr, an der französischen Regierung zu finden hofften. Vergebens bemühte sich der bairische Gesandte in Wien, nicht sie in Abrede zu stellen, aber mit den Beweisen von Feindschaft zu entschuldigen, welche Baiern noch an dem letzten Churfürstentag von Spanien erfahren habe.

In diesen Tagen war von einer Neutralität Baierns im Kampfe Schwedens und der Protestanten gegen den Kaiser die Rede, in welcher der Führer der Liga sich verpflichten sollte, das nördliche Deutschland in den Stand herzustellen, welcher vor den Unruhen Statt gefunden habe[1]. In welche Lage wäre der Kaiser gerathen, wenn durch Schweden und Frankreich ohne ihn ein Austrag der wichtigsten Irrungen zwischen den deutschen Fürsten durchgeführt worden wäre. Beide Parteien würden von der großen Combination gegen ihn und sein Haus ergriffen, er würde seiner kaiserlichen Autorität factisch entsetzt worden sein. Schon aus dieser Rücksicht wurde es für ihn unerläßlich, auf die Beseitigung der vornehmsten Ursache des Zwiespaltes, die in der Ein=

1) Vgl. Mailath, Oesterreichische Geschichte III, 276; vornehmlich Khevenhiller XII, 72. — Die Absicht des Königs, wie er den brandenburgischen Gesandten erklärte, war, „daß durch solche Neutralität der niedersächsische Kreis und andere den Evangelischen Ständen zustehende Placen geraumet und der Liga Volk von der kaiserlichen Armee separirt werden konnte“.

ziehung der geistlichen Güter lag, selbst Bedacht zu nehmen. Darin lag nun aber zugleich das vornehmste oder einzige Mittel, zu der Pacification mit Sachsen, die man auf das sehnlichste wünschte, zu gelangen. War es doch nur das Edict über die Rückgabe der geistlichen Güter, was den Bruch des Churfürsten mit ihm veranlaßt hatte. Von dem Kriege ließ sich auch unter der Führung Wallensteins nichts erwarten, wofern nicht der Zwiespalt, der sich zwischen Sachsen und dem Kaiser erhoben hatte, beseitigt wurde. Man durfte mit Grund voraussetzen, daß der Churfürst von Sachsen eine Concession des Kaisers einer Abkunft mit Frankreich und Baiern vorziehen würde.

Als nun Fürst Eggenberg, der schon immer gemäßigte Meinungen gehegt und nur, beugsam und nachgiebig wie er war, in Regensburg einer ihm selbst feindseligen Faction nachgegeben hatte, im December 1631 nach Znaim kam, um Wallenstein zur Uebernahme des Generalates zu überreden, — was ihm denn auch gelang, wenngleich sich Wallenstein nur auf einige Monate verpflichtete, um zuerst nur die Armee neu zu formiren, — so hing alles davon ab und ist die vornehmste historische Frage, ob von dieser Vorbedingung die Rede gewesen ist.

Für die Forschung, welche auch hier von der Darstellung nicht abgelöst werden kann, bilden mündliche Verhandlungen eine besondere Schwierigkeit. Was Eggenberg mit dem General besprochen hatte, darüber hat er dem Kaiser auch nur mündlich referirt. Doch entnehmen wir aus einer andern nur wenige Wochen späteren Verhandlung mit Sicherheit, was in meinem Dafürhalten jeden Zweifel hebt. Am 18. Januar 1632 hatte der Freund und Vertraute Wallensteins,

Trzka, in dessen Namen eine Zusammenkunft mit Arnim in Außig; er versicherte ihn nicht allein der Friedensliebe des Kaisers, sondern gab ihm auch Nachricht von der Hauptconcession, zu der sich der Kaiser verstehen würde: sie betraf die Aufhebung des Restitutionsedictes. Eggenberg hat sie im Namen des Kaisers dort zu Znaim ohne Zweifel mündlich gegeben, und nur mündlich konnte sie mitgetheilt werden; sie ist ohne Rückhalt, von weitem Umfang[1]. In Bezug auf die geistlichen Güter sollte alles in den Zustand wiederhergestellt werden, wie es vor dem Erlaß des Edictes gewesen war. Es war die Concession, durch welche Wallenstein in den Stand gesetzt wurde das Commando mit einiger Hoffnung auf Erfolg zu übernehmen; die größte Schwierigkeit, die ihm bisher im Wege gestanden, und von der er alles eingetretene Unglück herleitete, wurde dadurch weggeräumt.

Mußte er aber nicht fürchten, daß dennoch, sobald ein

1) Authentische Notiz im Archiv zu Dresden: „Worauff gedachter Feldmarschalch, sich nacher Außigk erhoben, allda auch der Herr Terzkj auf den 18. d. M. Januarii angelangt, vnd hette er, Terzkj, nach gemachtem eingangk von der Keyserlichen Majestät friedliebenheit lenglich erzehlet, und darueber berichtet, es were der Herczog zu Friedland vor etlichen wochen bei dem Fürsten von Eggenbergk gewesen, welcher vermeldet, daß Ihre Keyserl. Majest. zu einem allgemeinen Frieden ganz wol incliniret, Wuenschten von Hertzen, daß die Vnruhen dermahleinsten allerseits gestillet, der Universal-Friede sicher restauriret, und allenthalben gutes vertrawen, correspondenz und Gott wolgefellige Einigkeit wiederumb gepflanzet und aufgerichtet werden möchte, hette auch darbey zu erkennen geben, wie Ihre Keyserl. Majest. zu Aufhebung dero ausgelassenen edicts, die Geistlichen Güter p. p. belangende, wohl verstehen, und alles der Geistlichen Güter halber in vorigen standt, darinnen es vor dem edict gewesen, restituiren würde."

Schritt in dieser Richtung geschähe, sich die geistliche und ligistische Faction ihm abermals entgegensetzen und alles zu seinem eignen Nachtheil wenden würde?

In der Instruction, welche Eggenberg für seine Verhandlung nach Znaim mitgegeben wurden, waren die bündigsten Versicherungen dagegen enthalten. Der Kaiser band sich für damals und für die Zukunft die Hände. Er sei und bleibe des Vertrauens, sagt er, daß der General das nämliche Verhalten, mit dem er bisher seine Zufriedenheit erworben, auch in Zukunft beobachten werde; er wolle deshalb keine besondere Instruction aufstellen, er verlasse sich auf seine Geschicklichkeit und Treue. Weder durch den Beichtvater, dem der Kaiser darüber seinen Willen kund geben wolle, noch durch Andere solle der General in seinem Dienste und seinen Handlungen gestört und gehindert werden; sollte demselben ja von Widerwärtigen etwas Widriges begegnen, so brauche er sich nur an den Kaiser selbst zu wenden: der werde dafür sorgen, daß ihm von Jedermann Genugthuung gegeben werde. Die Worte schienen die Ermächtigung zu enthalten, daß er sich inzwischen auch selbst helfen könne[1].

Vollkommener kann ein Fürst sein unbedingtes Vertrauen nicht aussprechen, noch sich zur Fortsetzung desselben

1) „Und da auch sonst Sache wäre, daß dieser Declaration zuwider J. F. L. (dem General) was widriges sich eraigne oder begegne, oder etwa böse Officia durch widerwertige Leuth wollten eingewandt werden, sy alsdann jedesmal zu uns und des Königs L. iren Recurs haben, auch ihre selbst zuetringende Ungelegenheit werden abhelfen können und mögen; maassen wir denn in allem dahin sehen und gedenken werden, solche Anstalt zu machen, damit J. des Herzogs von Mecklenburg L. von Jedermänniglich aller Gusto und Satisfaction gegeben werde". Instruction in unserm Namen anzubringen; bei Dudik, Waldstein 2c. S. 174.

stärker verpflichten. Die politische Direction, in deren Folge Wallenstein verabschiedet worden, wurde verlassen, und eine andere eingeschlagen, die nicht mehr von geistlichen Einflüssen abhängen sollte.

Wenn Wallenstein mit der Annäherung an Schweden einen Rückhalt gegen seine Widersacher am Hofe, die seinen Ansprüchen sowie seinen Ideen entgegentraten, gesucht hatte, so brauchte er denselben nach diesen durchgreifenden Erklärungen des Kaisers nicht mehr.

Nur mußte dafür gesorgt werden, daß nicht ein Bruch mit der Liga veranlaßt, und diese vollends auf die Seite von Frankreich getrieben wurde. Der General hat seinerseits versprochen, mit den katholischen Fürsten ein gutes Vernehmen zu beobachten, namentlich dem Churfürsten von Baiern den ihm gebührenden Respect zu beweisen. So wurde diesem ausdrücklich versichert; er war sehr zufrieden damit.

So trat Friedland nun wieder als Capo d' Armada (General en Chef) der kaiserlichen Truppen auf; die Generale wurden angewiesen, seinen Anordnungen Folge zu leisten; auch Tilly meinte nicht sich dem zu widersetzen.

Das Vertrauen der Menschen auf die Zukunft bedarf nun einmal eines großen und bewährten Namens. In der Armee ward die Wiedererhebung Wallensteins mit allgemeiner Freude begrüßt. Für ihre Ergänzung war sein Wort unentbehrlich; und er konnte wieder das ihm angeborene organisatorische Talent entwickeln, da die spanischen Subsidien jetzt wieder flüssig wurden. Bei einzelnen Posten der Ausgaben für die Armee, deren Verzeichnisse vorliegen, werden sie ausdrücklich genannt; auch andere werden durch sie bestritten worden sein: ohne Zweifel bildeten sie die vornehmste Hülfsquelle.

Nach einigen Monaten hatte der Kaiser wieder eine ansehnliche Armee im Felde.

Nicht ganz unbedingt war sie der Verfügung des Generals anheimgegeben. Wie von den Obersten die Hauptleute angenommen wurden, so hingen die Obersten von dem Generalissimus ab; er konnte sie nach seinem Gutdünken einsetzen: nicht so die höheren Befehlshaber. Es leuchtet ein, daß Männer wie Gallas, Aldringer, Marradas, Tiefenbach, welche unabhängig von ihm commandirt hatten, ihm nicht in dem Grade unterworfen sein konnten, wie die Obersten, die er jetzt herbeizog. Für die Einsetzung der Generale hatte Wallenstein nur die Vorschläge zu machen; die Ernennung behielt der Kaiser sich vor[1].

Die strategische Führung bekam der Generalissimus vollkommen in seine Hand. Man hatte ihm angemuthet, den jungen König von Ungarn mit in das Feld zu nehmen, und ihm versichert, daß dieser selbst und seine Umgebung sich in allen Fällen ihm vollkommen anschließen und ihm Folge leisten würde; der junge Fürst sollte nur den Krieg bei ihm lernen. Wallenstein hielt es jedoch für besser dies zu vermeiden; die Anwesenheit des künftigen Thronfolgers würde immer eine Autorität neben der seinen gebildet haben. Er behielt sich vor, das Heer wohin es ihm gut schien zu führen, in welcher Stärke und zu welcher Zeit.

Und mit der Heerführung hing nun auf das engste die Direction der Politik zusammen, die ebenfalls in seine Hände überging. Im Januar ward jene Verhandlung mit Sachsen eingeleitet, deren Grundlage wir berührten; im Februar wurden die

1) Capitulation, bei Dudik 182.

Anträge des Herzogs von Orleans an ihn verwiesen, um zu bestimmen, was ihm für das Erzhaus das Vortheilhafteste scheinen werde[1]. Darauf wird sich bezogen haben, was ihm der spanische Kapuziner Quiroga und ein niederländischer Rath von Lille, im tiefsten Geheimniß mitzutheilen hatten. Es war die Frage, wie man sich in jenen inneren französischen Zerwürfnissen zu verhalten habe. Wallenstein entschied, daß der Herzog mit einer stattlichen Macht zu Pferd und zu Fuß unterstützt werden solle. Denn von seinem Succeß hing der Friede zwischen Spanien und Frankreich ab, der dann den Frieden in Deutschland auf erträgliche Bedingungen zur Folge gehabt haben würde. Diese Bedingungen festzusetzen, den Frieden herbeizuführen, darin lag die Summe der Wallensteinischen und ohne Zweifel auch der Eggenbergischen Politik.

Noch hatte Wallenstein den Oberbefehl nur auf drei Monate übernommen; als ihn der Kaiser aufforderte, nach Ablauf derselben nicht zurückzutreten, bezog er sich auf die treue Affection, die derselbe gegen ihn und sein Haus hege. Der König von Ungarn schrieb ihm, damit geschehe auch ihm etwas Angenehmes und ein Gefallen, er versicherte ihn seiner freundschaftlichen Zuneigung.

Doch bedurfte es noch einer neuen Verhandlung mit Eggenberg, zu der sich die beiden vom Podagra geplagten Herren nicht ohne Mühseligkeit, wie jetzt die Sitte war, auf der Mitte des Weges zwischen Znaim und Wien am 13. April zusammenfanden.

Als Eggenberg am 15. April zurückgekommen war, ließ

1) Mit Verwunderung entnimmt dies Hurter, Wallensteins letzte Lebensjahre S. 40, aus den Wiener Archiven.

der Kaiser darüber durch den Bischof von Wien mündlich Erkundigung einziehen, worauf alles beruhe; aus dem, was dann folgte, kann man mit Sicherheit abnehmen, daß dabei auch über die persönlichen Ansprüche Wallensteins die Rede gewesen ist.

Noch an demselben Tage übernahm der Kaiser 400,000 Rthlr., die Wallenstein aus den erkauften Confiscationsgütern schuldete, auf die böhmische Kammer: am folgenden bestätigte er ihm sein Recht auf Mecklenburg und gewährte ihm, da dies von den Feinden besetzt sei, interimistisch das Fürstenthum Glogau. In der Urkunde wird der Assecurationsbrief, den er in Händen habe, und worin ihm zugesagt sei, ihn bei dem Besitz des Herzogthums zu schützen, als verpflichtend anerkannt. So weit geht er nicht, ihm dessen Wiedererwerbung unbedingt in Aussicht zu stellen: die Sache lag nicht so, daß sich dies hätte erwarten, oder Friedland sich darauf hätte verweisen lassen sollen; aber der Kaiser erklärt sich schuldig, ihn dafür schadlos zu halten, zumal da Friedland zur Abtreibung des Feindes Leib und Leben treulich daransetze; er verspricht ihm ein Aequivalent, mit verstärktem Ausdruck ein Aequipollens, ein anderes Fürstenthum gleichmäßiger Würde und Nutzens: also ein Reichsfürstenthum mit dem gleichen Einkommen; während Glogau in dem alten Verbande von Schlesien verbleiben sollte[1]. Um sein Recht auch für sein Haus zu erhalten,

1) Bei Förster, Wallensteins Prozeß, Urkunde no. 18: — „Haben wir Sr. Ldn. inmittelst und bis Sie entweder zu vielgedachtes Herzogthumbs Mechelburg und desselben Pertinentien vorhin gehabter völligen und wirklichen Possession gelangt, oder deroselben ein anders Fürstenthumb gleichmäßiger Würde und Nutzen eingeraumbt würde — unser Fürsten-

hat Wallenstein im Jahre 1631 seinen Neffen zu seinem Erben in Mecklenburg eingesetzt, so daß diesem auch das Aequivalent zugefallen wäre. Den Ruhm, ein deutsches Reichsfürstenthum erworben zu haben, wollte sich Wallenstein nicht entreißen lassen. Wir wissen es, er war nicht gewohnt sich selbst zu vergessen.

Man zählt noch außerdem eine ganze Reihe von Bedingungen auf, die er dem kaiserlichen Hofe vorgeschrieben und dieser angenommen haben soll.

Sie sind nur in sehr unvollkommener Form bekannt geworden und haben so zu manchen unbegründeten Vorstellungen Anlaß gegeben. Der Kaiser würde unerhörte und unausführbare Bedingungen eingegangen sein; er würde dem General die Abtretung eines Erblandes angeboten und selbst die Oberlehnsherrschaft in den wiedereroberten Reichslanden zugesagt haben[1].

In den besser beglaubigten Copien — denn ein Original ist nie zum Vorschein gekommen — ist nur im Allgemeinen von einer in den Erblanden zu beschaffenden Belohnung und der Ueberlassung eines der Regale in den Reichslanden, das sich nur auf nutzbare Rechte, etwa das Salzregal oder das Bergregal, bezogen haben kann, die Rede.

Doch sind auch in dieser mehr gesicherten Fassung — die als eine Vorlage Wallensteins an Eggenberg angesehen werden dürfte — einige Punkte von der größten Bedeutung enthalten.

---

thumb Glogau pfandweis eingesetzt". Für dieses behält sich der Kaiser das Dominium directum vor.

1) Vgl. eine Bemerkung über die Texte im Anhang.

Vor allen Dingen ist darin zu lesen, daß der Herzog von Friedland zum Generalissimus der beiden Linien des Hauses Oesterreich auf Lebenszeit erklärt zu werden forderte; vor einer Entsetzung in einem schwierigen Augenblick wollte er auf immer gesichert sein.

Wenn von einer Theilnahme des Königs von Ungarn an dem bevorstehenden Kriegsunternehmen die Rede gewesen war, so wollte Wallenstein diese dahin beschränken, daß der junge König in Böhmen Hof halten solle, auch deshalb, um durch die ihm beizugebende Kriegsmacht jeder inneren Bewegung zuvorzukommen; er wollte sich immer dahin zurückziehen können, es sollte ihm als sichere Operationsbasis dienen.

Vornehmlich bestand er darauf, daß ihm in den Provinzen, die man erobere, das Recht der Confiscation und der Begnadigung zur Verfügung gestellt würde. Bisher waren diese höchsten Prärogativen der kaiserlichen Gewalt nach den Gesichtspunkten der richterlichen Behörden oder der Stimmung des Kaisers und zwar sehr willkürlich gehandhabt worden; der Feldhauptmann wollte sie ganz zum Nutzen der Offiziere und der Soldateska ausüben.

Wir erfahren nicht, ob die Anforderungen in dieser Form genehmigt, die Punctation angenommen worden ist: glücklicherweise liegen unbestreitbare Zeugnisse vor, welche die Hauptsache außer Zweifel setzen.

Im Sommer 1633 hat Wallenstein selbst das ihm gemachte Zugeständniß in Bezug auf die Confiscationen dem Kaiser in Erinnerung gebracht. Um dieselbe Zeit hat Trautmannsdorf in den Contestationen mit Spanien, deren wir noch gedenken, dem spanischen Gesandten gemeldet, der Herzog von Friedland sei durch seine Capitulation ermächtigt, keinen unabhängigen Heerführer im Reiche neben sich zu dulden. Bestätigung des Generalats auf Lebenszeit hat man Friedland, wie später einmal der englische Hof dem Herzog von Marlborough, versagt; aber von größter Bedeutung waren doch die unmittelbar praktischen Zugeständnisse, welche ihm zu Theil wurden: das ausschließende Recht der Heerführung im deutschen Reiche, Behandlung der eroberten Lande nach seinem Gutbefinden zur Züchtigung der Gegner und zur Belohnung der Getreuen. Da er nun dabei zugleich die Befugniß hatte, den Reichsfürsten annehmbare Friedensbedingungen anzubieten, so kam die Summe der Geschäfte allerdings in seine Hand. Wie wir von ihm selbst erfahren, hatte er sich seinen Recompens auch für den Fall, daß er es nur zu einem guten Accord bringe, zusichern lassen. Daß er die Behauptung des ihm zu Theil gewordenen fürstlichen Ranges und fürstlichen Besitzes bei einem künftigen Frieden in Aussicht nahm, versteht sich bei ihm ohnehin. Für sich selbst eben so wohl als für den Kaiser zog er ins Feld.

## Achtes Capitel.

### Wallenstein und Gustav Adolf.

Unter ganz anderen Umständen trat Wallenstein sein zweites Commando an, als einst das erste.

Damals konnte man die Sicherung der Erblande gegen europäische Angriffe zu einem Motiv machen, in dem nördlichen Deutschland vorzudringen; man konnte die Absicht fassen, die kaiserliche Gewalt in einem Umfang der Autorität zu erneuern, wie sie seit vielen Jahrhunderten nicht Statt gehabt, selbst über das Maß hinaus, welches Carl V in dem Zenith seiner Macht besessen hatte; der General, der mit seinen Vorschüssen in den Vordergrund trat und die Möglichkeit der Ausführung gab, war voll von Plänen der Erwerbung, die sich mit großen Entwürfen für die Herstellung einer allgemeinen continentalen und maritimen Macht paarten und durchdrangen. Jetzt aber waren die Rückschläge aller dieser Unternehmungen eingetreten. Die europäische Allianz gegen Oesterreich hatte das Uebergewicht und zwar vor allem eben in Deutschland davon getragen; ein fremder König stand mitten im Reich; er hatte die spanisch-lothringische Combination, die den Franzosen so widerwärtig war, wirklich auseinandergeworfen: im Bunde mit ihm waren die in ihrem politischen und religiösen Dasein bis aufs Aeußerste bedrängten norddeutschen Protestanten in die Erblande, die sie einst geschützt hatten, nunmehr feindlich eingedrungen.

Alledem sollte nun durch die neue Schilderhebung Abhülfe geschafft werden. Man wollte Oesterreich schützen, in seinen alten Bestand wiederherstellen, und die kaiserliche Autorität nach der alten Reichsverfassung retten.

Der erste Auszug Wallensteins aus Böhmen war ein Unternehmen auf gutes Glück, auf erkleckliche Kriegsbeute gewesen; der zweite hatte den bestimmten Zweck der Wiedersetzung des Verlorenen.

Dieses Ziel in einigem Umfang zu erreichen, wurde aber in diesem Augenblick doppelt schwer, da Gustav Adolf — denn alle Neutralitätsunterhandlungen waren an ihrer inneren Unausführbarkeit gescheitert — die Zeit, in welcher sich das kaiserliche Heer formirte, benutzt hatte, um sich gegen das ligistische zu wenden und es zu vernichten. Tilly, der — wie sein Fürst in Bezug auf Verbindung von kriegerischer Begabung und Gehorsam nicht ohne Grund sagt — seines Gleichen nicht hatte, war umgekommen; auch das Baiernland war von den Schweden zum größten Theil überschwemmt worden. Unmöglich hätte nun der kaiserliche General auf den König losgehen dürfen, um gleichsam Leib an Leib mit ihm und seinem Heere zu schlagen; ein solches Schauspiel durfte man fürs Erste nicht erwarten. Wallenstein blieb bei dem noch vor seinem Wiedereintritt besprochenen und genehmigten Plane, nach der Wiedereroberung Böhmens selbst in Sachsen vorzudringen, um den König zu nöthigen dem Churfürsten zu Hülfe zu kommen, wodurch das westliche und südliche Deutschland von ihm befreit worden wäre, oder, wenn er das nicht thue, den Churfürsten dahin zu stimmen, seinen Frieden mit dem Kaiser zu schließen. Auf das Letzte war die vornehmste Absicht Wallensteins gerichtet. Seine Mission war nicht allein militärischer, sondern zugleich diplomatischer Art. Er dachte dann den Bund aufzulösen, durch welchen der Umschlag geschehen war, Sachsen und Brandenburg wieder von Schweden zu trennen: und dies, wenn es isolirt sei, zu einem erträglichen Frieden zu nöthigen. In dieser Hoffnung hatte er sich, wie berührt, versprechen lassen, daß seine Entschädigung erfolgen sollte, möchte er nun den Krieg glücklich zu Ende führen, oder auch nur einen guten Accord zu Stande bringen[1].

Als er am 26. April 1632 sein Hauptquartier zu Tabor aufschlug, so konnte wenig Zweifel darüber obwalten, daß er die Sachsen aus Böhmen vertreiben würde.

Denn den Rüstungen des Kaisers, die jedermann kannte, gegenüber, hatte sich doch der Churfürst von Sachsen niemals dazu verstanden, wie General Arnim ihm rieth, zu neuen Werbungen zu schreiten. Sein Grund war, daß er nicht Geld genug habe, auch nur die vorhandenen Truppen zu besolden. Vergebens sagte ihm Arnim, dem Verfahren der Zeit huldigend, daß die Besoldung so unbedingt nothwendig nicht sei. Arnim fühlte eine Anwandlung dem Feind energisch entgegen zu gehen; er hat einmal bei seinem Hofe angefragt, ob er eine Feldschlacht wagen solle oder nicht. Aber er überzeugte sich bald, daß er mit seinen wenig zahlreichen, schlecht

1) „Solcher Gestalt (durch einen guten accordo) würde er seines eigenen Interesse halber mehr versichert sein, denn seine recompens Ihme nicht allein wenn der Krigk glücklich hinausgeführet, sondern auch wenn ein gueter friede gemachet, versprochen.“

bezahlten und unbotmäßigen Truppen dazu nicht im Stande sei. Und auch ihm lag bei seinem Mißverhältniß zu den Schweden bei weitem mehr an einer Verständigung mit den Kaiserlichen, die ihr Vertrauen auf ihn setzten. Seine Haltung war ebenfalls militärisch-diplomatischer Natur. Am 7/17. Mai erschien Oberst Sparre in Laun bei Arnim, um ihn der friedlichen Intentionen des Herzogs und des Kaisers zu versichern, und ihn aufzufordern, sich in Rackonitz einzustellen. Friedland schrieb ihm von da: er wolle ihn noch ein paar Tage lang erwarten, dann aber weiter vorrücken, denn er könne nicht zugeben, daß das Reich durch die Feinde des Friedens ferner in Verwirrung gebracht werde. Arnim, der in Dresden um Erlaubniß dazu gebeten hatte: — denn man müsse wenigstens sehen, wie weit er herausgehe, — war am 11/21. Mai in Rackonitz bei ihm. Friedland ließ ihn die Vollmacht lesen, die er in den Händen hatte, um den Frieden zu schließen. Als das vornehmste Moment dafür bezeichnete er, daß allen denen, die ihm dabei entgegenkommen würden, Land und Leute, Ehre und Hoheit, sowie Freiheit der Religion, namentlich auch der volle Besitz der geistlichen Güter, gleichviel ob die Einziehung vor oder nach dem Passauischen Vertrag geschehen sei, zugesichert werden solle[1]. Er forderte die Mittheilung dieser Erbietungen an Brandenburg. Der Churfürst von Baiern hatte für die Unterhandlung sein eignes pfälzisches Interesse, das von den beiden Churfürsten noch keineswegs anerkannt war, in Erinnerung gebracht[2]. Daran lag nun dem kaiserlichen

1) Schreiben Arnims an Töpelitz (12/22.) Archiv zu Dresden.
2) Schreiben des Churfürsten, 27. März, bei Dudik 373.

Heerführer an sich nicht viel; er wollte seine Unterhandlung dadurch nicht doppelt schwierig machen. Zunächst fragte er nur, ob man sein allgemeines, so großes und umfassendes Anerbieten annehmen wolle oder nicht; er verlangte schleunige Entscheidung.

Gleich den Tag darauf, den 12/22. Mai, ließ er Prag angreifen. Arnim hatte gemeint, daß man die Kleinseite, wenigstens die Brücke so lange vertheidigen werde, bis er selbst mit dem Succurs erscheine; aber nachdem früh am Morgen das Beschießen begonnen hatte, war gegen Mittag alles übergeben. Die Truppen wurden entwaffnet und ohne militärische Ehren entlassen. Arnim trug Bedenken, sie in seine Armee wieder aufzunehmen, weil sie nur Unordnungen veranlassen würden.

Durch diesen Erfolg in seinem alten Rufe gehoben, versäumte Friedland keine Zeit, um die Verhandlungen wieder aufzunehmen. Er versicherte, er könne nicht ruhen, selber nicht mit den Waffen könne er inne halten, schon nicht aus Rücksicht auf die, welche von dem Frieden nichts hören wollten; er meinte die Jesuiten, denen er ebenso verdächtig sei, wie Arnim den schwedischen Gesandten. Und was werde man überhaupt von ihm denken, wenn er weder Frieden mache, noch den Krieg ernstlich führe. Er wiederholt, daß er das Erste vorziehe. „So lieb mir meiner Seele Seligkeit ist, so lieb wird mir sein, wenn ich dem allgemeinen Wesen dienen kann, sonderlich Chursachsen“. Er deutet an, er hätte auch wohl etwas Entscheidenderes unternehmen können, als die Eroberung von Prag: dem allgemeinen Besten zu Gute habe er es gethan. Er drang vor allem auf eine persönliche Zusammenkunft mit dem Churfürsten: in Einer Stunde werde die Sache abgemacht sein, jeder werde wenigstens wissen, woran er sei.

Der Churfürst war geneigt, konnte sich aber nicht entschließen, und indessen sah sich Arnim durch die von allen Seiten vorrückenden kaiserlichen Völker genöthigt, Leitmeritz, wo er stand, zu verlassen und sich nach dem Gebirge zurückzuziehen. In der Mitte desselben, zu Peterswalde, hatte er noch eine Zusammenkunft mit Sparre, der ihm das Bedauern des Herzogs ausdrückte, daß seine Vorschläge nicht angenommen worden: denn dadurch hätte man die Religionsfreiheit und die geistlichen Güter wieder erhalten, und in dem Reich würde ein gutes Vernehmen zwischen Haupt und Gliedern gestiftet worden sein. Er sehe wohl, man traue noch dem Glück: auch er könne mehr vom Glück der Waffen erwarten, als vom Frieden.

In demselben Sinne hatte der dem General beigegebene kaiserliche Commissar, Graf Michna, den Obersten beauftragt. Man wolle dem Churfürsten ein von Friedland unterzeichnetes Blanket zustellen, auf welchem er seine Bedingungen aufzeichnen möge; ein so unbedingtes Vertrauen habe der Kaiser zu seinem deutschen Gemüth, welches nichts begehren werde, als die Wohlfahrt des Reiches.

Gewiß: man würde jetzt alles nachgegeben haben, was vor dem Jahr abgeschlagen worden war.

Aber das ist in menschlichen Dingen immer ein Irrthum, wenn man meint, nach geschehenem Unrecht ein altes gutes Verhältniß wiederherstellen zu können. Churfürst Johann Georg hatte dem König von Schweden, ohne den er verloren gewesen wäre, im Moment der Krisis versprochen, ohne seine Einwilligung keinen Frieden einzugehen und selbst keine Unterhandlung über die Hauptsache zu pflegen. Daran hielt er nun, und zwar im ausdrücklichen Einverständniß mit seinem Feldmarschall, dem man es wegen seiner früheren Verhältnisse kaum zutraute, mit Standhaftigkeit fest[1]. Ihm entging es nicht, daß doch alle Erbietungen, die ihm geschahen, eben davon abhingen, daß die Schweden im Reiche standen: würden diese zu Grunde gerichtet sein, so würde man nicht so glimpflich mit ihm verfahren. Gleichwohl hielt er nicht für rathsam, die Hülfe des Königs nach Sachsen zu ziehen, weil dies alsdann der Sitz des Krieges werden würde: wenn aber, wozu sich alles anlasse, König und Herzog anderweit mit einander in Kampf verwickelt seien, so könne man wohl Gelegenheit haben, noch einmal in den Erblanden vorzudringen. Denn auch nur das eigene Kriegsvolk in seinem Lande ernähren zu müssen, war dem Churfürsten widerwärtig. Landesväterliche Erwägungen, unter denen er sich entschloß, die Unterhandlungen doch nicht etwa abzubrechen, vielmehr sie fortzuführen, nur unter allgemeinen Ausdrücken und unverbindlich.

Wenn nun aber Sachsen an Schweden, dessen es nicht entbehren zu können glaubte, so fest hielt, so war die große Frage die, wie sich Gustav Adolf — der nach dem durch die Erhebung einer kaiserlichen Kriegsmacht in Böhmen unmittelbar bedrohten Franken heranrückte — zu den Anerbietungen verhalten würde, welche Wallenstein an Churfürst Johann Georg gerichtet hatte.

Die Unterhandlungen, von denen er hörte, waren ihm in so fern unangenehm, weil dabei die Sache von Schweden

1) „Schreiben, welche zwischen unserm gn. Herrn und dem Herrn Feldmarschall gewechselt". Archiv zu Dresden.

von der deutschen getrennt werde. Er kehrte seinen Gesichtspunkt unverholen hervor. Der Brennpunkt des Krieges seien die ihm zugefügten Injurien; er könne nicht zugestehen, daß man ihn vorbeigehe und nur die zwischen den Gliedern des Reiches obwaltenden Differenzen zu schlichten suche; so eng in der That seien die gegen ihn geübten Feindseligkeiten und die Beschwerden des Reiches vereinigt, daß kein Theil ohne den andern sicher gestellt werden könnte.

Er gab selbst einen Augenblick einem Verdacht gegen die sächsischen Verhandlungen Raum; aber als sie ihm in aller Authenticität mitgetheilt wurden, überzeugte er sich, daß man es ehrlich mit ihm meinte. Mit den vornehmsten Forderungen der Protestanten in Bezug auf Religion, geistliche Güter und ständische Freiheit war er von vorn herein einverstanden; es kam nur auf eine Vereinbarung über die Territorialverhältnisse an.

Im Sommer 1632 wurde Pfalzgraf August, — von der neuburgischen Linie, aber mit seinem Bruder, der zu dem katholischen Bekenntniß übertrat, keineswegs einverstanden, sondern dem lutherischen treu, so daß ihm Gustav Adolf Neuburg zudachte: er ist der Stifter des Zweiges Sulzbach — mit dem würtembergischen Kanzler Löffler, der ihn als Assistenzrath begleitete, nach Sachsen geschickt, ùm ein Verständniß zu erzielen. Die Prätensionen des Königs wurden von dem Kanzler Löffler mit vieler Ausführlichkeit in einer besonderen Conferenz mit den sächsischen geheimen Räthen erörtert.

Er ging von den Ansprüchen aus, die der König gegen die Herzöge von Mecklenburg und Pommern so wie einige andere deutsche Fürsten erheben könne: die meisten seien jedoch jetzt durch Vertrag beseitigt. Merkwürdig, wie stark der König seine Ansprüche gegen den Churfürsten von Brandenburg betonen ließ, der ihm durch Sperrung der Pässe, Weigerung des Proviants den empfindlichsten Schaden zugefügt habe; doch knüpfte er keine weitern Anträge daran.

Noch größere Aufmerksamkeit verdient, wie er sich über die in Besitz genommenen geistlichen Gebiete äußerte. Man hat immer angenommen, der König von Schweden habe sie zu behalten, oder selbst zu vertheilen gedacht. Auch Pfalzgraf August legte Nachdruck darauf, daß der König sie mit dem Schwert erobert und kraft des Kriegsrechtes mit derselben Hoheit besitze, wie die geistlichen Fürsten sie inne gehabt. Aber in dem damaligen Antrag war von einer Behauptung derselben nicht die Rede; ihr Besitz sollte nur dazu dienen, um dem König eine andere Genugthuung auszuwirken; der Pfalzgraf sagt: es würde Sr. Maj., ehe sie contentirt, nicht anzumuthen sein solche wieder herauszugeben. An der Absicht sie alsdann herauszugeben waltete kein Zweifel ob: nur hatte man Bedenken, ob man dabei nicht einen Vortheil für das indeß darin wieder emporgekommene protestantische Bekenntniß stipuliren sollte.

Worin bestand nun aber die Satisfaction, auf die der König definitiv für sich selber antrug?

Der Kanzler sagte: der König habe sein Absehen principaliter auf Pommern gerichtet, er werde sich aber wohl mit dem Stück desselben begnügen, in welchem die Paßörter mit den für Schweden wichtigen Meerhäfen befindlich seien; er wolle es jedoch vom Reiche nicht losreißen, sondern es von demselben zu Lehen tragen, wie Dänemark Holstein.

Dabei war immer die Frage, wie Brandenburg wegen

seiner Anwartschaft auf Pommern zu befriedigen sei. Die Schweden meinten, daß das Haus Brandenburg vom Fortgange der katholischen Waffen die größten Verluste hätte erwarten müssen; man habe gute Nachricht, daß Ihrer Churfürstlichen Durchlaucht ihrer Lande wegen eine Aenderung zugedacht und beschlossen gewesen sei; zugleich aber könne man den Katholiken, die an allem diesen Elend Schuld gewesen, nicht erlassen, Brandenburg mit einigen Stücken Landes zu befriedigen; sie würden überhaupt einen Theil der Stifter, „ein Stück des Rockes" aufopfern müssen.

Also: Genugthuung für Schweden durch Pommern, Entschädigung Brandenburgs durch Säcularisationen, was endlich der westphälische Friede festgesetzt hat, dahin ging auch die Idee des Königs von Schweden. Wie in einer andern Epoche Wilhelm III, so forderte Gustav Adolf ursprünglich weniger, als später hat bewilligt werden müssen.

Und zugleich hatte er noch einen politischen Gedanken, der für Deutschland unendlich wichtig geworden ist: er wollte eine Körperschaft der Evangelischen gründen: einen Reichsverein, welcher bestimmt sei, „die genommene Stellung wider das Haus Oesterreich-Spanien und alle Papisten zu behaupten", und der allezeit kriegsbereit sein solle zur Assecuration des Friedens. Die Confusion der jetzigen Kriegführung müsse abgestellt, und ein Kriegsrath errichtet werden, mit dessen Einwilligung alles anzuordnen sei. Auf ein Directorium machte der König, wenn sonst eine gute Ordnung getroffen werde, nicht Anspruch, wohl aber auf ein Bündniß der Evangelischen mit der Krone Schweden, die bei allen katholischen Mächten in so großen Haß gerathen sei, daß sie Beistand brauchen werde.

So entwickelten die Gesandten des Königs im Juni 1632 seine Ideen[1]. Da sie sich aber immer mit einer gewissen Zurückhaltung ausdrücken: „so sei ihre persönliche Meinung von dessen Absichten; sie seien ihnen nicht mit Sicherheit bekannt"; so wird man, obgleich man darin an sich nur einen gewöhnlichen Rückhalt der Unterhandlung erkennt, doch die Frage aufwerfen, ob er sie selber bestätigt hat.

Das geschah nun in dem Feldlager, welches er dem mächtig andringenden Feind gegenüber bei Nürnberg zum Schutze dieser Stadt aufgeschlagen hatte.

Pfalzgraf August war auf dem Rückweg zum König, ehe er ihn noch erreichen können, gestorben; Kanzler Löffler allein hat demselben über das Resultat der Mission Bericht erstattet. Es ergiebt sich, daß der Churfürst von Sachsen zweierlei zugesagt hatte, einmal ohne die Einwilligung des Königs weder einen Universal- noch Particularfrieden zu schließen oder sich darauf einzulassen; und sodann bei den Friedensunterhandlungen dahin zu wirken, daß dem König in allen billigen und möglichen Dingen wirkliche Satisfaction gethan werde: „auf daß wir", wie dieser sich darüber ausdrückt, „unsere hochchristlichen geleisteten tapferen Dienste nicht bereuen, sondern vielmehr dankbare Bezeigung zu erspüren haben sollen". Gustav Adolf nimmt das mit Freuden an, und erklärt sich sehr bereit zum Frieden: denn er habe während seiner ganzen Regierung wohl erfahren, wie viel besser der Friede sei, als

1) „Herrn Pfalzgraf Augusti als Königl. Schwedischen Gesandtens Memorial. 14. July 1632." Protocoll der am 26. Juny mit D. Löffler gehaltenen Conferenz. Mit einer Anzahl einschlagender Schriftstücke, im Dresdner Archiv.

der Krieg; er wünscht nur, daß nun zunächst zwischen Sachsen, Brandenburg und Schweden eine Abkunft geschlossen werde, einmal darüber, wie ihm mit billig-mäßiger Satisfaction zu begegnen und dieselbe anderwärts zu ersetzen sei, — sodann mit Hinzuziehung der übrigen Stände, über die andern Bedingungen, die man fordern wolle, mit Vermeidung jedoch der Privatsachen jedes einzelnen. Indem er dabei wiederholt erinnert, wie sehr er darauf rechne, daß ihm die Genugthuung, die er verlange, wirklich zu Theil werde, verspricht er die von sächsischer Seite angedeuteten Friedensbedingungen zu den seinen zu machen. „Da uns", sagt er, „diejenige Satisfaction, deren der in Gott ruhende Pfalzgraf gegen E. L., und der würtembergische Kanzler gegen Dero Räthe gedacht hat, widerfahren sollte, sind wir des Anerbietens, E. L. und den evangelischen Ständen so weit die Hülfshand zu bieten, daß von dem Gegentheil solche Conditiones bewilligt werden, welche Gottes Wort, dem Recht und der Billigkeit gemäß und nach dem Zustand der beiderseitigen Waffen mit Fug zu begehren" [1].

Der König erkennt also die von Löffler und dem Pfalzgrafen mitgetheilten Ideen und Vorschläge als die seinen an und wiederholt sie. Er will zunächst mit den beiden Churfürsten das Nähere über die ihm zu bewilligende Satisfaction, d. h. die Abtretung von Pommern und die für die brandenburgischen Ansprüche dagegen auszumachende Entschädigung vereinbaren, und alsdann auf die Erledigung der

---

1) Schreiben des Königs an den Churfürsten. „Datum in unserm Veltlager bei Burgstall, 3. Sept. 1632."

Forderungen eingehen, welche die evangelischen Stände ihrerseits zu machen haben.

Er ist dabei der Meinung, daß man nicht eine Unterhandlung veranlassen möge, zu welcher entfernte Fürsten, nicht einmal alle eigentlich deutschen, wie viel weniger Potentaten außerhalb des Reiches zu bescheiden seien; sondern daß die Friedensbedingungen aus dem Feldlager selbst vorgeschlagen werden sollten.

Mit den Waffen war die Sache so weit gefördert, unter den Waffen wollte man sie zu Ende führen.

Um so mehr kam dann auf das Verhältniß der Streitkräfte und ihrer Erfolge an. In dem Augenblick, in welchem der König seine Erklärung aussprach, den Tag darauf nachdem er sie gegeben, machte er einen Versuch die gewaltige Heeresmacht, die sich gegen ihn gesammelt hatte, aus der Stelle zu treiben.

An dem strategisch bedeutenden Punkt, wo er sich wohl selbst mit den Sachsen zu verbinden gedachte, nächst Eger, hatten sich dann Wallenstein und Maximilian von Baiern vereinigt und waren mit einem überaus zahlreichen Heere, mehr als 200 Fähnlein zu Fuß und 300 Schwadronen, mit 80 Geschützen, in Franken vorgerückt. Maximilian hätte im Vertrauen auf die unzweifelhafte Uebermacht nichts mehr gewünscht, als es zu einem Angriff auf die von den Schweden eingenommenen Stellungen oder zu einer Feldschlacht zu bringen; Wallenstein verweigerte das, weil sein Volk zu wenig geübt sei, um es gegen den König von Schweden in die Schlacht zu führen. Er wollte eine Armee, auf welcher die wiederhergestellte Autorität seines Kaisers beruhte, nicht der Gefahr zerstört zu werden aussetzen. Der König befehligte ein vollkommen wohl geschultes, zum Angriff und zur Vertheidigung allezeit fertiges Heer; sein Ruhm beruhte auf den gewonnenen Feldschlachten; Wallenstein ließ vernehmen, er wolle ihn eine andere Art von Kriegführung lehren.

Er schlug ein befestigtes Lager auf, dergleichen man auf deutscher Erde noch nicht gesehen. Es bestand nicht, wie bisher die meisten, aus zusammenhängenden Feldwerken, sondern aus Feldschanzen, die von Strecke zu Strecke aufgerichtet die todten Winkel mit ihrem Geschütz beherrschten. Wo die Linie sich brach, wurde sie durch Bastionen verstärkt: so dehnte sich das Lager, der Bodengestaltung folgend, über dritthalb Meilen aus. Es begriff eine Anzahl von Dörfern, deren Baulichkeiten zum Theil wieder zur Vertheidigung gebraucht wurden. Die wichtigsten von allen waren die Ruinen von Altenberg, genannt der Burgstall, die mit Thürmen an den Ecken sowie einem Graben versehen, auch noch durch Verhaue des Waldes vertheidigt wurden[1]. Gerade dahin richtete Gustav, durch frischen Zuzug verstärkt, seinen Angriff. Er wurde dazu durch eine Bewegung der kaiserlichen Truppen veranlaßt, die seine Späher für einen Rückzug nahmen; als er dann einmal in die Nähe gekommen und, wie man sagt, engagirt war[2], wollte er nicht zurückweichen, ohne einen Versuch gemacht zu haben. Seine schwedischen Musketiere, welche mit ungewohnter Geschwindigkeit zu feuern gelernt und bisher noch immer den Vortheil davon getragen hatten, stiegen mit Ent-

1) Heilmann, das Kriegswesen der Kaiserlichen und Schweden, 131. Schuh, Rückblick auf die Kriegsereignisse von 1632.

2) Chemnitz I, 402: „weil die Soldateska mit einer hitzigen Resolution darauf ging".

schlossenheit den Berg hinan. Gustav Adolf soll gesagt haben, er wolle die Burg nehmen, oder nicht mehr König sein. Aber er stieß auf den nachdrücklichsten Widerstand. Wallenstein hatte unverzüglich seine geeignetsten Fußvölker nach der bedrohten Stelle geschickt, gegen die dann die Schweden, welche regimenterweis anrückten, nichts ausrichteten. Wie der Angriff hauptsächlich durch Kleingewehrfeuer geschah, so auch die Abwehr: es war ein blutiges Zusammentreffen, das sich jedoch nicht über den Charakter des Scharmützels erhob[1]. Die Schweden waren und blieben zurückgewiesen, verloren einige ihrer besten, unternehmendsten Obersten: auch eine Anhöhe, die sie in der Nähe eingenommen, mußten sie den andern Morgen verlassen.

Wallenstein fühlte sich glorreich, daß er den mit aller seiner Macht andringenden König zurückgeworfen hatte. Wie habe der sich da die Hörner abgelaufen: er werde nun nicht mehr als unüberwindlich gelten können, und bei seinen eigenen Leuten an Achtung verlieren[2].

Obgleich Nürnberg unangegriffen, und der König, der sich nach der Donau zurückwandte, unverfolgt blieb, so lag doch in dem Tag von Burgstall ein wichtiges Moment. Man sah: Gustav Adolf war keineswegs Meister von Deutschland; die wiedererstandene kaiserliche Macht, der sich die ligistische untergeordnet hatte, war ihm vollkommen gewachsen. Wallenstein erschien als ein ihm ebenbürtiger Gegner.

Man erzählt, daß der König, in diesem Augenblick der

---

1) So wird es in dem Tagebuch Bernhards ausdrücklich bezeichnet.

2) Sehr gutes Schreiben Wallensteins, 5. September. Bei Förster II, 236.

alten gegenseitigen Erbietungen eingedenk, dem General durch einen böhmischen Emigranten die böhmische Krone habe anbieten lassen, dieser aber, durch die früheren Vorkommnisse gewitzigt, seine Vermittelung abgeschlagen habe. Ich möchte es nicht läugnen; doch hat es zunächst keine Folgen gehabt.

Dagegen ist es von hoher Bedeutung für den Moment, daß der König durch den Oberst Sparre, der in seine Hand gefallen war und besser als ein andrer Mensch um die Verhandlungen mit Sachsen wußte, nun auch seinerseits Friedensunterhandlungen anbieten ließ: er wolle Oxenstierna in das kaiserliche Feldlager schicken, oder Wallenstein möge in das königliche kommen.

Ein großartiger Gedanke, persönlich mit dem ihm gegenüber stehenden allwaltenden Kriegführer zu paciscieren. Wer hätte sich dem widersetzen wollen, worüber sie mit einander übereingekommen wären!

Auch Wallenstein hat, soviel man weiß, den Wunsch geäußert, den großen Gegner kennen zu lernen; zu einem Resultat hätte das jedoch bei der Lage der Umstände nicht führen, und für ihn selbst bedenkliche Folgen haben können. Er theilte das Anerbieten sehr correcter Weise dem Churfürsten von Baiern mit; auf dessen Rath wurde beschlossen, es dem Kaiser vorzutragen und dessen Antwort zu erwarten: „dero Resolution“, wie Wallenstein sagt, „was ihm vor die Hand zu nehmen belieben möchte“.

Auf eine Verhandlung mit dem König konnte man nun in Wien nicht eingehen; aber Aufmerksamkeit mußte es doch erwecken, daß in dem Augenblick, in welchem die Kriegskräfte einander gleich mächtig gegenüberstanden, — denn wenn sich Friedland zu vertheidigen wußte, so war er doch weit entfernt, einen Angriff unternehmen zu können oder zu wollen — Friedensunterhandlungen vorgeschlagen wurden.

Pater Quiroga, der dem Hofe sehr nahe stand, hat dem päpstlichen Nuntius gesagt, im Angesicht der in der ganzen Welt drohenden Feindseligkeiten sei man sehr geneigt darauf einzugehen. Und zwar erscheine den meisten der kaiserlichen Räthe das Restitutionsedict als die Ursache allen Unheils: man schreibe es den Jesuiten zu, von denen dabei nur ihr eigener Vortheil gesucht werde.

Man zog am kaiserlichen Hofe im Allgemeinen in Betracht, was die Protestanten unter den obwaltenden Umständen verlangen könnten und wahrscheinlich verlangen würden[1]. Es war vornehmlich die Aufhebung des Restitutionsedictes, wenigstens in Bezug auf Sachsen, Brandenburg und selbst auf Dänemark; ferner die Herstellung der in Folge der Proscription verjagten Fürsten; endlich Aufgeben der Confiscationen, besonders in Niedersachsen und Franken, nicht allein aber im Reiche, sondern auch in den Erblanden. So weit war es doch, daß man diese Forderungen nicht unbedingt abzuschlagen meinte; man wollte ihnen aber Gegenforderungen gegenüberstellen. Vor allem bezogen sich diese auf die Herstellung der Integrität der Erblande. Wenn der Kaiser die Oberpfalz herauszugeben genöthigt ward, so wollte er dadurch nicht in den Fall kommen, das Land ob der Ens dem Churfürsten von Baiern einräumen zu müssen; er forderte auch die Wiederherstellung der an Sachsen verpfändeten

1) Oesterreichische militärische Zeitschrift 1812. Bd. IV, Heft 10, S. 80. (Erste Ausgabe, welche das Verdienst hat, diese und ähnliche Notizen und Actenstücke zuerst gebracht zu haben).

Lausitzen. Damit hing dann naturgemäß die Wiederabtretung der von Gustav Adolf eingenommenen churfürstlichen und fürstlichen Länder zusammen; nach dem Eindringen desselben strebte man zu den territorialen Zuständen zurück, die bei dem Ausbruch des Krieges im Reiche obgewaltet hatten. Zugleich zog man die Frage über das Verhältniß des Kaisers zum Reich in Erwägung. Man machte sich auf das Begehren gefaßt, daß ohne Einwilligung der Stände niemals wieder ein Krieg unternommen, noch eine Contribution ausgeschrieben werde. Dagegen verlangte der Kaiser die gesetzliche Abstellung der Werbungen, wie sie unter Prätext der Religion ohne seine Einwilligung und selbst gegen ihn gemacht worden seien; endlich eine Versicherung gegen fremde Invasion und Befreiung von der gegenwärtigen. Nicht eigentlich ein Vorschlag, aber eine Grundlage zu weiteren Unterhandlungen von größter Aussicht. Die bisher im Verein mit der Liga verfolgten Tendenzen sind darin aufgegeben; man will sich in eine Herstellung des Gleichgewichts der Stände beider Religionstheile finden: die allgemeine Pacification soll durch eine Generalamnestie besiegelt werden. Man kann darin eine Erweiterung der zwischen Eggenberg und Wallenstein im December 1631 getroffenen Festsetzungen sehen, wie sie auch diesem zunächst zur Begutachtung vorgelegt wurde. Da die Ausgleichung der Ansprüche eines Jeden vorbehalten blieb, so konnte der General sehr zufrieden damit sein. Nimmermehr aber konnte der König von Schweden auf dieser Basis unterhandeln; sie lief alle den Ansprüchen entgegen, die er soeben auf das bestimmteste formulirt hatte. Ohne ihn konnten aber auch die Protestanten auf keinen selbst für sie günstigen Vorschlag eingehen: sie fühlten, daß sie ihm alles verdankten: noch konnten sie ihn nicht entbehren: wie hätten sie sich ihm entgegensetzen sollen. Um nur eine annehmbare Grundlage zu dem Frieden zu gewinnen, mußte der Krieg fortgesetzt werden.

Fürs Erste waren die beiden großen Heerführer auseinander gewichen. Wallenstein vermied, wie gesagt, den König zu verfolgen. Er hatte an ihm, selbst an dem Rückzug den er nahm, einen Kriegsmann kennen gelernt, der sein Handwerk verstand. Hätte er ihn verfolgen wollen, so würde er seine Cavallerie aus den Ortschaften, wo sie sich wohl befand und restaurirte, abberufen, der König würde ihm an den sichern Pässen, die er inne hatte, Widerstand geleistet und seine Truppen gefährdet haben; er hoffte ihm ein ander Mal besser begegnen zu können[1].

Gustav Adolf wandte sich wieder nach Baiern, wo die Gegner indeß Vortheile erlangt hatten, die er ihnen wieder zu entreißen suchte; wir finden ihn in Kurzem gegen Regensburg vordringen und sich zu einem Einfall in Oesterreich vorbereiten: wie denn eine andere Abtheilung seiner Truppen von Oberschwaben her in Tyrol eingedrungen war.

So hatten sich die Sachsen einem alten Plane gemäß nach Schlesien gewendet und es größtentheils eingenommen. Arnim besetzte Neiße und Oppeln, und war nur unglücklich, daß sein Churfürst Bedenken trug, mit den Ständen des Landes gegen den Kaiser gemeinschaftliche Sache zu machen.

Wallenstein kümmerte sich nicht sehr darum, da er die Mittel besaß, das Eine und das Andere rückgängig zu machen. Um Arnim aus Schlesien zu vertreiben, ließ er seine wil-

1) Schreiben vom 13. Sept. Förster II, 245.

dessen Truppen unter Holk nach dem sächsischen Voigtland und nach dem Erzgebirge vorgehen. Niemals wurden grimme Gewaltthaten mit leichterem Muthe begangen. Indem die Ortschaften lichterloh brannten und die Häuser prasselnd zusammenstürzten, bliesen die Trompeter einen Siegesmarsch. Denn Sachsen sollte inne werden, welchen Feind es habe. Nachdem sich nun der König nach der Donau hin entfernt hatte, rückte Wallenstein aus Franken ebenfalls nach den sächsischen Gebieten: sie wurden ohne Widerstand überfluthet.

Mehr aber bedurfte es nicht, um die österreichische Grenze vor dem König zu sichern. Gustav Adolf mußte herbeieilen, um Sachsen zu beschützen; nicht allein die Bundesgenossenschaft brachte es so mit sich, sondern es war auch für ihn selbst unerläßlich. Denn wie leicht, daß der Churfürst durch die Uebermacht des Feindes zu einer Abkunft mit dem Kaiser in dessen Sinne genöthigt wurde, welche die ganze politische und militärische Lage geändert hätte. Gustav Adolf mußte und wollte die Sache, die recht eigentlich die seine war, persönlich durchführen. Sehr zufrieden, daß Herzog Bernhard seinen Stammesvetter, den Churfürsten, bei gutem Muth erhielt, gestattete er doch nicht, daß dieser mit seinen Streitkräften allein den Kampf unternähme. Mit der entschlossenen Raschheit, die ihm eigen war, eilte er herbei, um mit allen zusammenzubringenden Truppen — er berechnet sie auf 10 Brigaden und 6000 Pferde — dem vornehmsten Verbündeten, den er hatte, eine königliche Hülfsleistung zuzuführen. Bernhard hatte ein nicht ganz angenehmes Zusammentreffen mit Gustav Adolf in Arnstadt. Er wünschte als Reichsfürst, nicht blos als General behandelt zu sein: der König dagegen, von dem man sich erinnert, wie enge

Schranken er dem Churfürsten von der Pfalz in dessen altem Gebiete zog, wollte in seinem Heere keine irgendwie selbständige Autorität aufkommen lassen. Und immer behielt er seine Gesammtstellung im Auge: — eben von Arnstadt her warnte er die Holländer vor einer einseitigen Vereinbarung mit den Spaniern; er schickte von da seinen Kanzler nach Oberdeutschland, um dort eine Vereinigung mit den protestantischen Ständen zu Stande zu bringen; denn allen glänzenden Erfolgen zum Trotz war seine Stellung doch auch dort noch unsicher; in Niedersachsen wendeten sich die zu ihm übergetretenen Fürsten bereits wieder an den Kaiser. Was wäre wohl erfolgt, wenn die Kaiserlichen sich Obersachsen unterworfen, und alsdann nach den Stiftslanden und der Ostsee, wie sie beabsichtigten, weiter vorgedrungen wären?

Man darf nicht vergessen, daß Wallenstein den Churfürsten von Baiern nach Sachsen mit sich fortzuziehen gesucht hatte, wo der große Kampf ausgefochten werden mußte, der dann auch über Baiern entschieden haben würde[1]. Aber dazu war der Churfürst, der sein Land indeß der Verwüstung preisgegeben sah und sein Verhältniß zu Wallenstein als eine Erniedrigung empfand, nicht zu bringen gewesen.

Ohne diese Hülfe aber war Wallenstein nicht gemeint, einen entscheidenden Kampf zu provociren. Er dachte sich zunächst nur der sächsischen und thüringischen Gebiete zu bemächtigen, die Uebergänge über die Elbe bei Torgau, bei

1) Man entnimmt dies aus dem Discurs über des Friedländers Actiones bei Aretin, Baierns ausw. Verhält. S. 339. „Fr. hat wollen, I. Ch. D. sollte neben ime in Meichsen gehen und den König in Bayern grassiren lassen.“

Halle über die Saale zu besetzen, Erfurt und Naumburg zu nehmen und sich auf seine Weise für die Winterquartiere einzurichten. Für den Fall, daß er in denselben angegriffen werde, hatte er den Gedanken, an die wichtigsten Plätze zugleich Infanterie und Cavallerie zu verlegen, die sich gegen den nächsten Anlauf vertheidigen und dann unter einander unterstützen könnte. Mitten in diesen Vorbereitungen aber überraschte ihn der König, der in rapider Eile über den Thüringerwald daherkam. Erfurt vermochten die Kaiserlichen gar nicht einmal zu erreichen; in andern thüringischen Plätzen, wo die Vorposten beider Parteien an einander geriethen, konnten sie sich nicht halten; auch nicht in Naumburg; sie verließen sogar Weißenfels. Selbst in der Ebene von Lützen, wo sie noch immer Meister von Sachsen geblieben wären, konnte er sie nicht dulden. Er wollte sich mit den Sachsen, die in Torgau dem Feind zuvorgekommen waren, wie er selbst zu Naumburg, vereinigen[1]; er meinte selbst ohne sie, da er die Kaiserlichen erschüttert sah, ihnen den Vortheil abgewinnen, sein Hauptquartier in Lützen nehmen zu können.

Wallenstein dagegen war entschlossen, aus der Position, die auch für ihn wegen der Verbindung mit Zeitz und Altenburg, sowie mit Merseburg und Leipzig den größten Werth hatte, nicht zu weichen: noch in der Nacht nahm er mit der ansehnlichen Macht, die um ihn war, eine feste Stellung, in der er sich zutraute die Andringenden zurückzuweisen, wie vor Kurzem bei Burgstall.

---

1) „Sich Chursachsen etwas zu nähern und dieses zur Conjunction zu vermögen.“ Bericht an Oxenstierna.

So stießen die beiden großen Kriegsmänner der Epoche zu einer offenen Feldschlacht auf einander.

Eigentlich von ihrem Gegensatz, von Polen und den Ufern der Ostsee, war die allgemeine Wendung, welche die Dinge seit drei Jahren genommen hatten, ausgegangen. Friedlands Besitznahme von Mecklenburg hatte dem König von Schweden einen vor aller Welt gerechtfertigten Anlaß gegeben nach Deutschland zu kommen. Da lagen denn die Umstände so günstig für ihn, daß er als der Vorfechter der großen religiös-nationalen Sache, der Hersteller des Religionsfriedens und der mit demselben zusammenhängenden Reichsgesetze auftreten konnte. Wäre er allein deshalb über die See gekommen, um altgesetzliche Zustände im Reich herzustellen und wieder aufzurichten, so würde seine Mission nahezu vollendet gewesen sein. Allein er hatte sein schwedisches Interesse keinen Augenblick aus den Augen verloren, und durch Besitzergreifungen, Bündnisse und selbst Huldigungen im deutschen Reiche eine so gewaltige Stellung eingenommen, daß er als der vornehmste Repräsentant des protestantischen und antiösterreichischen Prinzips in Europa erschien. Welches waren nun hier seine Absichten? Hat er wirklich gedacht Römischer Kaiser zu werden, wie man ihm nachsagt, und die Reichsgewalt in seine Hand zu nehmen?

Oxenstierna hat einst dem brandenburgischen geheimen Rath auseinandergesetzt, die Intention des Königs sei im Allgemeinen gewesen, sein Reich der Ostsee zu versichern, die gegnerischen Bestrebungen zu brechen, die bedrängten Lande zu befreien, dann weiter zu gehen, oder inne zu halten, je nachdem es das Bessere scheine; er habe jedoch nie geglaubt, so weit zu kommen als er gekommen sei; er sei nur immer der Gelegenheit gefolgt, die Lage des Momentes sei die Grundlage seiner Rathschläge gewesen[1].

Dazu nun, daß er hätte hoffen können, die höchste Gewalt im Abendlande in die Hand zu nehmen, waren in diesem Augenblick die Verhältnisse nicht angethan. Frankreich hätte es nimmermehr zugelassen. Und auch Oesterreich-Spanien entwickelte Kräfte des Widerstandes, die er nicht hätte überwältigen können.

Noch eine andere vertrauliche Aeußerung des Kanzlers liegt vor, nach welcher der König die Gründung eines selbständigen skandinavischen Reiches beabsichtigte[2]. Schweden, Norwegen und Dänemark bis an den großen Belt sollten vereinigt, und die Küstenländer der Ostsee, im Gegensatz mit Polen und Deutschland, dazu geschlagen werden. Es ist der Grundgedanke der schwedischen Macht, der von da an anderthalb Jahrhunderte die Welt beschäftigt hat. Und wenn es authentisch ist, was wir sahen, daß der König nicht der Meinung war, die Städte und Lande, welche er eingenommen, obgleich er sie hatte huldigen lassen, zu behalten, sondern nur sie zum Pfand der Abtretungen zu machen, die ihn seiner maritimen Macht versicherten, so stimmt das damit im Allgemeinen zusammen. Der Gedanke des skandinavischen Reiches beherrschte auch die deutsche Politik Gustav Adolfs.

Die Aechtheit der protestantischen Gesinnung des Königs dürfte man nun nicht läugnen: sie war mit seinem schwedischen Gedanken und zwar für ihn selbst ununterscheidbar

1) Conferenz vom 30. Januar 1633, im Berliner Archiv.

2) Anteckning ex mem. Bengt Oxenstjerna, nach einer Mittheilung Axels. In Handlingar rörande Skandinaviens historia II, 101.

verbunden. Indem er den Einfluß der Kaiserlichen in Polen brach und sie von der Ostsee verdrängte, kam er zugleich den Protestanten gegen die katholisch-österreichische Uebermacht, wie sie noch 1629 war, zu Hülfe. Dem Protestantismus hat er seine Selbständigkeit im Reiche zurückgegeben, Niemand wird ihm diesen Ruhm entreißen. Dem Interesse desselben entsprach sein Plan und Wunsch, die Gleichheit der Bekenntnisse in dem churfürstlichen Collegium herzustellen, wie denn davon das Gleichgewicht derselben und der Friede am meisten abhing. Ganz anders verhielt es sich mit seiner Absicht, die Küsten der Ostsee für Schweden zu gewinnen. Wenn er Pommern verlangte, auf welches der Churfürst von Brandenburg die bestbegründeten Ansprüche hatte, so machte er dadurch eine weitere Umgestaltung nothwendig, da es ohne Entschädigung Brandenburgs, diese aber ohne Säcularisationen nicht möglich war. Die Umwandlung mußte noch weiter geführt werden, als es durch die protestantischen Bisthümer und Erzbisthümer geschehen war.

Gustav Adolf hatte eine Umgestaltung des Reiches in der Weise, wie sie sich später wirklich vollzogen hat, im Sinne. In dem Eindringen dieses Fürsten im Reich, das für die Rettung des Protestantismus unentbehrlich war, das nun aber wieder zur Folge hatte, daß er eine Ausstattung von dem Reiche verlangte, wie sie für sein Schweden wünschenswerth war, lag die Krisis der deutschen Geschicke für alle Zeit.

Weder diese Abtretungen, noch die Säcularisationen, noch die in Aussicht gestellten Verfassungsbestimmungen konnte der Kaiser zugestehen. Friedland durfte auf Zurücknahme des Edictes, welches die Protestanten zu dem Aeußersten getrieben hatte, auf weltliche Verwendung der geistlichen Einkünfte dringen; aber nicht auf Abtretung ansehnlicher Gebiete und Säcularisation, welche den Rechten und Ansprüchen des Kaisers geradezu entgegengelaufen wären. Der damalige Standpunkt des Kaisers und Wallensteins ist dem verwandt, welchen einst Carl V. einnahm, als er sich dem von Matthias Held geschlossenen katholischen Bündnisse fern hielt, die Protestanten durch Concessionen zu beruhigen, aber dabei das Uebergewicht des Katholicismus und die Einheit des Reiches aufrecht zu halten suchte. Wenn Wallenstein überdies seinen persönlichen Anspruch in vollster Ausdehnung festhielt, so meinte er denselben noch unter der Autorität des Kaisers durchzuführen, und durch die Verbindung der früheren mit neuen Verdiensten die höchste Stufe in der Rangordnung deutscher Reichsfürsten zu erwerben.

Die nächste Frage, in der sich in dem Augenblick alle großen Interessen concentrirten, war, ob die protestantischen Fürsten zu einer Vereinbarung mit dem Kaiser, ohne Rücksicht auf Schweden, gebracht, oder ob sie bei diesem Bunde festgehalten werden würden.

Der König wäre geneigt gewesen, wenn ihm seine Grundbedingung bewilligt wurde, den deutschen Fürsten die weitere Vereinbarung unter sich selbst zu überlassen[1]. Friedland meinte noch die Unterordnung der Fürsten unter dem Kaiser festzuhalten. Nicht so sehr jedoch die Idee über Kaiser und Reich, als die religiöse erregte die Gemüther. Wallenstein war jetzt für die vornehmste Forderung der Protestanten; aber welch eine Gefahr für diese, wenn er den Sieg erfocht, später aber nicht im Stande war, den Religionseifer des Kaisers nach-

1) So versichert kurz darauf der Churfürst von Sachsen.

haltig zu mäßigen. Für Gustav Adolf war der evangelische Name alles: er stritt für das Bestehen des Protestantismus mit vollem Herzen. Er hatte denselben zum Prinzip seiner Heerführung gemacht: er selbst gehörte ihm mit freudigem und sicherem Bekenntniß an, heiter von Natur, durch und durch populär, ein Mann der deutschen Bürgerschaften, die ihn mit Freuden selbst als ihren Herrn begrüßt hätten. Die Verehrung, die man ihm zollte, war ihm fast zu stark.

Dagegen konnte dem Friedländer nie Verehrung genug bewiesen werden. Man wußte nicht, ob er der Religion, die er bekannte, wirklich ergeben sei: man sagte, er glaube mehr an die Gestirne, die sein Astrolog befrage: manche meinten, er glaube auch daran nicht. Bei ihm war alles bedachter Plan, umfassende Combination, ein immer höher strebender Ehrgeiz. Wenn auch der König ein weiteres Ziel verfolgte, so trat das doch vor den freien populären Impulsen zurück, denen er jeden Augenblick Raum gab. Wallenstein war ein podagrischer Strateg; der König ein General von rüstiger Beweglichkeit; er hatte eine lebendige, kriegsmännische Ader. Wallenstein wollte die Formen des Reiches erhalten, mit möglichster Schonung des Protestantismus; Gustav Adolf sie durchbrechen: mit voller Feststellung des Bekenntnisses. Niemand verließ sich auf Wallenstein: zu Gustav Adolf hatte Jedermann Vertrauen.

So umfaßte der Widerstreit der beiden Heerführer die Welt und das Reich der Ideen, die politische und religiöse Zukunft von Deutschland: als sie an dem Eingang der großen sächsischen Ebene, Regionen, die noch manchen andern Weltkampf gesehen haben, auf einander stießen. Es entspricht ihrem Verhältniß, daß Gustav Adolf unaufhaltsam vordrang,

Wallenstein dort an der Landstraße von Lützen eine von Gräben und Verschanzungen geschützte starke Position genommen hatte, um ihn festen Fußes zu empfangen.

Einen Augenblick hielten die beiden Schlachtordnungen einander gegenüber, etwa dreihundert Schritt von einander; die Feldstücke spielten gegen einander. Die Heere waren nicht gerade sehr zahlreich. Die Schweden werden nicht über 14,000, die Kaiserlichen am Morgen nicht über 12,000 M. stark gewesen sein. Aber noch zur rechten Zeit traf Pappenheim mit seiner Reiterei von Halle kommend ein, eben in dem Augenblick, als der König angriff.

Zu persönlichem Zusammentreffen ließen die Schlachten dieser Zeit nicht mehr so viel Raum, wie noch im vorigen Jahrhundert die Bataillen der Hugenotten in Frankreich. Aber es erinnert noch daran, wenn hier auf dem linken Flügel der Kaiserlichen, den der König angriff, zuerst Pappenheim tödtlich verwundet weggebracht wurde, gleich darauf auch der König, in den Arm geschossen, sein Pferd nicht mehr führen konnte und von ein paar Kugeln getroffen auf dem Schlachtfelde niedersank.

Eigentlich über seiner Leiche entzündete sich auf diesem Flügel die Schlacht.

Nach dem ersten von Nebel verhüllten Getümmel drang eine kaiserliche Brigade zu Fuß, unter dem Oberst Comargo, von Reiterei unterstützt, gegen den schwedischen Schlachthaufen vor, warf ihn auseinander, und brachte eine nicht geringe Zahl Feldzeichen in ihre Hand; aber den Körper des Königs konnte sie nicht mit davon nehmen: denn indem kam schwedische Cavallerie den in Verwirrung gerathenen Regimentern zu Hülfe und behielt die Oberhand. Die Kaiserlichen wurden nun ihrerseits zurückgeworfen und von ihrem Geschütz weggedrängt: während sich die weichende Infanterie den andern Brigaden zugesellte und aufs neue Stand hielt, warf sich die Cavallerie in eine wilde Flucht; sie war noch halbbarbarisch und plünderte im Rücken des eigenen Heeres das dahin in Sicherheit gebrachte Gepäck.

Indeß war ein ähnlicher Angriff unter Herzog Bernhard auf den rechten Flügel der Kaiserlichen unternommen, zwar zurückgewiesen, aber immer wieder erneuert worden. Ueber die ganze Linie hin war dann der Kampf entbrannt. Die beiden Parteien wetteiferten in Tapferkeit. Unter den Kaiserlichen machte sich besonders Ottavio Piccolomini bemerklich: in seiner blanken Rüstung, an der Spitze eines wackern Reitergeschwaders; er schien sich um die Verwundungen, die er erhielt, wenig zu kümmern. Man schlug, wie Wallenstein sagt, mit einer Wuth, wie er sie noch nie erlebt habe: ein Treffen sei immer auf das andere gefolgt; und mit der größten Entschlossenheit habe man gefochten; auf der Seite des Feindes sowie auf der kaiserlichen seien große Verluste erlitten worden, die meisten Offiziere seien verwundet oder todt. Er selbst ward von einer Kugel gestreift; unerschrocken, mit dem überlegenen Blick des geübten Heerführers hielt er alles in Ordnung; er wußte die in Nachtheil gerathenden Regimenter allezeit mit frischem Volk zu unterstützen. Endlich aber wurde dies unmöglich. Herzog Bernhard bemächtigte sich der angegriffenen, obwohl mit gutem Feldgeschütz versehenen Position, so daß sie ihm nicht wieder entrissen werden konnte. Wallenstein bemerkte, daß der bessere Theil seiner Truppen erschöpft, der andere, dessen Haltung überhaupt seinen Erwartungen nicht entsprach, nicht mehr zusammenzuhalten war. Er hatte keine Niederlage erlitten; aber er fühlte, daß er die eingenommene Stellung nicht weiter behaupten könne. Nicht ohne die vornehmsten Führer zu Rathe gezogen zu haben, beschloß er den Rückzug einzuschlagen. Als noch am Abend das Pappenheimische Fußvolk eintraf, mit der Absicht die Schlacht zu erneuern, gab ihm der General die Weisung, nur eben den Rückzug decken zu helfen. Was diesen Entschluß zu einem unvermeidlichen machte, war die Stimmung der Landeseinwohner. Schon waren die Fuhrleute, welche das Geschütz angefahren hatten, mit ihren Pferden davon gegangen; es konnte nicht einmal mit fortgeschafft werden. Das ganze Land war feindselig und zur Empörung geneigt. Wallenstein hätte fürchten müssen, den Bestand der Armee zu gefährden, auf der seine Größe beruhte.

Die Schweden und Protestanten hatten ohne Zweifel die Oberhand; aber auch sie waren nach Weißenfels zurückgegangen, wohin die Leiche des Königs gebracht worden war. Da hielten sie ihren Rath[1].

---

1) Die ruhigsten und zuverlässigsten Berichte stammen von der kaiserlichen Seite. Sehr eingehend über die allgemeine Lage ist Deodati, der von Friedland an den Kaiser geschickt wurde. Wesentlich ergänzt wird er durch den Bericht von Gallas an den König von Ungarn, der bei Förster, Wallensteins Prozeß S. 95, mitgetheilt ist. Von Wallenstein selbst liegt ein sehr drastischer und unterrichtender Brief an Aldringer vor; Aretins Wallenstein, Anhang S. 41. Gallas war nicht zugegen, er empfing seine Nachrichten von dem Feldmarschall Holka, und schrieb nicht eher, als bis er sich „von der gründlichen Beschaffenheit der Schlacht" unterrichtet. Da wird denn auch des Herzogs Franz Albert von Lauenburg, in dessen Armen der König gestorben sein soll, gedacht. Aus einer Aeußerung Oxenstiernas entnehme ich, daß der Herzog das selbst an Wallenstein berichtet hat. Er wird überhaupt als eine Creatur des Friedländers bezeichnet. Seine eigne Erzählung scheint den Verdacht rege gemacht zu

Wir können die Schlacht als eine im eminenten Sinne historische bezeichnen. Der Ueberfluthung von Norddeutschland durch die Liga seit der Schlacht am weißen Berge war bei Breitenfeld ein Ziel gesetzt worden. Noch einmal trat die Wiederherstellung der kaiserlichen Uebermacht in Aussicht; sie würde den Protestantismus unter erträglichen Bedingungen in den alten Formen, aber auch in den alten Gefahren haben bestehen lassen. Ihr ward durch die Schlacht von Lützen Einhalt gethan. In dem Kampfe zwischen Action und Reaction, der Europa umfaßte, stellte sich in Deutschland eine Art von Gleichgewicht der Kriegskräfte, der Bekenntnisse, der Dynastien her.

Ist es nicht wie eine Fügung des Schicksals, daß der Urenkel des niedergeworfenen, geächteten, beraubten Johann Friedrich, ein fast besitzloser Herzog von Weimar es sein mußte, der diese entscheidende Schlacht vorbereitete und dann hauptsächlich zu einem glücklichen Ende brachte?

---

haben, namentlich da sich, wie man aus der Erzählung von Gassion sieht, Niemand den Verlauf recht eigentlich denken konnte. Ich will den Verdacht nicht etwa auffrischen, sondern nur seinen Anlaß nachweisen. Außer den gedruckten Berichten lagen mir noch ein paar bisher unbekannte Briefe aus dem schwedischen Hauptquartier vor.

## Neuntes Capitel.

### Friedensentwürfe in der ersten Hälfte des Jahres 1633.

Für Wallenstein bildete der Ausgang der Schlacht ein unendlich wichtiges persönliches Ereigniß.

In seiner Laufbahn, in der sich sein eigenstes Interesse mit dem kaiserlichen verband, hatte er anfangs unermeßlichen Erfolg gehabt; er hatte die Eroberung von Constantinopel, die Herstellung der deutschen Monarchie im Sinne des alten Kaiserthums in Aussicht nehmen können.

Wenn er dann vor der Liga, die dem Kaiser ihren Willen auflegte, zurück treten mußte, so waren beide überwältigt worden. Er hatte hierauf die Heerführung wieder übernommen, und es war ihm gelungen die kaiserliche Autorität durch die Waffen zu erneuern, so daß er die Idee einer Pacification des Reiches im Sinne derselben fassen konnte: die Schlacht bei Lützen bewies ihm aber, daß die Elemente, mit denen er kämpfen mußte, seinen Streitkräften überlegen waren.

König Gustav Adolf war umgekommen; aber seine Truppen und damit auch im Allgemeinen seine Tendenzen behielten die Oberhand über die kaiserlichen.

Wallenstein hatte noch von Glück zu sagen, daß die feindlichen Heerschaaren ihn nicht unmittelbar nach Böhmen verfolgten. Churfürst Johann Georg von Sachsen und dessen Feldmarschall hätten nichts mehr gewünscht: denn die Quartiere, die Wallenstein genommen, seien von einander weit entlegen; man werde ihm ohne viel Schwierigkeit beikommen können; wenn man ihn vollends niederwerfe, so werde man der Katholischen überhaupt Meister sein. Aber Herzog Bernhard von Weimar, der unmittelbar nach der Schlacht nach Dresden kam und zur Mitwirkung aufgefordert wurde, versagte dieselbe[1]. Er urtheilte, da Wallenstein noch immer stärker sei, als die schwedisch-deutsche Armee und diese keine festen Plätze in Böhmen inne habe, so würde sie, wenn sie daselbst vorrücke, vielmehr ihrerseits in Gefahr gerathen. Er drang darauf, daß vor allen Dingen die Plätze des sächsischen Gebietes, welche die Kaiserlichen noch inne hatten, ihnen entrissen, und dann die übrigen gegen einen Angriff von dorther sicher gestellt würden. Für Sachsen waren seine Gedanken lediglich auf Defensive gerichtet: zur Offensive rief ihn sein Ehrgeiz nach Franken.

Dieselbe Ansicht äußerte der schwedische Reichskanzler Oxenstierna, der im December nach Dresden kam. Einen Angriff auf Böhmen verwarf er ungefähr aus denselben Gründen wie Bernhard; ihm stand der Sinn nach dem Vorbild und der Anweisung des Königs hauptsächlich auf Fortsetzung des Krieges in Oberdeutschland.

So behielt Wallenstein Zeit und Ruhe, um seine Armee herzustellen. Die, welche in dem letzten Feldzug, der letzten

1) Bernhard traf am 13. Abends in Dresden ein (wovon bei Röse keine Notiz). Die Actenstücke über seine Verhandlungen finden sich im Archiv zu Dresden.

Schlacht ihre Pflicht nicht gethan hatten, wurden mit einer Strenge, die an Grausamkeit streifte, bestraft; die, welche die Zufriedenheit des Generals erworben, mit glänzenden Belohnungen geehrt. Die Regimenter wurden in den Quartieren erfrischt und verstärkt, und alles vorbereitet, um im Frühjahr drei verschiedene Corps nach Baiern, Franken und Schlesien ins Feld rücken zu lassen.

Bei alle dem aber — auf die Erblande zurückgeworfen, deren Vertheidigung aus eignen Hülfsquellen er einst selbst für unmöglich erklärt hatte, und nicht mehr fähig, eine an Zahl überlegene Armee, auf die er von jeher seine Sache gestellt hatte, aufzurichten — war er sehr geneigt, die Hand zum Frieden zu bieten.

Der dänische Gesandte, Graf Wartensleben, der von Christian IV, welchem die im Kriege anwachsende Macht von Schweden nicht eben angenehm sein konnte, zu einer Friedensvermittelung nach Wien geschickt worden war und jetzt von da nach Dresden ging, besuchte auf seinem Wege den Herzog von Friedland. Der sagte ihm: „er fühle jetzt, daß er alt werde; er sei von Krankheiten geplagt der Ruhe bedürftig; er besitze eine Stellung, die ihm genügen könne; von der Fortsetzung des Krieges dürfe er sich keinen Zuwachs an Reputation versprechen, sondern eher das Gegentheil". „Niemals", fügte er hinzu, „habe er größere Vorbereitungen zum Kriege gemacht, aber doch niemals heißere Begierde gehabt, Frieden zu machen. Von dem, was er persönlich prätendiren könne, sei er bereit einiges nachzulassen, um das große und nothwendige Werk nicht zu hindern"[1]. — Versicherungen, die noch über das

1) Brandenburgische Schrift über den „Verlauf in Dresden an den Kanzler Oxenstierna".

hinausgingen, was sich erwarten ließ? Auch hätte Graf Wartensleben nichts darauf gegeben, hätte er nicht einen Brief gesehen, worin Wallenstein den Kaiser aufforderte, auf Frieden zu denken und die Menschen von sich entfernt zu halten, deren Bemühen nur immer sei, Zwietracht zu säen.

Wir wissen, wie man in Wien nach dem Zusammentreffen von Nürnberg über den Frieden dachte. Die Anmahnung galt den religiösen Antipathien des Kaisers, die durch die eifrig-katholische Partei unaufhörlich rege erhalten wurden.

Wartensleben fand in Dresden auch den Churfürsten von Brandenburg, der eben aus Preußen zurückgekehrt und nach Dresden gekommen war, um mit seinem Nachbar, dessen Ansehn und Macht die seine damals noch übertraf, über Krieg und Frieden zu Rathe zu gehen.

Das Jahr zuvor hatte man in Sachsen in geistlicher und politischer Beziehung die Bedingungen aufgestellt, unter denen eine Pacification stattfinden könne. Sie enthalten nahezu das, was man in Wien voraussetzte, doch gehen sie noch tiefer ein. Mit der einfachen Zurücknahme des Restitutionsedictes wurden darin auch alle die frühern Anliegen, welche die Reichstage beschäftigt hatten, verbunden: Beschränkung des geistlichen Vorbehaltes auf seinen ursprünglichen Wortlaut, so daß er auf die protestantischen Stifter nicht bezogen werden könne; Erneuerung der ferdinandeischen Declaration; Austrag entstehender Streitigkeiten nicht beim kaiserlichen Hofe, sondern vor den Ständen beider Religionen; paritätische Besetzung des Kammergerichts und des Reichshofraths. Es waren eben die Punkte, auf welche Pfalz und Brandenburg früher gedrungen hatten, und die deshalb unerledigt geblieben waren, weil Sachsen sie nicht unterstützt, sondern sich vielmehr für die kaiserliche Auffassung erklärt hatte. Nun aber, angegriffen und in seinem besondern Dasein gefährdet, machte Johann Georg diese Anträge zu seinen eignen. Dem wurden nun die in dem Kriege entstandenen neuen Forderungen hinzugefügt: Abschaffung der Contributionen und Confiscationen im Namen des Kaisers, sowie Unterlassung auswärtiger Kriegsunternehmungen ohne förmlichen Reichsbeschluß; Herstellung von Mecklenburg und der Pfalz; Versicherung wegen der mit Schweden eingegangenen Verträge[1].

Mit alle dem war Churfürst Georg Wilhelm sehr einverstanden; aber es genügte ihm noch nicht: namentlich waren es zwei Punkte, in denen er weiter gehen wollte. Der sächsische Entwurf gedachte einer Beilegung der pfälzischen Sache auf richtigem billigem Maße. Brandenburg meinte, daß man die Uebertragung der pfälzischen Chur auf Baiern nimmermehr zugeben könne: denn dadurch würde die katholische Majorität im Churfürstenrathe befestigt werden: und was stehe den Evangelischen bevor, wenn einmal das Reichsvicariat auf Baiern übergehe? Hauptsächlich brachte es zur Sprache, daß in den Gebieten der Krone Böhmen die freie Religionsübung nicht allein, sondern auch der gleiche Antheil der Evangelischen an den öffentlichen Aemtern wiederhergestellt werden müsse. Würde man den hitzigen Eifer der jesuitischen Rathgeber nicht mäßigen, so würden auch die Nachbarn sich keiner Sicherheit

1) „Summa desjenigen, was uff seiten der Evangelischen bey der Keyserlichen Majestät und den catholischen Stenden zu suchen und darauf zu bestehen billig erachtet wird:“ — ein Aufsatz, der in Torgau unter dem Titel Media pacis von Sachsen an Brandenburg mitgetheilt worden war. Archiv zu Dresden.

erfreuen: sei doch eben von Böhmen die ganze Unruhe ausgegangen.

Weder hierüber, noch auch für den Fall, daß der Friede überhaupt nicht erreicht werden könne, über die Art und Weise wie alsdann der Krieg fortzusetzen sei, konnte man sich verständigen. Der Churfürst von Sachsen wünschte die Direction in seine Hand zu bringen; Schweden dachte er auszuschließen, Brandenburg behandelte er als untergeordnet. Einmal ist es darüber zu einem persönlichen Mißvernehmen zwischen den beiden Churfürsten gekommen, doch nicht zu einer Entzweiung. Sie haben vielmehr zuletzt eine militärische Cooperation verabredet. Georg Wilhelm war einverstanden, daß ein bereits von sächsischer Seite eingeleiteter pacificatorischer Versuch sofort ins Werk gesetzt würde[1].

Unmittelbar nach der Schlacht von Lützen hatte sich der unermüdliche Vermittler, Landgraf Georg von Hessen, mit einem Erbieten seiner guten Dienste in dem Mediationsgeschäft an den Kaiser gewendet, und sich dann im December an den Hof seines Schwiegervaters Johann Georg nach Dresden begeben. Durch eine Antwort von Wien, welche nach langem Verzug dort bei ihm einging, in seinem Vorhaben bestärkt, meldete er weiter, daß er Mittheilungen von Belang, welche die Reichsberuhigung fördern und über alle vorkommenden Fragen Licht geben würden, mündlich zu machen wünsche. Jene sächsischen Vorschläge waren ihm mitgetheilt worden, ohne daß er sich amtlich darauf beziehen durfte, denn man wollte sie einer allgemeinen Genehmigung der evangelischen Stände vor-

1) Chemnitz II, 29, aus den von Brandenburg an den Reichskanzler geschehenen Mittheilungen.

behalten; doch entnahm er daraus, worauf es ankam, und gewann für seine Verhandlungen eine feste Grundlage. Der kaiserliche Hof willigte in eine Zusammenkunft des Landgrafen und seiner Räthe mit einigen leitenden Mitgliedern des kaiserlichen geheimen Rathes, die zu Leitmeritz gehalten werden sollte.

Man hat damals bezweifelt, ob auch der Churfürst von Brandenburg davon gewußt, dazu seine Einwilligung gegeben habe: aber so verhält es sich doch. Er hat eines Tages den Landgrafen besucht, um ihm zu seinem Vorhaben Muth einzusprechen. Bei einem Bankett, das bei dem Herzog von Holstein am 10. März Statt fand, hat er demselben Glück dazu gewünscht[1]. Das war eines Sonntags: den andern Morgen, eines Montags, trat der Landgraf seine Reise an; er nahm seinen Weg über Töplitz.

An der böhmischen Grenze wurde er von ein paar Compagnien Kroaten empfangen; an der Elbe von einem der vornehmsten Reiterobersten Friedlands in dessen Namen und unter bewaffnetem Geleit nach dem Städtchen geführt, wo die Truppen Spalier bildeten. Zwei Stunden vor ihm waren die kaiserlichen Bevollmächtigten eingetroffen, welche ihm, als er ihnen sofort seinen Besuch machen wollte, um allen Anschein von Superiorität zu vermeiden, auf der Gasse entgegenkamen. Der vornehmste unter ihnen war der Bischof von Wien, der nach wie vor als einer der Vertrauten und Vertreter der friedländischen Politik am Hofe angesehen wurde.

Nach einer kurzen Besprechung am folgenden Tage, in

---

1) So ergiebt sich aus einer Anmerkung zu dem Bericht über eine mit Oxenstierna vorgegangene Verhandlung des Landgrafen.

welcher der Landgraf besonders betonte, daß es zunächst nur darauf ankomme, dem Churfürsten von Sachsen Licht darüber zu verschaffen, wie weit man von kaiserlicher Seite zu gehen gedenke, und zwar in den allgemeinen sowohl wie in seinen besondern Angelegenheiten, begannen die Conferenzen am 14. März früh um sieben in der Behausung des Landgrafen, der die Verhandlungen persönlich leitete.

Er brachte vor allem die Befriedigung der Schweden zur Sprache, auf die es auch deshalb ankam, weil ohne eine solche ein allgemeiner Friede nicht zu hoffen war. Die kaiserlichen Gesandten bemerkten, daß man sie nicht vom Kaiser erwarten könne, da der König in Regensburg zum Reichsfeind erklärt worden sei. Der Vorschlag des Landgrafen war, den Schweden ein paar Orte als Lehen des Reiches zu überlassen. Die Kaiserlichen sprachen sich nicht geradezu dagegen aus; sie meinten, der Kaiser könne wenigstens stillschweigen und conniviren.

Der zweite Artikel betraf die Herstellung der Pfalz. Der reichsrechtlich wichtigste Punkt, die Uebertragung der Chur auf Baiern, ward dabei nicht erwähnt; so weit ging Sachsen auch jetzt noch nicht, um sie mit wahrem Eifer anzufechten. Nur der Rückgabe der dem pfälzischen Hause entrissenen Landschaften wurde gedacht. Die kaiserlichen Bevollmächtigten stellten eine solche in Aussicht, wiewohl nicht vollständig: der Kaiser würde darüber selbst Land und Leute verlieren.

Am ausführlichsten sprach man über die Interessen der Religion und der protestantischen Fürsten. Die Bevollmächtigten waren geneigt, die geistlichen Güter, die innerhalb der evangelischen Territorien gelegen seien, zurückzugeben; man erörterte die Frage, wie es gehalten werden sollte, wenn solche etwa zur Ausstattung eines Bisthums gehörten. In Bezug auf die eingezogenen Erzstifter waren sie nicht so eingehend; der Kaiser schien namentlich den Anspruch seines Sohnes auf Halberstadt und Magdeburg noch behaupten zu wollen, wogegen der Landgraf, schon im Interesse seines Schwiegervaters, vorstellte, daß das unter den veränderten Umständen nicht mehr möglich sei.

Die paritätische Besetzung des Kammergerichts und des Reichshofrathes verweigerten die Bevollmächtigten nicht geradezu; nur davon wollten sie nichts hören, daß eine solche Maßregel auch auf den geheimen Rath des Kaisers ausgedehnt würde; sie versicherten, das werde derselbe nun und nimmermehr zugeben.

Und ebenso stark war ihr Widerspruch, als der Herstellung der alten Zustände in Böhmen, auch der Freiheit der Wahl gedacht wurde. Sie warnten davor, der Partei, die in Wien auf die Fortsetzung des Krieges dringe, wie dazu auch mannichfaltige Hülfe angeboten werde, nicht noch mehr Rückhalt zu verschaffen. Für das Reich waren sie erbötig, das Prinzip der Religionsfreiheit, wie es jetzt mit Rücksicht auf die Territorialhoheit gefaßt wurde, zuzugestehen, nicht jedoch in Böhmen. Denn warum sollte der Kaiser nicht ebenso gut das Recht der Verfügung in dieser Hinsicht haben, wie jeder andere Fürst in seinem Gebiete?[1]

Man sieht: in Beziehung auf die besondern österreichischen Interessen, die Autonomie des kaiserlichen Hofes, die seiner Räthe und seiner Erblande, waren sie unerbittlich; in den

1) Relation der Herren Hessischen Räthe, als S. Fürstl. Gnaden von Leutmaritz zurückgekommen. 17. März. (Im Dresdner Archiv.)

Anliegen des Reiches jedoch traten sie näher herbei als bisher. Worauf alles ankam, eine gleiche Berechtigung der beiden Religionsparteien in den verschiedenen Territorien und den Reichsgerichten wollten sie anerkennen; sie verstanden sich zur Restitution eines Theiles der Pfalz und waren geneigt eine Befriedigung von Schweden zu genehmigen; sie wünschten nur zu wissen, worauf hierbei eigentlich die Absicht gehe.

Die beiden Parteien waren noch weit von einander; aber eine Verständigung lag allerdings in der Möglichkeit der Dinge. Die Absicht war gefaßt, demnächst, noch im Frühjahr, dafür einen Friedenscongreß zu Stande zu bringen, der in Breslau, oder vielleicht auf dem Schloß in Prag gehalten werden könne. Dafür wäre dann ein Waffenstillstand vonnöthen gewesen. Man ließ zunächst nur den Churfürsten von Sachsen wissen: wenn er nach Böhmen vordringen sollte, so würde er veranlassen, daß man ihn in seinem Gebiete heimsuche und es mit Feuer und Schwert verheere: unterlasse er es aber, so werde auch er keine Feindseligkeit erfahren.

Diese Verhandlungen sind ohne persönliche Theilnahme Wallensteins gepflogen worden: aber der Bischof von Wien hatte noch vorher Rücksprache mit ihm darüber genommen; man war berechtigt, wenn nicht in jedem einzelnen Punkt, doch im Allgemeinen seine Uebereinstimmung vorauszusetzen. In diesem Sinne hat er, als ihm von denselben Mittheilung gemacht wurde, die Antwort gegeben: was zu des heiligen Reiches Ansehn und Wohlstand diene, dazu wolle er an seinem Ort mitwirken. Unter diesen Aspecten griff er wieder zu dem Schwert.

Wenn man überhaupt keine Kriegsführung verstehen kann, ohne die politische Lage zu kennen, in welcher die

Waffen zu einem vorgesetzten Zweck einzugreifen bestimmt sind, so ist das in verdoppeltem Maße der Fall, wo ein Feldherr auftritt, der auch über den Frieden zu entscheiden hat, und mit den allgemeinen Interessen zugleich seine persönlichen selbstbewußt und unaufhörlich im Auge behält. An regelmäßigen Friedensunterhandlungen, etwa unter dänischer Mediation, und einem allseitigen, behufs derselben zu bewilligenden Stillstand war dem Herzog von Friedland nichts gelegen. Er wollte Führung und Stillstand der Waffen, Unterhandlung und Abschluß ausschließend in seiner Hand vereinigen. Daß der König Gustav Adolf gefallen war, der einzige Nebenbuhler im Felde, den er anerkannte, gab ihm trotz dem Vortheil der schwedischen Armee ein erhöhtes Selbstgefühl, das er auf seine sprichwörtliche Weise gröblich und treffend ausgedrückt hat[1]. In den deutschen Gebieten gab es Niemand — denn auch Churfürst Maximilian wurde durch die Angriffe, die sich eben gegen ihn richteten, von seiner Hülfe abhängig — der ihm hätte widerstreben können. Die Protestanten meinte er mit sich fortzureißen und zu beherrschen, da sie durch das Verhältniß zu dem König, das ein persönliches war, nicht mehr gebunden wurden.

Wollte er etwas ausrichten, so durfte er nicht in Böhmen gleichsam eingeschlossen bleiben. Er meinte, vor allen Dingen in Schlesien, und damit in den österreichischen Erblanden, Herr werden zu müssen, um dann den von allen Seiten gegen dieselben herandringenden feindlichen Heerführern entgegengehen zu können.

---

1) „Es könnten doch zwei Hannen auf einem müst sich nit vertragen." Sesyma.

Daß er nun aber dort gegen die vereinigten Sachsen, Brandenburger und Schweden das Kriegsglück in offenem Feld versuchen würde, war von Anfang an nicht zu erwarten. Dahin führten weder die bereits geschehenen Annäherungen, noch auch jene an Sachsen geschehene Warnung, die einen Krieg im vollen Verstande des Wortes ausschloß[1]. Der etwas schwerfällige Pomp, mit welchem der Herzog sein Gitschin verließ — vierzehn sechsspännige Carossen, eine lange Reihe von Gepäckwagen mit rothem Juchten bedeckt, ein in neuen Livreen glänzender zahlreicher Hofhalt, — kündigte doch nicht einen schlagfertigen Kriegscapitän an: er schien mehr eine hohe Meinung von den Mitteln geben zu sollen, über die man noch gebiete. Gallas, der die kaiserlichen Truppen in Schlesien befehligte, und wohl auch allein etwas auszurichten gemeint hätte, bekam den gemessenen Befehl, nichts zu unternehmen: denn wer hätte für den Ausgang stehen können? Indem nun der Generalissimus, dessen Sammelplatz in Königingrätz war, in Schlesien einrückte, gewannen die Kaiserlichen die Uebermacht der Zahl und der Führung. Denn von den protestantischen Führern weiß man, daß sie nicht eben gut zusammengingen. Die Kaiserlichen nahmen, nachdem sie Nimptsch besetzt hatten, eine feste Stellung, gegen welche die Evangelischen anzugehen Bedenken trugen; eines Tages bemerkten diese von den Höhen, die sie eingenommen hatten, daß es im feindlichen Heere, im Thal vor ihnen, lebendig wurde; das Herz schlug ihnen vor Freude, denn sie wünschten nichts

1) Antelmi, der hierauf besonders achtete, ist darüber ausführlich.

mehr als eine Feldschlacht; aber gerade das Gegentheil geschah.

Eine der Maximen des Herzogs von Friedland war, das Eine zu verstehen zu geben und das Andre zu thun. Indem er sein Kriegsvolk in Schlachtordnung stellte, bot er Unterhandlung an. Sein Vertrauter Terzka erschien bei den Vorposten, um den sächsischen Generallieutenant Arnim, der als solcher den höchsten Rang im protestantischen Heere hatte, zu einer Zusammenkunft einzuladen. Dazu war der Herzog selbst in seiner Sänfte in die Nähe gekommen.

Das erste Zwiegespräch, in der Mitte der beiden Feldlager, haben sie allein gehalten; aber dann nahm Arnim, denn sonst würde er in den widerwärtigsten Verdacht gerathen sein und nicht einmal einen kurzen Stillstand haben schließen können, einige angesehene Offiziere schwedischen und brandenburgischen Dienstes mit sich. Er hatte niedergeschrieben, wie er die Eröffnung des Herzogs verstanden habe; dieser erklärte in Gegenwart der andern: so verhalte es sich, das sei seine wahre und rechte Meinung.

Im Angesicht der beiden noch einmal zum Schlagen bereiten Armeen, durch welches, wie auch der Erfolg ausfallen mochte, der Friede auf gleichmäßig annehmbare Bedingungen unmöglich werden mußte, hatte Wallenstein den Gedanken gefaßt, in diesem Augenblick eine Vereinbarung zu Stande zu bringen und den Frieden zu dictiren. Einen allgemeinen Stillstand lehnte er ab und verhinderte ihn; einen besonderen setzte er in Gang. Die Feindseligkeiten zwischen beiden Armeen sollten eingestellt und die Kraft derselben[1] wider alle diejenigen vereinigt werden,

1) „conjunctis viribus, ohne Respect einiger Person".

welche sich unterfangen würden, das Reich noch ferner zu beunruhigen und die Freiheit der Religion zu hemmen.

Hatte er sich schon immer den ligistischen Tendenzen fern gehalten und eine Abkunft mit den Protestanten in Aussicht genommen, so war seine Meinung in diesem Augenblick, eine solche ungefähr im Sinne der Leitmeritzer Besprechung zugleich mit Rücksicht auf Befriedigung der Schweden abzuschließen und mit aller Macht durchzuführen.

Arnim verstand das so, daß das Reich in die frühere Verfassung, wie sie vor dem Kriege von 1618 gewesen war, wiederhergestellt werden sollte, in Bezug sowohl auf die Ehre und Privilegien der Stände, als auf die Religion und ihre Freiheit.

Auf dieser Grundlage sollte nun unterhandelt werden; Wallenstein erkannte sie an. Arnim säumte nicht, seinem Fürsten davon Nachricht zu geben: indem er ihn zugleich erinnerte, daß der Krieg in der Weise, wie er doch früher selbst vermeint hatte, auf Kosten der eingenommenen Landschaften nicht durchgeführt werden könne; schon beginne das Kriegsvolk, das man nicht bezahle, schwierig zu werden.

Ein Stillstand wurde auf vierzehn Tage geschlossen, während dessen die Offiziere gute Freundschaft mit einander machten — die evangelischen Obersten waren ein paar Tage hindurch die Gäste Friedlands; — er wurde einmal unterbrochen, ohne daß es doch deshalb zu ernstlichen Feindseligkeiten gekommen wäre, und im August wieder auf vier Wochen erneuert.

Wohin zielten nun die Verhandlungen, die man pflog?

Die Geschichtsbücher der Zeit sind mit ziemlich abenteuerlichen Entwürfen angefüllt, die aus den weitausgreifenden Worten, die man zu wechseln liebte, entsprungen sein mögen;

die besser begründeten Nachrichten lauten nicht so ungeheuerlich.

Darnach gingen die Vorschläge Friedlands auf Freiheit der Religion, Herstellung der Vertriebenen in ihr altes Eigenthum, und Friede und Freundschaft mit den Schweden, denen eine stattliche Vergütung von dem gesammten Reich zugesagt werden solle. Ausschließend auf eigne Hand hat sie Wallenstein wohl nicht gemacht. In den römischen Papieren findet sich eine dem Nuntius zugegangene officielle Mittheilung des Wiener Hofes, welche wesentlich dasselbe enthält.

Darnach war die Absicht, daß Mecklenburg und die Pfalz — diese doch wohl nur theilweise — hergestellt und das Herzogthum Pommern erhalten bleibe; die Schweden meinte man mit einigen befestigten Plätzen an der See und einem Hafen zu befriedigen: dagegen sollten die den deutschen Bischöfen, namentlich auch dem Erzbischof von Mainz, entrissenen Landschaften denselben zurückgegeben, und das Reich überhaupt in den Zustand von 1622 hergestellt werden.

Ob 1618 oder 1622 als das Normaljahr gelten sollte, war eine der vornehmsten Fragen. Die Annahme des letzteren schloß den Bestand der in Böhmen nach der Wiedereroberung eingeführten politischen und religiösen Zustände ein; es war die Modification, in welcher der kaiserliche Hof die Bedingungen dem päpstlichen vorlegte [1].

---

1) 1. Che i duchi di Pomerania, di Meckelburg ed il Palatino restassero padroni de' loro stati; 2. che li Suedesi tornassero in Suezia ritenendo solamente un porto di mare con alcune piazze; 3. che si restituissero i vescovati occupati e cio che fu tolto a

Wir erfahren, daß zwischen Arnim und Friedland Discussionen hierüber Statt gefunden haben. Arnim habe die Herstellung des allgemeinen Zustandes, wie er unter Kaiser Matthias war, gefordert: Wallenstein diesen Zeitpunkt als einen zu weit zurückliegenden bezeichnet. Unter den Bedingungen, welche als die Vorschläge Arnims dem päpstlichen Hofe ebenfalls mitgetheilt wurden, findet sich die Auskunft, daß Amnestie und Herstellung der verlornen Güter sich auch auf die Erblande erstrecken, über die Religion selbst aber der Kaiser zu disponiren haben solle[1].

Man kann diese gegenseitigen Eröffnungen als eine Fortsetzung der in Leitmeritz gepflogenen Verhandlung ansehen; sie beruhen auf dem alten Wunsch, vor allem Sachsen wieder mit dem Kaiser zu versöhnen. Der Grundgedanke ist die Erhaltung der Integrität des Reiches mit möglichst geringen Abtretungen, welche keine weitere Rückwirkung haben sollten, und die Zurücknahme der auf die Restitution der geistlichen Güter und die Bestrafung der Rebellen bezüglichen Machtsprüche.

---

Magonza e che le cose dell' impero restassero come erano nell' anno 1622. Rocci, 2. Giugno. Das Datum scheint zu beweisen, daß das Bedingungen waren, auf die man in Wien eingehen wollte und die bei den Anerbietungen Friedlands zu Grunde lagen.

1) Le proposizioni di pace, fatte a Friedland dall' Arnaim, furono le seguenti: che si perdoni ad ogni uno tanto ne stati patrimoniali dell' imperatore, quanto in tutto l' impero; che si restituiscano gli stati e beni a quelli, che n' erano stati privati dal anno 1618 in qua; che si revochi l' editto de' beni ecclesiastichi; ognuno viva nella sua religione, ma nelli stati hereditarii resti a libera dispositione dell' imperatore, che nel rimanente si rimetta lo stato che fu nell' 1618, lasciandosi pero al Bavaro la voce elettorale in sua vita. (Disp. di Grimaldi, 18. Giugno.)

Konnte man aber nun auch mit einigem Grunde die Hoffnung fassen, damit zum Ziel zu kommen?

Die eifrig-katholische Partei am kaiserlichen Hofe, die Vertreter des Papstes und der Liga erklärten sich dagegen.

Wenn unter anderem der Vorschlag war, die eingezogene Chur bei Lebzeiten Maximilians von Baiern diesem zu lassen, dann aber an die Pfalz zurückzugeben, — eigentlich eine Concession an Sachsen im Gegensatz gegen Schweden und Brandenburg, — so erweckte dies, so wenig es den Protestanten im Allgemeinen genügte, einen lebhaften Widerspruch unter den Katholiken. Denn dann würde, sagten sie, die Stimmengleichheit, die sich dem Katholicismus immer schädlich erwiesen hatte, wiederhergestellt werden. Man sprach nachtheilig von Pater Quiroga, dem dies nicht unannehmbar schien. Aber überhaupt setzte es den päpstlichen Nuntius in Aufregung, daß der kaiserliche Hof, wiewohl gewillt in den Erblanden Monarchie und Katholicismus aufrecht zu halten, indem er für diese die Norm des Jahres 1622 festhielt, doch die Neigung blicken ließ, im Reiche das Jahr 1618 anzunehmen. Der Nuntius Rocci machte den Fürsten Eggenberg auf die Gefahr, welche daraus für die Religion entspringe, und auf ihre Verluste aufmerksam, da ja damit das Restitutionsedict falle; er verwarf alle und jede Verabredung mit den Ketzern. Eggenberg erwiderte ihm, auch der Kaiser habe seine Theologen, durch die er unterrichtet werde, daß es ihm sehr wohl freistehe, mit den Andersgläubigen Verträge zu schließen, da sonst das volle Verderben der katholischen Kirche im deutschen Reiche vorauszusehen sei. Der Nuntius wendete sich an den Beichtvater des Kaisers, Lamormain, der bisher in den Angelegenheiten Wallensteins, als dessen Gegner er betrachtet wurde, nicht gehört worden war, an diesem Punkte aber wieder einsetzte, um zu seinem alten Einfluß zu gelangen.

Wallenstein kannte vorlängst diesen Gegensatz der geistlichen Grundsätze und Bestrebungen: es war derselbe, mit dem er von jeher auf seinem Wege hatte streiten, vor dem er ein paar Jahre zuvor hatte zurücktreten müssen. Bei seinem Wiedereintritt gab ihm der Kaiser die bündigsten Zusicherungen, ihnen keine Einwirkung auf die Geschäfte zu gestatten. Am Tage lag, wenn dieselben maßgebend wurden, so fielen seine Unterhandlungen in nichts zusammen. Wallenstein war entschlossen, diesmal nicht zu weichen, sondern seine Sache, was es auch kosten möge, durchzuführen. Darauf beziehen sich seine Ausfälle gegen die Jesuiten, denen er von Herzen gram sei, die er lieber aus dem Reiche verjagt zu sehen wünsche; nur deren Doctrin sei es, daß man den Ketzern keine Treue zu halten brauche; er sei entfernt davon: Gott möge keinen Theil an seiner Seele haben, wenn er es anders meine, als er sage. Und sollte der Kaiser keinen Frieden schließen, oder ihn nicht halten wollen, so werde er ihn dazu nöthigen. In dem Vollgefühl der Macht, die er an der Spitze der Armee und in Folge der ihm zugestandenen Bedingungen thatsächlich besaß, meinte er jedes Hinderniß, das ihm am kaiserlichen Hofe durch geistliche Einwirkungen bereitet werden könne, zu überwinden.

Schon trat ihm aber noch ein andrer Einfluß von größter Schwierigkeit der Behandlung in den Weg.

---

## Zehntes Capitel.

### Einwirkung der europäischen Verhältnisse.

Das Jahr 1632 war, wie in Deutschland für die Liga und für den Kaiser, so auch in den Niederlanden und dem Verhältniß zu Frankreich, für die Krone Spanien unglücklich gewesen. Mastricht war in die Hände der Republik gefallen, die Aristokratie in Frankreich, auf welche Spanien zählte, niedergeworfen, der Herzog Gaston von Orleans, der sich an ihre Spitze setzen wollte, besiegt und zu neuer Flucht genöthigt worden.

Darum fühlte jedoch die spanische Regierung keinerlei Anwandlung, vor dem Uebergewicht, das sich Cardinal Richelieu in Frankreich und Europa verschaffte, zurückzuweichen; im Jahre 1633 war es vielmehr sehr ihr Ernst, einen neuen Einbruch Gastons, von dessen Aussichten im Zusammenhang mit einer zwar besiegten, aber um so tiefer beleidigten und immer mächtigen Partei sie sich eine übertriebene Vorstellung bildete, zu veranlassen. Die Königin Mutter, Maria Medici, die alle Höfe mit Agitationen zu Gunsten ihres jüngeren Sohnes erfüllte, gab die Hoffnung nicht auf, mit ihm nach Frankreich zurückzukehren, die Ausübung der Gewalt dem Cardinal zu entreißen und sie in den Händen ihrer

Freunde und Anhänger zu concentriren. Ihre Umtriebe bildeten in dieser Zeit ein sehr eingreifendes Moment der allgemeinen Weltbewegung.

Die Absicht des Königs von Spanien war nun, zu einem neuen Einfall Gastons auch die Hülfe Wallensteins herbeizuziehen, und kein Zweifel ist, daß dieser dazu Hoffnung gemacht hatte. Im Mai benachrichtigt der König die Infantin, daß Wallenstein den Herzog von Orleans mit tausend Reitern und sechstausend Mann zu Fuß zu unterstützen versprochen habe; der Herzog von Lothringen sollte durch Subsidien in den Stand gesetzt werden, ebenfalls zu rüsten; man hoffte Gaston nachdrücklicher zu unterstützen, als es vor dem Jahre geschehen war[1].

Damit standen aber bei weitem umfassendere Absichten in Verbindung.

Infantin Isabella, die ihre Tage sich neigen fühlte, und die niederländischen Stände hatten durch besondere Gesandtschaft Philipp IV aufgefordert, einen seiner Brüder mit der Verwaltung der Niederlande zu betrauen[2]. Dieser wählte dazu den jüngeren Don Fernando, der zwar, um zu einem guten Einkommen zu gelangen, in den geistlichen Stand getreten und bereits zu der höchsten geistlichen Würde, dem Cardinalat, erhoben worden war, aber von Jugend auf eine überwiegende Neigung zu weltlichen Beschäftigungen kundgegeben hatte. Man erinnerte sich, wie er traurig hinter den Fenstern stand, wenn seine Brüder auf dem Platz vor ihm

1) En todo caso conviene que no se deve aventurar come la vez passada (Philipp IV an die Infantin, 21. Mai; Archiv zu Brüssel).

2) Khevenhiller XII, 7.

zu Pferde stiegen. Doch hatte er sich wissenschaftliche Bildung angeeignet; er erschien geistig angeregt, liebenswürdig, unterrichtet, und zog durch ein angenehmes Aeußere an; er lebte und webte in der Idee der spanischen Monarchie, wie sie damals der Graf Olivarez wenigstens am Hofe wieder in Geltung gebracht hatte[1].

Ihn den nächsten Weg von Coruña aus nehmen zu lassen, wäre jedoch nicht thunlich gewesen, da die Holländer die See beherrschten; er ging zuvörderst nach Italien, um von da über die Alpen, den Rhein entlang, mit bewaffnetem Gefolge oder mit einem Heere seinen Zug nach den Niederlanden zu nehmen.

Denn noch hielt man an der Idee der engsten Verbindung mit der deutschen Linie fest: und dann sollten Tyrol, die Vorlande, Elsaß, die Pfalz, Lothringen eine Kette von Stationen nach den Niederlanden bilden. Man meinte den Holländern auf diese Weise nachdrücklich beikommen und sie zur Anerkennung wenigstens der Oberhoheit des Königs von Spanien unter irgend einem Titel, etwa dem eines Protectors, nöthigen zu können. Es war die letzte Hoffnung der legitimen Dynastie, wenigstens den Schein der Oberherrschaft zu retten.

In diesem Sinne wurde der Beschluß gefaßt, unter dem Governator von Mailand, Herzog von Feria, — einem Manne, der sich ebenfalls feurig zu der altspanischen Idee bekannte, vor einigen Jahren in Graubünden den Anlaß zu dem Ausbruch des Krieges gegeben, und eine Zeitlang Tilly's Kriegszüge begleitet hatte, — ein Heer im Elsaß aufzustellen, das in Italien gebildet, in den Werbeplätzen, die man ihm

1) Mocenigo, relazione di Spagna 1630.

am Oberrhein einräume, auf 20,000 M. zu Fuß und 4000 zu Pferde verstärkt werden sollte. Es sollte dem Cardinal-Infanten — denn so ward Don Fernando bezeichnet — den Weg nach den Niederlanden bahnen, so daß er in den Stand gesetzt werde, zu jeder Unternehmung gegen Frankreich kräftig mitzuwirken. Feria wurde zum General des Heeres ernannt, ohne daß man vorher mit dem Kaiser Rücksprache genommen hätte.

Denn das setzte man voraus, daß der Kaiser dem, was man in Madrid beschließe, zuletzt allezeit seine Beistimmung geben würde: war es doch immer die Größe des Gesammthauses, die man im Auge hatte. Diesmal machten der Kaiser und dessen Minister die Spanier aufmerksam, daß dies Verfahren den dem Generalissimus bei der Uebernahme des Commandos gemachten Versprechungen entgegenlaufe: man habe ihm zugesagt, daß kein von ihm unabhängiger Heerführer im Umkreis des Reiches commandiren solle. Aber die Spanier schienen das nicht so hoch anzuschlagen: denn Wallenstein sei doch immer der Unterthan des Kaisers und müsse sich zuletzt dem Willen desselben fügen; auch habe König Philipp so große Verdienste um ihn, daß der General nicht widerstreben werde.

Aber wie wenig kannten sie da den Herzog von Friedland. Er hatte das Commando übernommen, um vollkommen Meister der kaiserlichen Waffen zu sein, und den Frieden seinen Gedanken gemäß zu schließen. Bei der Eröffnung des Vorhabens brauste sein Jähzorn auf. Von einem unabhängigen Genossen der Heerführung wollte er unter keiner Bedingung hören. Man suchte ihn durch Mittheilung einer sehr ausgedehnten Vollmacht, die ihm der König von Spanien

Behufs einer neuen engen Vereinigung zugedacht, zu beruhigen. In der Aufwallung, in der er war und die an Wuth grenzte, ließ er sie nicht einmal so weit lesen, daß er ihren Inhalt recht verstanden hätte, und brach die Conferenz ab. Später scheint es ihn gereut zu haben; er wollte dann die Vollmacht wieder haben; aber man hielt nicht für rathsam, sie ihm auszuhändigen.

Denn schon gingen die politischen Directionen überhaupt auseinander.

Die Spanier waren nicht gegen den Frieden in Deutschland, da sie dadurch in den Stand zu kommen meinten, ihre Waffen gegen Frankreich zu wenden[1]. Wallenstein aber verwarf die Absicht eines offenen Bruches mit dieser Macht in diesem Augenblick unbedingt: denn sie stehe in so engem Verhältniß mit den Schweden, diese aber mit den deutschen Protestanten, daß davon die verderblichste Rückwirkung erfolgen müsse. Und noch war von Alters her der Name der Spanier den Deutschen beider Confessionen widerwärtig: ihre Politik in den letzten Jahren hatte die alten Antipathien aufgefrischt. Von ihrem selbständigen Auftreten in Deutschland ließ sich nichts erwarten, als die Erneuerung der alten Gehässigkeit, die auf den Kaiser und seinen General zurückfallen mußte.

Dazu kam noch ein andres Moment von sehr persönlicher, aber zugleich allgemein politischer Bedeutung.

---

1) Philipp IV an Villani, 21. Mai. Er soll die Fortsetzung der Subsidien versprechen. Si el Emp[dor] y el Duque di Mequelenburg dieren ordenes fixas para que las tropas de Gronsfeld, de Merode y las de Aldringer vengan siempre que fueren llamadas in Flandes.

Wallenstein hatte darauf Verzicht geleistet, Mecklenburg zu behaupten, aber — wie ihm ja das Lehn nur auf Grund seiner durch seine Leistungen erwachsenen Geldansprüche ertheilt worden war — nicht ohne diese festzuhalten; unter allen Umständen war ihm ein Aequivalent und zugleich für die neue Unternehmung eine Belohnung zugesagt. Worin aber sollte diese bestehen? Von welcher Seite sollte sie gegeben oder genommen werden? Von den evangelischen Fürsten oder den katholischen, aus einem Reichsland oder den kaiserlichen Erblanden? Man hat damals gemeint, er habe mit seinem Besitz in Schlesien und Böhmen die Lausitzen, welche als Unterpfand an den Churfürsten von Sachsen verpfändet waren, zu verbinden, dabei aber seine reichsfürstliche Würde zu wahren gedacht. Die, welche den Angelegenheiten und Verhandlungen nahe standen, haben das angenommen, und ohne Zweifel ist davon die Rede gewesen. Kaiserliche Staatsmänner gedenken der Schwierigkeiten, die es haben würde; sie meinen durch ihre Unterthanenpflicht verhindert zu werden darauf einzugehen.

Ueberdies aber würde das dem immer höher strebenden Ehrgeiz nicht einmal genügt haben.

In dem Widerstreit der europäischen Mächte und der beiden Religionsparteien in Deutschland, der Protestanten selbst unter einander, über die Herstellung der Pfalz, der Lande und der Churwürde, hatte Wallenstein die Absicht gefaßt, seine Entschädigung in diesem Lande zu suchen: mit der bestimmten Erwartung, daß die churfürstliche Würde damit verbunden und nach dem Tode des Churfürsten Maximilian auf ihn übertragen werden sollte.

Was ihm dazu den nächsten Anlaß gab, war die aner=

kannte Nothwendigkeit, das protestantische Interesse zu befriedigen, wozu es gleichsam gehörte, daß die erste weltliche Chur nicht in den Händen eines so eifrigen Katholiken wie Maximilian von Baiern blieb: während die Katholiken sich mit Händen und Füßen dagegen sträubten, die calvinistische Familie, die sie am meisten haßten, wieder in den Besitz dieser bedeutenden Stellung im Reiche gelangen zu lassen. Wallenstein meinte von beiden Parteien angenommen werden zu können; er schmeichelte sich das Vertrauen der einen und der andern zu genießen[1]. Das pfälzische Haus dachte er, so viel man urtheilen kann, nicht vollständig zu depossediren: Maximilian von Baiern werde sich mit der Erwerbung der Oberpfalz für sein Haus und dem lebenslänglichen Besitz der Churwürde begnügen, und wolle er es nicht in Güte, so werde man ihn dazu zwingen. Sobald er durch den Frieden freie Hände bekommen, wollte er nach dem westlichen Deutschland vordringen, um das Land, aus dem jetzt die Spanier verjagt waren, zurückzuerobern, und in Oberdeutschland auf immer Stellung zu nehmen. Er dachte zugleich Baden-Durlach und selbst Würtemberg, das sonst doch einen oder den andern Tag an das Haus Oesterreich zurückfallen müsse, zu erwerben. Das war das Stück Erde, das er sich ausersehen hatte: fürwahr, darüber hätte er Mecklenburg vergessen können. Damit bot sich zugleich die vollste Befriedigung seines Ehrgeizes dar. Wahrscheinlich hoffte er Maximilian auch zu überleben; aber noch mehr kam ihm darauf an, ihm die Zukunft abzugewinnen. Durch diese Zusage und die daraus für ihn und das

1) Als persona confidente all' una e l' altra religione, wie er in dem italienischen Entwurf zu diesem Abkommen bezeichnet wird.

Haus, das er zu gründen dachte, eröffnete Aussicht würde er unmittelbar einen überwiegenden Einfluß in den Reichsgeschäften gewonnen: verbunden auf der einen Seite mit der kaiserlichen Autorität, auf der andern mit den protestantischen Churfürsten: und als Verfechter des Interesses, das er im Reiche durchgeführt, würde er die Wiedereinrichtung der geistlichen und territorialen Verhältnisse gutentheils in die Hand bekommen, und bei dem Frieden das entscheidende Wort gesprochen haben[1].

An sich geneigt, dem General Genugthuung zu verschaffen, konnten doch die Spanier an seinen Absichten auf die Unterpfalz keinen Gefallen haben. Sie hatten da von jeher selbst festen Fuß zu fassen gesucht: es gehörte in ihr mitteleuropäisches System; — zugleich aber mußten sie auf den König von England Rücksicht nehmen, der an dem Rechte seiner Neffen, namentlich auch auf die Churwürde festhielt:

---

1) Die Absicht auf die Pfalz erhellt aus dem Schreiben Arnims 29. Juni/9. Juli an den Churfürsten von Sachsen, bei Helbig, Wallenstein und Arnim, S. 22: „habe so viel vernommen, daß Er (Friedland) seine Mühe (für den Frieden) nicht vergebens angewendet haben wolle, suchet die Unterpfalz anstatt Mecklenburg für sein Recompens." Für den ganzen Plan ist ein Schreiben Castañeda's vom 5. Juli im Archiv zu Brüssel entscheidend. Esta alentado o engañado (es freue ihn, obgleich er sich dabei täuschen könne) con que ha de entrar en posession del palatinato inferior y que el Emperador le dara la investidura y el voto electoral despues de las dias de Babiera y su resolucion es, en viendo se defembarazado encaminarse a occuparle con las armas y si bien dizen que se le offrecen los principes protestantes, no sè la parte que el emp^r tenga en esto, pero bien se sabe que pretende que el rey nr̄o señor le de si en da (defienda?) la posession, y en esto e caso si deven considerar los intereses de Babiera y las malas satisfaciones de Ingalaterra y si estas pueden causar algun disturbo.

bei ihren Absichten gegen Frankreich durften sie ihn nicht entfremden. Und überdies war es ihnen widerwärtig, daß ein Unterthan, den sie für ihr Geschöpf hielten, in den großen Angelegenheiten des Hauses Oesterreich in der Welt seinen eigenen Anspruch zur Sprache brachte. Der päpstliche Nuntius Rocci erzählt, einer ihrer thätigsten Beamten aus Mailand, Namens Villani, habe kurz vorher den General, als von den in Deutschland zu treffenden friedlichen Abkommen die Rede war und dieser seinen eigenen Anspruch mit Nachdruck hervorkehrte, aufgefordert, seine Privatsache dem allgemeinen Interesse zu opfern. Aber Wallenstein hatte sich zusichern lassen, daß bei den Friedensunterhandlungen seinen Ansprüchen Rechnung getragen werden solle; er hielt sie für so gut begründet, wie irgend einen andern, der erhoben werden könne, zumal Entwürfe für die allgemeine Wohlfahrt damit in Verbindung standen. Schon das Wort, erzählt man, habe ihn in eine so heftige Aufwallung gebracht, daß er nicht weiter mit Villani unterhandeln wollte. Villani erkrankte und ist bald darauf gestorben: nicht gerade zum Verdruß der päpstlichen Bevollmächtigten, die ihn für eine Art von Satan erklären: denn nur darum habe er unter allen Bedingungen in Deutschland Frieden zu machen gewünscht, um den Krieg in Italien wieder zu entzünden. Längere Zeit hielt sich ein Spanier, Navarro, in dem Feldlager Wallensteins auf. Er zeigt sich empört über die eigensüchtigen Gesichtspunkte, die der General verfolge: wenn eine Provinz erobert werden könnte, würde er es nicht zugeben, es geschähe denn durch ihn; er würde dann lieber sehen, daß sie verloren ginge. So zeigt sich der spanische Gesandte in Wien, Castañeda, in allen seinen Berichten erfüllt von bedauernder Verachtung über die Unselbständigkeit und die Unordnung der kaiserlichen Regierung und von Unwillen über die Anmaßung und Rücksichtslosigkeit des Generals, gegen den er ein tiefes Mißtrauen kund giebt[1].

Bei alle dem ist es doch damals zu keiner eigentlichen Entzweiung gekommen.

Die Spanier gaben die Aufstellung einer unabhängigen Armee im Elsaß auf; wenn Feria dann doch seine Truppen dahin führte, so geschah es unter der ausdrücklichen Versicherung, daß er den Anordnungen Wallensteins mit Vergnügen Folge leisten werde[2]. Der Cardinal-Infant erklärte, daß es ihm nur darauf ankomme, sich den Durchzug nach den Niederlanden offen zu halten. Wallenstein gab selbst mit Ostentation zu erkennen, daß er die allgemeine Politik der Spanier theile. Er ließ den Herzog von Orleans wissen, daß er ihn nach Frankreich zurückführen wolle, sobald er selbst seinen Frieden mit dem Churfürsten geschlossen habe.

In diesem Verhältniß keineswegs der Entzweiung, aber einer gewissen Verstimmung geschah, daß man sich ihm von der andern Seite näherte.

Auch an dieser Stelle erhellt, was anderwärts gezeigt worden ist, daß es nicht bloße Eroberungslust war, was die

---

1) Con gusto conformarse a sus dictamenes.

2) Ihr Inhalt ist durch den Aufsatz Dr. Wittichs in den preußischen Jahrbüchern, Jan. 1869: Wallenstein und die Spanier, näher bekannt geworden. Vor Jahren hatte ich selbst die spanischen Papiere in Brüssel eingesehen; sie sind aber erst seitdem in Ordnung gebracht und recht zugänglich geworden. Es ist mir sehr zu Statten gekommen, daß Herr Dr. Wittich die Güte gehabt hat, mir seine Excerpte mitzutheilen.

damalige französische Regierung vermochte, in die deutschen Angelegenheiten einzugreifen: Cardinal Richelieu fühlte sich vielmehr durch die Combination der noch nicht beschwichtigten innern Gährung und der feindseligen Anstrengungen der spanischen Macht in seiner Autorität nicht allein, sondern selbst in seiner Existenz gefährdet.

„Noch immer sind die Angelegenheiten unentschieden“, so drückt sich Pater Joseph damals in einem seiner Briefe aus, „aber der König wacht für die gerechte Sache“. Seine Gesandten sollten die protestantischen Stände in Deutschland ermahnen, standhaft zusammenzuhalten, mit der Versicherung, daß er sie nicht verlassen werde, und die Holländer auffordern, auf keinen Stillstand einzugehen, sondern sich vorzubereiten im nächsten Frühjahr im Felde zu erscheinen. Jedermann weiß, mit welchem Erfolg seine Gesandten ihren Auftrag vollzogen. Die Holländer wurden vermocht, die bereits eingeleiteten Unterhandlungen über einen Stillstand abzubrechen; indem die Allianz zwischen Schweden und Frankreich erneuert und befestigt wurde, gelang es zugleich unter ihrer Mitwirkung das Bündniß der vorderen Reichskreise mit den Schweden zu Stande zu bringen, welches dem schwedischen Kanzler einen Einfluß sicherte, der, wenn auch nicht unbeschränkt, doch für einen Fremden in Deutschland ohne Beispiel war. Für die Verhandlungen von Heilbronn wird derselbe Zweck angegeben, wie bei jener Negotiation von Leitmeritz: die Herstellung der verjagten Fürsten, Freiheit der Religion, die Grundgesetze des Reiches überhaupt, und die Satisfaction der Schweden; aber in ihrer zu Grunde liegenden Tendenz sind sie einander geradezu entgegengesetzt. Dort ist der österreichische, hier der französische Gesichtspunkt überwiegend.

Es war ein sonderbarer Zufall, daß der Landgraf Georg von Hessen von Leitmeritz, und der französische Gesandte Feuquieres von Heilbronn kommend, auf der Landstraße zwischen Naumburg und Schulpforta einander begegneten. Sie stiegen beide aus und wechselten einige Worte freundlicher Begrüßung, an die Feuquieres auf der Stelle auch mehrere politische Fragen knüpfte, nicht allein, wie sich der Churfürst von Sachsen befinde, sondern auch was seine Absichten seien: der Landgraf erwiderte, sie seien auf einen wohlgeachteten Frieden gerichtet; dasselbe Ziel, sagte Feuquieres, verfolge auch sein König: — aber wie sei wohl dazu zu gelangen? Der Gesandte dachte der zu Heilbronn geschlossenen Conföderation, der Landgraf sprach nur sein Erstaunen aus, daß man eine solche hinter dem Rücken der protestantischen Churfürsten geschlossen habe, und suchte loszukommen[1]. Nach entgegengesetzten Seiten setzten sie dann ihre Reise fort.

In Dresden mußte sich Feuquieres bald überzeugen, daß es ihm unmöglich sein werde, den Churfürsten von Sachsen für den heilbronner Bund und die französisch-schwedische Allianz zu gewinnen: so entschieden waren die ablehnenden Antworten, die man ihm gab.

Dagegen eröffnete sich ihm unerwartet die Aussicht, den Herzog von Friedland selbst, auf den noch mehr angekommen wäre, auf seine Seite zu ziehen.

1) „Wir haben mit Beflissenheit glimpflich abgebrochen und uns in der Straße mit Gespräch nicht länger aufhalten lassen". Schreiben des Landgrafen. Eckhardsberge, 28. April 1633. Hier war es wohl, wo ihn Feuquieres selbst aufsuchte. In seiner Relation giebt er eine Notiz davon: er kam dadurch nicht weiter.

Wenn man sich erinnert, wie alle diese Unruhen entsprungen, und die Gefahren der deutschen Freiheiten und des Protestantismus aus der Ueberwältigung der böhmischen Stände hervorgegangen waren, so schien eine Sicherung des deutschen Reiches schwerlich erreichbar, wenn diese nicht wieder in ihr altes Wesen hergestellt wurden.

Auch von einer Seite, von der man es nicht erwarten sollte, ist dies hervorgehoben worden. Der englische Gesandte Amstruther hat in seinen Gesprächen mit den deutschen Fürsten besonders darauf Nachdruck gelegt, daß den Böhmen ihr freies Wahlrecht zurückgegeben werden müßte. Denn sehr möglich, daß dann wieder ein evangelischer Fürst erwählt werde, der dann seine Rechte als deutscher Churfürst geltend machen könne; und wenn Oesterreich ein Königreich verliere, so liege darin ein großer Gewinn für die protestantische Welt.

Daß England, etwa zum Vortheil der pfälzischen Familie, die Sache in die Hand nehmen sollte, war jedoch nicht zu erwarten; aber konnte das nicht durch die Böhmen selbst geschehen?

Niemals hatten die ausgewanderten Böhmen die Hoffnung aufgegeben, nicht allein in ihr Vaterland zurückzukommen, sondern in demselben auch eine der alten entsprechende Verfassung unter einem König ihrer Wahl wiederherzustellen. Bald auf den Einen, bald auf den Andern der böhmischen Großen hatten sie hiebei ihr Augenmerk gerichtet, auch wohl auf Bethlen Gabor, oder Mansfeld, oder Wallenstein. Zwischen den Ausgewanderten und den Zurückgebliebenen bestand fortwährend mancherlei Verbindung. Auf einer solchen beruhten jene momentanen Annäherungen zwischen Wallenstein und

Gustav Adolf, deren wir gedachten. Die Schweden knüpften an die in der Tiefe gährende Opposition der Bevölkerung gegen das Haus Oesterreich allezeit große Hoffnungen. Ausdrücklich deshalb ward Thurn im Frühjahr 1633 nach Schlesien geschickt, weil er mit manchen großen Herren des Landes noch in alter Verbindung stand, und in seiner Instruction angewiesen, nicht alle Anhänger des Kaisers als Feinde zu behandeln: denn unter ihnen gebe es Viele, welche unter den königlichen Schutz genommen zu werden wünschten. Diese möge er der Krone Schweden zu verpflichten trachten, und sein Bemühen dahin richten, daß die Kräfte der Katholischen in den Erblanden gebrochen, die der Evangelischen verstärkt würden [1].

Wenn nun der alte Führer der ständischen Interessen in dem Reiche Böhmen an der Spitze eines ansehnlichen Heeres in einer der vornehmsten Provinzen erschien: wie hätten nicht alle Hoffnungen der Ausgewanderten erwachen sollen?

Der vornehmste Sitz derselben war Dresden, wo sie sich um den Grafen Kinsky gruppirten, der wegen seiner früheren Stellung bei den Reichthümern, die er bei Zeiten gerettet hatte, als ihr Oberhaupt angesehen werden konnte. Mit denen trat nun Feuquieres in vertrauliche Beziehungen. Denn nur auf den ausgesprochensten Gegensatz mit dem kaiserlichen Hofe, den der französische Gesandte repräsentirte, konnten sie ihre Hoffnungen gründen. Kinsky, der Schwager Trzka's, der früheren Verhandlungen schwerlich unkundig und durch die Gerüchte über die Entzweiung Wallensteins mit den Spaniern ermuthigt, nahm nun den Gedanken, daß der

1) Auszug der Instruction bei Chemnitz II, 37.

Herzog die Krone von Böhmen annehmen müsse, wieder auf. Man wollte wissen, daß Wallenstein, um sich gegen den Kaiser zu erklären, nur darnach aussehe, den Rückhalt einer andern Macht zu gewinnen. Welche aber hätte es gegeben, die ihm eine größere Sicherheit hätte gewähren können als die französische. Und welch ein Vortheil war es wieder für diese, den General auf ihre Seite zu ziehen, welcher sich an der Spitze der feindlichen Kriegsmacht einen großen Namen erworben und mehr als einmal Frankreich bedroht hatte [1].

Zwischen Kinsky und Feuquieres nun wurde ein Memoire verabredet, von welchem man sich die erwünschte Wirkung versprach. Kinsky hat es mit seiner Hand geschrieben: die Forderungen waren von Feuquieres dictirt. Darin erinnern sie Wallenstein an die Erfahrung, die er von der Unzuverlässigkeit des Kaisers bereits gemacht habe, und bemerken ihm, daß er leicht aufs neue das Opfer derselben werden dürfte: warum wolle er sich nicht lieber den Feinden des Kaisers zugesellen, die durch den Bund von Heilbronn mächtiger geworden seien als jemals. Im Verein mit denselben könne er sich zum Meister von Böhmen machen und die Krone dieses Landes sich selbst aufs Haupt setzen.

1) Daß dieser Antrag von Kinsky und nicht von Feuquieres herrührte, hat Röpell (Raumer'sches Taschenbuch v. J. 1845, S. 276) aus den spätern französischen Actenstücken dargethan. Mit ausdrücklichen Worten sagt dies aber auch Feuquieres selbst in der Relation über seine Reise, welche in den mémoires pour l'histoire du Cardinal-Duc eingeschaltet ist — II, 175: Il lui (à Feuquières) fut fait quelque ouverture touchant l'accomodement du duc de Friedland par le comte de Kinsky. Die Lettres et négociations de Feuquières, 1753, machen dies Actenstück nicht entbehrlich.

So im Allgemeinen gefaßt, schwebte aber der Antrag noch gleichsam in der Luft. Ohne noch eine Antwort von Wallenstein bekommen zu haben, brachte Kinsky einige Fragen zum Vorschein, welche eine weitere Erklärung erforderlich machten. Welches Unternehmen man von Wallenstein verlange? Ob er Sachsen, Brandenburg, Schweden in das Verständniß ziehen solle? Wie Frankreich gegen Baiern gesinnt sei? Der Gesandte antwortete: das Erwünschteste würde sein, wenn Friedland sich zum Meister von Böhmen mache und dann geradezu gegen Oesterreich vordringe; um Baiern, das noch zu Oesterreich halte, werde sich Frankreich nicht kümmern; Mittheilung an Sachsen und Brandenburg würde besser noch verschoben werden. Der französische Hof hat diese Antwort später gebilligt und wahrscheinlich Erbietungen unmittelbarer Geldhülfe hinzugefügt. Wie mit Schweden und Holland, so nun auch mit dem Herzog von Friedland verbündet, meinten die Franzosen Meister von Europa zu werden.

In unsern Tagen muß dieser Antrag noch auffallender erscheinen, als im damaligen Augenblick, in welchem die schwedischen Obersten und Staatsmänner sich Reichslande und Abteien als Lehne der Krone Schweden übertragen ließen, und Bernhard von Weimar unter derselben Autorität die Bisthümer Würzburg und Bamberg in ein Herzogthum Franken verwandelte. Die Franzosen gaben ihm und den Andern die von ihnen angenommenen Titel ohne Scrupel, und erkannten dadurch die neuen Besitznahmen vorläufig an. Schon trug man sich dort mit den weitaussehendsten Entwürfen. Man hat wohl davon gesprochen, daß Wallenstein im Besitz der böhmischen Krone zum römischen König, und der König von Frankreich, Ludwig XIII, alsdann zum römischen Kaiser gewählt werden könne. Cardinal Richelieu würde Churfürst von Trier geworden sein.

Fragt man nun, ob Wallenstein auf die Aufforderung, sich der Krone von Böhmen zu bemächtigen, eingegangen ist, oder nicht, so findet man nur, daß er sie im Laufe des Jahres 1633 von August bis December unbeantwortet gelassen hat. Der Gesandte glaubte seinen Antrag für abgelehnt halten zu müssen.

Dennoch ist unleugbar, daß Wallenstein, wenn nicht gerade diese Idee, doch eine nahe verwandte, die leicht dahin führen konnte, bei den Schweden zur Sprache gebracht hat.

Auch bei ihm war die Sache durch die Emigranten angeregt worden. Man weiß, daß Graf Kinsky bald nach der Schlacht von Lützen einem gefangenen Kaiserlichen ansehnliche Versprechungen gemacht hat, wenn er den Vorschlag, die Krone von Böhmen anzunehmen, an den General bringen wolle. Die Emigranten versichern, daß Wallenstein, indem er wieder aus Böhmen aufbrach, eine sehr bündige Eröffnung darüber an den schwedischen Reichskanzler habe gelangen lassen; der habe ihm geantwortet, er möge nur Ernst damit machen, so werde es ihm an seiner Unterstützung nicht fehlen[1]. Und gewiß hat im Mai 1633 eine geheime Communication zwischen Wallenstein und Oxenstierna Statt gefunden: wir wissen es aus dem Munde Oxenstiernas; er hat dem englischen Agenten davon gesprochen[2]. Doch reichte sie nicht so weit, wie man

1) „Wenn ihme ein Ernst wäre sich zum König in Böheim aufzuwerfen und er solches in Effectu thun würde.“ (Sesyma.)

2) Der englische Agent Curtius meldet im September 1633: que

angenommen hat. Wallenstein sprach die Absicht aus, die Zurückführung der Emigranten und die Herstellumg der Freiheiten seines Vaterlandes in die Hand zu nehmen. Das gehörte in den Gedankenkreis der Toleranz und Herstellung, in welchem er den Feldzug überhaupt unternahm. Aber die Emigranten machten diesen Unterschied nicht. Sie sahen ihre Herstellung nur dann für gesichert und selbst für möglich an, wenn dem Lande seine eigene Krone zurückgegeben würde, für die sie zunächst wenigstens Wallenstein bestimmt hatten. Alle ihre Hoffnungen erwachten, da es nun wieder zu einer Annäherung zwischen dem General-Herzog und den Schweden kam, denen diese Combination schon deshalb willkommen sein mußte, da sie ihnen eine sichere Allianz gegen Polen verschafft hätte. Sie waren sehr betroffen, als sie inne wurden, daß sie sich getäuscht. Wallenstein schob den Gedanken in unbestimmte Ferne und wollte nicht mehr davon reden hören. Graf Thurn hatte bisher gerühmt, er denke dem Friedländer auch einmal die Krone von Böhmen aufzusetzen; jetzt sagte er, er wolle für alle Zukunft nichts mit der Sache zu thun haben, auch wenn Wallenstein sie wieder aufnehmen sollte. Er drückte sich darüber so lebhaft aus, daß hinwieder Wallenstein, der es durch Terzka erfuhr, darüber ungehalten wurde. Terzka gab dessen Zögerungen den Sterndeutern Schuld, von denen ihm gesagt werde, daß die Zeit zu der ihm bevorstehenden Größe gleichwohl noch nicht gekommen sei.

---

depuis le mois de May le Baron de Bubna avoit porté telle asseurance, que Fridland ne respiroit que la restitution des libertés de sa patrie et la repatriation des exilés: que Mr le Chancelier ne désavoua pas, qu'on ne luy ait parlé de telle chose.

Die Gestirne gingen da wohl mit der Politik Hand in Hand; sie entsprachen den natürlichen Tendenzen.

Unter den Emporkömmlingen, die das Glück versuchten, ist Wallenstein einer der solidesten und bedächtigsten. Er konnte daran denken, unter dem Kaiser die religiösen und politischen Rechte seines Vaterlandes zu erneuern; aber wie verschieden davon ist es, daß er die Hand nach der Krone von Böhmen ausstrecken sollte. Nicht allein wenn es mißlang, war alles, was er für sich erreicht hatte, und was er seinem Geschlecht zu hinterlassen beabsichtigte, verwirkt und verloren, sondern selbst wenn es gelang, konnte er nicht wohl darauf rechnen. Ohne den Kaiser würde er dem Anstürmen der zurückkommenden Emigranten gegenüber kaum seinen eigenen Besitz, den er ihnen abgewonnen hätte, haben behaupten können. Wenn man das Wahlrecht der Stände herstellte, wer stand ihm dafür, daß sich diese nicht unter schwedischem Einfluß ein evangelisches Oberhaupt suchen würden. Wie viel mehr Werth hatte für ihn der Erwerb der pfälzischen Chur, als der dieser zweifelhaften Krone.

Die Anträge, die ihm geschahen, definitiv und auf immer zurückzuweisen, lag jedoch auch nicht in seinem Sinn. Er konnte ein andermal in den Fall kommen, derer zu bedürfen, die sie ihm machten. Zunächst schien es ihm Verdienst genug, wenn er nicht darauf einging. Dem kaiserlichen Hofe hat er wenigstens eine Andeutung davon gemacht; er hat ihn wissen lassen: von feindlicher Seite seien ihm die höchsten Würden angetragen worden; aber von diesen Stößen, so drückt er sich aus, könne seine Gesinnung nicht durchlöchert werden. Er sei durch die Pflicht gewappnet, welche ihm sein Dienst und sein Gewissen auferlege.

Nur wollte er den einflußreichen und thätigen Feinden gegenüber, die er am Hofe hatte, zugleich auf eigenen Füßen stehen, vor allem seines Heeres unbedingt sicher sein, das ihm die Stellung verschaffte, in der man seine Allianz suchte und seinen Plänen Gehör gab. Mit Nachdruck hielt er darüber, daß Aldringer, der dem Churfürsten von Baiern zur Seite stand, doch nicht vollkommen von demselben abhängig wurde; neue Hülfstruppen, die er nach der Donau geschickt, bekamen Befehl, lediglich vertheidigungsweise zu Werke zu gehen und unter anderem jedes Belagerungsunternehmen zu vermeiden. In Schlesien wurden Offiziere entfernt, denen man nicht vollkommen traute, andere schlecht behandelt, so daß sie sich selbst entfernten. Dies Verfahren machte auf den Hofkriegsrath, den der Churfürst von Baiern mit seinen Klagen bestürmte, so viel Eindruck, daß sich der Präsident desselben, Graf Schlick, nach dem Feldlager begab, um dem General Vorstellungen zu Gunsten des Churfürsten zu machen und überhaupt persönlich Erkundigungen einzuziehen. Wie hätte das aber nicht wieder auf Wallenstein einen sehr unangenehmen Eindruck machen sollen? Man erzählt, dem Grafen Schlick sei, als er die gegenseitige Stellung der Armeen übersah, das Wort entfallen, er würde den Feind schlagen, wenn er ihn so in seinen Händen hätte. Wallenstein mußte davon um so mehr verletzt werden, da es eben die Summe seiner Politik anfocht, welche in der Anbahnung eines Verständnisses mit den Protestanten lag.

Wallenstein lebte und webte darin, es zu Stande zu bringen.

Bisher hatte es sich daran gestoßen, daß die sächsischen geheimen Räthe, unter denen ein Werthern der angesehenste war, Bedenken trugen, in eine so enge Verbindung mit Friedland einzutreten wie die vorgeschlagene war: denn indem man einen Feind versöhne, könne man wohl in den Fall kommen, aus den Freunden Feinde zu machen; — sie wollten sich mit den Schweden nicht entzweien. Bei den Verhandlungen über die Verlängerung des Stillstandes war es zu Irrungen gekommen, in deren Folge die Feindseligkeiten wieder ausbrechen zu müssen schienen: Wallenstein schickte sich zur Belagerung von Schweidnitz an, Arnim zur Rettung dieses Platzes. Aber die Neigung zum Frieden war auf beiden Seiten überwiegend. Eine neue Zusammenkunft zwischen Friedland und Arnim im Angesicht der beiden Lager fand Statt, und darauf ein Gastmahl, welches Terzka gab — unter freiem Himmel, im Schatten eines kleinen Gehölzes — bei dem man sich zur Erneuerung des Stillstandes auf fernere vier Wochen entschloß, um für die weiteren Verhandlungen Zeit zu gewinnen[1] (12/22. August). Man sagte: in dieser Zeit solle nach der in Leitmeriz genommenen Verabredung unter dänischer Mediation über den allgemeinen Frieden verhandelt werden.

Nicht darauf jedoch, sondern auf seine eigenen Unterhandlungen mit den beiden Churfürsten, zunächst dem sächsischen, und dessen Generalen, wollte Wallenstein den Frieden begründen.

Man kann denken, mit welcher Aufmerksamkeit die An=

---

1) (I capi tutti) regalati dal colonel Terzica sotto l' ombra degli alberi di un picciolo bosco con un sontuosissimo convito. Antelmi (Archiv für österreich. Geschichtsqu. Bd. XXVIII.) Vgl. Wallenstein an Arnim, 2. Sept., bei Förster.

hänger des Hofes, namentlich Graf Schlick, den Bedingungen nachforschten, welche zwischen ihnen besprochen oder gar festgesetzt würden. In einem für den Kaiser bestimmten Bericht, der, wenn nicht alles täuscht, eben von Schlick selbst herrührt, werden die Punkte verzeichnet, über welche Wallenstein mit Arnim, dem Herzog Franz Albert von Sachsen-Lauenburg, damaligen sächsischen Feldmarschall, und dem Grafen Thurn einverstanden sei. Sie sind eine Erweiterung der Artikel, deren wir schon gedacht haben, und von der allergrößten Merkwürdigkeit.

Darnach ist von einer Herstellung der Freiheit des protestantischen Bekenntnisses in den österreichischen Erblanden mit Einschluß selbst von Steiermark die Rede gewesen. Die Worte scheinen jedoch zu beweisen, daß das doch blos eine Idee des Grafen Thurn war[1]. Den sächsischen Bevollmächtigten genügte die Herstellung der den Unruhen und dem Kriege vorangegangenen Zustände im Reiche. Vor allem hielt man daran fest, daß die beiden Armeen, die einander gegenüberstanden, sich zur Durchführung derselben und zur Entfernung der Fremden aus dem Reiche vereinigen sollten. Mit den Schweden glaubte man dabei doch nicht unbedingt zu zerfallen. Auch ihre Rückstände sollten wie die der sämmtlichen übrigen Truppen

1) Unter dem modernen Titel: Wallensteins Pläne und Benehmen, ist dieser Bericht, der den größten Werth hat, von Höfler in dem Archiv österreichischer Geschichtsquellen Bd. XI, S. 28, mitgetheilt worden, leider aus einer uncorrecten Handschrift. Man sollte sie correcter wieder drucken, und zwar mit den übrigen wichtigeren Actenstücken, die jetzt für diese Geschichte zusammengebracht werden können. Die Worte sind: le pretensioni erano, und fu pretesa dal conte della Torre.

bezahlt werden und zwar durch die Reichsstädte, bei denen man allein Geld finden konnte. Soeben war nach der Thronbesteigung Wladislaws IV in Polen der Anspruch der älteren Linie des Hauses Wasa auf den schwedischen Thron rege geworden. Wladislaw nannte sich den durch Geburt und Erbe rechtmäßigen König von Schweden; der Antrag an Oxenstierna war, daß der Kaiser dieses Recht nicht unterstützen werde; dem Kanzler ward sogar, da in Schweden selbst unter einer Königin, die ein Kind war, die Dinge zweifelhaft standen, die Krone dieses Reiches in Aussicht gestellt. Das Anrecht Brandenburgs wäre unverkürzt geblieben; Sachsen hätte die Disposition über Magdeburg und Halberstadt davongetragen; indem der Kaiser auf die Stifter Verzicht leistete, würde er die Lausitzen wieder erhalten haben. Arnim und Thurn sollten in den Stand der Reichsfürsten erhoben, und so wie Franz Albert von Lauenburg, mit ansehnlichen Dotationen ausgestattet werden. Sein Recht der Confiscation und Vergebung wollte Wallenstein zunächst in Schlesien zu Gunsten seiner Obersten anwenden. Für sich selbst behielt er sich, wie wir wissen, einen Theil der Unterpfalz, Baden-Durlach und Würtemberg vor: die Churfürsten sollten ihm diesen Besitz bestätigen. Das Recht der kaiserlichen Achtserklärung würde dadurch zwar aufrecht erhalten, aber doch an die Genehmigung der Churfürsten gebunden worden sein. In Würtemberg, wo damals der bisherige Administrator und der junge Herzog in bitterem Hader lagen, meinte er das Recht des Heimfalls an Oesterreich für sich selbst zur Geltung zu bringen: denn durch die Erwerbung dieses Landes würde sonst Oesterreich ein für die Protestanten schädliches Uebergewicht gewinnen; er dagegen mache sich anheischig, wenn er zum Besitz gelange, die Rechte der Fürsten und des Reiches mit gezogenem Schwert gegen Oesterreich zu vertheidigen[1]. So gereiche seine Erwerbung der Pfalz den Holländern zum Vortheil: da dann die Spanier sich daselbst nicht festsetzen würden. Den Widerspruch von Baiern befürchtete er nicht: denn es würde sich dabei nur an Frankreich lehnen können, diese Macht aber Bedenken tragen gegen das Reich vorzuschreiten, wenn sie die beiden Churfürsten mit dem Kaiser vereinigt sehe.

Auf diese Verbindung war der ganze Plan gegründet. Er hatte insofern eine nationale Bedeutung, als dadurch Spanien und Frankreich, so wie Schweden von dem Reiche ausgeschlossen werden sollten. Die Vereinbarung der Bekenntnisse zur Anerkennung ihrer gegenseitigen Rechte sollte fortan die Einheit des Reiches constituiren.

Man wird das nicht als schon vollkommen vereinbart und beschlossen betrachten dürfen; aber es war nach verschiedenen Seiten hin überlegt, und zeigt die obwaltende Tendenz.

Wäre blos von Entwürfen des Ehrgeizes und der Habsucht die Rede gewesen, so würden die Nachlebenden keinen rechten Grund haben, sich mit so vielem Eifer, wie es geschieht, darum zu kümmern; aber vor allen Dingen galt es doch den noch möglich erscheinenden Austrag der religiösen und territorialen Zerwürfnisse des deutschen Reiches, mit

---

1) Che sarebbe stato a spada tratta protettore de' privilegj e principi dell' impero et mantenitore della sicura pace e fede publica per interesse proprio contra ogni mutatione che potesse fare qui (in Wien) la corte. Archiv österr. Geschichtsqu. XI, 31.

Behauptung seines nationalen Charakters, seiner Integrität und der alles zusammenhaltenden Grundgesetze.

Höchst unregelmäßig und zweifelhaft aber war das Verfahren.

Alles beruhte doch darauf, daß der Kaiser dem General eine unbedingte Vollmacht für Krieg und Frieden gegeben habe; Manche wollten nicht zugestehen, daß er dem Vertrag, den der General schließe, auch nur seine vorläufige Beistimmung zu geben habe[1]. Wie aber, wenn der Kaiser diese dennoch versagte? Wenn er sich der andern Partei, welche gegen die Anstellung des Generals gewesen war, unter veränderten Umständen wieder zuneigte? Niemandem konnte entgehen, daß sie sich gewaltig regte. Man war der Meinung, daß der General und die mit ihm einverstandene Armee diesen Widerstand zu brechen im Stande sei und die Befugniß dazu habe.

Wurde aber ein solcher Entschluß gefaßt, so konnte man auch die Schweden herbeizuziehen hoffen, und das wäre wieder das Mittel gewesen, Sachsen und selbst Brandenburg zu definitiver Annahme der ihnen gemachten Friedensvorschläge zu bringen. Vor allem Weitern wurde beschlossen, daß Arnim einen Versuch bei dem Reichskanzler machen solle, ihn für die Pläne, mit denen man sich trug, zu gewinnen.

Wallenstein sah die Reise, die wegen der Stimmung des sächsischen Hofes gleichwohl nothwendig war, nicht einmal vollkommen gern. Mochte Oxenstierna beitreten oder nicht, so war er entschlossen, bei der gefaßten Absicht zu verharren.

---

1) Der General habe oder sollte haben: la total autorità di fare la pace o la guerra senza consenso limitatione o presaputa dell' imperatore.

Aber Sachsen wollte vor allen Dingen entschuldigt sein, wenn es zu einer einseitigen Abkunft mit dem Kaiser schreite, in dessen Namen der General-Herzog unterhandelte.

Der schwedische Kanzler, der sich in Frankfurt a. M. aufhielt, wo ihn zahlreiche Gesandte fremder Mächte und deutscher Fürsten umgaben, ging dem sächsischen General nach Gelnhausen entgegen, auch darum, wie man annahm, um Besprechungen desselben mit den dort Anwesenden zu verhüten; die Zusammenkunft fand am Morgen des 2. September 1633 Statt.

Arnim, für umfassende Entwürfe sehr empfänglich, war doch von Natur behutsam und zurückhaltend. Es erhellt nicht, daß er dem Reichskanzler von den auf Schweden bezüglichen Ideen gesprochen hat; aber sonst ging er doch ziemlich weit heraus. Er gab ihm sichere Kunde, daß der General mit dem Hofe gespannt und bei demselben schlecht angeschrieben sei: seine Friedensbedingungen, bei denen auch Böhmens gedacht werde, sei er entschlossen, unter allen Umständen durchzuführen; er denke sich dabei zugleich an seinen Gegnern für den ihm vor drei Jahren angethanen Schimpf zu rächen, wofern er nur auf die Hülfe der Protestanten und der Schweden rechnen könne; während er von Schlesien her nach Böhmen und Oesterreich vordringe, könne Bernhard auf Baiern losgehen, und Horn den Spaniern im Elsaß die Spitze bieten. Aber Friedland, so fährt Arnim fort, sei nicht aller Befehlshaber in seiner Armee vollkommen sicher: damit Holk, der ihm unbedingt anhange, jede widerwärtige Regung zu unterdrücken vermöge, wäre es wünschenswerth, daß derselbe durch ein paar schwedische Regimenter verstärkt würde.

Axel Oxenstierna — der sich wohl einmal der Kälte

gerühmt hat, mit der er die Hitze seines Königs Gustav Adolf mäßige — ein Mann von unerschütterlicher Ruhe, scharfsinniger Umsicht, einem immer regen Argwohn, hörte Arnim mit Verwunderung an; aber Glauben maß er seiner Eröffnung nicht bei: je glänzender der Entwurf war, um so weniger wurde er davon bestochen. Er fand ihn zu vortheilhaft für die protestantische Seite, um wahr zu sein. Konnte doch Arnim nicht einmal von sich selbst sagen, daß er von dem Ernste Friedlands und seiner Absichten überzeugt sei. Oxenstierna wiederholte zuletzt nur eben seinen früheren Bescheid; er versprach Assistenz, wenn Friedland zur Ausführung seiner Absichten schreite.

Wallenstein war da auf eine sehr gefährliche Bahn gerathen.

Noch vermied er alles, was das Vorhaben als einen eigentlichen Abfall vom Kaiser erscheinen lassen konnte: — von einer Herstellung des Wahlrechts der böhmischen Stände war jetzt die Rede, aber noch nicht davon, daß er selbst die Krone erwerben wollte — er blieb dabei stehen, daß er die ihm entgegengesetzte Faction am kaiserlichen Hofe und in Baiern niederzuwerfen denke; aber wenn er meinte, dies nur durch einen Kriegszug nach den Erblanden selbst auszurichten: wo war da die Grenze zwischen Illoyalität und bloßer Unbotmäßigkeit? Wie nahe berührte sich das eine mit dem andern.

Hatte er aber beabsichtigt, durch eine Vereinbarung zugleich mit den Schweden und den deutschen Protestanten einen Druck auf den kaiserlichen Hof auszuüben, um ihn zur Annahme der Friedensentwürfe zu nöthigen, so bewies die Zusammenkunft in Gelnhausen, daß das in Bezug auf die Schweden nicht zu erreichen war. Zwischen Oxenstierna und Wallenstein war schon durch das Verhältniß der Schweden zu Frankreich eine nicht zu übersteigende Kluft befestigt. Denn bei allen seinen Eigenmächtigkeiten und Abweichungen wollte Wallenstein doch nicht etwa mit Frankreich gemeinschaftliche Sache machen. Er wollte die Protestanten befriedigen und dadurch mit Oesterreich versöhnen; er wollte zugleich die große Stellung, die er eingenommen, für sich selbst verwerthen und zu einer dynastischen auf immer entwickeln; dem Kaiser wollte er seinen Willen auflegen, aber nicht ihn stürzen.

Die Reise Arnims und was davon verlautete, erweckte die allgemeine Vermuthung, daß es dennoch dazu kommen werde: man erwartete in Frankfurt alle Tage die Nachricht von dem erklärten Abfall des Friedländers[1].

Ganz anders war dieser selbst gesinnt. Bei der Conferenz, die er eines Abends nach der Rückkehr Arnims mit demselben hatte, wurden allerlei Möglichkeiten in bisheriger Weise erwogen; den andern Tag, als Herzog Franz Albert zu ihm kam, erklärte er, daß kein haltbarer Friede zu machen sei, es wäre denn, man habe vor allen Dingen die Fremden vom Boden des Reiches verjagt: zunächst möge Sachsen und Brandenburg sich mit ihm wider Schweden verbinden[2].

---

1) Man entnimmt das aus einem Briefe des englischen Residenten Curtius, 9. Sept. 1633, der dann zugleich von der „importunité des bruits", der „témérité populaire", die in diesen Gerüchten zu Tage komme, spricht, dieselben gleichwohl verzeichnet; der Friedländische Entschluß beschäftigte alle Gemüther.

2) Franz Albert hat gesagt: che quando gli elettori non approvassero queste conditioni, li loro capi verrebbono al servitio im-

So hat er nach der andern Seite hin, indem er endlich den Widerstand gegen Feria's Vorrücken aufgab, demselben doch zur Bedingung gemacht, daß er unverzüglich nach den Niederlanden abziehen möge, denn mit dem Frieden sei die Anwesenheit fremder Truppen im Reiche nicht zu vereinbaren[1].

Vorher aber mußte man noch einmal schlagen.

---

periale. In dem Schreiben Arnims an den Churfürsten von Brandenburg, bei Förster III, 73—75, ist die Erwähnung Franz Alberts ausgefallen.

1) Il Generale ordinò che soccorso Brisaco s' intimasse al Feria, ch' egli potesse passarsene in Fiandra poiche l' armi forastiere con la pace erano escluse dall' imperio. (In dem angeführten italienischen Bericht).

## Elftes Capitel.

### Kriegsereignisse des Spätjahres 1633.

Es gab damals zwei große Kriegstheater in Deutschland, das eine in Schlesien und Sachsen, das andere am oberen Rhein und der oberen Donau, oder, wie man schon damals sagte, im Reich; auf dem einen und dem andern rangen die schwedisch-protestantischen und die kaiserlich-katholischen Streitkräfte mit einander um das Uebergewicht. Der Zusammenhang zwischen ihnen war zwar nicht sehr genau, aber doch niemals ganz unterbrochen.

Einst vor Nürnberg hätte eine Entscheidung nach beiden Seiten hin bewirkt werden können; Wallenstein vermied es aber zu schlagen. Er hatte dann eine solche in Sachsen hervorzurufen gemeint; da aber war Maximilian von Baiern nicht mehr bei ihm, und die Schweden nöthigten ihn zurückzuweichen. Er blieb dennoch der Meinung, daß er durch eine Verbindung von Unterhandlung und Waffen vor allem Sachsen und Brandenburg in ein Verhältniß des Bundes und der Unterordnung unter den Kaiser zurückbringen müsse.

Darauf beruhte sein Vordringen, Bedrohen, Stillstandschließen, Unterhandeln und Wiederlosbrechen im Sommer 1633; er hat wohl gesagt, er spiele mit den Feinden, wie die Katze mit der Maus; er meinte, wenn er wolle, seines

Uebergewichtes allezeit sicher zu sein. Gelang es ihm mit der Unterhandlung, so war dadurch zugleich eine feste Grundlage für den Austrag aller Händel und für seine eigene Größe an der Spitze der Reichsfürsten gewonnen.

Da nun der Versuch, Oxenstierna zu dieser Combination herbeizuziehen, nicht gelang, nicht gelingen konnte, so mußte das ursprüngliche Vorhaben nicht allein ohne die Schweden, sondern im Gegensatz mit ihnen durchgeführt werden.

Wenn Wallenstein die Sachsen und Brandenburger aufforderte, ihre Waffen mit den seinigen zu vereinen, so war das zunächst gegen den schwedischen Heerhaufen gemeint, der unter dem Grafen Thurn in Schlesien stand, und mit dem sie bisher in Waffengemeinschaft gestanden hatten.

So sehr Arnim übrigens den großen Gesichtspunkt Wallensteins theilte, so wäre er doch unfähig gewesen eine Handlung zu begehen, die er selbst für eine schlechte, wie er sagte für ein Schelmstück hielt. Seinem Fürsten schreibt er, man müsse mit Wallenstein mit gleicher Wage handeln; würde man ihm widerstehen, so würden die Tractate um so leichter und sicherer werden[1]. Noch entschiedener erklärten sich die brandenburgischen Führer gegen Wallensteins Antrag; sie meinten, er habe sie mit seinen Tractaten nur schwächen und mit den „Sachverwandten" im Reich in unversöhnlichen Streit verwickeln wollen, man müsse sich dafür sogar an ihm rächen[2].

---

1) Generallieutenants von Arnim Schreiben, Aufhebung des Stillstandes betreffend; im Archiv zu Dresden.

2) Bericht über den Verlauf des Krieges vom 21. Sept./1. Oct. bis 7/17. Nov.; im Archiv zu Berlin.

Oxenstierna, den der Churfürst von Sachsen um Hülfe gegen Wallenstein anging, erwiderte: die Armee in Oberdeutschland sei so stark mit dem Feind engagirt — das ist das Wort, dessen er sich bedient — daß das für den Augenblick nicht möglich sei; aber er denke, die sächsischen Truppen würden, wenn man sie verstärke und mit der Landmiliz vereinige, im Stande sein, die wichtigen Plätze und Pässe besonders an der Elbe so lange zu behaupten, bis er Hülfe schicken könne [1]. Das war die allgemeine Erwartung. Arnim versichert, die Kaiserlichen seien nicht so vollkommen im Besitz des Uebergewichts, daß sich nichts gegen sie ausrichten lassen sollte. Um die sächsischen Gebiete zu schützen, rückte er mit dem größten Theil seiner Truppen dahin ab. Er pries sich glücklich, noch zur rechten Zeit dafür angekommen zu sein: „möchte nur die Sache indeß auch im Reiche nicht unglücklich gehen" [2].

Die Schweden in Schlesien scheinen den Bruch des Stillstandes sogar gern gesehen zu haben. Sie glaubten, während Wallenstein mit Arnim und den Sachsen schlage, würden sie sich der sämmtlichen Oderpässe bemächtigen, ihre Quartiere in Niederschlesien besser einrichten und nach Oberschlesien hin erweitern, vielleicht nach Böhmen vordringen können; zunächst legten sie Hand an, um ihr Lager, das sie bei Steinau aufschlugen, zu befestigen. Aber eben gegen sie waren wie die politischen so die militärischen Absichten Wallensteins gerichtet. Er ließ die Sachsen nur durch seine leichte Reiterei, die Kroaten, verfolgen, und wandte sich mit seiner Hauptmacht unerwartet, in starken Tagemärschen vorrückend, gegen die

1) 30. Sept. 1633; Abschrift im Archiv zu Magdeburg.

2) Schreiben aus Bischofswerda, 9. October.

Schweden. Er kam über sie, ehe sie ihre Verschanzungen errichtet hatten. Sein Reitergeneral Schaffgotsch warf die Schweden, die den Paß bei Köben inne hatten, auseinander; als dann ein Theil der bei Steinau versammelten Truppen sich gegen ihn wandte, schlug er auch diese in die Flucht; hierauf erschien Wallenstein selbst mit seinem Fußvolk und einem sehr zahlreichen Geschütz vor dem Lager. Bei diesem Anblick verzweifelten die Offiziere und Soldaten. Als der General die Geschütze gegen ihre schwachen Verschanzungen richtete und ihnen zugleich anbieten ließ, ihnen Leben und Freiheit zu gönnen, wenn sie sich unterwerfen wollten, schlossen sie, — denn an Widerstand konnten sie nicht denken, — ihren Accord mit ihm und legten ihre Fahnen nieder. Die Gemeinen traten meistens in die kaiserliche Armee ein; die höheren Offiziere, die das nicht thun wollten, hielt Wallenstein so lange in Gefangenschaft, — er behauptete vermöge des Accords dazu das Recht zu haben — bis ihre Plätze in Schlesien an ihn übergegangen sein würden. Zunächst fiel Liegnitz in seine Hand; den Schweden, die in Glogau waren, ließ er drohen, einen ihrer Obersten, den er bei sich hatte, vor ihren Augen aufhängen zu lassen, wofern sie einen Schuß thun würden: worauf der Platz, der sich ohnehin nicht hätte halten können, ihm durch Capitulation überliefert wurde.

Ein plötzlicher Schlag, welcher der Welt bewies, daß der alte Friedländer noch lebe und dem, was man gesagt hatte, zum Trotz die Sache des Kaisers mit aller seiner Geschicklichkeit und Energie vertheidige. Welch einen Eindruck dies Ereigniß über Norddeutschland hin machte, sieht man daraus, daß Sten Bielke, der als schwedischer Legat in Pommern stand, auf der Stelle überrannt zu werden fürchtete. Er traf einige Vorkehrungen zur Bewaffnung des Landes. Hauptsächlich suchte er sich der Warte zu versichern: Landsberg wurde nach Kräften in Vertheidigungsstand gesetzt. Aber den Kaiserlichen, welche Frankfurt a. O. ohne Mühe eingenommen, gelang es durch Einverständniß mit den Polen, die Warte an einer andern Stelle zu überschreiten. Als die Schweden die Feinde in ihrem Rücken sahen, gaben sie die Stellung auf, ohne auch nur den ersten Kanonenschuß zu erwarten. Die Kroaten durchstreiften hierauf die Mark und Pommern aufs neue.

Seinerseits nahm Wallenstein, der von Steinau nach der Lausitz ging, in denselben Tagen Görlitz und Bautzen ein, das erste mit Sturm, das zweite in Folge der Furcht, welche die gräßlichen Ereignisse, die diesen Sturm begleitet hatten, zu erwecken nicht verfehlten. In wenigen Tagen hatte er die größten Vortheile errungen. Die österreichischen Erblande in ihrem früheren Umfang waren wieder in seinen Händen; die Schweden aus Schlesien verjagt, wie einst die Dänen: sie fürchteten jetzt für die Seeküste; auch über den beiden Churfürsten schwebte der Schrecken seiner Waffen.

Mit weit größerer Aussicht auf Erfolg konnte er nun seine alten Anträge an die Churfürsten erneuern. Den Churfürsten von Brandenburg ließ er auffordern, mit den sächsischen zugleich seine Truppen unter sein Commando zu stellen, um den Frieden in Deutschland auf der Grundlage des Zustandes vor dem Kriege, wie er unter Kaiser Matthias Statt gefunden, und der religiösen Gleichberechtigung zu erneuern[1].

1) „Zur Restabilirung des Religion- und Profanfriedens, wie derselbe tempore Rudolphi, Matthiae, und dann bei jetziger Kaiserl. Majestät

Er fußte dabei auf die seit ein paar Monaten gewechselten Vorschläge. Georg Wilhelm war sehr dagegen: denn die Absicht sei nur dahin gerichtet, den Churfürsten ihre eigenen Waffen aus den Händen zu nehmen und sie mit der Zeit zu unterjochen. Er wünschte die Meinung Johann Georgs von Sachsen darüber zu hören. Wie dieser im Momente gedacht hat, erhellt nicht so deutlich. Denn an der Verbindung mit Schweden war ihm weniger gelegen; und er wußte wohl, daß die angetragene Verpflichtung gegen alle, die sich dem Frieden widersetzen würden, nicht allein gegen die Schweden gemeint war. Im Hauptquartier zu Görlitz wurden die Unterhandlungen wieder angeknüpft; selbst Eggenberg in Wien hielt sie eines Tages für abgeschlossen.

Wallenstein nahm noch einmal eine grandiose Stellung ein.

Er war militärisch Meister des östlichen Norddeutschland, an der Spitze einer Armee, welche in unverbrüchlichem Gehorsam gegen ihn gehalten, auch durch die neue Waffenthat an seinen Namen geknüpft wurde. Um so fester hielt er an dem einmal gefaßten Plan, das Reich in seine früheren politischen und religiösen Zustände herzustellen und gegen alle Feinde selbständig zu organisiren.

Damals sah es aus, als würde sich auch auf dem süddeutschen Kriegstheater alles in entsprechender Weise gestalten.

Daß Wallenstein seine Einwendungen gegen das Vorrücken der spanischen Truppen fallen ließ, wiewohl immer mit dem

vor diesem entstandenen Unwesen — das Jahr bleibt unbestimmt — Kais. Regierung sich befunden gegen diejenige, so denselben ferner zu turbiren obstiniret." So lautet, den archivalischen Texten gleichförmig, eine brandenburgische Mittheilung bei Chemnitz II, 273.

Vorbehalt des eigenen Generalcommandos — unter anderem sollte sein Generallieutenant Gallas den spanischen Heerführern im Rang vollkommen gleich sein — hatte die besten Wirkungen. Feria erschien mit 12,000 M.; unter kaiserlicher Zustimmung verband sich Aldringer mit den Spaniern; den Vereinigten, zu denen auch der Churfürst von Baiern seine Reiterei stoßen ließ, gelang es dann, die beiden wichtigsten Plätze, mit deren Belagerung die protestantischen Kriegsheere eben beschäftigt waren, Constanz und Breisach, glücklich zu entsetzen. Vor allem auf Breisach kam es an; das von zwei Seiten berannt, sich aus Mangel an Lebensmitteln hätte ergeben müssen, wenn nicht noch zur rechten Zeit die Hülfe erschienen wäre. Man behauptete, es sei von den Schweden bereits an die Franzosen verhandelt: welch ein Vortheil würde für Frankreich darin liegen, wenn es sich dieses unter den Conflicten jener Zeit in der That überaus wichtigen Platzes bemächtigt hätte; — ihre Absicht gegen das deutsche Reich würde sich dann unmittelbar verwirklicht haben. Wallenstein wollte auch den oberdeutschen Krieg in seiner Hand behalten. Er schickte einige Hülfe unter Gallas, dem er auch deshalb den höheren Rang in der Armee verlieh, damit Aldringer demselben gehorchen solle, und kündigte an, demnächst persönlich folgen zu wollen, um die Lande des Kaisers und der gehorsamen Fürsten zu beschützen[1]. Für

1) 3. Nov. Görlitz. „Allermaaßen ich selbst einen Zug hinauf würde zu nehmen und was Ihro Maj., dann dero getreuen Chur-Fürsten, insonderheit J. L. angehörigen Landes Rettung und Wohlstand erfordert, zu Werkh zu setzen mir angelegen sein lassen werde.“ Bei Aretin, Baierns auswärtige Verh. 327.

den Augenblick, meinte er, habe man in Oberdeutschland Truppen genug, um sich behaupten zu können, zumal der Herzog Bernhard bereits im Heranzug nach Sachsen hin begriffen sei[1].

Und allerdings schien Bernhard dem bedrängten Stammesvetter und den thüringisch-sächsischen Landen Beistand bringen zu wollen. Plötzlich aber nahm er eine andere Richtung; durch Oxenstiernas Fürsorge verstärkt, in der wohlbedachten Absicht, zu Gunsten Sachsens eine Diversion hervorzubringen, versuchte er sein Glück aufs neue an der Donau: nachdem er den Paß von Neuburg eingenommen, rückte er zu einer entscheidenden Unternehmung vor. Soeben waren Donauwörth und Eichstädt dem Feinde in die Hände gefallen, und sehr in der Nähe hielt sich Johann von Werth; aber das hinderte Bernhard nicht, am 28. October vor Regensburg zu erscheinen, welches nur ungenügend besetzt und nicht im Stande war, sich lange zu vertheidigen. Dem Herzog kam es zu Statten, daß der feindliche Oberst gleich im Anfang erschossen wurde. Die vornehmste Hülfe aber leistete ihm die Stadt Nürnberg, welche das Heer mit Munition und Pulver versah; nach einem heftigen und wirksamen Feuer, als alles zum Sturme fertig war, capitulirte die Garnison (5. Nov.). Die katholischen Geistlichen verließen die Stadt oder mußten sie verlassen; in Gegenwart des Herzogs, seines Hofhaltes und der Armee wurde der evangelische Gottesdienst im Dom abgehalten.

1) So stellte man im December 1633 im geheimen Rathe von England vor: che qualche avantaggio in che s' erano posti Imperiali per il successo di Volestain in Silesia e di Feria in Alsatia havesse alterato il corso delle occorrenze. Gussoni, Dispacci d' Inghilterra 9. Dec.

Es läßt sich nicht beschreiben, welchen Eindruck nun wieder dies Ereigniß in aller Welt hervorbrachte.

In einem seiner Briefe sagt Bernhard: dies Unternehmen sei das schleunigste, sicherste und fast einzige Mittel gewesen, den ins Sinken gerathenen evangelischen Staat wiederherzustellen. In demselben Grade aber war das Gelingen desselben für die katholische Sache nachtheilig; nicht allein Baiern, wie vor Augen liegt, sondern auch Oesterreich waren dadurch bedroht, wie sich denn die Truppen Bernhards sofort gegen Vilshofen und Passau in Bewegung setzten. In Wien fühlte man sich unmittelbar gefährdet und forderte Wallenstein mit stürmischer Ungeduld auf, sich mit aller seiner Macht gegen die Donau zu wenden und den Feind aus der genommenen so höchst bedeutenden Position zu verjagen.

Wallenstein schrieb den Unfall der Unvorsichtigkeit Ferias und Aldringers zu, welche wohl hätten bemerken können, wohin sich Herzog Bernhard, der sich von dem ihnen gegenüberliegenden Heere absonderte, wenden würde. Er hatte diesen Irrthum eigentlich selbst getheilt: der unerwartete Erfolg, der daraus entsprungen war, betraf ihn in so fern selbst, als die Schweden, in denen er die vornehmsten Gegner seines Friedens sah, zu einem Uebergewicht in Süddeutschland gelangten, das seinem allgemeinen Ansehn Eintrag thun mußte. Und den Kaiser durfte er nicht durch sie gefährden lassen. Er versprach ihm, noch vor dem Beziehen der Winterquartiere dem Herzog von Weimar den gewonnenen Vortheil zu entreißen. Er wollte ohne schweres Geschütz herbeieilen: das werde ihm der Churfürst von Baiern geben; der möge nur sein Kriegsvolk indessen zusammenhalten.

Ohne Zeitverlust machte er sich auf; sein Marsch ging

durch den Leitmeritzer Kreis über Rakonitz nach Pilsen, wo wir ihn gegen Ende November finden. Er traf dort mit dem Grafen Trautmannsdorf zusammen, dem er vorstellte, warum er sehr ansehnliche Heeresabtheilungen in der Mark und in Schlesien habe zurücklassen müssen; hier namentlich neige sich alles auf die Seite des Feindes; aber auch auf Arnim, der dreimal stärker sei, habe er Rücksicht zu nehmen. Die Disposition der doch noch immer sehr ansehnlichen Macht, die er heranführte, war nun die, daß ein Theil derselben im Kreise Pilsen bleiben sollte, um gegen einen Angriff Arnims zur Hand zu sein; einen andern Theil schickte er unter dem General Strozzi unmittelbar dem Herzog von Baiern zu Hülfe; mit den Uebrigen, 100 Compagnien der besten Reiterei, ungefähr 4000 Pferden, einem kleinen aber ausgesuchten Haufen Fußvolkes, Kroaten und Dragonern und einigen kleinen sechspfündigen Feldstücken brach er den andern Morgen, 28. Nov., gegen Straubing zu auf, um eine Cavalcade gegen Herzog Bernhard zu unternehmen. Er hatte den Plan seinen Obersten vorgelegt, die ihn billigten und vor Eifer brannten, ihn auszuführen.

Der General selbst hatte kein rechtes Herz zu der Fortsetzung des Krieges. Er sagte dem Grafen: wenn der Kaiser noch zehn Siege erfechte, werde er dennoch nichts erreichen; eine einzige Niederlage, oder wie er sich ausdrückte, eine Schlappe, werde ihn vernichten[1].

---

1) Der Brief Trautmannsdorfs, mitgetheilt in der österreichischen militärischen Zeitschrift 1812, Heft I, war eigentlich das erste Actenstück, das auf die Falschheit der bei Khevenhiller mitgetheilten Relation ein grelles Licht warf.

Am 30. November traf er dann in Furt ein; — aber indeß war die Lage schon soweit verändert, daß Straubing in die Hände der Schweden gefallen, und die militärische Richtung der weimarischen Truppen wieder eine andere geworden war.

Ursprünglich hatte Bernhard seinen Zug die Donau abwärts fortzusetzen und Passau einzunehmen gedacht, aber dann überlegt, daß der Feind, wie es auch die Absicht war, sich in seinem Rücken vereinigen und ihn von Regensburg abschneiden könne, er fand es rathsam, vor allen Dingen das Erworbene zu behaupten. Er wußte, daß Wallenstein gegen ihn heranrücke, und hatte den Ehrgeiz — denn er fühlte, daß er demselben gewachsen sein werde — mit ihm zu schlagen. Für die weitere Kriegführung Wallensteins war es nun die zunächst vorliegende Frage, ob das nahe Cham, das eine wiewohl nur schwache feindliche Besatzung hatte, belagert werden solle oder nicht. Die Obersten waren dafür, da sie die Sache für leicht ausführbar hielten: sie stellten die Möglichkeit, daß Herzog Bernhard zum Entsatz herbeikomme, nicht in Abrede; aber sie meinten ihn im Felde bestehen zu können. Der General selbst war entfernt davon, diese Meinung zu theilen. Er bemerkte, daß er zu einer Belagerung weder Infanterie noch Geschütz habe, und daß die Armee in diesen Gebirgen, wo eben der strenge Winter eintrat und für keine Lebensmittel gesorgt war, nicht auszuhalten vermöge[1]. Statt zur Belagerung zu schreiten und sich einem Zu-

---

1) Lettera del Conte del Maestro, bei Aretin: Wallenstein, Anhang Urk. nr. 24. E ben vero, che la stagione è tanto crudele, che non si può stare in Campagnia.

sammentreffen mit Herzog Bernhard auszusetzen, hielt er für gut, nach Böhmen zurückzugehen und dort seine Winterquartiere zu nehmen.

Man hat damals und später fast ohne Widerspruch angenommen, der Beweggrund dazu sei der Widerwille Wallensteins gegen Maximilian von Baiern gewesen, dem die Wiedereroberung Regensburgs unmittelbar zu Statten gekommen wäre. Das Wahre daran ist, daß die Schwächung dieses Fürsten, der das dem General von jeher feindselige Prinzip der Liga und der Restitution der Kirchengüter darstellte, ihm nicht eben unangenehm sein konnte. Aber er mußte sich auch hüten, ihn zu veranlassen, sein Heil in einem Bund mit Frankreich und einer Abkunft mit den Schweden selbst zu suchen. Mit den Schweden hatte er vollkommen gebrochen; gerade über sie war sein letzter großer Sieg erfochten worden, was sie auf das bitterste empfanden: nichts hätte ihm erwünschter sein können, als ihnen an der Donau einen Streich zu versetzen, wie dort an der Oder. Welch ein Vortheil hätte für ihn darin gelegen, wenn er durch Wiedereroberung von Regensburg das Uebergewicht der Waffen auch in Oberdeutschland wiedererrungen hätte: der Churfürst von Baiern wäre dann selbst von ihm abhängig geworden und hätte um so weniger einen Vertrag mit Frankreich eingehen können; die alt-österreichischen Erblande an der Donau hätten ihm ihre Rettung verdankt; er hätte seine Position nach allen Seiten hin verstärkt.

Man darf ohne Bedenken behaupten, daß ihn vor allem andern militärische und strategische Gründe zu seinem Entschluß bewogen haben. An dem Besitz von Cham lag so viel nicht; wie aber, wenn die Besatzung, die sich auf das entschlossenste aussprach, doch längeren Widerstand leistete, als man erwartete, und inzwischen der brave Herzog Bernhard herbeigekommen wäre, um es zu entsetzen, und die kaiserliche Armee, die schon zu leiden anfing, angegriffen hätte[1]. Entscheidend war es für Wallenstein, daß die militärische Combination, um deren willen er seinen Marsch ungewöhnlich beschleunigt hatte, unausführbar geworden war; nun dennoch an ein untergeordnetes Unternehmen zu gehen, und sich dabei dem zweifelhaften Glück einer Feldschlacht auszusetzen, würde seiner Strategie überhaupt entgegengelaufen sein: das Heer und dadurch der kaiserliche Staat selbst würde dabei haben zu Grunde gerichtet werden können. Viel besser: die Armee in ihrem Bestand zu erhalten und einen Einbruch in die Erblande zu verhindern. Passau und Oberösterreich hielt er durch die dahin abgegangenen Regimenter für hinreichend geschützt. Wie leicht andernfalls bei dem Wechsel der Ereignisse, daß die Aufforderung der Schweden bei den Sachsen Gehör gefunden und sie zu einem Einfall in Böhmen bewogen hätte. Selbst bei einem glücklichen Erfolg gegen Bernhard würde Friedland nach Böhmen zurückgegangen sein, um Sachsen und Schlesien im Auge zu halten, wo der Boden noch immer bebte. Wo wäre dann bei dem ersten Unfall, den er erlitt, vollends jene Abkunft mit den Churfürsten von Sachsen und Brandenburg geblieben? Aus dem Zwiegespräch mit Trautmannsdorf sieht man, daß

1) Nach Antelmi bemerkte er: „l' impossibilità di tener sopra la neve ed il ghiacciu la sua gente in campagna lungamente mentre di gia cominciava essa a soccomber sotto il rigore dei primi disaggi."

er sein Augenmerk auf den Abschluß des Friedens, in dem er eine Nothwendigkeit sah, und auf seinen Antheil an demselben zugleich mit den Commissaren des Kaisers gerichtet hatte. Dem Churfürsten von Baiern sagte er zu, sobald die Jahreszeit es erlaube, im Felde zu erscheinen, um den eingedrungenen Feind zu verjagen.

In den ersten Tagen des December finden wir ihn wieder in Böhmen, wo er die Truppen, ohne viel zu fragen, auf die verschiedenen Kreise nach seinem Gutdünken verlegt.

Darüber erwachte nun aber die Antipathie und Afterrede der Gegner in verdoppelter Stärke.

Alle Welt hatte an dem schlesischen Feldzug des Generals Anstoß genommen. Jedermann wußte zu sagen, wann und wo er dem Feind überlegen gewesen, ohne seinen Vortheil zu benutzen: er habe sich auf Unterhandlungen eingelassen, die nur zum Vortheil des Feindes ausgeschlagen und ohne Resultat geblieben seien. Seine pacificatorische Mission war den Meisten ein Geheimniß. Wenn seine Absicht dahin gerichtet war, ein militärisches Uebergewicht zu gewinnen, um die Feinde zur Annahme seiner Bedingungen zu nöthigen, so begriff man nicht, warum er es nicht benutze, um sie zu Grunde zu richten.

Diese Verstimmung bekam durch ein schon berührtes dienstliches Verhältniß noch eine besondere Bedeutung.

Von dem größten Vortheil war es für Wallenstein während seines ersten Generalates gewesen, daß damals Colalto, ein Freund von alter Zeit, der in der Hauptsache einverstanden war, als Hofkriegsrathspräsident an der Spitze der militärischen Verwaltung stand und ihn in allem, was er vornahm, unterstützte. Bei seinem zweiten Generalat war das Gegentheil der Fall. An der Spitze des Hofkriegsraths stand Graf Schlick, derselbe, der in dem Kriege gegen Dänemark eigentlich die entscheidenden Schläge ausgeführt hatte. Er konnte schon damals als der Nebenbuhler des friedländischen Ruhmes gelten, und nahm nach der Hand eine abgesonderte und selbständige Stellung ein. Vor Wallensteins zweiter Ernennung war Graf Schlick dazu bestimmt, mit dem König von Ungarn, dem damals die Heerführung anvertraut werden sollte, zu Felde zu gehen. Sehr ernstlich ist davon die Rede gewesen; Schlick hatte eingewilligt und sich bereits zu dem Feldzug fertig gemacht, als durch Eggenbergs Vermittelung Wallenstein nochmals bewogen wurde, die Heerführung anzunehmen. Ohnehin gehörten Schlick und Wallenstein zwei verschiedenen Richtungen an, wie diese den Hof überhaupt theilten; auch in der Religion war Schlick unwandelbar katholisch. Förderlich konnte es für Wallenstein nicht sein, daß Schlick im Jahre 1632 mit dem Präsidium im Hofkriegsrath betraut ward. An sich war er für diese Stelle sehr geeignet. Er war der Kriegswissenschaften, denen er sich in Mitten seiner Feldzüge in den Niederlanden gewidmet hatte, in ihrem damaligen Umfang kundig und besaß ein unvergleichliches Gedächtniß für Localitäten und Persönlichkeiten. Man rühmte ihn, daß Niemand besser den Werth und das Talent der Offiziere zu unterscheiden gewußt habe[1].

Zwischen dem Hofkriegsrathspräsidenten, der die Ansprüche seiner Stellung geltend machen wollte, und einem General, der sich Unabhängigkeit von jedem fremden Einfluß ausbe-

1) Khevenhiller, Conterfett II, 114.

dungen hatte, konnte der Natur der Sache nach kein Verständniß obwalten. Wir erwähnten den Besuch, den Graf Schlick im August 1633 in dem Feldlager Wallensteins in Schlesien machte, die Differenz, die damals zwischen ihnen eintrat, und den gutachtlichen Bericht, den Schlick nach seiner Rückkehr an den Kaiser erstattete. Er gab demselben Nachricht von den weitaussehenden Entwürfen, mit denen man dort umging. Gott solle ihn behüten, sagt er, daß er darum an der Treue des Generals zweifle; aber durch seine unsicheren, hochfliegenden Anschläge könne doch eine ähnliche Gefahr herbeigeführt werden, als wenn er treulos wäre. Er habe dadurch einen unersetzlichen Zeitverlust veranlaßt, so daß die geistlichen Fürsten im Reich in Verzweiflung, die Erblande in die äußerste Besorgniß gerathen seien. Den größten Nachdruck legte er mit Recht darauf, daß man Lothringen so wenig gegen Frankreich unterstütze, wie vor kurzem Savoyen. Seine Klagen waren jedoch verhallt, als der große Schlag bei Steinau erfolgte und Breisach entsetzt wurde: auf den beiden Kriegstheatern waren die Ereignisse unter der Oberleitung Friedlands glücklich gegangen. Da traten die Gefahren von Herzog Bernhard ein. In Wien hätte man gewünscht, daß Wallenstein auf der Stelle nach Franken gekommen wäre, um daselbst die Winterquartiere zu nehmen und zugleich die Schweden zu beschäftigen: Regensburg würde dann nicht verloren gegangen sein[1]. Daß er aber darauf keine Rücksicht genommen hatte und nun auch die Stadt in Feindes Händen ließ, gab allen Beschwerden gegen ihn neues Leben und dem Hofkriegsrath Anlaß sich zu regen.

1) So Oñate in einem ausführlichen Bericht vom 27. November.

Die Differenz betraf zunächst die Winterquartiere, welche Wallenstein in Böhmen aufschlug.

Der Hofkriegsrath gab einen Plan an, nach welchem „der Exercitus anderwärts mit besserer Commodität überwintern könne, zu Abbruch des Feindes und längerer Schonung dieser Lande.“ Er brachte eine Ausdehnung der Quartiere von der Mark bis nach Thüringen in Vorschlag.

Wallenstein hielt für gut, den Plan und die Weisungen seinen Obersten vorzulegen. Sie erklärten sich mit dem größten Eifer dagegen. Denn die angewiesenen Plätze würde man erst erobern müssen; dabei werde die Armee zur Verzweiflung gebracht, und Böhmen, wenn dann ein feindlicher Einfall geschehe, erst wahrhaft zu Grunde gerichtet werden.

Die Sache ist sehr einleuchtend; Wallenstein ergriff die Gelegenheit, den Forderungen des Hofkriegsrathes das Gutachten seiner Obersten entgegenzusetzen; denn mit dem Kaiser, in dessen Namen die Befehle ergingen, zu rechten, vermied er so viel wie möglich.

Noch einen andern Antrag aber hatte man von Wien aus an ihn gestellt, und zwar im engsten Einverständniß mit dem Churfürsten von Baiern. Man muthete ihm an, nun doch noch auf Herzog Bernhard loszugehen und über die Donau vorzudringen. Auch diese Forderung, die der General zugleich mit der andern den Obersten vorlegte, wurde von ihnen verworfen: denn der Herzog habe Regensburg und andere wohlgelegene Orte zu beiden Seiten der Donau inne, so daß er ihn nicht zum Schlagen bringen könne; das kaiserliche Heer werde keine festen Posten, keine Lebensmittel haben; Roß und Mann würden unfehlbar umkommen. Man dürfe, sagten sie, den Vorschlag gar nicht vor den gemeinen Mann kommen lassen, es würde ein allgemeiner Aufruhr daraus erfolgen. Die Obersten erinnerten den Kaiser an ihre in Hoffnung auf Erstattung geleisteten Vorschüsse, den rückständigen Sold und was dem mehr ist: man werde sie nicht zur Desperation treiben wollen.

Zwischen dem Hofkriegsrath und dem Feldlager stellte sich ein sehr gespanntes Verhältniß heraus, das bereits in einzelnen Momenten als offener Streit über die höchste militärische Autorität erschien. Einem der Feldobersten, Suys, gab man vom Hof aus Befehle, denen er nachkommen müsse, wenngleich ihm von anderer Seite andere Ordonnanzen zukämen; als solche nun doch eintrafen, gehorchte Suys dem General und nicht dem Kaiser. Es folgte ein sehr ungnädiges Schreiben an Wallenstein, worin der Kaiser die Abberufung des Suys und seine Ersetzung durch einen Befehlshaber verlangte, welcher dem kaiserlichen Befehl mit größerer Discretion nachlebe: sonst werde er zu Bezeigungen gedrungen werden, an welchen sich Andere würden zu spiegeln haben.

Ein Verhältniß zwischen dem General und der obersten Kriegsbehörde am Hofe, welches in den höchsten Kreisen den Gehorsam zweifelhaft machte und die Disciplin auflöste, ganz im Widerspruch mit der bisherigen Ordnung der Dinge. Dem General wurde die Unabhängigkeit der Leitung, die er bisher besessen hatte, das ihm zugestandene absolute Generalat der Armee bestritten. Was zunächst als eine Frage des Dienstes erschien, hatte doch noch tiefere Ursachen in der Stellung der Parteien, deren Einwirkungen gegen einander anstritten, und eine allgemeine Bedeutung für den Staat so wie den Krieg. Ohne anderweiten Rückhalt hätte der Hofkriegsrath seinen Widerspruch gegen den General niemals gewagt; aber auch dieser hatte noch einen mächtigen Rückhalt, vor allem in der Ergebenheit seiner Armee.

Fassen wir hier das Verhältniß, auf das Wallenstein sich stützte, und dann den Gegensatz, der sich gegen ihn bildete, noch einmal ins Auge.

---

# Zwölftes Capitel.

## Wallenstein und die Spanier.

### Wallenstein in seiner Armee.

In der Reihe der Strategen nimmt Wallenstein eine ehrenvolle und selbst eine bedeutende Stelle ein. Die Entwürfe seiner Unternehmungen zeugen von Berücksichtigung nicht allein der politischen, sondern von der noch selteneren der großen geographischen Verhältnisse. Bemerkenswerth in dieser Beziehung ist sein Feldzug gegen die Dänen von Oberschlesien bis nach Jütland, und sein Friede mit ihnen: die Stellung, die er bei Nürnberg nahm; selbst jene Bewegung nach Sachsen, die zur Schlacht von Lützen führte. Man sollte nie vergessen, daß er den andringenden norddeutschen, damals auch nordeuropäischen Streitkräften gegenüber Schlesien, das der Religion halber zu ihnen neigte, zweimal für das Haus Oesterreich gerettet hat. Die Actionen, die ihm einen Namen gemacht haben, an der Dessauer Brücke und bei Wolgast, bei Cosel und bei Steinau, wurden immer im rechten Moment an der rechten Stelle ausgeführt; eigenthümlich bei Wallenstein ist die Verwendung der leichten Cavallerie zugleich mit dem Feldgeschütz, durch die er meistens den Platz behielt. Er ist immer als der vornehmste Begründer der österreichischen

22*

Artillerie betrachtet worden; er darf wohl als ein solcher für das österreichische Heerwesen überhaupt angesehen werden.

Doch war die Armee damals fast noch mehr eine wallensteinische als eine österreichische.

In späteren Zeiten sind Landesverwaltung — Herbeischaffung der zu den Bedürfnissen des Staates und Krieges erforderlichen Mittel — und die Einrichtung der bewaffneten Macht getrennte Geschäfte geworden, die von den höchsten Gewalten unmittelbar ausgehen. Anders verhielt sich das noch im siebzehnten Jahrhundert. In Frankreich, das in den meisten inneren Angelegenheiten den continentalen Staaten das Muster gegeben hat, waren doch Verwaltung und die Geldgeschäfte sehr genau verbunden: damals bestand das System der Anleihen und der Partisans, welches Ludwig XIV umwerfen zu müssen glaubte, wenn er Herr in seinem Reiche werden wollte. In Deutschland gewann, namentlich unter Wallenstein, die Zusammensetzung der Armee selbst einen finanziellen Charakter. Die Obersten brachten ihre Regimenter, die Capitäne ihre Compagnieen auf eigene Hand und auf eigene Kosten zusammen. Es galt als ein besonderes Verdienst, wenn es Jemand damit gelang, — wie denn das Ansehen Terzka's auf dem Erfolg beruhte, den er darin zu haben pflegte: vermöge des persönlichen Credits, den er genoß, hat er eine ganze Anzahl von Regimentern ins Feld gestellt. Als Wallenstein bei seinem Wiedereintritt in den Dienst die Armee zum zweiten Mal zusammensetzte, hielt er sich soviel möglich an die erprobten alten Freunde, von denen viele nach seiner Abdankung auf seinen Gütern Unterhalt gefunden hatten; er sah es gern, wenn ein Reiteroberst auch ein Regiment zu Fuß, oder ein Oberst zu Fuß auch ein Reiterregiment anwarb; sie fanden gediente, erfahrene Leute, durch welche die angeworbenen Neulinge, mit denen man sie mischte, zu militärischer Haltung angeleitet wurden. Die Obersten sorgten für Rekrutirung und Ausrüstung; durch sie selbst oder ihre Stellvertreter — die ersten Oberstlieutenants — die von ihnen ernannten Hauptleute oder deren Lieutenants, wurde dann das Commando geführt. Für ihre Schadloshaltung bürgte ihnen der allgemeine Heerführer. Die Obersten bildeten zugleich eine Corporation von Staatsgläubigern, an deren Spitze der General stand, welcher die größten Auslagen gemacht hatte und als der Unternehmer, wenn wir den Ausdruck brauchen dürfen, der Impresario des Krieges erschien. Mit finanziellen und militärischen Talenten verband Wallenstein besondere Begabung für die Administration. Er gab gute Löhnung und reichliche Verpflegung. Er verstand es, wie wir erwähnten, das Contributionswesen auf eine Weise einzurichten, daß für die Besoldung und Erhaltung der Truppen gesorgt war und doch die Landschaften noch dabei bestehen konnten. Wo die Stände die Zahlungen in der Hand behielten, hatten doch die Obersten den Befehl, die säumigen Glieder mit Strenge dazu anzuhalten: ohne Rücksicht auf fürstlichen Rang und bevorzugte Stellung[1].

Die Armee war aus allen Nationen zusammengesetzt; in einem einzigen Regiment wollte man zehn verschiedene Nationalitäten unterscheiden. Die Obersten waren, wie vor Alters in den kaiserlichen Heeren, Spanier, Italiener, Wallonen, Deutsche; Wallenstein liebte auch böhmische Herren herbeizu-

1) Hurter, Wallensteins vier letzte Lebensjahre, S. 74 (aus dem Kriegsarchiv).

ziehen, um sie an den kaiserlichen Dienst, oder auch an seine eigenen Befehle zu gewöhnen; der Kroate Isolani führte die leichte Reiterei, eifersüchtig darauf, daß kein Ungar ihm vorgezogen würde; wir finden Dalmatiner und Rumänen. Die letzteren zog Wallenstein den Polen vor, deren Obersten sich unbotmäßig und fremdem Einfluß zugänglich zeigten. Besonders war das norddeutsche Element stark bei ihm vertreten; man findet Brandenburger, Sachsen, Pommern, Lauenburger, Holsteiner. Zu beiden Seiten, unter Gustav Adolf und Wallenstein, haben die Norddeutschen den Krieg gelernt. Auf das Bekenntniß kam unter Wallenstein nichts an; einige seiner wehrhaftesten Obersten, Pechmann, Hebron, waren Protestanten: wir wissen, daß es zu den Grundsätzen bei der ersten Zusammensetzung der Armee gehörte, Protestanten so gut wie Katholiken aufzunehmen. In dem ungarischen Kriege haben beide zusammen gegen die Türken gekämpft; beim Wiederaufwogen des religiösen Streites stand man von dieser Mischung ab. Wie die Liga nur Katholiken in ihrem Heere sehen wollte, so hatte die Armee Gustav Adolfs einen durchaus protestantischen Charakter. Unter Wallenstein überwog der militärische Gesichtspunkt den religiösen. Die Obersten beider Bekenntnisse bildeten ein einziges eng zusammenschließendes Ganze unter einem General, der nicht darnach fragte, zu welchem ein Jeder gehörte. So ist es selbst in der französischen Armee in den ersten Decennien unter Ludwig XIV und später wieder in der preußischen unter Friedrich II gehalten worden. Wallenstein sah es gern, wenn große Herren in seinen Dienst traten; aber auch Kaufmannssöhne — wie besonders erwähnt wird — frühere Juwelenhändler, Emporkömmlinge selbst aus der dienenden Klasse waren ihm willkommen. Selbst auf Körpergröße gab er nichts;

nur auf die Fähigkeit, den Dienst auszuhalten, kam es ihm an: mochten dann die Schwachen zu Grunde gehen. Er erkannte nur den militärischen Rang, in welchem er weitere Abstufungen einführte. Er liebte es, neue Regeln zu geben; selbst der Schlag der Trommel wurde verändert. Bei dem Gemisch der Nationen, Bekenntnisse, Stände war das unverbrüchliche militärische Gesetz ein doppelt unbedingtes Bedürfniß der Schlagfähigkeit. Die kleinsten Fehler — wie Eigenmächtigkeiten in der Kleidung — wurden bestraft, wie man sagte, um größere zu verhüten. Wenn man im Felde stand, ward etwas mehr nachgesehen, doch nichts, was die Unterordnung hätte gefährden können. „Ich will nicht hoffen", sagte er auf einlaufende Klagen, „daß einer unserer Offiziere sich so weit vergessen hat, unsere Ordonnanzen zu despectiren." Dem Markgrafen Wilhelm von Baden-Baden ward in den herbsten Worten verwiesen, daß er sich „dessen anmaße, was ihm nie anbefohlen worden sei." Eine Beförderung ist wohl deshalb versagt worden, weil die neue Stellung den Ansuchenden seiner Gemüthsart nach zu Handlungen verleiten würde, um deren willen man ihm den Kopf vor die Füße legen müßte. Die Ausschreitungen, an denen es freilich nicht fehlte, sollte kein Oberer ungeahndet lassen: Nachsicht hierbei fand Wallenstein sträflich, und drohte es mit Execution an Leib und Leben zu ahnden. Plündernde sind auf der Stelle gehenkt worden. Von Schonung wußte er nichts, weder im Dienst noch vollends dem Feinde gegenüber. Den Antrag, den ihm einst König Gustav Adolf machte, nach dem Vorgang der niederländischen Kriege eine Uebereinkunft zu schließen, daß bei einem Zusammentreffen mit sehr verschiedenen Streitkräften die schwächere Partei sich ohne zu schlagen ergeben dürfe, verwarf er mit den trotzigen Worten: „sie mögen combattiren oder crepiren.“ Das oberste aller Verdienste war bei ihm tapferes Verhalten; nur dadurch erwarb man sich persönliche Rücksicht. Wie Piccolomini die entschiedene Gunst des Generals hauptsächlich der Tapferkeit verdankte, die er an der Spitze seiner Reiterei in der Schlacht von Lützen bewiesen hatte, so erwarben sich der Kroaten-General Isolani bei einem Angriff auf die Schweden bei Ansbach, der Graf Dohna bei der Eroberung von Chemnitz seine Freundschaft. Er hielt immer eine Anzahl goldener Ketten in Bereitschaft, um auf der Stelle belohnen zu können; er erhob selbst in den Adelstand: seine Kriegskasse war angewiesen, die Kosten für die Ausfertigung der Diplome zu tragen. In sehr außerordentlichen Fällen ersuchte er aber auch den Kaiser, einem Befehlshaber seine Zufriedenheit auszudrücken. Um für erledigte Stellen einen Ersatz in Bereitschaft zu haben, sah er es gern, wenn sich Volontärs in seinem Lager aufhielten; doch wollte er nicht, daß sie der öffentlichen Sache lediglich auf ihre eigenen Kosten dienten: in dem Maße, daß sie sich brauchbar zeigten, wies er ihnen gute Quartiere an. Auch jedem untergeordneten Verdienst widmete er seine Anerkennung; man hörte ihn sagen: der hat hier das Beste gethan, dieser dort; dem dankt man diesen Erfolg, dem einen andern. Er belohnte gern; doch hatte es fast noch mehr Werth, wenn er Einem die Hand auf den Kopf oder die Schulter legte und ihn dann lobte. Wer bei einer rühmlichen Handlung fiel, den ehrte er im Tode; er begleitete ihn bei seiner Beerdigung. Feigheit wurde nicht allein verachtet, sondern bestraft, selbst mit Grausamkeit; auch das Mißlingen, wenn einigermaßen verschuldet, galt als Verbrechen. Wenn er dann zu einer Beförderung schritt, etwa einem gemeinen Soldaten die Stelle eines Hauptmanns verlieh, so nahm er es nicht übel, wofern dieser es versäumte ihm persönlich seinen Dank darzubringen: denn er beweise dadurch die Einsicht, daß er seine Bevorzugung nicht der Gunst verdanke, sondern allein dem Verdienst.[1]

Niemand hätte sich weigern dürfen, seine Ehre im Zweikampf zu vertheidigen. Wer das that, wurde aus dem Heere gestoßen. Mancher hat seine Gunst gewonnen, indem er sich einer Strafe widersetzte, die seine Ehre beleidigte, und sich lieber der Gefahr des Todes aussetzte, als der Schmach. Höchst widerwärtig waren ihm Empfehlungen vom Hofe; er hat sie mit Scherz oder auch mit Hohn abgelehnt. Wer sich in allzu schmuckem Aufzug zum Dienst meldete, den hat er wohl an die behäbige Hofhaltung eines Cardinals (Dietrichstein) gewiesen, für welche das passe: im Feldlager würde der Rauch des Geschützes das feine Gesicht verunstalten. Die Anwesenheit der Prinzen von Toscana im Lager ließ er sich gefallen; doch sorgte er dafür, daß sie keinen Einfluß ausübten. Ihren Wunsch sich persönlich hervorzuthun erklärte er für eine Eitelkeit, die sich mit der Subordination nicht vertrage. Man darf behaupten, daß er dem militärischen Prinzip an und für sich, selbst ohne Rücksicht auf den Zweck des Krieges, im Sinne der anderthalb Jahrhunderte, die dann folgten, Bahn gemacht hat, so wie er ihm durch die Einrichtung der Contributionen eine regelmäßige Grundlage schaffte. Er war ein geborener Kriegsfürst.

1) Gualdo Priorato: Historia della vita di Alberto Valstain, 1643, ist hauptsächlich eine militärische Charakteristik. Man muß das Wesentliche der Mittheilung von der Manie als sententiös zu glänzen, mit der der Autor damals behaftet war und durch die er alles verdunkelt, entkleiden.

So lange als er gesund war, liebte Wallenstein mit den Obersten zu speisen: denn nichts verbinde die Gemüther mehr als ein heiteres Gelag. Aber bei aller guten Kameradschaft hielt er den Anspruch der unbedingten Unterordnung fest. Wenn er im Feldlager einherging, wollte er nicht gegrüßt sein; wenn er sich dann in sein Quartier zurückzog, so hielt er drüber, daß Niemand in der Nähe desselben mit Pferden und Hunden erscheinen, mit klirrenden Sporen daher schreiten durfte. Außerhalb des Feldlagers liebte er eine Pracht zu entwickeln, mit der kein Fürst wetteifern konnte. Was hatte er sich in Prag für einen prächtigen Palast erbaut, mit Säulenhallen, geräumigen, hellen, kunstgeschmückten Sälen, dunklen, kühlen Grotten. In seinem Marstall fraßen dreihundert ausgesuchte Pferde aus marmornen Krippen[1]; wenn er ausfuhr, geschah es mit einer langen Reihe zum Theil sechsspänniger Carossen. Vogelhäuser fast im orientalischen Styl, sorgfältig erhaltene Fischteiche fand man in seinen Gärten. Vom Schlosse in Sagan erzählt man, er habe es zu dem achten Wunder der Welt machen wollen. Er hat zugegeben, daß man ihn als Triumphator malte, seinen Wagen von vier prächtigen Sonnenrossen gezogen.

Er war kein Freund von Ceremonien: wie oft unterbrach er lange, von Aeußerungen der Unterthänigkeit angeschwellte Anreden deutscher Gesandten; er spottete der tiefen Reverenzen, wie sie damals am Römischen Hofe gäng und gebe wurden; — aber er liebte von Anfang an den Pomp

---

1) Carve, itinerarium, pag. 92: praesepia erant marmorea, ad quodvis eorum fons vivacissimae et limpidissimae aquae saliebat pro adaquandis jumentis.

einer prächtigen Umgebung. Seine Pagen, die er gern aus vornehmsten Geschlechtern nahm, erschienen in blauem Sammet, wie mit Roth und Gold auf das prächtigste angethan; so war seine Dienerschaft glänzend ausgestattet; seine Leibwache bestand aus ausgesuchten Leuten von hoher und schöner Gestalt; er wollte besonders seit er Herzog von Mecklenburg geworden war, durch die Aeußerlichkeit eines fürstlichen Hofhaltes imponiren. Er lebte mäßig, aber seine Tafel sollte auf das trefflichste bedient sein. Es gehörte zu seinem Ehrgeiz, wenn er sagen konnte, daß einer und der andere seiner Kämmerer in kaiserlichen Diensten gestanden. Niemand bezahlte reichlicher.

Er hatte sich in Italien die Sitte und Art der gebildeten Welt angeeignet. Unter anderem weiß man, wie sehr er die Damen des Hofes zu Berlin, als er einst daselbst erschien, einzunehmen wußte: von den Anmaßungen, die einige seiner Obersten vor sich hertrugen, war bei ihm nicht die Rede.

Aber wehe dem, der ihn in Zorn versetzte. Wie in seiner Jugend, so in seinem Alter war er dann seiner selbst nicht mächtig; er war wie mit Wuth erfüllt und schlug um sich; — man ließ ihn toben, bis es vorüber war. Man bezeichnete seinen Zustand mit dem oberdeutschen Ausdruck: Schiefer; er kannte ihn wohl, und suchte die Anlässe, die ihn hervorriefen, zu vermeiden.

Er liebte die Aufregung des Gesprächs, in welchem sich leidenschaftliche Aufwallungen eines leichterregten Selbstgefühls Luft machten: die fernsten Aussichten erschienen als gefaßte Entwürfe, die momentanen Ausfälle als wohlbedachte Feindseligkeiten. Von denen, die ihn kannten, wurden sie als das, was sie waren, mit dem Wort Boutaden bezeichnet; in die Ferne getragen, machten sie vielen Eindruck.

Jedermann, der in seine Nähe kam, litt von seiner Launenhaftigkeit, seinem zurückstoßenden Wesen, seinem gewaltsamen rücksichtslosen Gebahren. Sein Ruf schwankte zwischen zwei Extremen: daß er das wildeste Unthier sei, welches Böhmen hervorgebracht habe; oder der größte Kriegscapitän, dessen Gleichen die Welt noch nicht gesehen.

Sein Antlitz erscheint, wie es die bestbeglaubigten Bilder darstellen, zugleich männlich und klug; man könnte nicht sagen groß und imposant. Er war mager, von blasser, ins Gelbe fallender Gesichtsfarbe, von kleinen hellen, schlauen Augen. Auf seiner hohen Stirn bemerkte man die Signatur der Gedanken, nicht der Sorgen: starke Linien, keine Runzeln; früh ward er alt: schon in den vierziger Lebensjahren erbleichte sein Haar. Fast immer litt er am Podagra. In den letzten Jahren konnte er nur mit Mühe an seinem spanischen Rohre einherschreiten: bei jedem Schritt sah er um sich.

Aber in ihm lebte ein feuriger Impuls zu unaufhörlicher Bewegung, Unternehmung, Erwerbung[1]: durch seinen Gesundheitszustand nicht allein nicht erstickt, sondern eher angereizt, der ehrgeizige Trieb, sich nach allen Seiten geltend zu machen, seine Macht und die Bedeutung seines Hauses zu gründen, und die alten Feinde zu seinen Füßen zu sehen.

Es gab nichts, was ihm so sehr im Wege stand, als der geistliche Einfluß und die Prätensionen des hohen Klerus.

Wie Wallenstein die Soldaten liebte, so haßte er die verweltlichten Priester. Er hatte nichts dagegen, wenn etwa

1) Recht gut sind die Worte in Khevenhillers Conterfett: ein nach- und tiefsinniger, nimmer ruhender, freigebiger, anschlägiger, großmüthiger Herr, doch harter und rauher Condition.

mit einem Klostergeistlichen, der in der Armee mitzog, nach Kriegsgebrauch verfahren wurde: „denn wäre er in seinem Kloster geblieben, so würde es ihm nicht geschehen sein.“ Von Vergabungen zu Gunsten der Geistlichen wollte er gar nichts hören: denn dadurch entziehe man nur den Soldaten das, was ihnen zukomme. Er scherzte wohl über das Wohlleben der großen Kirchenmänner: wie glücklich seien sie, daß sie die Kabbala gefunden, Fleisch und Geist, die sonst einander bestreiten, zu vereinigen. Höchst verächtlich waren ihm die Beamten, die sich zum Dienst derselben hergaben; Männer wie Slawata und Martiniz erklärte er von allen Creaturen, die es gebe, zweibeinigen und vierbeinigen, für die bösesten. Jesuiten wollte er in seinem Feldlager nicht dulden; dagegen gestattete er den Protestanten, von denen es voll war, ohne Scrupel freie Religionsübung und die Predigt; man hörte ihn sagen, Gewissensfreiheit sei das Privilegium der Deutschen.

Seine Bizarrerien, die vielmehr dazu dienten bei der Menge Eindruck zu machen, und die astrologischen Berechnungen der Geschicke für sich selbst und seine Freunde — er liebte es auch deren Nativität kennen zu lernen — hinderten ihn nicht, Umstände und Dinge wie sie vorlagen zu erkennen; das Phantastische war in ihm mit praktischer Geschicklichkeit gepaart. Er war verschwenderisch und unbesonnen, aber doch auch ökonomisch und umsichtig. In seiner Politik verfolgte er hochfliegende egoistische Pläne; aber zugleich hegte er Absichten, die zu einem bestimmten, erreichbaren Ziele zusammenwirkten. Er war dadurch emporgekommen, daß er immer den eigenen Inspirationen folgte, die er immer zur Geltung zu bringen vermochte. Er erklärte es für unmöglich seinen Geist so weit zu bezwingen, daß er einem fremden Gebot gehorche.

Damals konnte es ihm scheinen, als ob er die Zukunft der Welt in seinem Kopfe trage.

Welch ein großartiges Unternehmen, in dem er begriffen war: den verderblichen Krieg in Deutschland zu beendigen; den Religionsfrieden mit Beseitigung alles dessen, was ihn gestört hatte, in voller Wirksamkeit wiederherzustellen; die Integrität des Reiches zu erhalten. Damit war sein Vorhaben, für sich selbst eine Churwürde, die das Gleichgewicht der Parteien bilden sollte, zu erwerben, ununterscheidbar verbunden. So tief aber griff das alles in die Verhältnisse der deutschen Fürsten selbst und zugleich der europäischen Mächte ein, daß man nur mit der größten Vorsicht, Schritt für Schritt, damit vorwärts kommen konnte. Welch ein Vorhaben, die Macht der Churfürsten mit der kaiserlichen zu vereinigen, und doch ihre Unabhängigkeit zu sichern; das Reich von den Schweden zu befreien und sie doch auch nicht vor der Zeit zu offener Feindseligkeit zu reizen; die Protestanten und die Katholiken zugleich zu befriedigen. Wallenstein konnte keine allgemeine Sympathie für sich aufrufen; denn die Gedanken, die er verfolgte, waren mit nichten populär: sie waren zugleich mit egoistischen Absichten durchdrungen; — überdies aber herrschte allenthalben ein Glaubenseifer vor, von dem er absah. Nur in einsamer Erwägung aller Umstände, wie sie im Augenblick lagen, oder vielmehr im zusammenfassenden Gefühl derselben reiften seine Entschlüsse. Mit den Generalen konnte er darüber nicht zu Rathe gehen; sie hatten nur die Befehle auszuführen, deren Zusammenhang sie nicht kannten. Man beklagte sich bei Hofe, daß er so wenig schreibe; aber wie hätte er seine Gedanken eröffnen, oder wenn er schrieb, sie so einkleiden können, daß sie keinen Anstoß gaben? Für ihn war Zögern, und dann ein plötzliches Losbrechen oder auch rasches Vorwärtsgehen und nach Befinden ein unerwartetes Innehalten ein Gebot des Bestehens.

Da mußte er nun erleben, daß an dem Hofe, unter dessen Autorität er commandirte, doch wieder eine Gegenwirkung eintrat, deren Tragweite ihm nicht verborgen sein konnte; er hatte ihre Wirkung schon einmal erfahren. Sollte er sich derselben wieder aussetzen?

Vergegenwärtigen wir uns einen General, der durch eigene Anstrengung seinen Fürsten wiederum mächtig und angesehen gemacht hat, durch die ihm in mehr oder minder authentischer Form zugestandenen Bedingungen zu einer selbständigen Heerführung und Friedensunterhandlung besonders berechtigt ist, und auf die Ergebenheit seiner Armee traut: so begreift man es, wenn er nicht zurückweicht, sobald sich an dessen Hofe ein Widerstand gegen ihn gebildet hat, den er an sich zugleich verwirft und verachtet.

Im Orient ist es fast die Regel, daß große Kriegsführer mit dem Fürsten, dem sie dienen, wieder in Streitigkeiten gerathen und die Macht desselben bedrohen, gefährden, an sich reißen. Die ganze Geschichte des Khalifates beruht darauf. Auch im Occident kommen, obwohl das erbliche Fürstenthum daselbst fest begründet ist, häufig noch Analogien dieser Entzweiungen vor. Wie oft begegnen wir in Frankreich autonomen Erhebungen großer Kriegsführer und Vasallen: von jenem tapfern Connetable du Guesclin an, welcher trotz aller Treue der Eifersucht König Karls V, den man den Weisen nennt, nicht entgehen konnte, bis zu Biron, der, als er in Widerspruch mit König Heinrich IV, dessen bestes Schwert er gewesen war, eine eigene Politik ergreifen wollte, darüber umkommen mußte. In Italien ist Carmagnola ein berühmtes Beispiel eines verwandten Bestrebens; er entzweite sich mit dem Herzog von Mailand, dem er den größten Theil der Lombardei unterworfen hatte; das Geschick, dem er damals noch entging, erreichte ihn später doch im Dienste der Republik Venedig. In der spanischen Monarchie, die dem deutschen Oesterreich so nahe stand, hatten die großen Heerführer kein besseres Schicksal. Der große Capitan, der ihre Reihe eröffnet, ward aus dem Königreiche, das er erobert hatte, weggeführt, und es erregt Verwunderung, daß er sich nicht widersetzte. Pescara, Alba fielen in Ungnade. Noch vor wenigen Jahren war Spinola in einer Art von Verzweiflung gestorben. Daß seine Regierung in dem Augenblicke, in welchem er Casale zu erobern im Begriffe stand, einen Stillstand abschloß, erweckte in ihm den Verdacht, man wolle ihm nur seinen Ruhm schmälern; in den Phantasien, die seinem Tode vorangingen, haderte er mit König Philipp IV, der seine 32jährigen Dienste vergessen habe. Und wer gedächte hier nicht des ritterlichen Grafen von Essex! er hat auch einmal, wie Wallenstein, sein Verfahren gegen die Aufständischen in Irland, das Königin Elisabeth mißbilligte, durch seine Kriegsobersten rechtfertigen lassen; er wollte an der Spitze der ihm ergebenen Soldaten die Regierung von England zum Krieg mit Spanien fortreißen, oder vielmehr sie stürzen, um zu seinem Zwecke zu gelangen. Dafür hat er denn auch mit dem Tode gebüßt.

Denn zwischen den Ansichten einer erblichen Gewalt, welche eine unvordenkliche Vergangenheit mit der fernsten Zukunft zu verbinden trachtet, und den Wünschen oder Entwürfen eines Kriegführers, dem nur die Gegenwart gehört und der sich in derselben geltend machen will und muß, besteht ein natürlicher Widerstreit.

Wallenstein hatte einen solchen in doppelter Stärke zu bestehen, da ihm das Interesse des Gesammthauses Oesterreich in seinen beiden Linien, der deutschen und der spanischen, gegenüberstand.

Nicht als ob eine Verständigung zwischen denselben vorausgegangen wäre: aber sie konnte erweckt werden. Es ist wohl der Mühe werth, auf dieses für die Sache entscheidende Verhältniß nochmals zurückzukommen, selbst auf die Gefahr hin, daß etwas von dem schon Vorgetragenen wiederholt werden müßte.

### Spanische Politik der Zeit.

Jedermann kennt die welthistorischen Ereignisse, durch welche das Haus Oesterreich in den Besitz der spanischen Monarchie gelangte, eben als sie eine universale Bedeutung und nach und nach die Geldmittel gewann, um in aller Welt ein großes religiöses und dynastisches Interesse zur Geltung zu bringen.

Schon die Kirchenreformation in Deutschland würde schwerlich durchgedrungen sein, wäre nicht zwischen den beiden Linien des Hauses ein Hader ausgebrochen. Von der älteren, der die indischen Reichthümer zufielen, riß sich die jüngere los, die ihren Standpunkt in Deutschland nahm und darauf angewiesen war, die Selbständigkeit des Reiches, das Gleichgewicht der Bekenntnisse aufrecht zu halten.

Im Laufe der Zeit schien es einmal, als ob die spanische Linie eine enge dynastische Verbindung mit England der deutschen vorziehen würde. Es war damals, als König Jacob I den Gipfel seines Ehrgeizes darin sah, seinen Sohn mit einer spanischen Infantin zu vermählen, und eine mächtige Partei in Spanien ihm darin entgegenkam. Auf universalem Standpunkt darf man vielleicht aussprechen, daß die Trennung der beiden Linien besser gewesen wäre. Spanien hätte seine Colonien gegen die Feindseligkeit der Engländer gesichert [1]. Das deutsche Reich hätte sich auf der Grundlage der religiösen Gleichberechtigung ohne fremden Einfluß entwickeln können.

Aber die alten Triebe der Zusammengehörigkeit behielten doch die Oberhand. Das nächste Motiv für die spanischen Staatsmänner bildete ihre Absicht, die italienischen Besitzungen der Monarchie durch Erwerbungen auf deutschem Boden mit den Niederlanden in Verbindung zu bringen, und dadurch zur Eroberung der abgefallenen Provinzen zu erstarken. Darauf beruht die Unterstützung, welche Ferdinand II für seine Erhebung auf den kaiserlichen Thron und in dem böhmischen Kriege bei den Spaniern fand: er hat sie durch territoriale Concessionen in dem Elsaß und der Unterpfalz eigentlich erkauft. Hierauf wurde die Infantin, um welche der Thronerbe von England persönlich zu werben gekommen war, demselben versagt und für den Nachfolger Ferdinands II aufgespart. Die beiden Linien fühlten sich wieder als eine Gesammtmacht.

Ihre Absichten trafen in jenem maritimen Projecte zu-

1) In einem Gutachten Klesels von 1617 heißt es: „die Indien würden vor der Raubereien erhalten und deshalber die Holländer gedämpft werden: an welchen Spanien mehr als an der kaiserlichen Heirath gelegen.“

sammen, welches auf die gemeinschaftliche Herrschaft über die Ostsee und die Erweiterung der continentalen Beziehungen über Polen berechnet war, und an welchem Wallenstein ein Zeitlang mitarbeitete. Aber wir sahen, welch ein mächtiger Rückschlag dagegen erfolgte, wie die durch diese Combination gefährdeten protestantischen Mächte sich in ihrer eigensten Kraft erhoben und große Siege erfochten, — die Holländer in Westindien, die Schweden in Deutschland, beide in Verbindung mit Frankreich, wo der Mann zur Leitung der öffentlichen Geschäfte gelangte, der den Kampf mit der spanischen Monarchie zur Aufgabe seines Lebens gemacht hatte. Von den Nachtheilen, welche dann der Kaiser erlitt, wurden die Spanier unmittelbar berührt, als die Schweden am Rhein erschienen und den Franzosen in der Durchbrechung der Communication, die von Italien nach den Niederlanden führen sollte, die Hand boten. Darauf wirkten die Holländer durch die Eroberung von Mastricht, eine ihrer größten Kriegshandlungen zu Lande, gewaltig ein. Für die Spanier war es ein damit zusammenhängender sehr empfindlicher Verlust, daß sich die Franzosen in wiederholten Anfällen der lothringischen Plätze und Gebiete bemeisterten. Unter dem Einfluß der entgegengesetzten Weltkräfte schien es fast, als würden die belgischen Niederlande bei dem Tod der Infantin Isabella sich von Spanien losreißen und als aristokratische Republik constituiren.

Graf Olivarez, der vornehmlich die spanische Politik auf den Weg geleitet hatte, der in diese Verlegenheiten brachte, fühlte auch den Muth in sich, sie zu bestehen. Persönlich mochte er vor Richelieu, der sein großer Nebenbuhler in Europa war, nicht zurückweichen; auch hätte es das Selbstgefühl der spanischen Monarchie noch nicht geduldet. Es giebt einen Ehrgeiz der Macht, der auf der Vergangenheit eines Staates beruht und die Vertreter desselben unwillkürlich beherrscht; er ist eines der kräftigsten Motive der Weltbewegung.

Und noch meinte man im Stande zu sein, die Gegner zu bestehen. Denn noch waren Portugal und Spanien unter Einem Scepter verbunden: die Seeherrschaft im Osten und Westen allerdings nicht mehr exclusiv wie früher und durch die letzten Vorgänge erschüttert, aber keineswegs gebrochen. Wenn die Silberflotte einmal in die Hände der Holländer gefallen war, so kam sie doch bald darauf wieder mit allen ihren Schätzen in Spanien an. Der Friede, zu dem sich der König von England wegen der Irrungen mit seinem Parlament entschloß, trug zur Wiederherstellung eines regelmäßigen Verkehrs zwischen dem Mutterlande und den Colonien wesentlich bei: den Holländern zum Trotz kamen und gingen die Galionen. Olivarez hat sich das Verdienst erworben, die herkömmliche Unordnung in den Finanzen einigermaßen abzustellen, die Anticipationen zu vermeiden und das Bedürfniß jeden Jahres mit dem Einkommen desselben zu decken. Man hat damals den jährlichen Ertrag von Indien auf anderthalb Millionen Scudos berechnet[1]. Und noch immer kam die religiöse Farbe des allgemeinen Krieges in dem rechtgläubigen Spanien der Regierung zu Statten: die Cortes ließen sich in Bezug darauf zu reichlichen Bewilligungen bewegen.

Hierauf gestützt faßte Olivarez, trotz der Schwierigkeiten, in denen man sich befand, den offenen Krieg mit Frankreich ins

1) Ich folge vornehmlich der Relation Cornaro's von 1634.

Auge. Schon im Jahr 1632 stellte er seinem König vor, er werde sich dazu entschließen müssen, wenn es ihm nicht gelinge, diese Macht durch eine große Diversion in sich selbst zu entzweien. Wir berührten wenigstens, wie eine solche mißlang: neue Verhandlungen, an denen Pater Joseph Theil nahm, waren vergeblich. Ein Gutachten des Grafen aus dem Jahre 1633 liegt vor, in dem er den König auf das unerträgliche Verhältniß zu Frankreich aufmerksam macht, welches bei jeder Gelegenheit die Bedingungen des Friedens aus dem Auge setze, die Verbündeten und Anhänger der Krone bedränge und mit deren Feinden zusammenstehe; im Bunde mit Holländern, Schweden und den deutschen Protestanten nehme es eine Stellung ein, in der es den Kaiser bedrohe und die Verbindung der Monarchie mit den niederländischen Provinzen zu Land und See unmöglich mache: trotz des lästigen und gefahrvollen Krieges, in dem man bereits begriffen sei, könne man dazu nicht länger stillschweigen. Sein Rath ist, vor allen Dingen einen Bund mit dem Kaiser und den katholischen Fürsten zu Stande zu bringen, an welchem auch der Herzog von Lothringen und die Königin-Mutter von Frankreich, an deren Hülfsquellen man noch nicht ganz verzweifelte, Theil nehmen sollten[1].

Dazu nun sollte auch Wallenstein mitwirken; es war das augenscheinliche Interesse der Gesammtmacht des Hauses Oesterreich, gegen die er so große Verpflichtungen hatte, daß man es mit Bestimmtheit von ihm erwartete. Auch hat er es hoffen lassen, aber immer mit einer gewissen Zurückhaltung, namentlich unter dem Vorbehalt, daß er zuvor seinen Frieden mit den norddeutschen Churfürsten zu Stande gebracht haben müsse.

---

1) In den Papieren des Archivs von Simancas in Paris.

Aber schon ein Vorbehalt dieser Art, die nicht unbedingte Dienstwilligkeit Wallensteins, seine Einwendungen gegen die Heerführung Ferias, verletzten die Spanier.

An und für sich waren sie für eine Aussöhnung des Kaisers mit den Protestanten; aber an den Verhandlungen, wie sie gepflogen wurden, den Vorschlägen, welche geschahen, hatten sie keinen Gefallen.

Da war vor allem jene Absicht auf die Unterpfalz, die Philipp IV als Executor der Reichsacht selbst in Anspruch nahm: wenn er sie an einen dritten überließ, fürchtete er mit dem König von England aufs neue sich zu entzweien.

Aber auch alles, was man sonst von den Friedensverhandlungen vernahm, erweckte Widerrede: es werde doch höchstens ein einseitiger Friede sein, den man mit Zugeständnissen erkaufe, welche der Gegner sonst nicht mit hundert Kriegsjahren hätte erlangen können, und mit dem man den andern Theil des Reiches zu neuem Haß aufrege.

Die Männer des religiösen Eifers fanden jetzt wieder Rückhalt an den Spaniern. Eines Tages, Ende Juli, betonte Lamormain in einem Gespräch mit dem spanischen Gesandten, Marquis Castañeda, die Gefahr, welche aus der selbstsüchtigen Haltung des Herzogs von Friedland für Krieg und Frieden entspringe. Der Botschafter forderte ihn auf, das Vertrauen, das ihm der Kaiser schenke, dazu zu benutzen, um ihm das zu Gemüthe zu führen. Lamormain bemerkte — und wie wir wissen, mit gutem Grund: — er könne in Sachen Wallensteins, als dessen Gegner er betrachtet werde, nicht reden; aber er denke, der Botschafter werde das thun, da diese Angelegenheit eine gemeinschaftliche zwischen dem Kaiser und dem König von Spanien sei. Auf Anlaß des Nuntius hatte der Beichtvater schon seit einiger Zeit dahin gearbeitet, daß ihm der Kaiser versprechen sollte, nicht dem Herzog von Friedland allein den Abschluß des Friedens zu überlassen, da derselbe so unendlich wichtig für die Religion sei. Nach den Nuntiaturberichten sollte es scheinen, als habe das der Kaiser dem Beichtvater bereits zugestanden; allein aus diesem Gespräch sieht man, daß er seiner Sache noch nicht sicher war[1]. Eben dahin war seine Bitte an den Botschafter gerichtet, daß er den Kaiser zu diesem Versprechen vermöge, weil sonst der Religion der größte Nachtheil widerfahren könne. Wozu der Nuntius, der kein Freund der Spanier war, den Beichtvater aufgefordert hatte, dazu sollte nun der spanische Botschafter selbst mitwirken. Auch verstand er sich dazu. Er selbst urtheilte, als die Bedingungen ihm bekannt wurden, sie seien gegen Gott und die menschliche Vernunft.

Von der Gesinnung des Gesandten in Kenntniß gesetzt, suchte nun auch der Churfürst von Baiern durch ihn für seine Beschwerden über Wallenstein Gehör zu finden. Man begreift die widerwärtige Lage, in welche er durch die Abhängigkeit der ihm beigegebenen Mannschaften von den Befehlen Wallensteins gerathen war. Im Juli schickte er seinen Vicekanzler Richel nach Wien, um den Nachtheil, der daher entspringe, daß alles

1) Que el generale no hiziese las paces sin communication y consentimiento suyo, porque seria en grave daño della religion catolica (18. Juli). Der päpstliche Nuntius schon am 18. Juni: il padre Lamerman fu assecurato che S. M. voleva examinare ed aggiustare le conditioni di detta pace senza lasciare l'arbitrio al Fridland. Ich verstehe, daß Lamormain, der damals zuerst durch einen Dritten der kaiserlichen Willensmeinung versichert war, directe Erklärung wünschte.

nach Einem Kopf dirigirt werde, bei Hofe vorzustellen: Wallensten könne doch auch nicht allenthalben sein, und lasse außerhalb Böhmens und Mährens den Feinden gleichsam freie Hand; wenn es bei der absoluten Kriegsdirection Friedlands bleibe, so sehe er seinen Untergang voraus, er müsse dagegen andere Mittel suchen. Maximilian wies den Vicekanzler ausdrücklich an den spanischen Botschafter[1], bei welchem derselbe auch eingehende Unterstützung fand, schon deshalb, weil sonst eine Abkunft Maximilians mit Frankreich zu erwarten war. Richel hat über eine solche eben in Wien mit dem dort befindlichen französischen Gesandten unterhandelt, der sich seinerseits über die Anwesenheit eines spanischen am bairischen Hoflager beklagte.

Mit Castañeda und Richel hielt der Hofkriegsraths-Präsident Schlick zusammen. Der sagte: Richel sei eben zur rechten Zeit gekommen, um etwas auszurichten, denn auch den Freunden Friedlands beginne bereits ein Licht aufzugehen. Es ward schon als ein Zeichen der veränderten Stimmung betrachtet, daß man in einem Schreiben an Friedland den Ausdruck: man erinnere ihn, in den: man befehle ihm, veränderte, — das erste Mal, daß ein Befehl an Friedland erging, seitdem Schlick im Hofkriegsrath saß.

So erneuerte sich am Hofe zu Wien die Combination religiöser und weltlicher Interessen, gegen die Wallenstein vor drei Jahren erlegen war. Sie war jetzt in so fern

---

1) „Dieweil man so viel Nachricht daß Er, Ambassador, des Herzogs von Friedland Proceduren selbst nit approbirt, sondern ein groß Mißfallen daran hat." Memoriale d. h. Instruction an Richel, 24. Juli 1633, im Staatsarchiv zu München.

zwar schwächer, als sie kein ligistisches Heer zur Verfügung hatte; aber dagegen gewann sie den Einfluß der Spanier für sich, die damals gegen sie gewesen waren. Castañeda nahm nicht gerade mehr Antheil an den religiösen, reichsständischen und bairischen Anliegen, als seine Vorgänger: aber die Spanier waren durch die eigenmächtige Politik Friedlands nun selbst aufgereizt. Sogleich damals ist von einer Absetzung Friedlands im vertraulichen Gespräch unverhohlen die Rede gewesen. Maximilian selbst hatte sich bei einem Besuche, den ihm Castañeda auf der Durchreise abstattete, in dem Sinne der Instruction Richels ausgesprochen. Seine Minister sagen, so berichtet Castañeda, wenn man Wallenstein nicht die Direction des Krieges aus der Hand nehme, so sei der Ruin Aller und des Reiches selbst zu erwarten[1]. Am Hofe drückte man sich ebenfalls in diesem Sinne aus. Auch von Seiten der alten Freunde Wallensteins wurde Richel versichert, wenn sich derselbe nicht zur Zufriedenheit des Kaisers betrage, so werde man auf eine andere Abhülfe denken.

Castañeda hütete sich noch auf diesen Gesichtspunkt einzutreten, wie es auch Wallenstein zu keinem Bruch kommen ließ. Ein großes Ereigniß war, daß er die Verbindung Aldringers mit Feria zugab, — Castañeda ist besonders glücklich darüber, da er es sich selbst zuschreibt; — dann erfolgte der Entsatz der beiden Städte, und der Sieg von Steinau; Castañeda gesteht wieder, daß man dem General Dank

1) Sus ministras sin recato dizen, que sino se le quitan las armas a Mequelenburg (unter welchem Namen Wallenstein bei den Spaniern meistens erscheint) que sera la ruina del imperio y de todos. Yo excuso quanto puedo tales platicas.

schuldig sei, wiewohl er bald hinzufügt, mit den guten Nachrichten seien so viele unangenehme verbunden, daß die Besorgniß sich schon wieder vermehre.

In diesem Augenblick langte Graf Oñate in Deutschland an (Ende October 1633). Er hatte einst die grundlegende Vereinbarung zwischen Ferdinand II und dem spanischen Hofe zu Stande gebracht; er kam jetzt von der Seite des Cardinal-Infanten, den er aus Spanien nach Italien begleitet hatte, und war mit Instructionen des Königs versehen, die sich auch auf Wallenstein bezogen[1]. Er sollte, ohne zu weit herauszugehen, die Meinung desselben über die laufenden Angelegenheiten erforschen und sich, wenn er es dienlich finde, mit ihm besprechen. Demgemäß und in Folge der Vorgänge von Steinau und Breisach nahm Oñate anfangs eine vermittelnde Haltung an. Im Einverständniß mit Eggenberg faßte er den Gedanken, daß über das Zusammenwirken der Streitkräfte des Kaisers und des Königs von Spanien ein allgemeiner Plan entworfen werden müsse, und zwar unter der Mitwirkung Wallensteins, ohne den nichts festgesetzt werden könne[2]. Eine Zusammenkunft beider Minister und des Generals wurde in Aussicht genommen — auch der Kaiser war dafür — und Wallenstein aufgefordert, einen Ort möglichst in der Nähe von Wien zu bestimmen, wo sie Statt finden könne.

Aber die Umstände lagen nicht so, daß sich die Zusammenkunft bald hätte ins Werk setzen lassen: und die mit dem

---

1) „uno de capitulos de mis instruciones"; wie Oñate in einem seiner Schreiben sagt.

2) Ajustarse V. M^d^ y el emp^r^ para desponer las fuerças a un mismo fin.

Verlust von Regensburg zusammenhängenden Vorgänge bewiesen, daß man nicht viel davon erwarten durfte.

Oñate erschrak, wenn er nun vor Augen sah, wie abhängig der Kaiser und dessen Minister noch von Friedland waren, wie wenig dieser auf die Weisungen Rücksicht nahm, die ihm vom Hofe zukamen, wenngleich sie durch die Anmahnungen und Verwendungen des spanischen Agenten unterstützt wurden; er gab der Meinung Raum, daß Wallenstein bei seiner Kriegführung wie bei seinen Unterhandlungen nur seine eigensüchtigen, weitaussehenden, und doch nach den Umständen wechselnden Absichten im Auge habe: der Kaiser komme dadurch in offenbare Gefahr, und in welchen Zustand gerathe das Reich. Die Churfürsten seien mißvergnügt, und Wallenstein fast erfreut über ihre Bedrängnisse, da er ihnen noch nicht vergeben habe, was ihm vor drei Jahren in Regensburg begegnet sei[1]; die Katholiken überhaupt tief herunter gebracht, die protestantischen Armeen im Besitz der Ueberlegenheit: von Walleyştein haben sie gelernt, wie sich der Unterhalt von Soldaten aus den Landschaften ziehen lasse. — Und unläugbar ist, daß die spanischen und katholischen Interessen in dem oberen und dem westlichen Deutschland, während Wallenstein in Schlesien schlug, in den größten Nachtheil gerathen waren.

Vor allem ging die Forderung des Cardinal-Infanten und Oñates dahin, Elsaß und Breisgau in guten Vertheidigungszustand zu setzen, da dies jetzt das einzige Mittel sei, um

1) Oñate in einem ausführlichen Schreiben vom 27. November: Donde nace el tener disgustados los electores y principes del imperio, no pesando le de verlos padecer.

die Communication mit den Niederlanden aufrecht zu halten. Wallenstein sollte bewogen werden, die Fortdauer der Verbindung Aldringers mit Feria zu genehmigen; man wollte dann mit neuen Werbungen — denn nur aus Deutschland könne man Kriegsvolk ziehen — ein Heer aufstellen, mit dem man unter einem vom König zu ernennenden Feldherrn am Oberrhein den Franzosen zu begegnen im Stande sei[1]. Es war ein Gedanke, den Olivarez schon vor ein paar Jahren geäußert hatte, mit dem er aber im spanischen Staatsrath nicht durchgedrungen war. Dieser Versäumniß schrieb er es zu, daß Frankreich in den Rheingegenden so mächtig geworden, und die Verbindung zwischen Italien und Flandern, in der er das Heil der Monarchie sah, unterbrochen worden war: jetzt sollte sie auf immer befestigt werden.

Von Wallenstein war aber keine Einwilligung hierfür zu erlangen. Eine bewaffnete Macht in jenen Regionen wollte er auch deshalb nicht, weil dadurch ein Conflict mit Frankreich hervorgerufen werden könne, durch den er in seinen Verhandlungen mit den Protestanten gestört worden wäre. Gegen das Verbleiben Aldringers wandte er ein, daß er dessen Truppen vor Regensburg brauchen werde. In Kurzem war Oñate überzeugt, daß er weder von dem Kaiser, noch von dem General eine Beförderung seiner Absicht erwarten dürfe: auch wenn der Kaiser es wolle und Wallenstein es verspreche, geschehen werde es niemals.

---

1) Que se juntase alguna gente para formar en las partes del Rhin un exercito considerable. Aus den Papieren von Simancas ergiebt sich, daß er es schon 1631 beantragt hatte.

Und eine noch umfassendere und weitgreifendere Differenz entstand über einen andern Punkt. Die Ehe des jungen Königs von Ungarn und der Infantin Donna Maria wurde Anfang September 1633 mit einem Erben gesegnet, und dadurch die dynastische Verbindung der beiden Linien wesentlich verstärkt. Schon im Jahre 1632 war Ferdinand III von einer Partei zur Heerführung bestimmt gewesen, hatte sich aber bewegen lassen, Wallenstein sogar zu bitten dieselbe zu übernehmen, freilich sehr wider seinen Willen und nur deshalb, weil Wallenstein es forderte und der Kaiser es wünschte. Jetzt aber, nachdem die Erbfolge gesichert war, verlangte er mit einem gewissen Nachdruck, mit dem Commando einer kaiserlichen Armee betraut zu werden. Der Kaiser, durch seine Capitulation mit Wallenstein gebunden, konnte ohne dessen Einwilligung nicht darauf eingehen; der aber widersprach mit rücksichtsloser Entschiedenheit. Nicht als ob er ein persönlicher Feind des jungen Königs gewesen wäre: er ließ vielmehr vernehmen, er denke denselben binnen Jahresfrist zum römischen König zu machen; einen Antheil an der Heerführung aber ihm zuzugestehen, lehnte er ab. Er antwortete, der König sei sein geborener Fürst und Herr: er wolle ihm das Commando abtreten; aber ihn zum Genossen desselben annehmen, das wolle er nicht[1].

Mit dem ungarischen Hofe waren die Spanier auf das engste durch den Kapuziner-Pater Quiroga verbunden, der sich bei der Vermählung der Infantin mit dem König besonders

---

1) Que sus dilaciones y omissiones las enderezava a querer necessitar las armas de VM. — y a dejar al duque de Feria muy inferior al enemigo y expuesto a perderse. —

beflissen erwiesen hatte, allen Verzögerungen ein Ende zu machen, und jetzt bei ihnen die Rolle eines Beichtvaters und leitenden Rathgebers in kirchlichen und politischen Dingen spielte. Der König von Ungarn fühlte sich fast als ein Glied der spanischen Familie, seine Gemahlin war die Schwester des Königs und des Cardinal-Infanten. Das Interesse des Gesammthauses ging ihm über jede andere Rücksicht. Er hat es einst über sich gewonnen, den Spaniern als eine ihm von den Vertrauten Wallensteins hinterbrachte Nachricht mitzutheilen, daß dieser damit umgehe, ihre Truppen von dem Reich auszuschließen, und die feindlichsten Absichten gegen sie hege.

Die Spanier wünschten auf das dringendste seine Wahl zum römischen König; jedoch nicht unter Wallensteins Einfluß: denn dadurch würde er an die ihnen widerwärtigen Einrichtungen im Reiche, mit denen dieser sich trug, gekettet worden sein; — sie selbst wollten ihn durch ihre Verbindungen mit den katholischen Churfürsten dazu erheben. Man erstaunt, wenn man in den Briefen Oñates liest, welcher Art diese Verbindungen waren. Von den Churfürsten empfingen zwei jeder 60,000 Scudos des Jahres, ein dritter 80,000; die Fürsten, welche verjagt waren, 40,000. Es kann nicht sehr auffallen, daß der junge Hof eine sehr ansehnliche Beisteuer empfing. Für den Kaiser selbst waren 50,000 Gulden des Monats zur Assistenz bestimmt. Um die obschwebenden Verhandlungen zu fördern, verlangte Oñate eine neue Geldbewilligung, deren er sich nach seinem Belieben bedient haben würde.

Ist das nicht wieder das System des Uebergewichts des spanischen Einflusses, gegen das sich einst Churfürst Moritz und Markgraf Albrecht erhoben hatten? Hauptsächlich durch Maximilian II war es gesprengt worden; Rudolf hat es nie wieder aufkommen lassen wollen; — aber nunmehr erst sollte es zu voller Durchführung gelangen. Der junge König, die angesehensten katholischen Fürsten, der Kaiser selbst, empfingen spanisches Geld; die Erträge von Südamerika, durch welche die spanische Staatskasse allein zu diesen Aufwendungen fähig wurde, wirkten unmittelbar auf die deutschen Angelegenheiten ein. Mit den geistlichen Herren sind Verhandlungen gepflogen worden, um sie in ein Schutzverhältniß zu Spanien zu bringen, über dessen Bedingungen bereits verhandelt wurde: unter der Voraussetzung, wie sich versteht, daß ein stattliches Heer am Oberrhein aufgestellt, der Herzog von Lothringen wieder eingesetzt, und die spanischen Niederlande, im Gehorsam erhalten, zum Stützpunkt der Unternehmungen gegen Frankreich, welche beabsichtigt waren, dienen würden.

Gewiß, man wollte die Franzosen verhindern in das Reich einzugreifen, man wollte ihnen Trier und Lothringen wieder entreißen und sie vom Elsaß entfernt halten; aber wäre Deutschland darum freier von fremdem Einfluß geblieben? Die Reichsgewalt wäre gleichsam ein Bestandtheil der spanischen Macht geworden.

Darin liegt der principielle Gegensatz der Spanier mit Wallenstein, der seinen Kaiser auf die frühere Politik zurückführen, den Religionsfrieden wieder herstellen und die Fremden, auch die Spanier selbst, von dem Reich ausschließen wollte. Es gab kaiserliche Räthe, die ihm darin beistimmten und von keinerlei Unterordnung unter die Spanier hören wollten; andere aber, durch die Eigenmächtigkeiten Wallensteins und die bedenkliche Lage der Angelegenheiten veranlaßt, gingen auf die demselben entgegengesetzten Tendenzen Oñates ein. Eines Tages haben sie selbst den Gesandten ersucht, daß er mit ihnen gemeinschaftlich dem Kaiser über die Gefahren Vorstellungen machen möge, in die ihn das Verfahren Wallensteins stürze. Oñate vermied dies noch: er wollte das Ansehen nicht haben, unmittelbar in diese Dinge einzugreifen; aber eben damals, Mitte Dezember 1633, entschloß er sich doch zu einem Schritt, der nicht viel weniger bedeutete. Die Rede war von den Vorschlägen, welche Wallenstein gemacht hatte, im Einverständniß mit den protestantischen Churfürsten den Frieden in Deutschland herzustellen. Oñate sagte dem ersten Minister des Kaisers, Fürsten Eggenberg, mit feierlichem Ernst: wenn diese Vorschläge solche seien, daß dadurch die Sache Gottes, das Reich und besonders der Dienst des Hauses Oesterreich gefördert werde, so habe der König von Spanien nichts dagegen; er habe ihn, den Gesandten, vielmehr ermächtigt, in diesem Falle den Kaiser aufzufordern, dem General alle Gnade, die er wünsche, zu erweisen und seine Größe festzustellen; wenn das aber nicht der Fall wäre, und wenn aus diesen Vorschlägen Nachtheile für den Dienst der beiden Majestäten und die öffentliche Sache entspringen sollten, so würde die Gewährung eines solchen Verlangens sehr im Widerspruch mit der Freundschaft stehen, die sich der König von dem Kaiser, den er fortwährend unterstütze, versprechen dürfe: der König hoffe, der Kaiser werde seine Freundschaft den Extravaganzen des Herzogs von Friedland vorziehen[1].

1) 14. Dezember. El conformarse S. M. Ces. con la peticion nos pareceria muy ageno de la correspondencia, que V. M. se pro-

Damit war, trotz einer gewißen Mäßigung des Ausdrucks, doch der volle Gegensatz ausgesprochen. Denn in den Vorschlägen, welche Wallenstein machte, lag die Summe alles dessen, was er den Sommer hindurch mit den Churfürsten von Brandenburg und Sachsen verhandelt hatte. Sie konnten nur dadurch auf legale Weise zur Geltung kommen, daß der Kaiser sie genehmigte; der spanische Gesandte aber kündigte ihm unumwunden die Freundschaft seines Königs auf, wenn er darauf eingehen sollte.

Niemand hatte eigentliche Kunde von diesen Verhältnissen. Allein man ahnte doch, daß ein unversöhnlicher Widerstreit ausgebrochen sei. Der päpstliche Nuntius bemerkt bei den Ausrufungen der Spanier über das Verhalten Wallensteins gegen Baiern: an diesem Land und seinem Fürsten liege ihnen nichts; ihre Absicht sei nur, dem Herzog von Friedland sein Generalat zu entreißen und den König von Ungarn ins Feld zu bringen[1].

Ob Wallenstein abdanken, oder ob er sich behaupten werde, das war jetzt die allen Irrungen zu Grunde liegende Frage. Aber sie betrifft bei weitem mehr, als etwa das Dienstverhältniß, die persönliche Stellung, oder selbst eine große Ausstattung: sie begreift ein Moment der deutschen Geschichte in sich, wenn ich nicht irre seit dem schmalkal=

mete de S. M. Ces. y a las veras con que le asiste y le ha assistido en todas ocasiones.

1) Rocci, Dezember 1633: li Spagnuoli facevano la loro parte non tanto per senigio di Baviera, quanto per vedere deposto Fridland della carica di generale e mettere in campagna il re d' Ungheria.

dischen Kriege und dem Religionsfrieden für die allgemeinen Verhältnisse das bedeutendste.

Ferdinand II war freilich kein Carl V; Wallenstein kein Moritz von Sachsen; die großartigsten inzwischen eingetretenen Weltereignisse scheiden die Epochen: aber sie stehen doch in unmittelbarem Zusammenhang, und die großen Stellungen haben eine gewisse Analogie.

Niemand lebte, der die Idee des Kaiserthums in Bezug auf die kirchliche Gewalt, wie Carl V sie hegte, wieder hätte aufnehmen können. Vollkommen einverstanden freilich war der Hof zu Wien auch jetzt nicht mit dem Papstthum; in den kaiserlichen Staatsmännern und Theologen war der Anspruch selbständiger Entschließung in kirchlichen Angelegenheiten unvergessen; aber dem stand der Einfluß, den der kaiserliche Beichtvater in dem Sinne der Herstellung des Katholicismus von jeher ausübte und so eben von Rom her angefeuert, wieder errang, gegenüber.

Die Idee der spanischen Monarchie als solcher, neben dem Kaiserthum, war erst seit dem Tode des Kaisers, der sie beide umfaßte, in die Welt gekommen; unter den europäischen Kämpfen, die sich entspannen, war sie erst recht erstarkt. An und für sich hätte sie sich mit einem untergeordneten Bestehen der Protestanten vertragen; das Uebergewicht der katholischen Fürsten und Stände war ihr sogar unbequem, in so fern es im deutschen Reiche eine größere Einheit der Action hervorgebracht hätte. Damals freilich brauchten das die Spanier nicht zu besorgen. Durch ihre Verbindung mit den katholischen Reichsständen, die keinen andern festen Rückhalt hatten, als den von ihnen dargebotenen, und den Druck, welchen sie durch die Interessen der Gesammtmacht des Hauses auf den

Hof zu Wien ausübten, suchten sie sich der Reichsgewalt factisch zu bemächtigen. Ihre Aufstellung in dem westlichen Deutschland konnte nur unter diesen Bedingungen erreicht werden. Und wenn sich auch hiergegen in den kaiserlichen Räthen Widerspruch regte, so war er doch in der Dynastie selbst unvergleichlich geringer als vor achtzig Jahren. In jener Zeit hatte sich der Widerstand in dem Thronerben concentrirt: jetzt schloß sich der Nachfolger dem spanischen System an; die Politik des Hofes neigte sich offenbar zu ihm hin.

Dem nun stellte sich Wallenstein an der Spitze seiner Armee kraft der Selbständigkeit, die ihm gewährt worden war, in den Weg. Wie einst Churfürst Moritz, so ging er von der engsten Verbindung zu einer abweichenden Politik über. Er hatte nicht die hohe reichsständische Autorität des Churfürsten; aber wie dieser suchte er die norddeutschen Streitkräfte mit sich fortzureißen und war nahe daran es zu erreichen; wie dieser so machte auch er das Gleichgewicht der Bekenntnisse zur Grundlage seiner Politik: der kaiserliche General fühlte sich selbst noch weniger als der Churfürst Moritz auf die Wahrung der katholischen Interessen angewiesen: da die katholischen Fürsten, deren dieser nicht entbehren konnte, ihm feindselig gegenüberstanden, die protestantischen aber nur durch die volle Herstellung der Gleichberechtigung gewonnen und dann, wie Wallenstein noch hoffte, auch von den Schweden losgerissen werden konnten. Im Ganzen ermächtigt, verfuhr er im Besonderen sehr auf eigene Hand. Wallenstein war doch in seiner Jugend von den böhmischen Brüdern nicht so ganz zu den Jesuiten übergetreten: jetzt neigte er sich fast mehr zu den ersten, als zu den zweiten. Im äußersten Falle würde er selbst das ständische Interesse der Böhmen, das er einst bekämpft hatte, wieder zu dem seinen gemacht haben. So weit war er bereits gegangen. Zugleich ein ideales, auf die Befriedigung des größten Anliegens der deutschen Nation gerichtetes Bestreben, und sein ehrgeiziges und unbotmäßiges, weitausgreifendes und reizbares Naturel hatten ihn dahin geführt, wo er stand. Er befand sich bereits nicht mehr innerhalb des strengen Begriffes der Loyalität. Er hatte die Linie, die dieselbe vorschreibt, durch Aeußerungen und Negotiationen, aber noch nicht durch Handlungen und Tractate überschritten: noch hatte er sein Verhältniß als Unterthan und General nicht aufgegeben. Und da er an dem kaiserlichen Hofe in politischer und religiöser Beziehung noch Anhänger und Freunde zählte, so konnte er hoffen und hoffte noch, für seinen Frieden mit den Churfürsten, der ein allgemeiner werden sollte, die Beistimmung des Kaisers auszuwirken und dem wachsenden Einfluß der Spanier zu widerstehen.

---

## Dreizehntes Capitel.

### Absicht einer autonomen Erhebung.

#### Revers von Pilsen.

In die einander entgegenlaufenden Tendenzen traf eine Botschaft, die einen Versuch der Annäherung in sich schloß, aber da sie ohne Erfolg blieb, den Gegensatz erst recht zum Bewußtsein brachte.

Die Infantin Isabella war Ende November gestorben, und der Cardinal-Infant Don Fernando brannte vor Begier, seinen Zug nach den Niederlanden ohne längeren Aufschub ins Werk zu setzen. Denn dort, so sagt er in einem Briefe an Oñate, finde jetzt eine Aufregung Statt, die nur durch seine Anwesenheit beruhigt werden könne; wenn er nicht baldigst komme, müsse man den Verlust dieser Landschaften besorgen[1]. Welchen Weg er aber auch zu nehmen versuchen mochte, bei der allgemeinen Kriegsbewegung war es unmöglich, ohne eine ansehnliche Hülfe des Kaisers durchzukommen. Er fordert den Botschafter auf, diese bei dem Kaiser auszuwirken, dem er vorstellen möge, wie viel an der Sache liege, die zuletzt seine eigene sei.

---

1) Muy aventurados quando no perdidos. Schreiben vom 17. Dezember.

Was konnte aber der Kaiser in diesen Angelegenheiten beschließen oder verfügen, ohne seinen Generalissimus? Im Auftrag des Kaisers zugleich und des spanischen Botschafters begab sich Pater Quiroga in das Hauptquartier Wallensteins, um ihn zu dieser Hülfleistung zu vermögen.

Quiroga traf am 5. Januar in Pilsen ein; in einer Audienz, die ihm noch am Abend gewährt wurde, führte er dem Herzog die Bedeutung des Dienstes vor, die er dem König von Spanien, seinem alten Gönner, damit leisten könne, und theilte ihm die dazu gemachten Entwürfe mit. Sie waren an sich nicht dazu angethan, um seinen Beifall zu finden. Er sollte eine starke Abtheilung leichter Reiterei — etwa 6000 M. — entweder nach dem Elsaß schicken, um den Cardinal-Infanten den Rhein abwärts zu geleiten, oder demselben von Böhmen aus, wohin er kommen werde, mitgeben, um ihn durch Franken nach Cöln zu führen. Das Eine und das Andere schien dem General wegen der entlegenen Orte, der Jahreszeit und der Nähe überlegener Feinde unausführbar; sein Rath war, die Reise erst im Frühjahr, und dann unter dem Geleit westphälischer und niederländischer Truppen zu bewerkstelligen. Die Einwendungen Wallensteins waren ohne Zweifel sehr gegründet; auf Quiroga machte aber nur die Weigerung, die sie enthielten, Eindruck. Er bemerkte nicht ohne Gereiztheit, der König von Spanien, sein Herr, möge begehren, was er wolle, so finde er damit nur Schwierigkeiten und bekomme zuletzt nur abschlägliche Antworten[1].

Unleugbar ist die Aufforderung der Spanier aus der dringenden Verlegenheit hervorgegangen, in der sie waren;

---

1) Quiroga an Oñate, 16. Januar 1634.

aber wie sie durch die Weigerung, so fühlte sich Wallenstein durch die Anmuthung verletzt: er sah darin die Absicht, sein Heer aufzulösen, oder ihm die Autorität über dasselbe zu entreißen.

Gleich durch die ersten Eingriffe des Hofkriegsraths in der Kriegsverwaltung war er in heftige Aufwallung gerathen. In Gesprächen seiner Art, die vertraulich zu sein scheinen, ohne es doch eigentlich zu sein, erging er sich darüber, was er bei der Lage der Dinge in Europa ausrichten könne, wenn er ohne andre Pflicht sich nur mit etwa 1000 Reitern ins Feld werfe: noch seien die Gestirne ihm günstig, und er könne noch einmal das Glück versuchen. Er sprach viel von seiner Abdankung, auch gegen Pater Quiroga, als von einer bereits beschlossenen Sache. Er hat ihm aber zugleich die Bedingung namhaft gemacht, unter welcher es geschehen könne: man müsse ihn, sagte er, in den Stand setzen, die Vorschüsse, welche die Obersten unter seiner Bürgschaft gemacht, zu befriedigen, oder aber diese vermögen, ihn des Wortes, das er ihnen gegeben habe, zu entlassen[1].

Das innerste Verhältniß der Armee, auf dem ihre Zusammensetzung beruhte, ward dadurch berührt.

Schon war in der Armee, auf das Gerücht, der Generalissimus stehe schlecht am Hofe, die Besorgniß erweckt, daß eine Veränderung, die einen jeden in seinen persönlichen Verhältnissen

1) Nach Antelmi erklärt er: ch' egli era pronto di rinuntiare la carica sempre che delli crediti contratti dalli capi dell' armata sotto la parola di lui o commandi Cesare il saldo, o essi si disponghino rimettendoli disobligarne la parole d' esso Generale a ch' egli nel congresso or da far con loro li harrebbe persuasi. Man darf das annehmen, weil das Uebrige, was Antelmi von Quiroga vernommen zu haben behauptet, mit dem übereinstimmt, was wir urkundlich erfahren.

empfindlich betreffen würde, bevorstehe. Wallenstein hatte die Obersten zu einer Zusammenkunft nach seinem Hauptquartier in Pilsen berufen. In großer Aufregung, und davon durchdrungen, daß sein Abgang ihnen allen zum Schaden gereichen werde, trafen sie daselbst ein. Man war in Wien besorgt, doch fürchtete man noch nicht das Aeußerste: man meinte, es werde nur auf die Bitte der Armee abgesehen sein, den General in seinem Commando zu lassen. Die Sache nahm jedoch einen dem Hofe viel entschiedener entgegengesetzten Verlauf.

„Mein," sagte Feldmarschall Ilow — damals mit Trzka der vornehmste Vertraute Wallensteins — einem der Ankommenden, Mohr von Waldt: „der Herr ist einer der ältesten Obersten, was meint der Herr zu den scharfen Schreiben, die der Herzog vom Hofe erhalten hat?"

Die allgemeine Meinung war, es gebe dort eine Faction von Beamten und Geistlichen, welche der Armee, was ihr gebühre, entziehen, und den General stürzen wolle. Der Kaiser könne, der Hof wolle ihnen nichts geben. Was solle daraus werden, wenn der König von Ungarn mit seiner spanisch-mönchischen Umgebung die Heerführung in die Hand bekomme? Man nahm selbst ein Mißverständniß zwischen dem Kaiser und dem jungen König darüber an.

Am 12. Januar wurden nun den versammelten Obersten die vom Hofe gekommenen Anträge vorgelegt: sie urtheilten sämmtlich, daß es damit blos auf den Ruin der Armee abgesehen sei. Daran anknüpfend erklärte Feldmarschall Ilow: der General, dem man diese Dinge zumuthe, die er nicht ausführen könne, und den man dann verfolge, weil er das nicht thue, gehe damit um, abzudanken; aber dürfe man das wohl geschehen lassen? was solle aus den Obersten werden, die ihre Regimenter aus ihrem eigenen Vermögen errichtet, vollzählig gemacht und mit Waffen versehen, im Vertrauen auf das Wort des Generals, der ihnen für den Ersatz ihrer Kosten eine Belohnung gut gesagt: sie würden alle ruinirte Leute sein, wenn er sie verließe. Unter den Anwesenden war es besonders Heinrich Julius von Lauenburg, Bruder Franz Alberts, der aus dem Gesichtspunkt der allgemeinen Interessen den Antrag unterstützte. Da könne, sagte er, auch ein anderer sich zum General ernennen lassen, ehrliche Leute durch Zusicherungen in Schaden bringen, und wenn er sein Wort halten solle, durch Abdankung den Kopf aus der Schlinge ziehn. Es schien als wolle man dem General das Recht niederzulegen, abstreiten. Der Beschluß war, ihn durch eine aus Ilow und drei Obersten bestehende Deputation zu ersuchen, von diesem Vorhaben abzustehen. Und nun kam der entscheidende Moment für Wallenstein. Was er für seine Resignation begehrt hatte, daß die Obersten ihn seiner Verpflichtung entlassen sollten, dagegen erklärten sie sich mit Nachdruck; sie bestanden auf der Unauflösbarkeit ihrer gemeinschaftlichen Interessen. Es bedurfte mehr als Eines Ansuchens, ehe er denselben nachgab. Endlich versprach er, seine Abdankung noch so lange aufzuschieben, bis er sehe, welche Veranstaltung der Kaiser für die Armee treffe, überhaupt sich ohne ihr Vorwissen nicht von ihnen zu trennen. Dagegen stellte auch er aber eine Forderung auf: es war die, daß ihm von ihrer Seite die entsprechende Zusage gemacht werde, bei ihm standhaft auszuhalten, damit ihm nicht etwa ein Schimpf widerfahre[1]; — man verstand, damit das Ereigniß von Regens=

---

1) Aussage des Obersten Mohr von Waldt. Archiv österreichischer Geschichtsquellen XXV, S. 360.

burg nicht wiederholt werde. Diese Worte sind es, wodurch die Angelegenheit in ihre Krisis trat. Wallenstein unternahm es, sich des Gehorsams der Armee auch für den Fall zu versichern, daß der Kaiser ihn des Generalats enthebe. Die Stimmung war so aufgeregt, daß man die Tragweite seines Begehrens kaum bemerkte: die Versammlung ging darauf ein. Ein Revers ward verlesen, in welchem nach dem Ausdruck dankbarster Unterthänigkeit für die Zusage des Herzog-Generals, nun auch die Obersten auf das feierlichste an Statt eines körperlichen Eides gelobten, sich auf keine Weise von ihm zu trennen noch trennen zu lassen, hierbei mit ihm und für ihn den letzten Blutstropfen aufzusetzen. Sollte einer von ihnen hiergegen handeln, der solle als ein Mann ohne Ehre betrachtet werden; ein jeder solle einen solchen Abfall selbst an Leib und Leben an ihm rächen.

Wohl fiel es auf, daß kein die Verpflichtung auf die Dauer des Generalats beschränkender Vorbehalt eingeflochten war. Ilow bemerkte jedoch, das habe nichts zu bedeuten, da der Dienst des Kaisers im Eingang doch erwähnt war. Herzog Heinrich Julius hat die Frage aufgeworfen, ob dies nicht als gegen den Kaiser angesehen, und ihm persönlich nachtheilig werden könne. Trzka und Ilow beruhigten ihn damit, daß sich auch Gallas, dessen Loyalität Niemand bezweifele, einverstanden erklärt habe. Zuerst unterschrieb Herzog Heinrich, weil er der vornehmste von Allen war, wiewohl nicht ohne Zögern. Dann folgten die Andern. Bei einem Bankett, welches Ilow gab, ist dieser Revers, wiewohl nicht ohne entgegengesetzte Aufwallungen zu wecken, vollends unterschrieben worden[1].

Wer hat nicht von diesem Bankett gehört? Die unzählige Male wiederholte Ueberlieferung ist, in dem Revers habe die Clausel, durch welche die Verpflichtung der Obersten auf die Zeit beschränkt worden, daß der General in dem Dienst des Kaisers sei, ursprünglich in der That gestanden: vor dem Bankett sei der Revers mit dieser Clausel verlesen, nach demselben aber in einem andern Exemplar ohne dieselbe vorgelegt und ohne daß man in der Aufregung des Weines darauf geachtet habe, unterzeichnet worden.

Diese Erzählung ist aber ohne Zweifel zu verwerfen: der Revers war ohne die Clausel bereits vor dem Bankett vorgelegt, und war trotz des Widerspruchs von den Meisten unterzeichnet worden. Eine so grobe Betrügerei wäre keinem von diesen energischen Kriegsmännern zuzutrauen. Die Obersten wußten sehr wohl, was sie unterschrieben.

Der spanische Botschafter Oñate, der sich über diese Dinge auf das genauste unterrichtete, schweigt davon, theilt jedoch eine andere Nachricht verwandten Inhalts mit, welche die Entstehung der Sage erklärlich macht. Er versichert, die Clausel, in welcher der Dienst des Kaisers vorbehalten worden sei, habe ursprünglich in dem Revers gestanden, sei aber von Friedland, noch ehe man ihn vorlegte, ausgestrichen worden.

Und daß eine ähnliche Beschränkung von Wallenstein mit vollem Bewußtsein vermieden worden ist, liegt in der Sache. Es konnte ihm nichts helfen, daß er das Generalat

1) So entnimmt man aus dem Bericht des bairischen Agenten, der dort anwesend und wohl unterrichtet war.

auf den Wunsch der Obersten beibehielt, wenn diese alsdann ihm nur so lange verpflichtet sein sollten, als es dem Kaiser gefalle, ihn im Besitz desselben zu lassen.

Da nun aber doch vor dem Bankett und bei demselben Aeußerungen gefallen waren, welche Bedenken und Mißtrauen verriethen, hielt Wallenstein für gut, noch einmal mit den Obersten zu sprechen. Er stellte noch einmal die Motive vor, welche ihn zu dem Entschluß der Resignation bewogen; eines der vornehmsten war die letzte Anmuthung, den Infanten mit seiner Cavallerie zu geleiten, in der bitteren Kälte, in weite Ferne: wenn diese Reiterei zu Grunde gerichtet sei, wie wolle man eine andere bekommen. Er zeigte sich über die Dinge, die man ihm nachsagte, nicht weniger aufgeregt, als über die, welche man ihm zumuthete. „Die Ehre, die ich durch achtundzwanzig Kriegsjahre hindurch rühmlich erhalten, geräth in Gefahr, was ich nicht verdiene. Ich möchte lieber todt sein, als so leben.“ Und Niemand, fügte er hinzu, dürfe besorgen, daß er etwas wider den Dienst des Kaisers oder die katholische Religion im Sinne habe. Er denke nur, selbst dem Widerspruch, den er dabei erfahre, zum Trotz den Frieden mit den beiden Churfürsten zu Stande zu bringen. Er wiederholte, daß er einem jeden für seine Zahlung gut stehe[1].

Mit dieser Versicherung entließ er sie; sie fanden sich bewogen, den ausgestellten Revers nochmals zu bestätigen.

---

1) Die Rede, welche Mailath aus archivalischer Quelle mittheilt, las man bereits bei Khevenhiller in dem nämlichen Wortlaut und zwar noch ausführlicher, als in dem Gründlichen Bericht. Die Sache selbst erhellt auch aus den bei Churfürst Maximilian eingegangenen Berichten, die dieser nach Wien mittheilte. Aretin, Wallenstein Urk. S. 169.

Er ward in verschiedenen Exemplaren ausgefertigt, um auch den Abwesenden mitgetheilt und von ihnen unterschrieben zu werden.

So war der wesentliche und beglaubigte Verlauf der Zusammenkunft in Pilsen.

Unter den Obersten sind die heftigsten Reden gegen den Hof und die Jesuiten, gegen die Spanier und die Ausländer überhaupt gefallen. Die meiste Schuld gab man den Spaniern, welche, wie sie die Oberhand im kaiserlichen Rath besäßen, so dieselbe auch in der Armee zu erlangen trachteten: ihre Absicht sei, die Stellen in derselben nach dem Range der Geburt, nicht nach dem militärischen Verdienste zu vertheilen. Die Armee müsse sich zum Heile des Kaiserthums, das sonst zu Grunde gerichtet werde, behaupten; sie müsse um siebzig tausend Mann vermehrt werden, um die Feinde zu verjagen und den Frieden in Deutschland zu Stande zu bringen.

Zwischen dem General und seinen Obersten ist noch von nichts weiter die Rede gewesen, als davon, dem spanischen und jesuitischen Einfluß, der sonst getrennt, jetzt zusammenwirkte, gegenüber Front zu machen und zusammenzustehen. Für harmlos aber kann man ihre Verbindung nicht erklären. Wäre sie dabei stehen geblieben, was man in Wien erwartete, hätte die Armee nur eben die Beibehaltung des Generals gefordert, so würde dabei die Prärogative des Kriegsherrn gewahrt worden sein. Daß die erwähnte Klausel in dem Revers von dem General ausdrücklich verworfen oder doch weggeblieben war, deutet auf die Absicht, demselben, wenn es nöthig werde, zu widerstreben. An die Stelle der Bitte, den General ihnen zu lassen, trat die Drohung, an demselben festzuhalten, wenn man ihn entsetze: was nur unter dem verderblichen Einfluß der Spanier und der Jesuiten geschehen könne. Doch war das nicht ausdrücklich gesagt: man konnte den Revers lesen, ohne die weggelassene Formel zu vermissen.

Auch ist der Gegensatz anfangs nicht zu vollem Ausdruck gekommen.

Im Feldlager Friedlands hatten sich bisher auch zwei Prinzen von Toscana als Volontärs befunden, aber unter diesen Umständen für gut gehalten, es zu verlassen. Der vornehmste Mann in ihrem Gefolge, Marchese Guicciardini, erschien in Wien, um den Kaiser von der bitteren Stimmung, die in Pilsen geherrscht habe, der zweifelhaften und bedenklichen Fassung der dort gefaßten Beschlüsse, und der Gefahr, die ihm daraus erwachsen könne, Kunde zu geben. Anfangs machte er einen trüben Eindruck, der durch einige aus dem Feldlager eintreffende Briefe noch verstärkt wurde. Bei ruhiger Ueberlegung meinte man jedoch zu finden, daß die Sache so weitaussehend nicht sei. Man erblickte in dem Vorgang nichts weiter, als den Versuch Wallensteins das Generalat zu behaupten und die Obersten wegen ihres Credites sicher zu stellen; darin liege mehr eine Confusion als eine Conspiration. Es schien in der That, als hätte der Kaiser nicht einmal gern gesehen, wenn sein Sohn das Commando übernommen hätte; er ließ eine gewisse Eifersucht deshalb durchblicken. Die Warnungen der Toskaner und der Spanier, die auf das engste verbunden waren, erschienen als Ausbrüche des nationalen Widerwillens, dem er kein Gehör geben dürfe[1].

---

1) Antelmi: „Restano gli animi qui in gran modo distratti fra queste discrespanze emulationi e gelosie interne."

Der Kaiser machte keine Schwierigkeit, einen seiner Hofräthe, Gebhard, in das Hauptquartier des Generals abzuordnen, um an den Friedensunterhandlungen Theil zu nehmen, welche der Herzog von Friedland vorbereitet hatte, und in denen sich seine Absichten zusammenfaßten.

### Verhandlungen Wallensteins mit Sachsen.

Noch immer beruhten sie zuletzt auf dem Gedanken, welcher der Wiederannahme des Generalates zu Grunde lag, die Protestanten in Norddeutschland von der Verbindung mit den Schweden loszureißen, und zwar durch Widerrufung des Restitutionsedictes, welches ihre Verbindung mit denselben veranlaßt hatte.

Die Ausführung dieser Absicht war aus zwei Ursachen unmöglich geworden, dem persönlichen Ansehen Gustav Adolfs, welches die vorwaltenden Fürsten beherrschte, und der Besorgniß derselben, daß man, wenn sie mit ihm gebrochen haben würden, in Wien dann dennoch bei den alten Plänen verharren und alles wieder den katholischen Religionsformen unterwerfen würde.

Durch den Tod des Königs waren nun die Bande persönlicher Dankbarkeit zerrissen: die Aufstellung des Reichskanzlers, oder vielmehr die Autorität, welche ein schwedischer Edelmann in deutschen Angelegenheiten, und zwar mehr als der König im französisch-schwedischen Interesse ausübte, rief in den deutschen Fürsten und Ständen Verstimmung hervor; in keinem mehr, als in dem damals angesehensten und mächtigsten von allen, dem Churfürsten von Sachsen. Da mußte es doppelten Eindruck machen, wenn nun der kaiserliche Feldhauptmann, dessen Vollmacht man kannte, nicht allein die alten Erbietungen erneuerte, sondern auch hinzufügte, er wolle sie durchführen, wenn man sich einmal vereinbart habe, der kaiserliche Hof möge wollen oder nicht.

Bei den Erfahrungen, die man gemacht hatte, und dem Verhältniß der Persönlichkeiten ist die Voraussetzung, an dem Hofe werde die entgegengesetzte Richtung doch wieder die Oberhand bekommen, sehr erklärlich. Daß nun der kaiserliche General, der mit einer Macht ohne gleichen ausgestattet war, sein Wort für die Ausführung der erträglichen und annehmbaren Uebereinkunft, die im Vorschlag war, verpfändete, bildete für die Protestanten ein entscheidendes Motiv, auf die Unterhandlung mit ihm einzugehen. Sie hatten gehofft, die Schweden dazu herbeizuziehen. Da das nicht möglich war, und Wallenstein das volle Uebergewicht der Waffen in ihren Gebieten besaß, so waren sie jetzt geneigt, mit ihm in der That abzuschließen.

Sollten sie aber mit ihm gegen Schweden gemeinschaftliche Sache machen, was in Irrungen mit Frankreich bringen mußte, so hatte es eine innere Nothwendigkeit, es war gleichsam eine Forderung des nationalen Gedankens, der schon einst dem schmalkaldischen Krieg seine Wendung gegeben, daß auch die Spanier von dem Boden des Reiches ausgeschlossen blieben. Mit der Neigung des sächsischen Hofes, gegen die Schweden aufzutreten, gingen die Zögerungen des Herzogs von Friedland, die spanisch-italienischen Truppen unter Feria auf dem Reichsboden zuzulassen, Hand in Hand.

Die autonome Autorität des General-Herzogs bildete in so fern zugleich ein protestantisches und nationales Interesse.

Mit dem Versuche Friedlands, seine Armee in seinem Gehorsam gegen alle Eingriffe des Hofes zu erhalten, hingen auf das genaueste — das Eine war fast die Bedingung des Andern — seine Unterhandlungen mit den norddeutschen Fürsten zusammen, die seit dem letzten Feldzug in Schlesien und der Lausitz wieder im vollen Gange waren.

Einer der damals vertrautesten Anhänger Friedlands, Franz Albert von Lauenburg, hatte die Anbahnung einer Vermittelung in den Händen. Es ist derselbe, den man beschuldigt hat, den König von Schweden, der in seinen Armen starb, ermordet zu haben. So abscheuliche Handlungen aber lagen ihm fern. In seinen Briefen erscheint er guter Dinge, von scherzhafter Munterkeit; leicht zu entmuthigen, wenn die Sache nicht nach Wunsch geht, aber immer freudig zu den Waffen und zu allen guten Diensten bereit. Er war einer der jüngsten Sprossen aus einer sehr zahlreichen reichsfürstlichen Familie[1]. Der Rang, den ihm seine Herkunft gab, kam ihm in seinen persönlichen Beziehungen zu Statten.

Damals mit den Unterhandlungen nicht allein über den Abschluß einer allgemeinen Uebereinkunft, sondern auch über die Vereinigung der Armeen beauftragt, meldet er dem Herzog, daß er die beiden Herren, die Churfürsten von Brandenburg und von Sachsen, zu dem Frieden sehr geneigt finde: in deren Namen solle er ihn auffordern, in seinen Be-

1) Franz II, durch seine Mutter ein Enkel Heinrichs des Frommen, Aeltervaters des Churfürsten von Sachsen, hatte von seiner ersten Gemahlin zwei Söhne und zwei Töchter, von der zweiten, einer Prinzessin von Braunschweig, Tochter des Herzogs Julius, fünf Töchter und sieben Söhne; unter diesen Franz Julius geb. 1584, Julius Heinrich geb. 1586, Franz Albert geb. 1598.

mühungen dafür fortzufahren; ein höheres Lob könne er sich ja nicht erwerben, als wenn er „das in höchsten Gefahren schwebende Vaterland“ in Ruhe setze; schon wegen ihres churfürstlichen Amtes würden sie alles Mögliche dazu beitragen; aber bedenklich scheine es ihnen doch, ihre Waffen mit den kaiserlichen zu vereinigen, ehe die Vorschläge, die sie zum Frieden gemacht, „billige und christliche Mittel“, angenommen oder etwas Sicheres darüber beschlossen worden: sei doch das menschliche Leben unsicher, und höchst ungewiß, wenn etwa ein Fremder an des Herzogs Stelle trete, ob er gleiche Absichten hege[1].

Es mag dahin gestellt bleiben, ob sie der menschlichen Sterblichkeit in Bezug mehr auf den Kaiser oder den General gedachten; der Nachdruck liegt darin, daß nur der Herzog von Friedland ihr Vertrauen besitzt: Veränderung im Generalat würde jede Vereinbarung vollends unmöglich machen.

Wohl hatte nun auch der Kaiser sich entschlossen, unmittelbar die Hand zu Friedensunterhandlungen zu bieten, und Behufs derselben einen Bruder Franz Alberts, Franz Julius, der in seinen Diensten stand, nach Dresden abgeordnet; wobei dem Churfürsten von Sachsen freigestellt wurde, ob er lieber mit dem Herzog, oder mit dem Hofe von Wien unterhandeln wolle. Johann Georg verschob es, ihn zu hören, bis Franz Albert, der auf Wallensteins Aufforderung im

1) „Das sie itziger Zeit, da noch nichts gewisses abgehandelt und geschlossen, man auch nicht versichert, wenn etwa ein Todesfall dazwischen komme, und an Ew. L. Stelle ein frembde Person, ob die zu gleichem Zweck zielen möchte, bei solcher Ungewißheit (ihre Leute) unter eines andern Directorio geben sollten, würde sehr besorglich sein“ (Archiv zu Dresden).

Begriff war sich zu ihm nach Pilsen zu begeben, von dort wieder zurückgekommen sein würde.

Den neu zu eröffnenden Unterhandlungen am kaiserlichen Hofe, von dem man meinte, er wolle zwar den Frieden aber nicht nach den gemachten Vorschlägen, zog man in Dresden die mit Wallenstein angeknüpften, auf seine Persönlichkeit gegründeten vor. Soeben traf ein sächsischer Offizier aus Pilsen ein, von dem man erfuhr, daß der General über die ihm wegen seines letzten Rückzuges gemachten Vorwürfe sehr mißvergnügt sei und sich an denen zu rächen gedenke, die ihm die Armee aus den Händen reißen wollten: er wünsche nichts mehr, als Arnim bei sich zu sehen, um mit ihm Rücksprache zu nehmen. Der sächsische Hof wurde durch diese Verstimmung des Generals nicht abgehalten, sondern eher angefeuert, sich ihm zu nähern. Ein besonderes Motiv dafür lag in dem Vorhaben der Schweden, eine starke Armee bei Magdeburg aufzustellen, und ihrem Versuch den Churfürsten von Brandenburg auf ihre Seite zu ziehen. Um das zu hintertreiben, hielt Arnim baldigste Vereinbarung mit dem Kaiser für nothwendig, die dann am leichtesten sein werde, wenn der Herzog von Friedland mit der Verhandlung beauftragt werde, — wie das jetzt Franz Julius in Aussicht stellte. Er eilte aus seinem Hauptquartier Finsterwalde nach Dresden, um mit dem Churfürsten, wie dieser wünschte, die großen Angelegenheiten zu besprechen.

Zwischen den alten Kriegskameraden, Hans Georg von Arnim und Wallenstein, hatte sich seit der Entzweiung, die in dem polnisch-schwedischen Unternehmen von 1629 zwischen ihnen entstanden war, doch wieder ein näheres Verständniß herausgebildet; — der Idee einer friedlichen Vereinigung der beiden religiösen Parteien, welche Wallenstein auf Seiten der katholischen repräsentirte, kam Arnim von Seiten der protestantischen entgegen: wobei er jedoch in seinem Protestantismus unwandelbar feststand; ohne Sicherheit für das Bekenntniß hätte er keinen Frieden gewünscht. Dem Churfürsten von Sachsen, dem er damals als Generallieutenant diente, und der ihm viel Vertrauen schenkte, hat er, so wenig er die Schweden liebte, doch nie gerathen, sich auf Gefahr der Religion hin von denselben zu trennen. Aber seinem Ehrgeiz und seinen Ideen entsprach es, die Verhandlungen aufzunehmen, welche Wallenstein im Sommer 1633 eingeleitet hatte, indem er zugleich die Versicherung gab, daß er eine zu Stande kommende Abkunft persönlich gegen Jedermann vertheidigen wolle. Von ihren versöhnenden Zwiegesprächen war die Unterhandlung ausgegangen: durch sie ward sie in Gang erhalten: unter den obwaltenden Umständen schien es möglich, selbst im Widerspruch mit dem Hofe, sie durchzuführen. Wenn Arnim später seine Vermittelung als harmlos und unverfänglich für den kaiserlichen Hof geschildert hat, so täuschte ihn entweder sein Gedächtniß, oder er ließ sich durch die veränderten Umstände bestimmen: aus den vorliegenden Briefschaften ergiebt sich, daß er über die dem kaiserlichen Hofe entgegenlaufenden Intentionen Friedlands sehr wohl unterrichtet war. Gerade die stärksten Betonungen derselben finden sich in den Briefen Franz Alberts an Arnim. Von der Zusammenkunft von Pilsen, die indeß Statt gefunden, meldet er, die Obersten seien bereit, für den Herzog zu leben und zu sterben; er erklärt das für einen guten Anfang zu dem Werke, das man vorhabe: damit aber etwas daraus werde, müsse sich Arnim nach Pilsen verfügen, denn der Herzog brauche

Jemand, um ihm zu helfen; alles sei fertig; es fehle nur an Arnim, der Anleitung geben müsse, wie man dem Faß den Boden ausstoßen solle; Wallenstein sei zu tief verwickelt, um sich zurückzuziehen: hoffentlich werde er dem Rathe Arnims folgen[1].

Als Arnim in Dresden anlangte, war Franz Albert von Pilsen bereits zurückgekommen. Er hatte den General, der sich nicht wohl befand, vielleicht nur eine Viertelstunde gesehen, aber eine Resolution, wie er sie brauchte, von ihm erhalten. Wallenstein sprach ihm seinen Entschluß, den Frieden zu Stande zu bringen, aufs neue aus, zugleich mit dem Wunsch, daß Brandenburg dazu herbeigezogen werden, und vor allem, daß Arnim ehestens kommen möge: er möge die einst vorgelegten Punkte mitbringen, sie seien vernünftig gefaßt, er, der General, habe sie noch meistens im Kopf; zur Verhandlung darüber werde ein Beamter des Reichshofrathes, Gebhard, bei ihm eintreffen; man müsse die Sache fördern, ehe etwas dazwischen komme. Er hatte Franz Albert getrieben, sogleich wieder nach Dresden zurückzugehen. Dieser sprach die Ueberzeugung aus, daß der Herzog den Frieden zu Stande bringen werde, der Kaiser möge wollen oder nicht.

Von der größten Wichtigkeit für alle religiösen und politischen Verhältnisse war es dann, oder schien es doch zu sein, welche Vorschläge — denn alles Bisherige war nur vorläufig gewesen — Sachsen definitiv einbringen würde.

Franz Albert erstattete seine Relation in einer Sitzung des geheimen Rathes, welcher der Churfürst persönlich

1) Briefe vom 11. und 18. Jan. n. St., eine erwünschte Mittheilung bei Kirchner: Schloß Boytzenburg 272.

beiwohnte: am 17. Januar des Morgens. Am Nachmittag versammelte sich der geheime Rath wieder, um das Verfahren festzustellen. Der erste Punkt, den der Churfürst, der wieder zugegen war, zur Sprache brachte, betraf die vorläufige Verständigung mit Brandenburg, das man nicht ausschließen könne, zumal da Friedland selbst dessen Beitritt begehre. Arnim hatte eine Zusammenkunft der beiden Churfürsten für sehr wünschenswerth erklärt, und zwar ohne Aufschub, weil auch der Reichskanzler eine Conferenz mit dem Churfürsten von Brandenburg zu veranstalten denke, deren Folgen man zu fürchten habe. Johann Georg wandte ein, daß sich kein schicklicher und geeigneter Platz dazu finde; weiteren Verzug aber wünschte auch er zu vermeiden, um so mehr, da man mit Wallenstein ja nicht einmal Stillstand, also vor seinen Feindseligkeiten keine Sicherheit habe. Man kam endlich überein, daß Arnim selbst nach Berlin gehen solle; denn eine persönliche Besprechung mit Georg Wilhelm von Brandenburg schien wegen des Widerstreites, in dem seine Räthe begriffen waren, unumgänglich. Nur forderte Arnim, daß man vorerst über die vorzuschlagenden Punkte hier am Ort und dann mit Brandenburg Vereinbarung treffe; denn eine gemeinschaftliche Basis der Unterhandlung müsse man haben. Man nahm die alten von Brandenburg wenn auch nicht in aller Form genehmigten Friedensanträge vor die Hand, in denen die Herstellung des Zustandes von 1618 mit der Reform der Reichsverwaltung nach dem Anliegen der Protestanten gefordert worden war. Auf diese bezog sich die im Allgemeinen billigende Aeußerung Friedlands. Arnim machte jedoch einige Punkte namhaft, mit denen er in einer förmlichen in Gegenwart eines kaiserlichen Rathes vorzunehmenden Unterhandlung nicht durchzukommen fürchtete. Es waren ihrer drei: ihre Aufstellung reichte in die Zeiten vor dem Kriege zurück.

Arnim meinte nicht, daß der Kaiser zur Besetzung seiner Räthe zugleich mit Protestanten, oder zur Annahme der alten ferdinandeischen Declaration gebracht werden könne, noch auch zur Cassirung des geistlichen Vorbehaltes oder der Beschränkung desselben auf den ursprünglichen Wortlaut, wonach der Uebertritt ganzer Stifter mit ihren Bischöfen gestattet war, wie das jene Vorschlägen enthalten. Er trug auf eine Ermäßigung derselben an; und man hat in Dresden deshalb einige Sitzungen gehalten, in denen unter anderem auch ein Gutachten von Hoe verlesen wurde. Man konnte sich aber nicht sofort entschließen. Alles Weitere wurde auf den Erfolg des Verständigungsversuches mit Brandenbnrg verschoben.

Am 26. Jan./5. Febr. traf Arnim am Hofe zu Berlin ein. Dem Herrenmeister Schwarzenberg, der eine Verständigung mit dem Kaiser und mit Sachsen anstrebte, standen einige andere Räthe entgegen, welche die Allianz mit Schweden jeder andern Combination vorzogen. Diese überwogen im geheimen Rath; Arnim bekam auf seinen Antrag eine officielle Antwort, in welcher alles weitere Eingehen auf denselben von einer vorgängigen Rücksprache mit Schweden abhängig gemacht wurde[1].

Im persönlichen Gespräch hatte jedoch der Churfürst geäußert, Schweden rede zwar viel vom Frieden, wolle aber

1) „Protocoll, so bei Ablegung J. Exc. des Herrn Generallieutenants Hrn. Hans Georg von Arnimb auf Boitzenburgk Relation, als er von J. Chf. Durchlaucht zu Brandenburgk von Berlin wieder zurückgekommen, den 3. Febr. (13.) anno 1634 gehalten worden." (Archiv zu Dresden.)

keinen. Daran anknüpfend bat ihn Arnim um einen besseren Bescheid: denn nur zu gewiß sei es, daß weder Schweden noch Frankreich den Frieden wolle, weil er ihren Intentionen noch nicht entsprechen könne: um diese zu erreichen, würden sie in Deutschland alles zu Grunde gehen lassen. Und nicht geradezu und auf immer dürfe man mit den Katholiken brechen; wollte man sie ausrotten, so würde man gewiß auch den König von Frankreich nicht auf seiner Seite haben: Oesterreich müsse bestehen, um ein Gegengewicht gegen die französische Macht zu bilden. Er erinnerte den Churfürsten an die Willkürlichkeiten, welche sich der schwedische Kanzler gegen die Chur und das ganze Reich zu Schulden kommen lasse, und die geringe Aussicht, die das Haus Brandenburg bei andauernder Macht der Schweden behalte, jemals zu seinen Ansprüchen auf Pommern zu gelangen[1]. Durch diese Vorstellungen wurde Georg Wilhelm wirklich so weit gebracht, daß er aussprach, er wolle sich nicht von Sachsen sondern: er willigte ein, daß bei der Unterhandlung jene Vorschläge zu Grunde gelegt würden, selbst ohne auf den drei von Arnim in Zweifel gezogenen Sätzen zu bestehen. Eine Erklärung in aller Form konnte Arnim nicht erlangen: ein paar Worte, die der Churfürst unterschrieb, waren ihm zu allgemein gehalten; er erwiderte darauf, er werde sie dem gemäß auslegen, was er aus dem Munde des Churfürsten vernommen habe. Mit dem Resultat seiner Sendung nicht unzufrieden, begab sich Arnim wieder nach Dresden.

Auch da war nun über die drei angeregten die Reichsverfassung betreffenden Punkte keine definitive Entschließung

1) So bereits in dem Anschreiben von 24. Jan./3. Febr.

zu erlangen; Churfürst Johann Georg behielt sich vor, im Laufe der Unterhandlung darüber befragt zu werden. Bei der wieder aufgenommenen Verhandlung kamen jedoch noch einige andere für das ganze Verhältniß zu Wallenstein wichtige und entscheidende Momente zur Sprache. Darüber sind Anfrage, Antwort, erneuerte Anfrage und nochmalige Antwort gewechselt worden. Ich will nur des Wichtigsten gedenken.

Arnim fragte, wenn Friedland sein Mißvergnügen über den Kaiser, welcher doch auch der Feind von Sachsen sei, offen ausspreche und ein auf den Verderb des Hauses Oesterreich zielendes Vorhaben verrathe: wie habe er sich dann zu erzeigen und wie weit dürfe er gehen. Johann Georg antwortete: um Privathändel könne er sich nicht kümmern, er habe nur die öffentliche Wohlfahrt im Auge; auch er sei von der Kaiserlichen Majestät hart beleidigt, aber darum doch nicht gemeint, einen immerwährenden Krieg zum Ruin seines oder irgend eines Hauses zu führen[1]. Genug, von einer prinzipiellen Feindseligkeit gegen das Haus Oesterreich, auch im Verein mit Friedland, wollte der Churfürst nichts hören. Um so mehr Gewicht hatte die weitere, die vorliegende Verhandlung betreffende Frage Arnims: wie er sich zu verhalten habe, wenn Friedland die Vollmacht des Kaisers überschreite, mit den Evangelischen eigenmächtig eine Vereinbarung treffe, diese aber gegen alle Widersacher zu behaupten sich verpflichten wolle? Hochlöblich sei die Absicht des Churfürsten, an einem gegen den Kaiser und sein Haus gerichteten Angriff nicht Theil zu nehmen: wenn nun aber Friedland mit

1) Churfürstliche Resolution vom 3./13. Februar, nr. VI.

solchen Plänen umgehe und sich dafür an Frankreich und Schweden wende, wie solle man ihn auf einen besseren Weg führen, ohne seinen Verdacht zu erwecken und sich ganz zu entblößen?[1] Die zweite Antwort war: in einem solchen Falle solle der Bevollmächtigte sich allerdings bemühen, ihn auf besseren Weg zu führen[2]. Die Andeutung Arnims ist, daß das nur geschehen könne, indem man Wallenstein von sächsischer Seite nicht zurückstoße; sie ist so behutsam wie möglich ausgedrückt; noch behutsamer ist die Antwort; aber ihr Sinn geht doch unleugbar dahin, daß das nicht geschehen solle. Eben so werden auch die andern Fragen in der Hauptsache im Sinne Arnims entschieden. Er soll auf die Unterhandlung eingehen, wenn sie auch die Vollmacht des Kaisers überschreitet und demselben nichts weiter als die Ratification vorbehält; wenn der Tractat zum Besten der Evangelischen gereicht, und Friedland sich anheischig macht ihn gegen die Widersacher zu behaupten, so soll Arnim denselben annehmen. Die Möglichkeit blieb, daß der Kaiser zur Ratification genöthigt werden könne, selbst nicht ohne Gewalt; man

1) Herrn General Arnimbs fernere Erinnerung in etzlichen Puncten, 4. Februar. Der Ausdruck ist ziemlich unklar: „Wenn der Herzog auf solche Gedanken (gegen den Kaiser) gefallen und zu beforchten, wenn man ihn ganz damit abwiese, er sich an Frankreich und Schweden hangen möchte, so were hierin gemessener Befehlich hochnötig, ob man sich bemühen solle, ihn auf einen bessern Wegk zu führen; damit man nicht neue suspicion auf sich lüde, und Ihre Churfürstl. Durchlaucht ganz entblösete."

2) Resolution vom 5. Februar: „S. Ch. D. lassen ihr gefallen, uf den in diesem Punkte (den 6.) exprimirten Fall, daß er sich alles Fleißes bemühe und ihm angelegen sein lasse, S. F. Gn. uff einen bessern Wegk zu führen."

soll dabei vermeiden, daß nicht ein Krieg des Churfürsten gegen das Haus Oesterreich entstehe, aber doch auch nicht veranlassen, daß Wallenstein die Franzosen oder die Schweden zu Hülfe rufe. Das war die Linie, auf der sich Arnim, dem dafür ziemlich freie Hand gelassen wurde, zu bewegen hatte.

Eine hiermit genau zusammenhängende weitere Frage betraf die Vereinigung der Waffen und den Anspruch Friedlands, das Commando der gesammten Truppen zu führen. Der Churfürst sagte zuerst, den Oberbefehl über seine Truppen könne er nicht aus den Händen geben, noch einem Fremden anvertrauen. Arnim erwiderte: wenn der Churfürst nicht zugegen sei, ob dann wohl der Befehlshaber der Truppen dem Generalissimus gehorchen solle, denn dieser werde keinen Anspruch auf Unabhängigkeit dulden. Der Churfürst antwortete, wenn alles zum Schluß komme, werde er sich zu bequemen wissen, er werde sich alsdann mit seinen Generalen und Obersten darüber verständigen.

Und noch einen dritten Punkt von weitester Aussicht brachte Arnim zur Sprache. Er fragte an, ob der Churfürst dem Herzog von Friedland zu einer billigen und rechtmäßigen Entschädigung für seine Bemühungen behülflich sein wolle. Der Churfürst: wenn der Friede durch die Mitwirkung desselben zu Stande komme, so könne er ihm eine solche wohl gönnen. Arnim erinnerte, daß hier nicht von Gönnen, sondern von Dazuhelfen die Rede sei. Der Churfürst erklärte schließlich: wenn auch seine Postulate in Bezug auf seine Schuldforderung zur Anerkennung gebracht würden, so werde er sich zu allem, was ehrbar, thunlich und seinen Glaubensgenossen unschädlich sei, willig erfinden lassen; doch müsse er wissen, was der Recompens sei, welchen der Herzog von Friedland begehre[1].

So verständigte man sich an dem churfürstlichen Hofe in Dresden. Der Churfürst trat in allen wichtigen Punkten wenn auch zögernd und mit Rückhalt den Vorschlägen seines Generales bei, der als einverstandener Vertrauter Wallensteins erscheint. Man kann in den Entwürfen ein festes und ein eventuelles Element unterscheiden. Das erste ist die Absicht, den Zustand des Reichs, wie er vor dem Ausbruch der Unruhen im Jahre 1618 gewesen war, wiederherzustellen, und die Streitfragen, welche damals schwebten, im Sinne der Evangelischen zu entscheiden. Der Besitz der reformirten Stifter sollte ihnen nicht allein zurückgegeben, sondern bestätigt; die Parität in den gerichtlichen Behörden des Reiches, das Gleichgewicht der Religionen überhaupt hergestellt; alles, was seit der Bildung einer compacten katholischen Majorität im Fürstenrath durchgesetzt worden war, großentheils mit der Mitwirkung Sachsens, sollte unter dem Vortritt dieses damals mächtigsten Churfürstenthums wieder rückgängig gemacht werden. Ich denke, es ist einer der größten Momente in der sächsischen Geschichte: in welchem alles, was unter Moritz, im Einverständniß mit dem deutschen Oesterreich, angebahnt worden, im Gegensatz mit demselben durchgeführt werden sollte. Johann Georg war weit entfernt von der kriegerischen Energie und eingreifenden Thatkraft seines Großoheims; er hatte Eigenschaften, die ihn in seinem Hause und

---

1) Die erste Antwort vom 3. Februar; der letzten Antwort vom 8. Februar a. St. sind die Privatanliegen des sächsischen Hofes beigelegt.

seiner Familie selbst um Credit und Zuneigung brachten[1]; in den vorangegangenen Verhandlungen hatte er sich schwach bewiesen; aber seitdem man ihn einmal am eigensten Leben angegriffen, war er zu voller Entschlossenheit erwacht; durch die Allianz mit Schweden hatte er sich selbst und das evangelische Wesen überhaupt von dem offenbaren Verderben errettet. Diese ward ihm weniger unter dem König als unter dem Reichskanzler widerwärtig; um sich ihrer zu entschlagen und doch die evangelische Sache zu behaupten, trat er jetzt in Verbindung mit dem Herzog von Friedland, dessen persönliches Interesse eben dahin zielte, so daß er hoffte, er werde den Kaiser zur Nachgiebigkeit bringen. Wie nun aber, wenn dies, wozu es keinen Anschein hatte, in Güte nicht möglich war? Johann Georg hat es über sich gewonnen, ihm dann auch in den Tendenzen der Selbständigkeit, die er einschlug, nur nicht bis zum Verderben des Hauses Oesterreich, seine Unterstützung in Aussicht zu stellen. Er selbst behielt sich dann die Uebertragung der Lausitzen als volles Eigenthum, den Besitz von Magdeburg und Halberstadt in einer oder der andern Form für sich und sein Haus vor. Was für Friedland erreicht werden sollte, ist nicht so klar. Ich finde keinen Grund, warum man nicht auf den ursprünglichen Plan, die Erwerbung der Unterpfalz zurückkommen sollte, obgleich davon nicht ausdrücklich die Rede ist. Auch eine andere Ausstattung blieb möglich.

1) Feuquieres schildert ihn als „passionné, superbe, glorieux, brutal, grand ivrogne, mesfiant.

### Verhältniß zu Frankreich.

Wie aber? wird man fragen, war nicht die Absicht Wallensteins auf die Erwerbung der böhmischen Krone gerichtet? Hat er nicht darüber in einer unläugbaren Unterhandlung mit dem französischen Hofe gestanden?

Es ist gewiß, daß die Idee der Erwerbung der böhmischen Krone für Wallenstein, auf welche dieser früher nicht einging, ohne sie gleichwohl zurückzuweisen, im Anfang des Jahres 1634 wieder ergriffen worden war. Es ist aufs neue durch den Grafen Kinsky geschehen. Sowie die Dinge sich zum Bruch anließen, am 10. Jan., wendete er sich an Feuquieres mit der Meldung, daß die im August besprochenen Entwürfe von dem Manne, auf den es ankomme, nunmehr angenommen werden würden[1]. Feuquieres, der sich damals in Frankfurt a. M. befand, verschob die Verhandlung mit Kinsky bis auf die Zeit, wo er wieder persönlich in die Nähe des Feldlagers gekommen sein würde, zögerte aber keinen Augenblick seinem Hofe Nachricht von der ihm gemachten Mittheilung zu geben. Und wie hätte das dort nicht Beifall finden sollen, da Cardinal Richelieu so eben die halbe Welt gegen Spanien zu vereinigen suchte. Noch einmal zeigte sich die Aussicht, den General, der das größte Heer commandirte, welches Oesterreich jemals im Felde gehabt hatte, zugleich

1) Ho tanto avanzato e penetrato che quella persona principale — so bezeichnet er Wallenstein — si è resoluta di accomodarsi in tutto conforme al desiderio di V. E. et articoli da lei a me proposti. Denn so möchte die bei Röse, Bernhard der Große I, 455 mitgetheilte Stelle zu lesen sein.

mit demselben auf französische Seite zu bringen und als Werkzeug zu benutzen. Der französische Hof erklärte sich bereit, dem General eine Ausstattung mit Land und Leuten zuzusichern, derjenigen gleich, welche er früher in Deutschland gehabt habe, und ihm selbst die Krone von Böhmen zu versprechen, wenn er anders nicht zu gewinnen sei. Wie das der Wunsch der Emigranten war, so scheinen die einheimischen Magnaten ebenfalls dafür gestimmt gewesen zu sein. Ein eigentliches Verständniß darüber oder der Abschluß eines Vertrages lag jedoch in weiter Ferne. Die Franzosen erklärten sich sogar bei der nunmehrigen Verhandlung nicht mehr so geneigt wie bei der ersten, den General zum König von Böhmen zu machen. Bei der Instruction, welche Feuquieres empfing, findet sich ein Nachtrag, der, wie er denn etwas mehr Kunde der wirklichen Lage der Dinge in Deutschland verräth, als jene, so auch gemäßigtere Rathschläge enthält. Der französische Hof knüpft darin an die Erklärung Wallensteins an, daß der kaiserliche Geheime Rath durch den Einfluß der Spanier beherrscht werde, und fordert denselben auf, zunächst mit der Protestation hervorzutreten, daß er seine Heeresmacht zur Herstellung eines haltbaren Friedens verwenden wolle; da sich dieselbe nicht hoffen lasse, wenn Spanien nicht gezwungen werde, einzuwilligen, so möge er dafür die Vermittelung des Königs von Frankreich in Anspruch nehmen. Richelieu hielt es selbst nicht für gut, daß Wallenstein von dem weißen Felde geradezu auf das schwarze übergehe. Und noch immer hegte man in Frankreich Mißtrauen gegen den General; man wollte sich mit ihm nicht weiter einlassen, ehe er den Tractat förmlich abgeschlossen und die geforderte Protestation erlassen habe. Wenn behauptet worden ist, zwischen Richelieu und Wallenstein sei es zu einem definitiven Verständniß über die böhmische Krone gekommen, oder Wallenstein habe sich, um zu derselben zu gelangen, in die Hände der Franzosen zu werfen beabsichtigt, so ist das viel zu viel gesagt. Allerdings ist einmal verkündigt worden, Ludwig XIII solle Römischer Kaiser, Albrecht von Wallenstein, Herzog von Friedland, Römischer König werden, wahrscheinlich doch auf den Grund der ihm zugedachten böhmischen Krone. Aber so pflegt es immer in großen Krisen zu gehen: wenn die beherrschenden Verhältnisse der Welt zu schwanken anfangen, erscheint auch das Unmögliche wahrscheinlich. Ernstlich und eingehend war von beiden Seiten von so weitausgreifenden Plänen nicht die Rede. Die Franzosen dachten hauptsächlich, die Irrungen zwischen dem Kaiser und dem General zu ihrer eigenen Sicherung gegen die spanische Politik zu benutzen, ungefähr wie sie sich der Schweden zu demselben Zweck bedienten. Wallenstein wurde zu seinen Verhandlungen mit ihnen auch dadurch vermocht, daß der Churfürst von Sachsen dieselben fürchtete und sich um so eher entschloß, auf die Vorschläge, die ihm gemacht wurden, einzugehen. Wenn es der Umgebung Friedlands, wie Terzka ausdrücklich bekennt, hauptsächlich um eine Geldunterstützung zu thun war, so entsprach es seinem eignen Sinn sich für alle möglichen Fälle auch diese Aussicht offen zu halten und einen äußersten Rückhalt zu suchen.

Ein Verständniß mit den Schweden war unmittelbar nicht angebahnt, doch haben die Franzosen dem Reichskanzler von den ihnen geschehenen Anträgen Mittheilung gemacht.

Wenn man nur auf die politischen Intentionen Rücksicht nimmt, so hatte es Wallenstein zu einer für einen Privatmann einzigen Stellung gebracht. Die beiden größten Interessen, die die Welt bewegten, das antispanisch-französische, und das protestantisch-antikatholische, ein europäisches und ein deutsches, noch sehr im Widerstreit mit einander, suchten Verbindung mit ihm, da er doch an sich der entgegengesetzten Ordnung der Dinge angehörte. Es war, als sollte er zwischen den im Kampfe begriffenen Elementen der Welt Maß geben und über ihre Ansprüche entscheiden: und zwar nicht wie etwa Richelieu als Rathgeber seines Fürsten und im Einverständniß mit demselben, sondern selbst im Gegensatz mit ihm. War er dazu wirklich im Stande?

Alles beruhte auf dem Gehorsam der Armee, der auf einer neuen Zusammenkunft zu Pilsen, die auf den 9./19. Februar angesetzt war, bestätigt werden sollte.

---

## Vierzehntes Capitel.

### Offener Bruch zwischen dem Kaiser und dem General.

Schon seit dem vorigen Sommer, als Wallenstein sich vermaß, den Frieden mit Hülfe der Armee durchzuführen, möge man am kaiserlichen Hofe wollen oder nicht, hatte man hier darauf gedacht, einen von dem obersten Feldhauptmann unabhängigen Einfluß auf die demselben zunächst stehenden Führer zu behaupten. Sehr verfänglich lautete der Auftrag, den der Hofkriegsraths-Präsident Schlick bei der Reise in das Hauptquartier, deren wir gedachten, sich geben ließ, insgeheim und „unvermerkter Dinge" die vornehmsten Offiziere, wie man damals sagte die Generalspersonen, dahin zu bearbeiten, daß der Kaiser auf ihre vollkommene Ergebenheit zählen könne für den Fall, daß man mit dem Herzog eine Veränderung vornehmen sollte[1]. Dem blieb das nicht vollkommen unbekannt. Er hat gesagt — denn fast als einen persönlichen Zwist mit dem Hofkriegsraths-Präsidenten sah er es an, — Graf Schlick habe eine Mine gegen ihn angelegt, er sei derselben mit

1) So Slawata bei Aretin, Wallenstein. Urkunde Nr. 29.

einer Contremine begegnet. Bestand diese vielleicht auch darin, daß er sich um so mehr der den höchsten Befehlshabern zunächst Stehenden zu versichern suchte? Aber auch jene selbst meinte er sich nicht entreißen zu lassen.

Von Pilsen aus hat er Piccolomini, nach jenem vertraulichen Gespräch, in welchem von den Unbilden, welche die Armee und er selber erfahre, und von den Aussichten die Rede war, welche bei der Lage der Dinge ein entschlossener Abfall darbieten würde, an Colloredo und Gallas geschickt, um zu erfahren, ob er sich auf sie verlassen könne. Die drei Generale kamen in Frankfurt a. d. O. zusammen, und versprachen, ihm zu folgen, wohin er gehen werde[1]: Wallenstein war sehr glücklich es zu vernehmen. Wäre das aber wirklich ihre ernstliche Meinung gewesen? Wir erfahren, daß besonders Colloredo über das Ansinnen des Herzogs in große Aufregung gerieth. Aber ihm geradezu entgegenzutreten hatten sie doch auch den Muth nicht: indem sie ihm ihre Ergebenheit erklärten, beschlossen sie doch, dem Kaiser treu zu bleiben.

Zunächst sehen wir sie eine zweifelhafte Haltung beobachten. Besonders auf Gallas, von den friedländischen Generalen den ruhigsten und feinsten, unübertrefflich in der Verbindung militärischer und diplomatischer Thätigkeit, einen Mann voll Einsicht und Resolution, setzte der Hof sein Vertrauen. Schon vor der Zusammenkunft zu Pilsen ging man mit der Absicht um, ihn dem König von Ungarn beizuordnen und interimistisch zum Oberbefehlshaber zu ernennen, zugleich die Obersten und Generale durch Handbriefe und andere Patente

1) No faltarlo con sus personas y seguir donde quiere. So Oñate 21. Januar.

an ihn anzuweisen. Dennoch ist es wahr, daß Gallas durch eine körperliche Beschwerde verhindert worden ist daselbst zu erscheinen; aus jenen Tagen findet sich ein Schreiben von ihm an Aldringer, seinen Schwager — sie waren beide mit Damen aus dem Hause Arco verheirathet — worin er es als ein unbegreifliches Mißverständniß beklagt, daß man den Herzog vom Hofe her verstimme[1]. Wir berührten, daß er von den Anwesenden als einverstanden betrachtet wurde. Kurze Zeit darauf (24. Januar) ist er wirklich im Hauptquartier zu Pilsen erschienen; er hat sich mehrere Wochen daselbst aufgehalten. In der ganzen Zeit blieb er mit dem General in dem besten Vernehmen: er verhandelte mit ihm über seine Entschädigung, die Befriedigung der Truppen, den abzuschließenden Frieden. Man hielt sich überzeugt, ohne seine Einwilligung werde der Herzog nichts unternehmen.

Piccolomini war einst mit dem Succurs, welchen der Großherzog von Toskana nach Böhmen schickte, als Führer einer Compagnie Reiter über die Alpen gekommen, und hatte sich seitdem diesseit und jenseit der Berge einen Namen gemacht. Er spielte eine glänzende Figur in dieser Armee. Man bewunderte ihn, wie gut er zu Pferde saß, und wie er seine Kürassiere in Ordnung zu halten wußte — in seinem Regiment fehlte nicht ein Nagel an einem Harnisch — an ihrer Spitze erwarb er sich den Ruf, daß er eher sterben, als seinen Posten verlassen würde; in mehr als einem Zusammentreffen hat er das Beste gethan. Zugleich zeigte er sich überaus geschickt in der Unterhandlung. Colalto hat ihn in den schwierigen Verhältnissen zu den kleinen italienischen

1) Auszüge aus dem Briefe bei Hurter, Wallenstein 379.

Fürsten und durch Missionen nach Deutschland, schon vor der Absetzung Wallensteins, erprobt. Da mag Piccolomini die Zuneigung Wallensteins erworben haben; wie man sagt, war es eine Berechnung der Nativitäten, in denen man eine Gleichmäßigkeit der Stellung der Gestirne bei der Geburt des einen und des andern gefunden hatte, wodurch sie zu unbedingtem Vertrauen stieg: Wallenstein hat ihn einmal sogar ermächtigt, den Obersten Regimenter zu geben und zu nehmen. Aber zugleich stand Piccolomini, in dem sich das gute Verhältniß der Italiener zu dem Haus Oesterreich repräsentirte, in steter Verbindung mit dem spanischen Gesandten. Wenn ihm Wallenstein wirklich von der Möglichkeit gesprochen hat, seinen Großherzog zum König zu erheben, so konnte das auf den Sanesen — denn aus Siena stammen die Piccolomini — nicht so viel Eindruck machen, da er seine eigene Beförderung und Größe nur von den Spaniern erwarten konnte, wie ihm denn nach der Hand von ihrer Seite selbst ein Fürstenthum zu Theil geworden ist. Piccolomini gewann es über sich und verstand es, mit den entgegengesetzten Persönlichkeiten intime Verbindung zu pflegen. Damals meinte er doch noch einen guten Ausgang von den begonnenen Friedensunterhandlungen erwarten zu dürfen: nur müsse man, sagte er, die Augen aufthun. Er glaubte bereits einmal, Gallas habe den Herzog in das rechte Gleis gebracht: wenn dessen Rath Beachtung finde, so werde er herbeieilen: sie würden die Feinde schlagen und den Herzog groß machen[1].

Wie Gallas und Piccolomini, so war auch Aldringer keineswegs ausschließend ein Kriegsmann. Man sagt von

---

1) Auszug bei Höfler. Oesterreichische Revue v. J. 1867 I, 55.

ihm, er habe die Feder so wohl zu führen gewußt, wie die Wehr. Er hatte seinen Dienst als Secretair des Obersten Madruzzi angefangen und sich dann an der Spitze einer Freicompagnie hervorgethan; er war von da an rasch emporgekommen. Wir begegneten ihm an der Dessauer Brücke, wo er entscheidend eingriff; bei der Eroberung von Mantua ist er zu Geld und Gut gelangt; auch manche literarische Seltenheit soll er sich dabei angeeignet haben. Später hatte er sich in dem schwierigen Verhältniß zwischen dem General-Herzog und dem Churfürsten von Baiern zu bewegen; doch war er nicht etwa zu diesem übergetreten: die Briefschaften zeigen, daß er das Vertrauen Maximilians und der bairischen Truppen nicht besaß[1]. Auch dem kaiserlichen Hofe gegenüber meinte Wallenstein ihn festzuhalten. Und wenn Aldringer bei den widersprechenden Befehlen vom Hofkriegsrath und aus dem Hauptquartier den ersten Folge leistete, so dachte er nicht mit dem Herzog zu brechen: in einem Briefe an Piccolomini spricht er die Erwartung aus, daß dieser ohne Bedenken einwilligen werde.

Man sieht, wie der oberste Feldhauptmann, so hatten auch die ihm zunächst stehenden Führer ihre besondere politische Stellung, die mit der seinen keineswegs zusammenfiel. Aus ihren Briefen, bei denen keine Täuschung obwalten kann, ergiebt sich, daß sie noch nicht entschieden gegen ihn Partei genommen hatten: durch die Uebereinkunft von Pilsen fanden sie sich nicht veranlaßt, mit ihm zu brechen.

So sah man diese im Anfang Februar, auch in Wien selbst

1) In einem Schreiben des Churfürsten an Richel: „weder er zu unserm Volkh noch das Volkh zu ihm khaine Lust."

an. Man erklärte sie für einen Schachzug, um sich in Vortheil zu setzen: noch kein Anfang einer Rebellion liege darin[1]. Was dagegen gesagt wurde, erschien Anderen eine müßige Speculation ohne soliden Grund[2].

Der Kaiser stand in gewohnter Correspondenz mit Friedland, der freilich seinerseits bei einigen Ausdrücken des Vertrauens den Verdacht nicht bezwingen konnte, er solle dadurch getäuscht werden.

Denn auch alle ihm nachtheiligen Meldungen und Gerüchte fanden Gehör am Hofe; er kannte denselben genug, um zu wissen, wie thätig und einflußreich seine Gegner waren: man bemerkt ein unaufhörliches Hin- und Wiederwogen günstiger und ungünstiger Stimmungen und Eindrücke.

Der spanische Gesandte, der für seinen Beruf hielt, die dynastischen Interessen der beiden Linien des Hauses Oesterreich zu wahren, und die eingehenden Nachrichten mit dem Argwohn eines Feindes aufnahm, hat kurz darauf dem Residenten von Toscana gesagt: nie in seinem Leben habe er sich in größerer Verlegenheit befunden. Er habe gesehen, daß Wallensteins Verhalten das kaiserliche Haus mit Verderben bedrohe; aber weder den Kaiser selbst, noch auch den Fürsten Eggenberg habe er davon überzeugen können. Die angekündigte neue Zusammenkunft der Obersten vermehrte seine

---

1) So der Gesandte von Toskana, Sacchetti (4. Februar 1634, Archivio Mediceo): che si fossero sottoscritti piu per un tiro, per cavarne avantaggio, e per modo di dire una confusione, che per un principio di rebellione.

2) Dahin wird die Teusingersche Aufschreibung gehören, Aretin Urk. Nr. 33, die aber mit dem, was urkundlich bekannt geworden ist, wenig zusammenstimmt.

Besorgniß: denn was könne nicht in Conferenzen beschlossen werden, zu denen man die Abgeordneten der Protestanten einlade? Noch am 22. Januar sagt er in einem seiner Briefe: würde Wallenstein „den Graben überspringen", so sehe er nicht, wie ihm Widerstand geleistet werden könne. Die wenigen Getreuen, die es im Heere gebe, würden nicht im Stande sein, ihn im Zaume zu halten. Unumwunden spricht er aus: um das Haus Oesterreich nicht zu Grunde richten zu lassen, wäre es nothwendig, diesen Menschen auf eine oder die andere Weise unschädlich zu machen; aber weder in dem Kaiser noch in dessen Ministern sei der Muth dazu zu finden; er fürchte, er werde den Kranken, das ist den Kaiser, in seinen Armen sterben sehen, ohne ihm helfen zu können.

In dieser Verlegenheit gingen ihm aber Nachrichten zu, die keinen Zweifel übrig zu lassen schienen. Es erhellt nicht mit voller Bestimmtheit, welches sie waren; doch stellt er in seinen Berichten die Meldungen, die ihm über das Verhältniß Wallensteins mit Frankreich zugekommen waren, allen anderen voran. Auch der Churfürst von Baiern hatte solche eingesandt, sie ließen zugleich einen Umsturz der Dinge in Deutschland besorgen; von Savoyen langten andere an, wie es scheint noch dringendere. Aus Böhmen vernahm man, daß die Emigranten sich Hoffnung machten, mit französischer Hülfe dem General diese Krone auf das Haupt zu setzen. Das traf nun ganz mit den Vermuthungen zusammen, die man in Spanien schon lange hegte. Der Gesandte war ausdrücklich beauftragt, den Kaiser vor den Umtrieben der Franzosen zu warnen, deren Sinn nur dahin gehe, ihn seiner Erbländer und selbst der Kaiserkrone zu berauben[1]. Zu dieser Anmahnung war nun jetzt die Zeit gekommen. Mit Beweisstücken, die ihm untrüglich vorkamen, begab sich Oñate zu Eggenberg gleichsam triumphirend über seine Entdeckungen. Der Fürst hörte ihn an, ohne ein Wort zu sagen; er zuckte nur die Achseln und verwies ihn an den Kaiser. Oñate begab sich nun mit altspanischer Förmlichkeit zu Kaiser Ferdinand[2]. Er ließ sich von demselben nicht sowohl versprechen als angeloben, alles geheim zu halten, was er ihm sagen werde: der Kaiser wurde von der Wahrhaftigkeit seiner Mittheilungen überzeugt. Auch Eggenberg, der ähnliche Dinge vernommen, aber wenig beachtet hatte, stellte sie nicht mehr in Abrede. Er hat später gesagt, er habe den bizarren und hochfahrenden Geist Wallensteins gekannt; daß er aber jemals Ernst damit machen würde, dem Kaiser entgegenzutreten, habe er nie geglaubt: in diesem Moment aber habe er es mit Händen gegriffen.

Nicht auf Untersuchung von Schuld oder Unschuld, noch auf irgend eine private Rücksicht kam es hier an oder schien es anzukommen, sondern auf eine große politische Gefahr.

Wie hätte nicht auch nur die leiseste Kunde von den Verhandlungen mit dem französischen Hofe über die böhmische Krone, mochte es damit zum Abschluß gekommen sein, oder nicht, den tiefsten Eindruck auf den Kaiser und seine Minister hervorbringen sollen?

---

1) de quitalle todos sus estados y la corona imperial de su cabeça.

2) Ich entnehme es aus Sacchetti; er sagt: Oñate m' a detto queste precise parole e concetti. Die Schreiben Oñates folgen im Anhang.

Für Oñate entsprang, wie seine Briefe zeigen, das vornehmste Motiv aus der Lage der allgemeinen europäischen Angelegenheiten.

Man dürfte davon ausgehen, daß zwischen dem französischen Gesandten in Wien und dem päpstlichen Nuntius die Rede davon war, eine Abkunft mit dem Kaiser als Oberhaupt des Reiches zu treffen, ohne Spanien dabei einzuschließen: der Nuntius lehnte ab, sich in diesem Sinne zu äußern, denn dadurch würde nur das Mißtrauen wachsen[1]. Aber das war doch der Gedanke, der wahrscheinlich ohne directes Einverständniß auch bei der Haltung Wallensteins zu Grunde lag. Er setzte sich den Absichten der Spanier allenthalben entgegen, und drückte einen tiefen Haß gegen sie aus: im Widerspruch mit ihnen wollte er den Kaiser mit den protestantischen Ständen versöhnen, nicht um diese dann gegen Frankreich ins Feld zu führen, sondern um im Kampfe der Mächte dem Reiche freie Hand nach beiden Seiten hin zu verschaffen. Selbst mit den italienischen Fürsten dachte er, wenn es zum Bruch komme, gemeinschaftliche Sache zu machen; denn vollständig hat die italienische Politik noch niemals von der deutschen getrennt werden können. Und merkwürdig genug sind die Ideen, die er im vertrauten Gespräch geäußert hat. Er wollte Neapel dem Papst überlassen, Mailand zur Republik machen; der Großherzog von Toscana und der Herzog von Savoyen sollten beide Könige werden; was dann eine vollkommene Vernichtung der spanischen Macht in Italien sowie ihres Zusammenhanges mit Oesterreich in sich geschlossen hätte.

Dahingegen suchten die Spanier den Zusammenhang der

1) Auszüge aus den Dispacci des Nuntius Grimaldi in Rom.

Monarchie im Sinne Philipps II und Albas von Italien her nach den Niederlanden wiederherzustellen; sie wollten darüber den Kampf mit Frankreich aufnehmen; die Ereignisse der Zeit schienen das unbedingt nothwendig zu machen.

Denn alle Tage sah man die Franzosen am Rhein und an der Mosel weiter um sich greifen; zu diesem Zweck war soeben eine neue Armee unter La Force gebildet worden: Oñate behauptet, daß ihnen ein Platz nach dem andern von den Schweden verkauft werde. Man empfand es als einen schweren Verlust, daß Feria in den ersten Tagen des Jahres unerwartet gestorben war: alle seine Pläne und Vorkehrungen gingen mit ihm zu Grabe. Je dringender der Cardinal-Infant wurde, um so weniger konnte er sich versprechen, gewiß nichts von Wallenstein, aber auch nichts von dem Kaiser, so lange derselbe auf Wallenstein Rücksicht nahm, oder gar seine Feindseligkeiten fürchten mußte. Das war vor allem der entscheidende Moment. Oñate forderte von dem Cardinal-Infanten eine ostensible Ermächtigung, dem kaiserlichen Hof die Waffen und das Geld von Spanien zu versagen, so lange Friedland in seinen Diensten und die Armee nicht auf eine Weise eingerichtet sei, daß man sich auf ihre Treue verlassen könne[1].

Eine Maßregel gegen den General zu ergreifen, erschien vol-

1) 22. Januar: „me mande imbiar una carta, que yo pueda mostrar en que me mande expressamente que de ninguna maniera se fien armas de S. M$^{a}$ ni socorro con su real hazienda al emp$^{r}$ asta el emp$^{dr}$ aya apartado al de Fridland de su servitio y despuesto sus armas de manera que no pueda dudar de la fidelidad de los cavos.

lends unerläßlich, als der spanische Gesandte in Baiern meldete, Churfürst Maximilian werde doch noch zu den Franzosen übergehen, wenn man den Eigenmächtigkeiten Wallensteins nicht durch die Entfernung desselben ein Ziel setze. Oñate spricht bereits die Besorgniß aus, Frankreich werde sonst durch Kriegserfolge und politische Verbindungen in den Stand kommen, die Wahl eines römischen Königs, der nicht aus dem Haus Oesterreich sei, durchzuführen.

Entfernte man dagegen Wallenstein, so war man der vollkommensten Ergebenheit des Churfürsten von Baiern sicher. Als sich das Gerücht verbreitete, man denke in Wien daran, zwei Heere zu errichten, das eine unter dem König von Ungarn, um die Erblande zu vertheidigen, das andere unter Wallenstein, um den Krieg im Reiche zu führen: sprach Maximilian den Wunsch aus, daß das Generalat des Heeres im Reich und den Erblanden dem König von Ungarn übertragen würde; er erklärte sich alsdann bereit, diesen als seinen Generalissimus anzuerkennen und sich ihm unterzuordnen, zugleich mit seinem und dem ligistischen Volk, diese Armee selbst in die Pflicht und den Dienst des Kaisers zu überlassen[1].

Wie ganz anders als im Jahre 1630. Der Churfürst willigte mit Freuden in ein Verhältniß unbedingter Unter-

---

1) Richel wird am 14. Januar beauftragt, vorzutragen: „daß wir entschlossen, wann mehrgedachter König (von Ungarn) das absolut Commando und universal Generalat aller Armaten im Reich und den Erblanden überlassen werden sollte, ihme alsdann als dem Generalissimo — unser und des Bundes Volk genzlich abzutreten, mit der Armata in Sr. Mt. Dienst und Pflicht zu verlassen.“

ordnung unter den König von Ungarn, das er damals um keinen Preis angenommen hätte.

Man begreift, wenn dieser den Gesandten aufforderte, mit den Aufträgen, die er empfing, ja nicht zurückzuhalten, denn nichts mache größeren Eindruck auf seinen Vater, als was von Seiten des Churfürsten in Erinnerung gebracht werde.

Seit der zweiten Hälfte des Januar war für diese Angelegenheit ein besonderer Ausschuß des geheimen Rathes niedergesetzt, der aus Eggenberg, dem Bischof von Wien und dem Grafen von Trautmannsdorf bestand. Sie meinten anfangs, denn an sich waren sie keineswegs Feinde Wallensteins, der Sache durch eine Beschränkung seiner Vollmacht zu begegnen; aber dagegen sprachen der Beichtvater und der Graf Schlick: denn bei dem Naturell Friedlands, das ihnen bekannt sei, lasse sich davon keine Wirkung erwarten. In Fällen von so großer Tragweite fühlen sich wohl in jedem Staate alle Die, welche sonst gehört werden, verpflichtet, ihre Meinung zu sagen. Ausführliche Gutachten liefen ein, die vor aller schonenden Behandlung warnten. Denn welch ein unerhörtes Betragen sei es doch, daß der General die kaiserlichen Befehle und Instructionen den Obersten zur Beurtheilung vorgelegt habe. Der kaiserliche Name werde dadurch nur verhaßt gemacht; schon halte sich der General für unangreifbar, er nehme eine Autorität in Anspruch, durch welche der Kaiser der seinen beraubt werde. Auf einen Frieden könne man mit ihm nicht hoffen, da er Ansprüche mache, welche eher einen langjährigen Krieg veranlassen würden; man habe erst mit ihm zu unterhandeln und dann mit um so größerer Schwierigkeit mit den Feinden; das Reich und die Erblande seien ausgesaugt, und die Armee dennoch in dürftigem Zustand; vergebens wäre es, auf Besserung zu hoffen: um die vorliegenden Uebel zu heben, und den künftigen vorzubeugen, müsse der Kaiser die Ursache derselben hinwegnehmen[1].

Dazu kamen die eifrigsten geistlichen Anmahnungen. Die Bedingungen, die mit Arnim verabredet worden, erklärte man für eine monströse Mißgeburt; der Vereinigung der katholischen Waffen mit den ketzerischen gedachte man mit Abscheu.

Auch der spanische Gesandte wurde zu den entscheidenden Sitzungen des Ausschusses herbeigezogen. Leicht hat der Kaiser die Sache fürwahr nicht genommen: er sagte, sie lege sich mit ihm nieder und stehe mit ihm auf, sie lasse ihn nicht schlafen. In den Kirchen sind Gebete, daß Gott ihn erleuchten möge, für ihn veranstaltet worden.

Nicht lange konnte seine Entscheidung zweifelhaft sein. Den Einwirkungen, zugleich von Seiten der Gesandten, Repräsentanten des Gesammthauses und der eifrigsten Religiösen, den Besorgnissen sowohl für den Besitz der Erblande als für die Krone des Reiches, hatte der Kaiser keinen Willen entgegenzusetzen. Gelangte er nun aber einmal zu dem Entschluß, Friedland von seinem Generalat zu entsetzen, so war damit von selbst das Mittel gegeben, die Sache auszuführen.

Denn wenn so Manche bei der ersten Versammlung von Pilsen, wiewohl widerstrebend, doch dann zuletzt den Wünschen Friedlands sich gefügt hatten, so sah man die Ursache davon in der Gewalt, wie über Krieg und Frieden so über Leben und Tod, die derselbe ausübte. Wer wollte es da wagen, ihm zu widerstreben? Wenn man ihm die Autorität

1) „Votum eines Kriegraths in secreto consilio, und das darauf bezügliche welsche Scriptum," bei Aretin Urk. Nr. 30.

nahm, die er besaß, so zweifelte man nicht, sie würden andern Sinnes werden und sich durch das gegebene Wort wenig gebunden achten[1].

Und für den Fall, daß der Kaiser eine Veränderung in dem Commando vorzunehmen rathsam finde, hatte man sich ja im voraus der Ergebenheit der angesehensten Oberhäupter zu versichern gesucht.

Dieser Fall war jetzt eingetreten. Ein Patent wurde abgefaßt, in welchem der Kaiser alle hohen und niederen Befehlshaber zu Roß und Fuß von jeder Verpflichtung gegen den obersten Feldhauptmann, mit dem er eine Aenderung vorzunehmen beschlossen habe, freispricht, und sie interimistisch an Gallas anweist. Er höre, daß einige von ihnen weiter gegangen seien, als ihnen von Rechtswegen gebühre: allein er sei bereit, das zu vergeben und zu vergessen; nur den General selbst und zwei andere Personen, die man als Rädelsführer bezeichnete, schließe er von dem Pardon aus.

Das Patent trägt das Datum vom 24. Januar, doch ist es auffallend, daß Männer wie der spanische Gesandte, noch einige Zeit später nichts davon wissen. Es scheint wohl, als sei es absichtlich zurückdatirt; auf jeden Fall ist es auch nachher nur unter dem strengsten Geheimniß mitgetheilt worden; denn man besorgte, durch ein rasches Vorgehen eine Entzweiung in der Armee hervorzurufen, was den Feinden die erwünschteste Gelegenheit zu einem Angriff gegeben hätte. Amtliche Mittheilungen gingen indeß in den gewohnten Formen fort,

---

1) Oñate gedenkt der „juntilla“, an der er Antheil genommen, ohne sie näher zu bezeichnen; Richel bemerkt am 8. Februar, daß Oñate „erst neulich“ dazu gezogen worden.

um weder in den Kanzleien noch bei dem General selbst Verdacht zu erwecken.

In demselben Maße, wie Wallenstein ungestüm und rücksichtslos, verfuhr der Hof mit Bedachtsamkeit und geheimnißvoller Vorsicht.

Er wandte sich zuerst an die beiden Generale, die immer in persönlichen Verbindungen mit den leitenden Männern des Hofes gestanden — Aldringer mit dem Bischof von Wien, Piccolomini mit dem spanischen Botschafter — man schickte ihnen einen in Geschäften des Vertrauens geübten höheren Beamten, Walmerode, zu. Die entscheidenden Anträge sind ihnen nicht vor dem Februar zugegangen. Und ohne Zweifel waren sie unschwer zu gewinnen. Sobald als der Kaiser den obersten Feldhauptmann aus seinen Diensten entließ, so meinten sie nur ihre Pflicht zu erfüllen, wenn sie sich von ihm absonderten. Aldringer hatte den Revers überhaupt nicht unterschrieben: Piccolomini gehörte zu denen, von welchen man von Anfang an voraussetzte, sie würden sich durch ihre Unterschrift nicht gebunden erachten. Und das leuchtete ja ein, daß ihnen unter dem König von Ungarn eine größere und unabhängigere Stellung zu Theil werden mußte, als die, welche ihnen Wallenstein jemals gewährt hätte. Dessen Sturz schloß ihr Emporkommen in sich ein. Ueberdies wurde ihnen zunächst nicht die äußerste Gewaltsamkeit gegen ihn angemuthet. Es verrieth noch den nur Schritt für Schritt von der alten Verbindung sich abwendenden Sinn der kaiserlichen Minister, wenn in jenen Berathungen der Beschluß gefaßt wurde, Wallenstein noch erst zu hören, ehe man ihn verdamme. Man dachte ihn durch einen in Pilsen selbst auszuführenden Handstreich gefangen zu nehmen — denn unter allen Umständen mußte er unschädlich gemacht werden — und ihn in sicheren Gewahrsam zu bringen, hier ihm die Beschwerden, die man gegen ihn habe, vorzulegen und seine Entschuldigungen zu vernehmen. Die Generale, die zu der zweiten Zusammenkunft nach Pilsen beschieden waren, sollten das ins Werk setzen.[1] Oñate war von Anfang an nicht der Meinung: er sagte, es würde eben so leicht sein und weniger Gefahr dabei, Friedland umzubringen, als ihn wegzuführen und zu verwahren.[2] Der Beschluß wurde jedoch gefaßt, und die beiden Generale zeigten sich bereit die Hand dazu zu bieten: Aldringer nicht ohne Widerstreben; Piccolomini wäre dagegen sehr bereit gewesen, wie er später sagt, die Vögel aus ihrem Nest zu holen.

Früh am siebenten Februar, noch in der Nacht, sind sie beide, der erste von Passau, der andere von Linz aufgebrochen, um sich nach Pilsen zu verfügen.

Die Sache zeigte sich jedoch unausführbar. Wallenstein

1) Der Auftrag an die Vertrauten, besonders an Piccolomini, war: „le procurassen prender a el y algunas pocas personas sus mas confidentes para oyrle y hazerle su processo sobre los cargos que se le imputaran, embiando al mismo tempo orden para la forma de gobierno del exercito hasta que se dispusiese otra cosa.“ Damit kann nur das erste Patent gemeint sein, denn im zweiten wird Wallenstein schon als schuldig behandelt, während man ihn damals noch vor Gericht stellen wollte. Es wurde zurückdatirt, um es als eine unmittelbare Folge der ersten Zusammenkunft erscheinen zu lassen. Oñate gedenkt später auch des zweiten Patentes, das ebenfalls ein paar Tage zurückdatirt worden ist.

2) Die Einwendung entnehmen wir aus dem Schreiben Richels (8. Febr.), welcher sie von Oñate hörte, der ihn doch nicht völlig unterrichtet hat; den Beschluß meldet Oñate in seinem Hauptbericht vom 21. Februar.

hatte damals die Garnison von Pilsen verändert: die Befehlshaber derselben wären nicht zu vermögen gewesen, zu der beabsichtigten Verhaftung und Wegführung die Hand zu bieten. Das Vorhaben selbst blieb unbekannt: es scheint nicht, als habe Wallenstein von der Gefahr, die über ihm schwebte, eine Vorstellung gehabt.

Nach und nach sammelten sich die Obersten zu der neuen Zusammenkunft; auch Herzog Franz Albert traf bei ihm ein, wurde aber sogleich wieder abgefertigt, um Arnims Ankunft zu beschleunigen. Wallenstein lebte und webte in dem Gedanken, seine alten Pläne durchzuführen, den Frieden mit Sachsen und Brandenburg zu Stande zu bringen, die Obersten zur Genehmigung desselben zu vermögen, vor allem, sie in seinem Gehorsam zu befestigen.

Am 19. Februar, eines Sonntags, machte er ihnen dann auf dem Bette liegend — denn er litt an einem Anfall seiner Krankheit — seine Proposition, aus der man seinen Standpunkt und seine Absichten erkennt.

Vornehmlich erneuerte er seine Bürgschaft für ihre Vorschüsse. Diese waren aufs neue dadurch gewachsen, daß die Obersten aus ihren eigenen Mitteln Sorge getragen hatten, ihre Regimenter vollständig zu machen. Zugleich aber zeigten sich Schwierigkeiten wegen der zu ihrer Schadloshaltung erforderlichen Leistungen der Landstände in Oberösterreich und Steiermark: Wallenstein erklärte, hiedurch seines gegebenen Wortes nicht erledigt zu sein.

Dagegen aber brachte er nun die gegen ihn übernommene Verpflichtung zur Sprache: man habe, sagte er, das Gerücht ausgesprengt, er denke etwas gegen den Kaiser zu versuchen, oder seine Religion zu ändern; aber er habe ebenso gut ein Gewissen wie Andere, von denen ihm das nachgesagt werde; er denke nur den Frieden zu Stande zu bringen, welcher allerdings nicht von Allen am Hofe gern gesehen werde und doch einzig dem Kaiser zum Besten gereiche; er werde die Bedingungen den Herren Obersten vorlegen lassen. Aber er müsse auch wissen, wessen er sich zu ihnen versehen dürfe: er befürchte, daß man ihm einen Schimpf anthun wolle: würden ihm die Obersten ihren Beistand dagegen versagen, so wäre es besser, sie hätten bei der früheren Versammlung in seine Abdankung gewilligt; er würde dann nicht in die jetzige Gefahr gerathen sein[1].

Aufs neue kamen hierauf die Obersten bei Ilow zusammen. Sie waren alle einmüthig, ihre Verpflichtung dem General zu erfüllen: da er nichts gegen die Religion oder den Dienst des Kaisers vorhabe, so hätte es eigentlich eine Erneuerung derselben nicht bedurft. Im Gespräche fiel von Seiten Terzkas die Andeutung, daß es bei dem kaiserlichen Dienst vielleicht sein Verbleiben auch nicht haben könne. Man hat darauf keine Antwort erwartet; Ilow fiel ein: ein Schelm, wer dem Herzog eine Verachtung widerfahren lasse. Ein neuer Revers ward aufgesetzt, in welchem der Herzog die Obersten ihrer Verpflichtung entläßt, wenn er, was ihm nie in den Sinn gekommen sei, wirklich etwas wider den Dienst und die Hoheit des Kaisers oder die Religion unternehmen sollte, zugleich aber sie dabei festhält, da er ja nur die Absicht hege, sich gegen die Machinationen seiner Feinde zu sichern. Die Obersten erklären auch ihrerseits bei ihrem ersten Revers nichts wider

1) Ich folge der für den Kaiser bestimmten Inhaltsanzeige der Proposition, wie sie bei Aretin, Wallenst., Urk. Nr. 43, abgedruckt ist. In dem „Gründlichen Bericht" und bei Khevenhiller erscheinen einige Abweichungen, welche den Sinn verdunkeln.

den Dienst und die Hoheit des Kaisers oder die Religion im Sinne gehabt zu haben: mehrerentheils seien sie ja katholisch; aber wenn ihnen der General verspreche, einzig ihnen zum Besten bei der Armee zu bleiben, so seien auch sie gesonnen — dem gemäß, was sie unterschrieben — bei ihm bis auf den letzten Blutstropfen auszuhalten. Dieser Revers ward am 20. Februar unterzeichnet.

Den andern Tag ging der Oberst Mohr von Waldt nach Wien ab, um den Inhalt desselben dem kaiserlichen Hofe mitzutheilen: er sollte zugleich eine persönliche Besprechung mit Eggenberg nochmals beantragen[1]. Wallenstein hoffte, wenigstens ein vertrauter höherer Beamter, vielleicht Questenberg, würde mit Mohr herbeikommen; es war verabredet, daß ihn derselbe nach Prag begleiten sollte.

Denn bei Prag auf dem weißen Berge dachte Wallenstein sein Lager aufzuschlagen[2]. Unmittelbar nach der Abreise Franz Alberts waren die Befehle dazu an die Obersten ausgefertigt worden: er hatte ihnen selbst davon gesprochen und die Berathung beschleunigt, damit sie sofort zu ihren Regimentern zurückkehren und sie herbeiführen könnten.

Mittlerweile meinte er mit einigen von ihnen die Friedensbedingungen durchzusprechen. Er behielt unter anderen die Obersten Beck und Gonzaga bei sich, auf den Grund hin, daß er auch Katholiken zu dieser Berathung hinzuziehen müsse, ohne Zweifel aber auch deshalb, weil er sie nicht für einverstanden hielt und ihrer Gegenwirkung in der Armee zuvorkommen wollte.

---

1) Aussage Mohrs von Waldt in seinem Prozeß.

2) Rogge meldet (20. Febr.): die Obersten seien befehligt worden, „den 24. diß ufm Weissenberg ufm General-Rendevous zu erscheinen." Aretin, Urk. Nr. 44.

Dort würde dann auch Arnim eingetroffen sein: unter der Beistimmung der Armee würden die mit den beiden Churfürsten vereinbarten Friedensbedingungen proclamirt und alsdann zum Gesetz für das Reich und die Erblande erhoben worden sein, wenn der Kaiser sie genehmigt hätte. Bei der sonstigen Wehrlosigkeit des Kaisers ließ sich erwarten, er werde sie unterschreiben, er selbst und sein Sohn; auch von den Widersachern Wallensteins wurde diese Erwartung getheilt.

Wenn man die Intentionen eines bedeutenden Mannes, die nicht aufgeschrieben worden, und wenn sie es würden, vielleicht auch dann nicht unbedingt angenommen werden dürften, aus seinen Aeußerungen, seinen Präcedenzen und seiner Lage abnehmen darf — denn etwas Hypothetisches bleibt in dem Dunkel menschlicher Antriebe und Ziele immer übrig — so wage ich dies als die vornehmste Absicht Wallensteins zu bezeichnen. Er dachte noch mit Hülfe der beiden norddeutschen Churfürsten die Angelegenheiten des Reiches auf der Grundlage des Religionsfriedens zu ordnen: was denn nicht geschehen könnte, ohne auch in Böhmen den Emigranten und den österreichischen Erblanden überhaupt durch Erneuerung der ständischen Verfassung in weitester Ausdehnung gerecht zu werden. Zugleich wollte er die Armee in ihren Ansprüchen befriedigen, und zugleich den Umfang seiner eigenen Gebiete und die Zukunft seines Hauses festsetzen. Es scheint selbst, als würde er alsdann das Commando niedergelegt und an den König von Ungarn, den er noch zum Römischen König zu krönen gedachte, abgetreten haben. In Wien trug man sich mit einem Briefe von ihm, in welchem er erklärte, in vier Monaten abdanken und den Steigbügel Ferdinands III küssen zu wollen. Immer aufs neue brachte er in Antrag, eine Abkunft mit ihm zu schließen; er selbst sprach den Wunsch aus, daß sein Neffe und präsumtiver Erbe, der sich des allgemeinen Vertrauens am Hofe erfreute, in sein Lager kommen und die Vermittelung übernehmen möge[1]: durch den werde er seine endliche Meinung eröffnen lassen. Wir berührten soeben seine nach der zweiten Zusammenkunft in Pilsen erneute Annäherung an den Hof, seine Hoffnung, noch in dem Moment Anträge, die demselben entsprächen, zu erhalten.

Aber mit Gewalt, durch eine ähnliche Combination wie die vorige, wollte er sich den Oberbefehl nicht entreißen lassen; um das nicht wieder zu erleben, hatte er sich mit der Armee verbunden, ihre Anforderungen zu den seinen gemacht, und sie zu der feierlichen Zusage vermocht, auch seine Heerführung aufrecht zu halten.

Darauf vornehmlich gingen die Verabredungen in Pilsen, doch nicht ausschließlich: sie ordneten zugleich Theilnahme an der Festsetzung des Friedens, wie er mit den Churfürsten berathen worden, an.

Wie nun aber, wenn am kaiserlichen Hofe die entgegengesetzten Ideen den Platz behielten, wenn man seinen Frieden verwarf und seine Enthebung vom Generalat aussprach?

1) Richel, 18. Jan. Nach einer Mittheilung von Schlick hatte der Stallmeister des Herzogs „referirt: S. F. Gn. seien gedacht, das Generalat zu resigniren, wann S. K. Mt. demselben nur ihrer Person halber Versicherung verspräche und noch dazu eine Summe von 300,000 Reichsthaler nachließe: deshalb habe er Maximilian von Wallenstein zu sich beschieden, durch den er seine endliche Meinung werde wissen lassen." Am 25. Januar erwähnt er eines Briefes, den er jedoch nicht gesehen hat, worin Wallenstein sich erbietet, in vier Monaten zu resigniren, das Heer dem König zu übergeben, ihm den Stegreif zu küssen.

Aus den Briefen Oñates ergiebt sich, daß Wallenstein seinen Frieden mit den Spaniern hätte machen können, wenn er sich ihrer Politik angeschlossen hätte: sie würden dann seine Größe genehmigt und selbst gefördert haben. Aber das war für ihn unmöglich: er würde dann alle den Absichten, die er im Laufe des Lebens gefaßt hatte, absagen, und sich den spanischen Tendenzen haben unterwerfen müssen. Wenn sie die Oberhand am kaiserlichen Hofe behielten, so war er ohne Zweifel entschlossen, sich gegen diesen selbst zur Wehre zu setzen. Er meinte das Recht zu haben, die ihm entgegengesetzte Faction, die das deutsche Haus Oesterreich in sein Unglück führen werde, zu bekämpfen. Für diesen Fall gerüstet zu sein, hat er mit der großen europäischen Gegenmacht angeknüpft. Er war geneigt, nach dem Anerbieten der Emigranten, das auch bei manchen Katholiken Eingang fand, die böhmische Krone anzunehmen, und mit Frankreich zu einer Umgestaltung der italienischen Verhältnisse zusammenzuwirken. Die Verbindung mit Sachsen war definitiv: die französische sehr eventuell; sie sollte erst dann eintreten, wenn die erste nicht zum Ziel führte. Nicht einmal der Gesichtspunkt, geschweige denn die Bedingungen waren verabredet.

Wenn wir bei dem Vorhaben Wallensteins an das Unternehmen des Churfürsten Moritz gegen Carl V erinnerten — es hatte dasselbe Ziel, die Gleichberechtigung der beiden Bekenntnisse im Reich, die fernere Unabhängigkeit der norddeutschen und protestantischen Elemente; es war eben so auf die Entfernung des spanischen Einflusses berechnet — so bemerken wir auch den ungeheuren Unterschied: Moritz war selbst der Kriegsherr seiner Truppen; er hatte mancherlei Schwierigkeit mit ihnen, aber sie folgten seinem Namen. Wallenstein war ein von dem Kaiser eingesetzter General; auf dessen Namen war die Armee geworben; wenn es zum Zwiespalt kam, sollte der Dienst des Kaisers nicht dem Gehorsam gegen den General vorgehen? Der Boden, auf dem er stand oder auf den er sich stellte, war bereits unterwühlt. Wenn er seine Verbindung bei der Armee hauptsächlich auf das Geldgeschäft gründete, so waren die spanischen Subsidien bereit, um die Ansprüche zu befriedigen, welche eine so hohe Bedeutung hatten.

Die Sache kam sofort zur Entscheidung.

Als der Plan der Gefangennehmung und Wegführung Wallensteins aus Pilsen gescheitert war, und die neue Versammlung daselbst einen ähnlichen Verlauf nahm wie die frühere, ist man in Wien noch einmal zu Rathe gegangen, ob man nicht der Sache noch eine Weile ruhig zusehen, nach dem Ausdruck der Betheiligten sie dissimuliren solle; denn man fürchtete die Folgen einer Entzweiung in der Armee. Schon standen die Sachen aber so, daß man es selbst auf diese Gefahr hin wagen konnte. Sollten nicht auch die Obersten, die sich noch an Wallenstein hielten, von ihm loszureißen sein, wenn man ihre Forderungen befriedigte? Der Kaiser berechnete die ausstehenden Summen auf eine Million Gulden. So viel konnte der spanische Gesandte nicht darbieten; aber eine ansehnliche Summe, die er bisher zurückgehalten hatte, zahlte er doch sogleich, und für das Uebrige ließ er den Beistand seines Königs und den Ertrag italienischer Veräußerungen hoffen. „Man zeige ihnen nur Geld", so heißt es in einem Bericht über die Stimmung der Führer, „man lasse sie Confiscationen hoffen." Beweggründe verächtlicher Art wirken nicht selten zu einem großen Zweck. Der Dienst des Kaisers ward mit den Motiven persönlichen Ehrgeizes und persönlicher Habsucht in Verbindung gebracht. Schon waren, wie wir erwähnten, die dem Obergeneral zunächst stehenden Führer großentheils gewonnen. Piccolomini hatte sich nach jenem vergeblichen Versuch so rasch wie möglich wieder davon gemacht. Aldringer war überhaupt nicht dahin gegangen; eine Krankheit vorwendend blieb er in Frauenburg bei Marradas, einem alten Gegner Wallensteins. Dahin begab sich jetzt Gallas, angeblich um ihn zu überreden, mit ihm nach Pilsen zu kommen; aber sie schlossen vielmehr ein entgegengesetztes Verständniß. Von Bedeutung war es, daß ihnen Marradas, General des Königreichs Böhmen, und Colloredo, der in Schlesien commandirte, beitraten. Unter den Einverstandenen erscheinen auch Hatzfeld, Götz und selbst Suys. Dergestalt der vornehmsten Führer sicher, trug man kein Bedenken mehr, am 18. Februar ein zweites Patent und einen dazu gehörigen Armeebefehl zu erlassen, in welchem als bewiesen angenommen wird, daß Friedland in einer Conspiration begriffen sei, um den Kaiser seiner Erblande, seiner Krone und seines Scepters zu berauben, und sie sich selbst zuzueignen. Als Kaiser und oberster Feldherr bedeutet nun Ferdinand II die hohen Offiziere, dem gewesenen Feldhauptmann und dessen Anhängern, namentlich Jlow und Terzka, keinen weitern Gehorsam zu leisten, sondern nur den genannten Generalspersonen, bis ein anderer Oberbefehlshaber ernannt sein werde.

Es war keine Aechtung, sondern nur eine Entsetzung, zu welcher der Kaiser ohne Frage das Recht, und auch in der zweifelhaften und untreuen Haltung Wallensteins hinreichenden Anlaß hatte: er schritt erst dazu, als so viele angesehene Generale sich entschlossen zeigten, Wallenstein zu verlassen.

Es war eigentlich eine Spaltung in der Armee; der größte Theil derselben verließ den General-Herzog, als er mit seinem Kaiser zerfiel, und trat denen bei, die er als eine widerwärtige und verderbliche Faction zu bekämpfen meinte. Die entschiedenen Anhänger Wallensteins, welche in der bisherigen Richtung vorangegangen waren, wurden zugleich mit ihm entsetzt, und die Truppen sämmtlich aufgefordert, sich von ihnen loszusagen.

Sollte nun das Ansehen des Generals der kaiserlichen Autorität die Wage halten können?

Die erste Entscheidung hierüber erfolgte in Prag. Und auf die Hauptstadt des Landes kam, wie anderwärts, so auch hier das Meiste an. Wallenstein rechnete auf die Garnison, oder vielmehr — wie er denn von dem, was vorging, keine Kunde hatte — er zweifelte nicht, daß sie seinen Befehlen nachkommen würde. Den vornehmsten Obersten der in Prag garnisonirenden Truppen, des Namens Beck, der freilich nicht selten von dem Unterschied zwischen dem Gehorsam, den er dem General, und der Treue, die er dem Kaiser schuldig sei, geredet hatte, ließ er am 21. Februar noch einmal zu sich bescheiden, um ihn in seinem Gehorsam zu befestigen. Aber Beck hatte bereits bei seiner Abreise nach Pilsen seinen Oberstlieutenant ermächtigt keinem Befehl nachzukommen, den er ihm von Pilsen aus geben werde. Und indessen hatte nun Gallas der Garnison die kaiserliche Weisung zugehen lassen, Befehle weiter weder von Friedland, noch von Ilow oder Terzka anzunehmen; Aldringer hatte nicht versäumt bei dem Oberstlieutenant, den er kannte, seinen persönlichen Einfluß dafür zu verwenden. Der Armeebefehl wurde den Soldaten angekündigt. Nicht allein regte sich Niemand dagegen, sondern unter der Theilnahme der bürgerlichen Behörden wurden sogleich Vorkehrungen getroffen, den wallensteinischen Truppen die Annäherung an die Stadt zu verwehren.

So weit war es bereits, als Terzka sich aufmachte, um den Weg, den der Herzog nach Prag ziehen wollte, in Augenschein zu nehmen. Mit Erstaunen vernahm er von einem ihm entgegenkommenden Offizier, was dort begegnet sei.

Man hatte sich in Pilsen noch mit der Ausführung der wenige Tage zuvor gefaßten Beschlüsse beschäftigt, als man dies vernahm. Im ersten Augenblick schien es nur die Eigenmächtigkeit des Oberstlieutenants, die durch den Gegenbefehl des Obersten wieder gut gemacht werden könne. Aber bald ward man inne, wie die Sachen standen. Der Abfall von Prag war auch deshalb entscheidend, weil man das Heer in der Nähe zu versammeln, und zu der großen Unterhandlung zu schreiten gedacht hatte.

Terzka gab eine ungebehrdige, wilde Ungeduld kund; Ilow und Kinsky sah man gesenkten Hauptes stehen: sie wühlten mit ihren Stöcken in dem Boden. Sie ermaßen die Tragweite des Vorgefallenen.

Besonders behielt Wallenstein das Bewußtsein des sich vollziehenden Ereignisses. Er entließ den kaiserlichen Rath, der bei ihm war, um an den Friedensunterhandlungen Theil zu nehmen: denn davon konnte dort nicht weiter die Rede sein. „Ich hatte den Frieden in meiner Hand", sagte er dem Obersten Beck, den er noch einmal sah; noch verzweifelte er vielleicht nicht; nach einem Augenblick des Stillschweigens fügte er hinzu: „Gott ist gerecht."

## Fünfzehntes Capitel.

### Katastrophe Wallensteins.

Unter den kleineren Meisterstücken der französischen Historiographie druckt man noch immer ein Fragment von Sarrasin, einem Zeitgenossen, über die Verschwörung Wallensteins. Es beginnt mit einem Prachtstück von Charakteristik, in welchem die Ostentation und Extravaganz Wallensteins als absichtlich, seine Freimüthigkeit selbst als berechnet betrachtet wird, um damit Andere zu täuschen: er habe die Absichten Anderer immer klar durchschaut, und die seinen mit Geschicklichkeit auszuführen gewußt. Ich weiß jedoch nicht, ob man nicht gerade die letzte Eigenschaft an Wallenstein vermissen dürfte. Die Anschläge seiner Gegner hat er zwar im Allgemeinen gekannt, aber nicht im Einzelnen durchschaut noch gewürdigt; er würde ihnen sonst nicht so leicht erlegen sein. Er lebte nur immer in seinen großen Entwürfen, in denen sich allerdings das öffentliche Interesse mit Privatabsichten mischte, aber wenn wir ihn nicht mißverstehen, diese überwog: mit einer Zuversichtlichkeit, die ihn selbst verblendete. Man muß nur beklagen, daß die Absichten, die er gefaßt hatte, nicht von allen falschen Zuthaten rein gehalten und mit größerer Umsicht und Feinheit verfolgt wurden. In dem Verhältniß zu seinen Generalen zog Wallenstein nur in Betracht, wie viel persönliche Dankbarkeit sie ihm schuldig waren, aber nicht, daß sie in ihrer Lage und in anderweiten Beziehungen einen Antrieb haben konnten, sich ihm zu widersetzen. Viel zu viel rechnete er auf jene Reverse, bei denen immer auch die Möglichkeit einer Verständigung vorausgesetzt wurde, mit denen er die Obersten nicht fesselte und den Kaiser doch beleidigte. Ihm selbst und seinen Freunden kamen die Patente, nach denen man seinen Befehlen nicht mehr gehorchen sollte, unerwartet. Die Obersten, welche am 20. Februar in Pilsen beisammen gewesen waren, hörten davon auf den ersten Stationen ihrer Heimreise; einige von ihnen eilten zurück, um den General selbst zu befragen, wie es sich damit verhalte; sie meinten noch, es sei nur ein Streit zwischen ihm und seinen Generaloffizieren. Er sagte wohl, er könne nicht glauben, daß der Kaiser die Patente dieses Inhalts gegen ihn erlassen habe.

War es aber so, wie es sich denn nicht länger mehr bezweifeln ließ, so war er auch darauf gefaßt.

Die Vereinigung der Truppen auf dem weißen Berge gab er auf, da sie dort unmöglich geworden war; aber er ordnete eine andere an, die in Laun stattfinden sollte. Da sollte jedes Regiment das Standquartier nehmen, das ihm Terzka anweise: die Obersten sollten sich in Eger, wohin er selbst zu gehen beschlossen habe, bei ihm vorstellen. Aus den für sie bestimmten Befehlsschreiben sieht man, wie ganz er seine Gesichtspunkte und Ideen noch festhielt. Er führte ihnen zu Gemüthe, daß er nichts gegen den Dienst des Kaisers zu unternehmen gedenke. Mit größtem Befremden vernehme er, daß einige Generalspersonen, um die er es nicht verdient habe, bemüht, seien, die Truppen von dem Gehorsam gegen ihn abwendig zu machen. Er bestand darauf, daß ihm derselbe ausschließlich gebühre, wenn auch der Kaiser eine unverdiente Ungnade auf ihn geworfen haben sollte. Und was könne aus der Entzweiung der Armee anderes erfolgen, als ihr Untergang, der Vortheil der Feinde, der Verlust der kaiserlichen Lande? Er forderte sie auf, sich durch keinen Menschen in der Welt abhalten zu lassen, ihre Regimenter nach Laun zu führen und persönlich in Eger zu erscheinen: er erwarte, daß sie ihre Schuldigkeit thun würden[1].

In einem Entwurfe zu einem zweiten Schreiben findet sich die Versicherung, daß er nicht gesonnen sei, irgend einen andern Tractat — ich verstehe, als den über den Frieden, den sie kannten — einzugehen[2].

Und so mag seine Gesinnung in der That gewesen sein; aber zugleich hatte er doch für so rathsam gehalten, nun auch die andere Seite seiner Entwürfe zur Ausführung zu bringen. Vor allem suchte er Rückhalt an den Schweden.

Noch einmal — Anfang Februar — war der alte Zwischenträger an Oxenstierna, der damals eben in Halberstadt verweilte, geschickt worden; abermals durch Bubna wurde dem Kanzler die Eröffnung gemacht, daß Wallenstein jetzt in der That im Begriff sei, von dem Kaiser abzufallen; was er aber auch sagen mochte, Oxenstierna blieb bei seiner alten

---

1) Originalschreiben im Archiv zu Wien, mit einem für das Datum freigelassenen Raum; noch verschieden von denen, die bei Hurter excerpirt sind.

2) „S. F. Gn. nit gesinnt, einzigen andern Tractaten mit dem Feindt einzugehen.“

Erklärung, daß er nicht mit Friedland verhandeln wolle, bevor dieser seinen Abfall offen und wirklich vollzogen habe: dann aber wolle er nicht allein zu ihm schicken, worauf man jetzt antrug, sondern selbst zu ihm kommen und einen Vergleich mit ihm treffen[1]. So hatte auch Herzog Bernhard auf Meldungen derselben Art geantwortet, Wallenstein möge erst das Wunder thun, d. h. seinen Abfall ins Werk setzen, dann wolle er an ihn glauben. Nun aber war bereits am 21. Februar Franz Albert mit neuen Meldungen und den dringendsten Anmahnungen in Regensburg angelangt. Er stellte die eingetretenen Verhältnisse vor, — hauptsächlich das Uebergewicht der spanischen Gesandten an dem kaiserlichen Hofe, wo nach und nach alle Räthe, einzig Questenberg ausgenommen, von ihnen abhängig geworden seien: — die Ungnade des Kaisers sei erklärt, und der Herzog entschlossen, sich von ihm loszusagen. Vielen Werth legte er auf die Verpflichtungen der Obersten und bot zunächst gleichsam als das Pfand der Freundschaft die Ueberlieferung der beiden wichtigen Pässe an der Oder und Warthe, Frankfurt und Landsberg, an. Anfangs hielt Herzog Bernhard auch dann noch an sich; aber die Nachrichten, die aus den benachbarten österreichischen und bairischen Gebieten eintrafen, bewiesen ihm doch, daß man ein Ereigniß wie das bei Steinau nicht zu fürchten brauche. Von Feldmarschall Ilow traf Post auf Post mit immer präciseren Forderungen ein. Bernhard möge seine Dragoner nach Pilsen schicken, damit man sich des Platzes versichern könne, zumal da sich daselbst viel kaiserliches Geschütz befinde. Er

1) „wegen alles dessen, so er da ihm begehren würde, sich mit ihm vergleichen." Bei Dvorsky, 36.

möge die Bauern im Lande ob der Ens wieder in die Waffen bringen; die dortigen Regimenter seien gut friedländisch gesinnt, würden sich leicht mit den schwedischen verbinden und den Baiern die Spitze bieten[1]. Und hauptsächlich nach dem Ereigniß zu Prag: es sei nun zu völligem Bruch gekommen. Bernhard möge seine Reiter und Dragoner nach Eger vorrücken lassen, um sich im Nothfall mit ihm zu vereinigen.

Wie weit entfernt war man noch von wirklichem Verständniß. Herzog Bernhard fürchtete noch immer, daß vielleicht doch ein Betrug — wie er sagt, ein Schelmstück — dahinter stecke, ein Angriff auf Franken, auf Nürnberg selbst beabsichtigt werde: aber es leuchtete ihm doch ein, welch ein Vortheil für ihn daraus entspringen müsse, wenn es sich so verhielt, wie man sagte. Auf beide Fälle gerüstet, setzte er sich nach Eger hin in Bewegung.

Wallenstein hatte in diesen Regionen noch eine ganze Reihe starker Grenzposten in seinen Händen: Ellenbogen, Hohenberg, Falkenau, die Königswarter Schanzen. Er glaubte, kein verächtlicher Bundesgenosse zu sein.

In Eger sollte nun auch Arnim eintreffen, der sich eben auf den Weg machte, um die Verbindung, über die er damals mit seinem Churfürsten definitive Verabredung genommen hatte, zu schließen. In der Mitte seiner Obersten dachte ihn

---

1) Nach Bernhards eigenem Schreiben erklärte Franz Albert, der Herzog Wallenstein sei „nunmehr vom kaiserlichen Hofe aufs äußerste disjunctirt, das er länger zu bleiben nicht vermöchte, derhalben sich zu separiren gedrungen würde." Bei Dudik: Forschungen in Schweden, 437. Sehr bemerkenswerth ist das dort mitgetheilte Schreiben von Chemnitz.

Wallenstein dort zu empfangen, die angebahnte Vereinbarung zu Stande zu bringen, sie dem Kaiser vorzulegen, und wenn er sie verwerfe, in Verbindung mit Sachsen, mit dem er bereits übereingekommen, und mit Schweden, mit welchem er sich zu verständigen hoffte, den Weg der Gewalt zu beschreiten.

Dann aber schien noch alles möglich.

Unter den Aeußerungen Wallensteins aus dieser Zeit, die von glaubwürdigen Zeugen berichtet werden, verdienen besonders zwei eine gewisse Beachtung: die eine, man müsse der Welt zeigen, daß es Kaiser auch noch aus einem andern Hause geben könne als dem österreichischen, das sich von den Spaniern regieren lasse: die andere in Bezug auf seine persönliche Stellung. Wolle der Kaiser ihn nicht mehr als seinen General erkennen, so wolle auch er ihn nicht mehr zu seinem Herrn haben; er würde leicht einen andern Fürsten finden, dem er sich anschließen könnte, aber er wolle überhaupt keinen Herrn mehr über sich haben; er wolle selbst Herr sein und habe Mittel genug, um sich als solcher zu behaupten.

Nicht das war für ihn zunächst die Frage, ob er die Pfalz, oder vielleicht, ob er selbst die Krone von Böhmen erwerben werde. Was er soeben erfahren, erweckte in ihm den Ehrgeiz, alle Unterordnung von sich abzustreifen und eine unabhängige Stellung unter den Oberhäuptern der Welt einzunehmen. Dazu gab ihm die politische Mission, welche er einmal übernommen hatte, einen Anlaß, mit dem er sich rechtfertigen zu können meinte. War es nicht möglich, sie im Einverständniß mit dem Kaiser durchzuführen, so sollte es im Gegensatz mit ihm und dem Hause Oesterreich überhaupt geschehen.

Er ist nicht von diesem Gedanken ausgegangen; aber er ward mit einer gewissen Folgerichtigkeit dahin geführt.

Nachdem er einst zugleich als Unterthan und als großer Herr unter kaiserlicher Autorität, aber doch durch eigenen Antrieb auf seine Kosten die Waffen ergriffen hatte, mit dem größten Erfolg nach beiden Seiten hin: welche Entwürfe hatte er dann fassen können! König von Dänemark zu werden, oder das türkische Reich zu stürzen, oder nach hundert Jahren Rom noch einmal mit deutschen Truppen heimzusuchen; in Deutschland die Macht der Churfürsten und der Fürsten, namentlich das hierarchische System überhaupt, zu sprengen: alles zum Dienst des Kaisers und des Hauses Oesterreich, aber zugleich zu seiner eigenen immer steigenden Größe und Macht. Nach seinem Wiedereintritt in den Dienst dachte er diese und zugleich den Frieden im Reiche auf die Bedingung der Gleichberechtigung der beiden Bekenntnisse noch im Einverständniß mit dem Kaiser zu begründen. Und nichts wäre für die Zukunft der deutschen Nation wichtiger gewesen, als eine Ausführung dieses Planes, unter Wahrung der kaiserlichen Hoheit und der Reichsordnung im Allgemeinen. Darauf warf sich nun sein ganzer sehr persönlicher und doch auch nach dem Idealen strebender Ehrgeiz, mit dem überspannten, gegen alles Andere abschätzigen, auf die vereinte Gunst der Gestirne gegründeten Selbstgefühl, das ihm eigen war. Die Schwierigkeiten, die ihm am Hofe erwuchsen, meinte er durch eine feste Haltung an der Spitze der Armee zu überwältigen. Es geschah ihm jedoch, daß er dabei auch mit dem dynastischen Interesse zusammenstieß, welches durch einen entschlossenen und geschickten Botschafter, in dem die Idee der spanischen Monarchie alle anderen Gesichtspunkte überwog, vertreten wurde. Wenn ihm nun unter dessen Einfluß der Oberbefehl über die Armee entzogen wurde, deren unbedingte Unterordnung unter seine Befehle die Grundlage seiner Entwürfe ausmachte, wie er sie denn eben unauflöslich an sich zu fesseln trachtete: so gerieth er, denn zurückzuweichen war er nicht gesonnen, fast mehr durch den Drang der Umstände als nach vorgefaßtem Plane auf den Gedanken, sich von der Gewalt des Hauses Oesterreich überhaupt loszureißen. Er hatte mit den Gegnern desselben, auch mit Frankreich, eine eventuelle Verbindung eingeleitet. Sollte er nun etwa im Namen dieser Macht auftreten, wie einige seiner Anhänger meinten? Dazu war nichts vorbereitet, und es hätte ihm dem deutschen Reiche gegenüber eine falsche Position gegeben. Der Muth stand ihm hoch genug, um die Gründung einer selbständigen Macht ins Auge zu fassen, welche die Gegner des Hauses Oesterreich um sich her vereinigen sollte, um es in Deutschland und in Italien zu stürzen.

Unleugbar gerieth er dadurch mit seiner eigenen Vergangenheit in Widerspruch. Denn eben durch das dynastische Interesse, die Verbindung beider Häuser seit dem friaulischen Kriege, war er hauptsächlich gefördert worden. Er hatte sich dann als der Vertheidiger der höchsten Gewalt in den Erblanden aufgestellt und die ständischen Vorrechte niedergekämpft, die er jetzt wieder zu beleben gedachte. Auf der Autorität des Kaisers beruhte alles, was er jemals gethan und ausgerichtet hatte. Noch genoß der kaiserliche Name allgemeine Verehrung: noch waren alle Die gescheitert, welche es unternommen, die erblichen Gewalten, auf denen die europäischen Reiche und socialen Zustände beruhten, anzutasten, und selbst zu Grunde gegangen. Sollte es ihm damit gelingen?

In Wien sah man das Unternehmen keineswegs als gefahrlos an.

Der Kaiser beabsichtigte, sich selbst nach Budweis zu begeben, um durch seine persönliche Gegenwart die Gefühle der Loyalität und Treue, auf die er sich jetzt vor allem stützte, zu beleben. Der König von Ungarn bat um die Erlaubniß, ihn ins Feld zu begleiten. Die Königin vereinte ihre Bitte mit der seinen, um den König von Spanien zu einer durchgreifenden Hülfleistung aufzufordern.

Der spanische Gesandte schreibt seinem König: die Veranlassung hierzu könnte nicht dringender sein. Wenn man Friedland hätte weiter fortschreiten lassen, so würde er, das sei gewiß, den Kaiser binnen eines Monats aus Deutschland verjagt haben. Und wenn er es jetzt erreichen könne, daß ein ansehnlicher Theil seiner Armee ihm folge, so werde er um so größeres Ansehen bei den Feinden haben. In den dringendsten Ausdrücken forderte der Gesandte den König zu einer außerordentlichen Beihülfe auf, „damit nicht doch noch alles zusammenbreche“[1].

Aldringer ward mit der allgemeinen Direction der Vorkehrungen betraut. Er begab sich zunächst zu Maximilian von Baiern, der sich entschloß, seine Truppen gegen Vilshofen und Passau vorrücken zu lassen, um einem gemeinschaftlichen Angriff der wallensteinischen und weimarischen Truppen, den man fürchtete, mit gemeinschaftlicher Anstrengung Widerstand zu leisten.

---

1) Se haran meyores sus fuerzas con deminution de las del emperador, que tanto necessitava de aumentarsq. Bericht an den König, 21. Februar.

Gallas sollte, dem Kaiser und dem König zur Seite bleibend, in Budweis die militärischen Anordnungen treffen; von allen Seiten zogen die Truppen nach diesem Sammelplatz.

Piccolomini war bereits in voller Thätigkeit. Ohne viele Mühe wurden die kaiserlichen Truppen Meister von Pilsen; schon kam es zu Scharmützeln zwischen ihnen und den Regimentern, die an Wallenstein festhielten.

Von Schlesien setzte sich Colloredo in Bewegung; wer nicht mit uns, sagt er in einem seiner Briefe, ist wider uns. Er meinte der wallensteinischen Aufstellung bei Leitmeritz in den Rücken zu kommen.

Wie unter den Anhängern Wallensteins von den Confiscationen, die man über die Gegner verhängen wollte, so war unter den kaiserlichen von nichts mehr die Rede, als von den Erwerbungen, die sie durch die Confiscation der Güter ihrer Gegner machen würden.

Einer der Oberstlieutenants Terzkas, der sich bei dem Kaiser einstellte und sein Regiment zu ihm selbst überzuführen versprach, wurde nicht allein selbst zum Obersten desselben erklärt, sondern es wurden ihm auch Schreiben an die andern Offiziere Terzka'scher Regimenter mitgegeben: in denen man die Oberstlieutenants, welche dem Kaiser treu bleiben und ihre Soldaten eben dazu vermögen würden, zu Obersten erklärte, so wie die Oberstwachtmeister zu Oberstlieutenants[1].

Eins dieser Regimenter war es nun, in dessen Mitte

1) Schreiben Richels vom 22. Februar. Der älteste Ritter sollte Oberstwachtmeister werden, „und da sich Ainer durch Terzky verführen lassen, wolle ihm der Kaiser völlig pardoniren."

sich Wallenstein begab, als er sich nach Eger wandte. Sein Astrolog hatte, so wird berichtet, in den Sternen gelesen, daß ihm eine große Gefahr bevorstehe, daß er sie aber bestehen und zu glänzendem Glück emporsteigen werde [1].

Er fühlte um so weniger Besorgniß, weil die dortige Besatzung unter ein paar schottischen Offizieren stand, dem Oberstlieutenant Gordon und dem Oberstwachtmeister Leßley, beide Protestanten, deren persönliche Sympathien sich verdoppeln zu müssen schienen, wenn er sein Schwert gegen die Spanier und die eifrigste Faction der Katholiken zog. Anfangs scheinen sie einiges Bedenken getragen zu haben, ihm Eintritt in die Stadt zu gewähren; doch entschlossen sie sich dazu: wie sie später erklärten, aus Mangel an Aufklärung über die Lage der Sache. Aber General Diodati — der erste von allen, der sich auf die Seite des Hofes geschlagen hatte, — versichert nicht allein, daß er Gordon unterrichtet und an seine Pflicht gemahnt habe, sondern, da Wallenstein dennoch Aufnahme in Eger fand, so erklärte er Gordon selbst für einen ehrvergessenen Verräther. Man meinte, der schottische Oberstlieutenant sei durch den Calvinischen Geist verführt worden [2].

Am 24. Februar, Nachmittags, zog Wallenstein in Eger ein: auf einer von zwei Pferden getragenen Sänfte, ohne den alten Glanz seiner Hofhaltung: mit seinen nächsten Vertrauten und einem nicht sehr zahlreichen militärischen Gefolge,

---

1) Galeazzo Priorato, der in seiner Lebensbeschreibung eigenthümlichen Nachrichten folgt, die nicht zu verwerfen sind.

2) Auszüge aus den Briefen bei Mailath, III, 365. Die Apologia ist in der Absicht geschrieben, auch das frühere Verfahren zu rechtfertigen.

und zwar einem solchen, dem er selbst nicht einmal recht traute. Die Dragoner des Obersten Butler, die er mit sich brachte, mußten in den Orten, wo man übernachtete, außerhalb der Thore bleiben; nur der Oberst und die Fahnen wurden in dieselben aufgenommen. Wie anderwärts, so geschah das auch in Eger.

In jenen Zeiten, in denen sich England inmitten einer streitenden Welt tiefen Friedens erfreute, war es den kriegführenden Mächten unverwehrt, in den englischen Gebieten zu werben. Protestantische Fürsten warben in Schottland, die katholischen in Irland. Kriegslustige Irländer oder Schotten suchten selbst die ihrem religiösen Bekenntniß entsprechenden Dienste auf. In Wallensteins Lager, wo man den Unterschied der Religion nicht achtete, trafen beide zusammen.

Aus dem vornehmen Geschlechte der Butler, d. i. Schenken von Irland — zu denen auch die Ormond gehören — waren schon seit einiger Zeit wackere Kapitäne bald in polnischem, bald in spanischem, bald in kaiserlichem Dienst erschienen. Einer von diesen war Walter Butler — ein jüngerer Sohn Peters von Roscrea, welcher dem jüngeren Zweige der Linie Poolestown angehörte; schon einmal in schwedische Gefangenschaft gerathen, hatte er, als er nach Zahlung einer ansehnlichen Summe frei geworden war, aufs neue Truppen für den kaiserlichen Dienst geworben [1]. Eben bei Eger

---

1) Vgl. Collins Peerage IX, 73. Einige Nachrichten über Butler findet man in Carves Itinerarium: sie sind jedoch weder in Bezug auf die irische Genealogie, noch auch auf seine Kriegshandlungen genügend. Nach dem allgemeinen Ruf schildert er ihn als virum in armis promtum,

hatte er einst durch einen tapferen Reiterangriff das Vertrauen Wallensteins gewonnen, doch standen sie darum nicht in gutem Vernehmen; wir werden versichert, Butler, obwohl ein Fremder, habe doch ein lebhaftes Gefühl für die Hoheit des kaiserlichen Namens in sich getragen: sehr ungern machte er sich auf den Befehl Wallensteins auf, um an der angekündigten Vereinigung der Regimenter auf dem weißen Berge Theil zu nehmen; er sah davon nichts, als Unheil für sich und die Armee voraus. Er sagte, er wolle eher hundert Leben verlieren, als das Schwert gegen den Kaiser ziehen. Ein zufälliges Zusammentreffen auf der Straße von Pilsen nach Mies veranlaßte, daß er auf Wallensteins Wunsch denselben nach Eger begleitete. Aber indem er ihm folgte, war er doch mit den Generalen, die von ihm abfielen, einverstanden. Er ließ diesen sagen, Gott führe ihn diesen Weg vielleicht nur darum, damit er eine heroische That ausführe, und welche diese sei, hat er einem von ihnen, Gallas, unumwunden angekündigt. Wenn eine Gefahr eintrete, war es sein Vorsatz, gegen den Generalissimus Gewalt zu brauchen, ihn gefangen zu nehmen oder zu tödten. Nach dem Orte, wo die Ausführung der neuen Pläne versucht werden sollte, führte Wallenstein selbst den mit, der durch Religion und Politik angetrieben, ihn zu verderben entschlossen war.

Der Beichtvater Butlers, Patrik Taaffe, der zur Versicherung der unverbrüchlichen Treue desselben ermächtigt, sich nach Pilsen zu Piccolomini begeben hatte, empfing von diesem

---

omni bellico apparatu nil potius spectantem, quam ut Imperio Romano pristinam restitueret pro virili tranquilitatem.

den Auftrag, dem Obersten zu sagen, wenn er kaiserliche Gnade und Beförderung erwerben wolle, möge er Wallenstein todt oder lebendig herbeischaffen. Der Beichtvater kam zu spät zurück, als daß diese Meldung Einfluß auf Butler hätte ausüben können; aber er fügt hinzu, Piccolomini habe ihm zugleich bemerkt, er werde das dem Obersten selbst auf einem andern Wege zu wissen thun[1].

Es war ein Gedanke, der, wenn man so sagen darf, schon lange in der Luft lag; er war gleich damals entsprungen, als Wallensteins Haltung bei der ersten Zusammenkunft von Pilsen seine Treue zweifelhaft machte. Die Anhänger des Hofes, in seiner Verbindung mit Spanien, sprachen, wie Navarro an Oñate meldet, den Rath aus, vor allen Dingen die Ansprüche der Truppen zu berichtigen, und dann den General entweder abzusetzen, oder zu tödten[2]. Oñate selbst sagte nur, man müsse sich dieses Menschen auf eine oder die andere Art entledigen[3]; doch hat es augenscheinlich denselben Sinn. Hat doch selbst der besonnene bairische Vicekanzler, als von der Gefangennehmung Wallensteins die Rede war, dagegen bemerkt, es werde leichter sein, ihn niederzumachen[4]. Auch Eggenberg widersprach ihm darin nicht. Nun aber war weder die Absetzung noch die Gefangennehmung durchgeführt worden; es schien vielmehr, als stehe ein Waffengang mit Wallenstein bevor, von dem man nicht wußte, wie wenig Rückhalt er hatte. Oñate bemerkt, man thue alles, um ihm und seinen

---

1) Bericht Taaffes bei Mailath III, 371.

2) Se puede licentiar o matar el general (22. Jan.)

3) In poniendo lo por un camino o por un otro en estado que no puede hazer mal — —

4) Schreiben bei Aretin, Urk. Nr. 36.

Anhängern Widerstand zu leisten, oder dieses Feuer, indem es aufgehe, zu löschen. Man gedachte des alten Spruches, daß der Scorpion auf der Wunde, die er schlage, zerdrückt werden müsse.

Piccolomini hat sich bei seiner Weisung auf einen ihm durch eine Botschaft Oñates zugegangenen kaiserlichen Befehl bezogen[1]. Unmöglich kann man annehmen, daß Ferdinand selbst, der es immer auf das entschiedenste mit feierlichem Nachdruck geläugnet hat, mit voller Kunde der Sache einen solchen Befehl gegeben habe. Aber in dem Getümmel der Anklagen und Besorgnisse, der leidenschaftlichen Aufregung gegen Wallenstein, ließ er der Partei der Action freie Hand gegen ihn, deren Losungswort es jetzt geworden war: Wallenstein entweder lebendig oder todt einzubringen.

Noch wußten jedoch die Schotten, denen das Commando von Eger anvertraut worden, nichts davon.

Noch einmal am Abend, auf Anlaß eines eingetroffenen und eingelassenen Couriers, welcher die kaiserlichen Patente überbrachte, hatte Friedland eine Conferenz mit dem Oberstwachtmeister. Er hielt diesen für vollkommen zuverlässig, und sprach ihm ohne Rückhalt von seinen Verbindungen mit Bernhard von Weimar, mit Brandenburg-Culmbach, sowie mit Sachsen, und gab die Absicht kund, die Truppen des Herzog Bernhard in Eger und Ellenbogen aufzunehmen. Daß es so weit gekommen sei, hatte aber Leßley doch nicht gemeint; der Anfang eines offenbaren Abfalls von dem Kaiser lag darin. Bestürzt darüber, wenigstens ganz erfüllt davon, begab er sich in die Burg zurück.

---

1) Auszug bei Hurter: Wallensteins vier letzte Lebensjahre, S. 458.

Man begreift die Verlegenheit, in welche die Offiziere geriethen. Die Idee des Gehorsams ward auf eine harte Probe gestellt. Von dem Kaiser waren sie angewiesen, von den drei Männern, die jetzt in ihren Mauern waren, keinen Befehl anzunehmen; dennoch suchten diese sie jetzt für Anordnungen zu gebrauchen, die dem Dienst des Kaisers, den sie bisher noch vorbehalten hatten, unzweifelhaft entgegenliefen. Sie waren dem Feldhauptmann und besonders dem Grafen Terzka verpflichtet, der sie in ihre Stellen gebracht hatte. Um keinen Antheil weder für noch wider zu nehmen, geriethen sie wohl auf den Gedanken, eine Warnung nach Ellenbogen gelangen zu lassen, von Eger aber, das nicht mehr gerettet werden könne, flüchtig zu werden. Aber auch dazu war ihnen kein Raum gelassen. Am andern Morgen, 25. Februar, wurden die drei Offiziere zu Ilow geladen, bei dem sich auch Terzka einfand, und aufgefordert, im vollsten Gegensatz mit dem kaiserlichen Patent, von keinem andern, als von Wallenstein und den Seinen Befehle anzunehmen, und sich unbedingt zu seinem Dienst zu verpflichten. Es war der für die Obersten entscheidende Moment. Gordon erwiderte: er habe dem Kaiser geschworen; wer spreche ihn von diesem Eide los? erst wenn dies geschehen und er wieder ein der eingegangenen Verbindlichkeiten entledigter freier Cavalier sei, der sein Glück versuchen könne, dann werde er seinen Entschluß fassen. Ilow war betroffen und schwieg. Terzka: die Herren sind Fremde im Reich, was fragen sie nach dem Kaiser? der Herzog kann und wird sie reich belohnen. Ilow erinnerte an die Undankbarkeit des Hauses Oesterreich, die eben jetzt der Herzog von Friedland erfahre. Aber durch diese Vorstellungen von Vortheil und Gewinn waren Gordon und Leßley nicht zu bestimmen, welche in den strengen Schulen von Schottland gelernt hatten, die Pflicht des Gewissens jeder andern vorzuziehen. Man hätte nicht meinen sollen, daß eben in den Fremden ohne Unterthanenpflicht der militärische Gehorsam gegen den Kriegsherrn das bewegende Motiv sein würde, den Anmuthungen des Herzogs zu widerstehen. Die militärische Unterordnung wird erst durch den Eid geheiligt.

Man schied ohne Vereinbarung, aber noch ohne Zwist von einander. Es waren die Tage der Fastnachtsschmäuse: ohne alles Bedenken luden sich Ilow und Terzka bei Gordon, der in der Burg wohnte, auf den Abend zu Gaste. Sie scheinen gemeint zu haben, ihn und die Andern bei dem Gelage doch auf ihre Seite zu bringen.

Zugleich bekam der Oberstwachtmeister den Befehl, den andern Tag eine Versammlung der Bürger zu veranstalten, und sie mit allen Mitteln der Gewalt dahin zu bringen, sich dem Herzog anzuschließen und ihm eine ansehnliche Summe Geldes zu zahlen. Die Absicht war, dort am Orte festen Fuß zu fassen, um von da zu weiteren Unternehmungen zu schreiten.

Die Frage für die Offiziere war jetzt nicht allein, ob sie sich von dem Herzog lossagen, sondern eben so wohl ob sie sich ihm beigesellen wollten, um mit ihm gemeinschaftliche Sache gegen den Kaiser zu machen.

Auf diesem äußersten Punkt angekommen, haben sich die protestantischen Schotten dem katholischen Irländer, dem sie anfangs mit Mißtrauen begegnet waren, genähert und sich mit ihm verständigt. Sie sahen in der Anmuthung Friedlands selbst eine persönliche Gefahr. Denn wenn sie ihm gehorchten, so verletzten sie ihren Eid der Treue, ihre militärische Ehre, und machten sich einer Sache theilhaft, die ihnen an sich fremd war: wo aber nicht, so hatten sie seine und seiner Freunde Rache zu fürchten; denn er drohte nicht allein, sondern pflegte seine Drohungen auszuführen; es kostete ihm nur ein Wort, so verloren sie das Leben.

Noch einmal haben die Schotten den Gedanken geäußert, sich lieber zu entfernen; Butler verwarf denselben, weil in Abwesenheit der Befehlshaber die Stadt für den Kaiser verloren gehen müsse. Man kam darauf, den General-Herzog gefangen zu nehmen; aber das hatte doch auch mancherlei Bedenken. Wie leicht, daß zwischen den Compagnien der Obersten und den unerschütterlichen Anhängern Wallensteins ein Tumult ausbräche, während dessen der Feind in die Stadt eindringen könnte. Leßley wird als ein langer, hagerer, schweigsamer Mann mit dem Ausdruck des Nachdenkens auf der Stirn geschildert[1]; die Spanier hatten ihn nie geliebt; dagegen besaß er das volle Vertrauen Friedlands; eben in ihm aber vollzog sich zuerst der Entschluß zu seinem Verderben. Indem man die dringenden Umstände, die Zweifellosigkeit und Gefahr des Abfalles erwog, brach Leßley, in dem steigenden Eifer der Erwägungen, in die Worte aus: laßt uns sie tödten die Verräther. Butler, der bis dahin an sich gehalten hatte, war glücklich, die Absicht, die er im Sinne trug, von fremder Lippe zu hören. Gordon sträubte sich eine Weile, endlich aber trat er bei. Die drei Offiziere erinnerten sich des Sprichwortes, daß man nur die Todten nicht zu

1) cogitabundo, wie der toskanische Bericht sagt.

fürchten brauche; sie zogen, wie sie sagen, in Betracht, daß nur auf diese Weise das hochlöbliche Haus Oesterreich „wahrhaft und stracks gesichert werde".

Gordon verstand sich zu dem Gräßlichen, die Gäste, die sich bei ihm angemeldet hatten, an seiner Tafel ermorden zu lassen. Butler bot seine Irländer zu dem blutigen Werke an: dem Oberstwachtmeister der Garnison fiel die äußere Anordnung anheim. Er besetzte die Wache der Burg und auf dem Marktplatz der Stadt mit Hauptleuten, deren er sicher war. Von seinem eigenen Regiment war nur ein einziger dabei, die übrigen waren Irländer von dem Butler'schen Regiment; der Schotte machte mit den Irländern Partei, und ließ ein paar Compagnien derselben in aller Stille in die Stadt kommen.

Am Abend stellten sich nun die Gäste zu dem Gelage ein: mit Terzka und Ilow kam auch Kinsky und der Rittmeister Neumann, der in den Geschäften vornehmlich die Feder führte und als der Kanzler des Herzogs gelten konnte. Sie waren bereits gefangen, als sie sich in dem Erker eines großen Saales zum Gelag niedersetzten. Doch hatten sie noch eine Stunde unbenommenen guten Muthes. Sie tranken Hochs auf den General und seine Intentionen, namentlich auf seine Absicht, nicht mehr Diener, sondern Selbstherr zu sein. Man war beim Nachtisch, alle Diener hatten sich entfernt; indem es über neue Hochs zum Wortwechsel kam, ließ Leßley die Zugbrücke der Burg, deren Schlüssel man ihm brachte, aufziehen, und zugleich dem Butler'schen Oberstwachtmeister sagen, jetzt sei es Zeit. Der hielt sich bereits mit den sechs zur Execution ausgewählten handfesten Iren in einem anstoßenden Gemach; jetzt brach er mit den Worten: „Viva Kaiser

Ferdinando" in das Speisezimmer herein; während eine Schaar anderer Irländer durch die andere Thüre eindrangen, die sie besetzt hielten, damit Niemand entfliehen könne. Gordon, Leßley und Butler antworteten mit entsprechendem Geschrei. Indem die Eingeladenen nach ihren Degen griffen, wurden sie bereits niedergemacht; nur von Ilow weiß man mit einiger Zuverlässigkeit, daß er sich zur Wehre setzte, er soll Gordon in diesem Augenblick zum Zweikampf herausgefordert haben[1]; aber sie fielen alle unter den kurzen Schwertern oder langen Dolchen der Irländer. Eine Mordthat zugleich und eine Execution; denn einen autorisirten Befehl, außer etwa jener doch nur mündlich überlieferten, auch nur auf Wallenstein bezüglichen Weisung Piccolominis, hatten die drei Offiziere nicht; es war ihr eigenes freiwilliges Werk. Aber es war die Meinung der Zeit, daß man in Angelegenheiten dieser Art, wo der Fürst sich selten deutlich erklärte, seinen Willen zugleich auslegen müsse. Das wußten sie wohl, daß sie damit der jetzt vorherrschenden Partei, die von dem spanischen Botschafter abhing, einen großen Dienst leisteten, der ihnen zum Vortheil gereichen mußte: sie entledigten den Hof seines entschlossensten und gefährlichsten Gegners. In ein paar gräßlichen Minuten war alles geschehen. Der Führer der böhmischen Emigranten, Wilhelm Kinsky, der noch die Meinung hegte, einen König von Böhmen aus ständischer Wahl hervorgehen zu sehen; der Mann der erfolgreichen Werbungen, Adam Erdmann Terzka, der damals fünf Cürassierregimenter,

1) Ich nehme dies an, weil es Leßley dem toskanischen Gesandten erzählt hat.

zwei zu Fuß und ein Dragonerregiment zusammengebracht hatte und commandirte, Sohn einer Mutter, die in ihrem Herzen nie mit dem Kaiser Frieden gemacht hatte; Feldmarschall Ilow, der in dem Gedanken lebte und webte, daß in Kurzem noch ein dreimal so starkes friedländisches Heer im Felde stehen würde, als je ein früheres; und der Rittmeister, der eine geschickte militärisch-politische Geschäftsführung mit dem tiefsten Haß gegen das Haus Oesterreich verband: sie waren mit Einem Mal, wie man sagte, vom Leben zum Tode hingerichtet, und schwammen in ihrem Blute.

Auf der Burg war alles still; als der Oberstwachtmeister herausgehen wollte, ist auf ihn selbst geschossen worden, weil man meinte, er sei ein flüchtiger Rebell; diese Schüsse alarmirten die Wache am Markt: Leßley hielt für gut, ihr in kurzen Worten zu sagen, was vorgefallen sei: die Leute schwuren, zu dem Kaiser zu halten und für ihn zu leben und zu sterben; die Butlerischen Dragoner sprengten durch die Straßen, um jede mögliche Regung zu ersticken. Leßley verwaltete noch selbst sein Wachtmeisteramt zu dem vorgesetzten Zweck; die Ausführung überließ er den Irländern. Es wäre jetzt möglich gewesen, Wallenstein gefangen zu nehmen: und noch einmal ward das erwogen. Aber dagegen zog man aufs neue in Betracht, daß der Feind in unmittelbarer Nähe stehe, und ein unglücklicher Zufall alles vereiteln könne. Es blieb dabei, daß er ebenfalls umgebracht werden müsse. Wallenstein hatte in dem ansehnlichsten Haus der Stadt Wohnung genommen: eine von außen angelegte Wendeltreppe führte zu seinen Zimmern. Diese stiegen der irländische Capitän Devereux und einige Soldaten hinauf, um das zweite blutige Werk zu vollbringen. Wallenstein hatte soeben ein Bad genommen und war im Begriff schlafen zu gehen. Sein Mundschenk, der ihm in goldener Schale den Schlaftrunk gebracht hatte, begegnete den Hereinstürmenden und wollte ihnen empfehlen, die Ruhe des Herrn nicht zu stören. Aber ihm selbst versetzten sie eine Wunde und erhoben das Geschrei: „Rebellen". Indem Wallenstein bei diesem Lärmen wie er war und im bloßen Hemd nach dem Fenster ging, wahrscheinlich um die Wache zu rufen, stieß der Capitän mit seinen Leuten die Thür auf und schrie ihm die Worte zu: „Schelm und Verräther." Ob Wallenstein einen Begriff von dem hatte, was sich begab? Ob er fühlte, daß der letzte Schritt der Empörung, den er so eben gethan, die Rache der Kaiserlichgesinnten unmittelbar über sein Haupt zog? Wahrscheinlich doch, daß ihm der Zusammenhang der Dinge mit Einem Mal vor die Seele getreten ist. An einen Tisch angelehnt, die Lippen bewegend, aber ohne einen Laut von sich zu geben, spannte er die Arme weit aus und streckte seine Brust der Hallbarde entgegen, mit der ihn, gerade in die Mitte derselben treffend, Devereux erstach. Man wickelte die Leiche in ein rothes Tuch und fuhr sie in die Burg zu den übrigen Entleibten.

Noch war in der Stadt alles ruhig: die späte Stunde und ein starker Sturm, der bis Mitternacht anhielt, verhinderten die Verbreitung der Nachricht. Butlers Dragoner hielten Thore und Straßen bewacht. Am Morgen früh wurden zuerst die Offiziere der Garnison in die Burg beschieden, wo ihnen ein deutscher Cavalier — denn die Iren und Schotten wären dazu unfähig gewesen — das Vorgefallene auseinander setzte und sie fragte, ob sie dem Kaiser getreu sein wollten: was sie denn bejahten. Dann wurden Rath und

Bürgerschaft — in wie ganz anderem Sinne, als welchem den Tag zuvor beabsichtigt worden war — zusammenberufen und in Kenntniß gesetzt: sie erneuerten ihren Schwur der Treue. Eben rückte Gallas heran, um Eger zu belagern: es war nicht mehr nöthig. Auch alle die andern Posten an der Grenze wurden für den Kaiser gesichert. Franz Albert von Lauenburg, der ohne etwas zu ahnen herbei kam, um Nachricht von Herzog Bernhard zu bringen, wurde angehalten und dann nach Pilsen geführt, — zugleich mit den Leichen seiner ermordeten Freunde.

Merkwürdig, wie die verschiedenen europäischen Nationalitäten an diesem Ereigniß betheiligt waren. Die Schweden haben den General vorlängst zu einem Unternehmen dieser Art vorwärts getrieben; ihnen lag vor allem die Zurückführung der böhmischen Ausgewanderten am Herzen; — die Franzosen griffen in der Absicht ein, einen Umsturz des Hauses Oesterreich überhaupt hervorzubringen. Am nächsten standen die protestantischen Norddeutschen dem General: in seiner Größe sahen sie den Rückhalt, dessen sie bedurften; sonst aber beabsichtigten sie nichts, als eine Herstellung der alten Zustände, eine Verständigung zwischen den Reichsständen und ihrem Oberhaupt: den Ruin des Hauses Oesterreich wollten sie nicht. Das war nun aber einmal die Stellung Wallensteins geworden, daß die großen Interessen der Religion und Politik um ihn her einander entgegentraten. Bittere Feinde waren ihm die deutschen Katholiken, die alten Ligisten; doch würde ihnen genügt haben, ihn noch einmal und auf immer des Generalates beraubt zu sehen. Die Spanier, denen er jetzt als der Gegner ihrer Weltmacht erschien, hatten geradezu sein Verderben im Auge; in seinem Widerstreben gegen die kaiserliche Autorität sahen sie eine todeswürdige Schuld. Zu ihrer Seite standen, wie damals überhaupt, die Italiener. Sie versahen diese mit den besten Beweisstücken zu seiner Anklage, und trugen das Meiste dazu bei, die großen Heerführer von dem Obergeneral abtrünnig zu machen. Die Freunde waren lau und fern; die Feinde feurig und entschieden und in unmittelbarer Thätigkeit; unter ihrem Einfluß haben, selbst ohne legale Ermächtigung, zu welcher sich der Hof nicht entschließen konnte, die fremden Soldaten die letzte Katastrophe herbeigeführt. Es waren die sonst immer Entzweiten, Schotten und Irländer, Protestanten und Katholiken. Die ersten bewog das Gefühl militärischen Gehorsams gegen den Kriegsherrn und die durch den Diensteid eingegangene nicht einseitig aufzulösende Verpflichtung. In den Irländern lebte die Hingebung gegen die bestehenden höchsten Gewalten und der Eifer für die Religion, welche sie in ihrem Vaterlande verfochten, auch in der Fremde.

Wallenstein hatte, wie Oxenstierna von ihm sagt, mehr unternommen, als er ausführen konnte. Der Idee der kaiserlichen Gewalt und der Macht des Hauses Oesterreich mußte er erliegen, so wie sie sich gegen ihn kehrten. Wie mußte nun aber sein Untergang eben dieser Idee und den Bestrebungen der Spanier, die daran anknüpfen, zu Statten kommen!

In Folge eines neuen dringenden Anschreibens des Cardinal-Infanten hatte Oñate soeben den Kaiser an seinen Antrag erinnert, über die Vereinigung der kaiserlichen Waffen mit den spanischen Bestimmung zu treffen, und einen Plan für den künftigen Feldzug zu entwerfen: doch war der

Hof mit allem seinen Sinnen und Trachten noch viel zu sehr mit der Angelegenheit Wallensteins beschäftigt, um darüber Berathung zu pflegen: alles war noch ungewiß, als die Nachricht eintraf, daß er ermordet sei.

„Eine große Gnade“, ruft Oñate aus, „die Gott dem Hause Oesterreich erwiesen hat.“ So sagt Piccolomini, von den Fremden sei der Sache Gottes und des Kaisers ein sehr wichtiger Dienst geleistet worden. Wenn die Spanier bisher gefürchtet hatten, der Kaiser werde nach Italien fliehen müssen, so stand nun der Herauskunft des Cardinal-Infanten mit seinen spanisch-italienischen Streitkräften nichts weiter im Wege. Zuerst war ihre Meinung, daß eine starke kaiserliche Heeresabtheilung unter Aldringer sich im Elsaß mit ihm vereinigen müsse; aber bald erkannten sie doch selbst, daß dies bei der fortdauernden Gefährdung der Erblande durch Sachsen und Schweden nicht thunlich sein werde. Sie gingen auf den Vorschlag der kaiserlichen Minister ein, daß der Cardinal-Infant sich mit dem großen Heer an der oberen Donau vereinigen möge: dann solle er sicher bis an die Grenze der Niederlande geführt werden. Auch dem Infanten selbst war das recht: denn die Sache der beiden Majestäten sei ein und dieselbe. Oñate bemerkt, vor allem sei es nothwendig, im deutschen Reiche mit vereinten Kräften so zu wirken, wie es der gemeinschaftliche Vortheil erheische. Dann werde man weder für die Niederlande, noch für Italien oder die Grafschaft Burgund besorgt zu sein brauchen.

Er war sehr zufrieden damit, daß die von Wallenstein abtrünnig gewordenen Generale aus dessen Gütern und denen seiner Anhänger auf das reichlichste belohnt wurden. Dagegen mußten die, welche ihm treu geblieben waren, zu Grunde gehen. Der tapfere Schaffgotsch, der auf freier Haide im ritterlichen Kampfe zu sterben gehofft hatte, kam auf dem Schaffot zu Regensburg um.

Die Wiedereroberung Regensburgs ist der erste namhafte Erfolg der umgestalteten Armee, die nun erst wirklich eine kaiserliche wurde und unter dem König von Ungarn das Feld behauptete[1]; man empfand ihre hohe Bedeutung; zwischen Gallas und Piccolomini reitend kam der abziehende schwedische Commandant auf den König zu, stieg ab, und sagte ihm, er überliefere ihm mit der Stadt die Schlüssel des Römischen Reiches. Da konnte dann der Cardinal-Infant ohne Besorgniß den ihm angedeuteten Weg unternehmen: mit seinen Italienern und Spaniern erschien er dem Vetter und Schwager zur Seite in Oberdeutschland. Die Obersten aus der Schule Wallensteins und Spinolas stellten sich mit dem Ehrgeiz dynastischer Hingebung unter die jungen Repräsentanten des Hauses Oesterreich beider Linien; noch einmal erschien das katholisch-spanische Interesse in centralisirter Macht. Die ihr gegenüber vereinigten Deutschen und Schweden waren nicht fähig, ihren Anfall zu bestehen; bei Nördlingen erlitten sie eine Niederlage, die sie nahezu vernichtete. Nie hatte die Verbindung der beiden Linien des Hauses Oesterreich einen glänzenderen Triumph davon getragen. Der Herzog von Lothringen ließ vernehmen, er werde in drei Monaten vor Paris stehen.

1) Man berechnete die Armee, die sich aus den alten Soldaten bilden und unter den damaligen Umständen aus den Erblanden ausführen lasse, auf 20,000 M. zu Fuß und 12,000 Pferde.

Unter dem Eindruck dieses Umschwunges in der allgemeinen Lage, wurden dann die Unterhandlungen über den Frieden, die durch den Tod Wallensteins unterbrochen worden, wieder aufgenommen. Auch dabei hatten die Spanier, die eine Abkunft für nothwendig hielten, um ihren Krieg gegen Frankreich zu unternehmen, ihre Hand. Ein Anschreiben des Königs von Spanien lief in Dresden ein; Oñate hat die Verhandlungen des Königs von Ungarn mit dem sächsischen Hofe in Gang gebracht. Nie aber hätte er Bedingungen genehmigt, wie sie früher im Werk gewesen waren. Für den Protestantismus war Wallensteins Untergang das schwerste Mißgeschick. In dem Frieden, welchen Sachsen endlich zu Prag annahm, wurde nicht dem früheren Antrag gemäß das Jahr 1618 zum Normaljahr bestimmt, sondern das Jahr 1627, ein Zeitpunkt, in welchem die katholische Reaction bereits ihre Absichten großentheils durchgeführt hatte. Halberstadt blieb im Besitz eines Erzherzogs, die churpfälzische Chur im Besitz von Baiern; eine Reihe anderer Bedingungen wurden aufgestellt, die den Protestantismus in die engsten Schranken verwiesen und ihm keinerlei freie Entwickelung gestattet hätten. In der Form dem ähnlich, was mit Wallenstein verabredet worden, war es doch in der Sache das Gegentheil davon. Und indeß kam der Krieg mit Frankreich, den Wallenstein, der die Kräfte der Staaten erwog, vermeiden wollte, zu vollem Ausbruch. Er hat ein Vierteljahrhundert gewährt, und sich anfangs glücklich angelassen, schließlich aber doch zu dem Ergebniß geführt, daß die Entscheidung in allen europäischen Angelegenheiten an Frankreich gelangte. In Deutschland traten nun erst die Kriegsjahre ein, welche eine allgemeine

Verwüstung herbeigeführt haben; zuletzt hat dann die Uebermacht der Fremden und in Bezug auf die Verfassung des Reiches nicht der kaiserliche, selbst nicht einmal der wallensteinische, sondern mehr der Gedanke Gustav Adolfs den Platz behalten; die Auflösung des Reiches bahnte sich an.

Mannichfaltige Betrachtungen über die Epoche ließen sich hieran knüpfen, jedoch ich halte inne: nur über ein ganz allgemeines Verhältniß, das hierbei in Aussicht tritt, sei mir noch eine Bemerkung gestattet.

In der Reihe der großen Generale, die nach Selbständigkeit getrachtet haben, steht Wallenstein in der Mitte zwischen Essex in England, Biron in Frankreich auf der einen, Cromwell auf der andern Seite, auf dessen Spuren sich später der gewaltige Corse bewegte, dessen noch weit umfassendere Erfolge ihn in den Stand setzten, ein neues Kaiserthum zu gründen. Was ist der Unterschied zwischen ihnen? Warum gelang es den Einen und ist es den Anderen mißlungen? Essex, welcher der Königin Elisabeth von England eine andere Politik aufzwingen wollte, als welche ihr Geheimerrath und sie selbst beliebten; Biron, der sich in Verabredungen mit den Feinden seines Königs einließ; Wallenstein, der erst das Eine sehr entschieden und mit einer gewissen Berechtigung, und darauf das Andere wiewohl nur schwach versuchte, — hatten mit geborenen Fürsten zu kämpfen, deren Autorität seit Jahrhunderten fest begründet und mit allen andern nationalen Institutionen verbunden war. Sie erlagen ihr. Cromwell und Napoleon dagegen fanden die legitime Autorität, als sie es unternahmen sich unabhängig zu machen, bereits gestürzt. Sie hatten mit republikanischen

Gewalten zu kämpfen, welche noch keine Wurzeln geschlagen hatten und nur eine bürgerliche Macht besaßen, die dann dem Führer der Truppen gegenüber, sobald sie sich entzweiten, keinen Widerstand leisten konnten. Weiter fortgehend wird man fragen, warum nun doch das Protektorat mit dem Tode des Protektors verging, aus den Ruinen des gestürzten Kaiserthums aber in unseren Tagen ein neues, das als die Fortsetzung des ersten auftritt, sich erheben konnte. Der vornehmste Grund liegt darin, daß Cromwell die socialen Verhältnisse, wie sie einmal gebildet waren, erhalten vorfand und eher in Schutz nahm als umzustürzen suchte, so daß sie nach seinem Abgang eine ihnen analoge Regierung nothwendig machten. Dagegen fand Napoleon eine sociale Revolution in den größten Dimensionen durchgeführt vor; er brauchte sie nur zu consolidiren und mit seiner militärischen Gewalt zu durchdringen, um ein neues Imperium aufzurichten.

# Analekten

zur

# Geschichte der Katastrophe Wallensteins.

Als Wallenstein im Februar 1634 zu Eger ermordet worden war, bildeten sich über seine Schuld am Hofe zu Wien selbst zwei entgegengesetzte Meinungen. Die Einen bestanden darauf: er habe sich in eine hochverrätherische Conspiration eingelassen, den Kaiser aus Wien verjagen, das Haus Oesterreich in Deutschland, ja selbst in Spanien stürzen wollen; sie verbreiteten sich darüber, in welcher Art er alsdann die europäischen Staaten-Verhältnisse umzugestalten beabsichtigt habe. Die Andern stellten das Alles in Abrede. Sie bemerkten: hätte Wallenstein etwas Böses wider den Kaiser im Sinne gehabt, so würde er das vorlängst ohne Mühe ins Werk haben setzen können, jetzt aber würde er zu solchem Zweck ganz anderer Mittel, ganz anderer Menschen bedurft haben, als die ihm zur Verfügung standen. Zudem aber: lasse es sich denken, daß ein von Krankheiten geplaater Mann, von welchem der Ausspruch der Aerzte gewesen sei, daß er keine zwei Jahre mehr leben könne, überdies ohne Leibeserben, eine der Kronen seines Kaisers sich habe auf das Haupt setzen und den Kampf darüber unternehmen wollen? Die Felonie, die man ihm Schuld gebe, werde sich nimmermehr erweisen. Nach seiner und seiner Vertrauten Ermordung habe man sich ihrer Papiere bemächtigt, aber gewiß nichts

Ueberzeugendes gefunden, sonst würde man die Untersuchung rasch und entschieden zu Ende führen.

Unter den deutschen Kriegsführern faßte die Meinung Wurzel, Piccolominis Ehrgeiz habe den Sturz Wallensteins veranlaßt; in Wien ward ihm ein sehr kalter Empfang zu Theil. Die Meinung bildete sich aus, daß „der General den Fremden aufgeopfert worden sei.“ Von Rom her hat man dem kaiserlichen Hofe Vorstellungen über sein Verfahren gemacht: wenn er es nicht rechtfertige, so könne er sich leicht den allgemeinen Haß der Kriegshäupter zuziehen [1]. Die römischen Gelehrten und Staatsmänner brachten eine Stelle aus Tacitus in Erinnerung, nach welcher die von Kaiser Galba Hingerichteten deshalb, weil man sie nicht gehört und ihnen keine Vertheidigung gestattet habe, für unschuldig galten [2].

In Wien war doch bereits etwas dafür geschehen. Schon im März 1634 erschien eine Apologie der Ermordung durch Die, welche sie vollzogen hatten, in der noch eine absonderliche Deduction verheißen wurde; dann folgte eine lateinische Schrift, Perduellionis Chaos, deren Verfasser jedoch ebenfalls versichert, daß er nur als Privatmann schreibe; der Kaiser fand noch nicht rathsam, sich selbst zu äußern.

Auch die entgegengesetzte Meinung kam indeß zu Wort. Den Gegensatz der Apologie bildet die „Eigentliche Abbildung des Egerischen Pankets, was von denen zu halten, welche

---

1) Cardinal Barberino an Rocci am 1. April 1634: dispiace fino all' animo che corra opinione che contro Fridland non vi fosse cosa digna della risoluzione fatta. E necessario che Sua Maestà procuri quanto più puo di sradicare queste opinioni.

2) Inauditi et indefensi tamquam innocentes perierunt.

ihre mörderische Hand an ihren General gelegt"; — die Handlung erscheint darin als eine meuchelmörderische Schandthat, ein Blutbad, davor sich Sonne und Mond entsetzen: unüberwiesen und unverhört, weder verklagt noch verurtheilt, seien auf einmal der Generalissimus, der Feldmarschall und der eigene Oberst von den Verschworenen, die eben ihnen ihre Stellen verdankten, ihrem eigenen Vorgeben nach ohne gehabte Ordonnanz ermordet worden. Dort erscheint Wallenstein als ein schwarzer Verräther, der Oesterreich vernichten wollte, hier als ein Held, der seinen Kaiser gerettet habe.

Besonders beschäftigten sich die Italiener, denen der große Feldhauptmann ein paar Jahre früher drohend entgegen getreten war, viel mit dieser Sache. In der Bibliothek Corsini sah ich eine Schrift: Difesa sopra la morte di Waldstain, in der alle Handlungen Wallensteins durchgegangen werden, um zu beweisen, daß er keine Treulosigkeit begangen habe; — in einem Band in der Sammlung der Informationi findet sich: il lamento di Alberto Waldstain con S. Mà. Cesarea, worin er redend eingeführt wird, um den Ungrund aller Beschuldigungen, die man ihm mache, nachzuweisen: — wie sollte er, wenn er auf Verrätherei gedacht hätte, sich nicht gehütet haben, den Haß der Liga, der Spanier, des Kaisers auf sich zu ziehen; die Monarchie einer neuen Welt würde ihn zu keiner Treulosigkeit vermocht haben. Eine dritte Schrift: causa e morte di Walstain (Bibl. Corsini) befleißigt sich unparteiischer Erwägung. Wie ganz andere Maßregeln hätte Wallenstein ergreifen müssen, wenn er wirklich auf Verrath gedacht hätte. Er würde sich der böhmischen Barone durch enge Verbindung versichert, das Schloß von Prag besetzt und selbst Wien eingenommen, die verdächtigen

Generale unter einem oder dem andern Vorwand mit Gewalt beseitigt haben. Die Italiener dachten sich, er hätte wie einst Cäsar Borgia verfahren müssen. Wenn er aber von alle dem nichts gethan, so spricht ihn unsere kleine Schrift doch nicht frei. Sie macht ihm sein Verhältniß mit den beiden Churfürsten und dem Herzog von Sachsen-Lauenburg, insbesondere dessen letzte Sendung zum Vorwurf und freut sich des Widerstandes, der ihm durch einen italienischen Cavalier, Piccolomini, geleistet worden sei. Der Unterthan müsse Unterthan bleiben, und der Fürst das Commando der Truppen selbst führen.

Mittlerweile waren die Mitschuldigen verhört worden: aus ihren Aussagen hatte man in Wien etwas mehr Stoff gewonnen: und unerläßlich schien es endlich, der sehr verbreiteten Meinung, welche auch jetzt frühere Gegner Wallensteins äußerten, als sei er unschuldig umgebracht worden, durch eine ausführliche Erzählung entgegenzutreten; eine solche ist denn im Jahre 1634 verfaßt, und nachdem sie dem König von Ungarn vorgelegen, im October 1634 publicirt worden. Es ist der sogenannte „Ausführliche und gründliche Bericht", dessen wir weiter gedenken werden. Wallenstein wird darin einer „ärgeren als Catilinarischen Conspiration" beschuldigt, die durch Gottes sonderbare Schickung entdeckt, und gegen die durch die zu Eger anwesenden Obristen, ihrer Pflicht nach, mit Execution verfahren worden sei.

Noch war man jedoch selbst am Hofe nicht vollkommen überzeugt. Die Verfechter der Katastrophe waren sehr glücklich, als ihnen ein paar böhmische Emigranten, die nach Hause zurückzukehren wünschten, nähere Nachrichten über die Verhältnisse Wallensteins zu den Schweden und Protestanten mittheilten. Eine solche enthält die Relation Sesyma Raschins von Riesenburg, im October 1635 von ihm selbst niedergeschrieben, mit der Erklärung, er sei bereit sie eidlich zu erhärten.

Die Controverse ist jedoch dadurch nicht etwa geschlichtet, sondern erst recht hervorgerufen worden.

Wie oft hat man behauptet, daß die Conspiration, welche darin doch als unzweifelhaft vorausgesetzt wird, niemals existirt habe. Wenn man Förster und Hurter liest, so sieht man wohl, daß man, wiewohl besser unterrichtet, heute noch eben so steht, wie im Anfang. Was der Eine behauptet, läugnet der Andere. Sogar Besitzansprüche mischen sich in den Streit der Historiker oder fachen ihn an.

Ob es mir nun gelungen ist, wie im Eingang bemerkt, aus dem Kreise der Anklage und Vertheidigung herauszutreten und eine historische Anschauung zu begründen, mögen Andere beurtheilen. Doch will ich nicht versäumen, noch einige der wichtigsten Aktenstücke, aus denen meine Ansicht entsprungen ist, mitzutheilen, und besonders die Beschaffenheit der Publicationen zu untersuchen, welche das gegen Wallenstein eingehaltene Verfahren durch eine Erörterung seiner Vergehungen rechtfertigen sollten.

Ich gehe dabei von Khevenhiller aus, der sie in seinen Annalen großentheils reproducirt und ihnen dadurch einen Credit verschafft hat, den sie ohne ihn schwerlich gefunden haben würden.

Sei es mir gestattet, ein paar Worte über die Khevenhiller überhaupt vorauszuschicken.

# I.

## Bemerkungen über Khevenhiller und die Quellen seines Berichtes.

Seit Jahrhunderten spielten die Khevenhiller eine bedeutende Rolle unter dem Adel von Inner-Oesterreich. Sie waren reich, was sie hauptsächlich dem Eisenbau verdankten, wie denn die noch heute blühenden Werke in der Krems von einem Consortium herrühren, an dem sie Antheil hatten. Wir finden sie in unaufhörlichem Gütererwerb begriffen: zugleich aber widmen sie sich dem Dienste des Hofes und den Angelegenheiten des Landes in hohen Stellungen; es schadet ihnen nicht, daß sie meistens zu dem Protestantismus neigen.

Im sechszehnten Jahrhundert theilten sie sich in zwei Linien, die Frankenburger und die Hohen-Osterwitzer.

Von der ersten lebten zu Ende des sechszehnten und am Anfang des folgenden Jahrhunderts die Brüder Johann und Bartholomä. Der erste war von 1572 bis 1606 kaiserlicher Gesandter in Spanien: in dem Archiv zu Wien bewahrt man noch seine

Correspondenz mit Rudolf II, dessen Aufträge sich auch auf Erwerbung von Kunstgegenständen bezogen; der Gesandte berichtet ihm über deren Ausführung. Wie die Herrengeschlechter in Böhmen und Mähren, so hatten auch die österreichischen eine lebendige Ader für allgemeine Cultur. Was hätte wohl aus ihnen werden können, wenn sie mit der Gegenreformation verschont geblieben wären! Eine sehr merkwürdige Gestalt ist Bartholomä, der in seiner Jugend weite Reisen machte, und zwar immer in eifrigen Studien begriffen. In Padua hat er den Livius, in Toulouse den Thucydides gelesen. In Orleans studirte er mit seinem Begleiter Fabian Stoßer, einem geborenen Preußen, die Bibel, eben als dort im Lande die Hugenottenverfolgungen begannen. Ein Ausflug nach Spanien wäre ihnen beinahe schlecht bekommen; denn da sie sich nicht eben rechtgläubig erwiesen, geriethen sie mit der Inquisition in Händel, die ihnen leicht das Leben hätten kosten können. In der äußersten Bedrängniß hat Bartholomä das Gelübde gethan, wenn er gerettet werde, eine Reise nach Jerusalem zu unternehmen, was er dann in Gellschaft vieler anderer Mitglieder vornehmer Geschlechter, die sich in drei Compagnien, eine kaiserliche, eine schwäbische und eine fränkische theilten, — so zahlreich waren sie — zur Ausführung brachte. Eine der letzten großen Pilgerfahrten, ähnlich den ersten, wie sie einst im elften Jahrhundert unternommen worden waren. Nach seiner Rückkehr konnte Bartholomä als das Haupt der kärnthnerischen Protestanten, der dortigen Stände überhaupt betrachtet werden: er war Landoberster und Erblandstallmeister. Nicht selten haben die Erzherzoge mit ihren Damen seine Gastfreundschaft in Anspruch genommen. Im Jahre 1597 hat Bartholomä Kheven=

hiller im Namen der Stände dem Erzherzog Ferdinand den Huldigungseid abgelegt [1].

Bartholomä war dreimal vermählt und hatte, wenn man recht zählt, achtzehn Kinder. Aus seiner zweiten Ehe mit einer Gräfin von Thurn stammt Franz Christoph, der Autor der Annalen. Für den aber traten nun andere Zeiten ein. Schon der Vater hatte noch viel mit der Gegenreformation zu kämpfen, welche Erzherzog Ferdinand in Gang brachte: der Sohn schloß sich ihr an; er war ein Freund der Jesuiten; wir finden ihn an Wallfahrten nach Alt-Oettingen theilnehmen. Bald nachdem er zu seinem Erbe gelangt war, entfernte er auf seinen Patronats-Pfarren die evangelischen Prediger, die sein Vater begünstigt hatte. Nicht als ob er den extremen Meinungen gehuldigt hätte: er war ungefähr gesinnt wie Klesel, dem er seine Gesandtschaft in Madrid verdankte; aber selbst dies diplomatische Verhältniß machte ihm jede Abweichung von der kirchlichen Haltung des Hofes unmöglich. Unter Ferdinand II wurde es Khevenhillers vornehmstes Geschäft, die verwandtschaftlichen Beziehungen zwischen beiden Höfen zu erneuern und zu verstärken. Mißtrauen in seine Rechtgläubigkeit wäre für seine Mission verderblich gewesen. Er war der vornehmste Vermittler bei der Vermählung zwischen Ferdinand III und der Infantin Maria; er wurde dafür durch eine hohe Bedienung an ihrem Hofe belohnt; lange Jahre hindurch war er Mitglied des geheimen Rathes, und hat einst, als Assistenzrath des Erzherzogs Leopold Wilhelm, der in Abwesenheit des Kaisers dessen Stelle vertrat, fast den vornehmsten Platz in der Administration eingenommen. Seine

1) Czerwenka: die Khevenhiller, S. 237.

individuelle Lage stimmte in sofern mit der kaiserlichen überein, als der oberösterreichische Bauern-Aufruhr gegen ihn selbst so gut wie gegen den Kaiser gerichtet war, die empörten Bauern aber mit der protestantischen Bewegung und König Gustav Adolf selbst zusammenhingen. Eigentlich auf seiner Herrschaft Frankenburg ist die Empörung bei Gelegenheit der Installation eines katholischen Pfarrers, die sein Pfleger unternommen, zum Ausbruch gekommen: um sie zu dämpfen, hat der friedliche Diplomat und Hofmann selbst einmal zu den Waffen gegriffen. Seine Hingebung gegen das Haus, dem er diente, war so vollkommen und tiefgewurzelt, daß selbst die Gewaltsamkeiten, welche die protestantischen Mitglieder seiner Familie bei ihrer gezwungenen Auswanderung erfuhren, und die auf ihn selbst zurückwirkten — denn er hätte wohl Ansprüche auf ihre Güter, die man confiscirte, gehabt — ihn darin nicht irre machten.

Von dem nun rühren die Annales Ferdinandei her.

In den Khevenhiller war der Sinn für historische Aufzeichnungen gleichsam erblich. In den letzten Worten, welche Bartholomä an seinen Sohn Franz Christoph richtete, hat er ihn an das Beispiel ihrer Ahnherren gemahnt, „ihre eigenen und andere Geschichten aufzuzeichnen, dem er selbst und sein Bruder nachgefolgt sei, und dem nun auch der Sohn nachfolgen möge“ [1]. Eigene und andere Geschichten, sagte der Vater: der Sohn faßt das allgemeiner. Schon im Jahre 1614 finden wir ihn beschäftigt, Nachrichten über die Vorkommenheiten desselben überhaupt zusammenzutragen. Er unternahm

1) Stülz: Jugend- und Wanderjahre Khevenhillers, im Archiv österreichischer Geschichtsquellen IV, 342.

dann, ein annalistisches Werk, dessen Mittelpunkt der Kaiser Ferdinand II sein sollte, von der Geburt bis zum Tode desselben auszuarbeiten, ungefähr wie Sandoval die Geschichte Carls V, und Cabrera die Geschichte Philipps II mit dem Geburtsjahr dieser Fürsten beginnen. Die Vergleichung zeigt jedoch auch den Unterschied. Das subjectiv historiographische Moment, das namentlich bei Cabrera den Stoff überwiegt, verschwindet bei Khevenhiller. Er reiht nur die Materialien aneinander, die er aus den bekanntesten und geläufigsten Autoren herübernimmt, aber mit Aktenstücken und Relationen vermehrt, die ihm selbst in seiner amtlichen Stellung zu Handen kamen. Das Originalste darin sind die Aufzeichnungen seines Oheims Johann, die ihm als Erbtheil zufielen, und seine eigenen über ihre Gesandtschaften in Spanien, denn er hielt seine Tagebücher auf das fleißigste. Schon im Jahre 1636 trat er mit einem Prodromus hervor, den er dem Kaiser Ferdinand III widmete. Vom Jahre 1640 bis 1646 sind dann neun Bände des gesammten Werkes erschienen, eingeschlossen die beiden ersten, welche Porträts und Lebensbeschreibungen enthalten. Die Auflage war aber so gering, daß das Werk doch so gut wie unbekannt blieb. Dem Wiederabdruck derselben in Leipzig wurden die nur handschriftlich vorhandenen Theile, welche die Geschichte bis zum Tode Ferdinands II führen, aus dem Nachlaß des Autors hinzugefügt. Man verdankt es dem wohlbekannten Minister Grafen Sinzendorf, daß Kaiser Carl VI die Erlaubniß dazu gab. Auch die Publication wurde in dem Sinne der tiefsten Devotion gegen das Haus Oesterreich ausgeführt, wie die Dedication zeigt, in der die damals schwebende Angelegenheit der pragmatischen Sanction eine Rolle spielt.

Wollte sich jemand heut zu Tage ein Verdienst um das Werk erwerben, so würde das darin bestehen müssen, das aus andern Autoren Herübergenommene und sonst Bekannte auszuscheiden, dagegen aber den originalen Theil, vor allem die Erinnerungen aus jenen Gesandtschaften, zusammenzustellen; diese würden sich noch sehr vermehren lassen, wie sich denn in späteren Mittheilungen Berichte und Botschaften von Bedeutung finden, welche in den Annalen fehlen. Man würde Denkwürdigkeiten der beiden Khevenhiller erhalten, die ein nicht geringes Interesse haben dürften.

Für die historische Benutzung ist aber noch ein anderes Verfahren nöthig.

Man muß die einzelnen Theile auseinander nehmen und die Glaubwürdigkeit selbst der originalen Stücke prüfen. Eine Arbeit von größtem Umfang, die wir hier nicht unternehmen. Was uns beschäftigt, ist nur die Beschaffenheit der zu unserem Gegenstand gehörigen Abschnitte und des urkundlichen Materiales, das dabei zu Grunde gelegt worden ist.

Ich fange mit einem Aktenstück an, welches noch vor der Katastrophe liegt, aber sie begründet.

## 1.

## Angebliche Capitulation bei Wallensteins Wiedereintritt im Jahr 1632.

Eine besondere Erörterung, an der ich hier vorbeigehe, verdient das Verhältniß zwischen Gualdo Priorato's Historia di Ferdinando III imperatore, 1672, mit Khevenhiller.

Manche Berichte, die sich in den Annalen finden, muß Gualdo, lange ehe sie gedruckt waren, in den Händen gehabt haben. Zuweilen aber scheint es, als ob Nachrichten und Aktenstücke von Gualdo in ächterer Gestalt mitgetheilt worden seien, unter anderem bei der Geschichte der Abdankung. Bei der Wiederannahme des Generalates ist Gualdo von dem, was er in der historia delle guerre mitgetheilt hatte, selbst abgewichen, um sich dem anzuschließen, was Khevenhiller berichtet hatte. Auch Abweichungen kommen vor, doch ist es nicht mehr der Mühe werth sie aufzuzählen, da man doch weder bei dem Einen noch bei dem Andern das wirklich Vorgekommene, wie es die später bekannt gewordenen Aktenstücke herausstellen, erfährt.

In Einem Punkte stimmen sie wörtlich zusammen: die Bedingungen, unter welchen Wallenstein das Generalat angenommen habe, kommen bei Gualdo genau ebenso vor, wie bei Khevenhiller. Gerade die Aufzählung dieser Bedingungen aber bietet große Schwierigkeiten dar.

Gehen wir davon aus, daß der deutsche Text, wie ihn Khevenhiller mittheilt, in der Sammlung Aretins (Wallenstein, Urkunden-Anhang Nr. 19) unter dem Titel: „Contenta deren Conditionen, vf welche der herzog zu Fridlandt das .... Generalat reacceptiert vnd wider angenommen", im Allgemeinen gleichlautend erscheint. Doch finden sich einige Abweichungen, und man kann zweifelhaft darüber sein, welcher Text der bessere ist. Denn wenn im Art. 4 bei Aretin von einer Assecuration auf ein österreichisches Erbland als einem extraordinari Recompens, und im Art. 5 von der zu occupirenden Länder höchstem Regal nochmals als einem extraordinari Recompens die Rede ist, so hat es offenbar mehr

Sinn, wenn bei Khevenhiller das Zugeständniß nr. 4 als ordinari Recompens, nr. 5 als extraordinari Recompens bezeichnet wird. Dagegen ist es ein Irrthum bei Khevenhiller, wenn es heißt, J. Kais. Majest. solle nicht persönlich bei der Armada sein; — J. K. M. bedeutet ohne Zweifel Königl. Maj. und bezieht sich auf den König von Ungarn und Böhmen.

Vor Kurzem ist eine italienische Fassung dieser Artikel aus den Mittheilungen des venezianischen Residenten Antelmi bei Gliubich (Gli ultimi succesi di Alberto di Waldstein, Archiv für österreichische Geschichtsquellen, Bd. XXVIII) bekannt geworden: „Copia delle condizioni, con le quali il Duca di Michelburgo e Fridland ha accettato la carica di Generalissimo." Dieser Text ist correcter, als die beiden deutschen, und das Eine und das Andere läßt sich erst aus ihm verstehen. Z. B. jenes auffallende Zugeständniß einer kaiserlichen Assecuration auf ein österreichisches Erbland, welches man wohl so verstanden hat, als sei dem General im voraus ein Erbland zuerkannt worden, hat etwas Verständlicheres im Italienischen: un assicuration sopra i paesi ereditarii, — denn man sieht, daß nur von der Anweisung auf eine Zahlung aus den Einkünften der Erblande die Rede war. Der folgende Satz nr. 6: von den [zu] occupirenden Ländern das höchste Regal im Röm. Reich, wird durch die Worte erklärlich: uno dei maggiori regali; man mag damit das Salzregal, das damals sehr einträglich wurde, oder das Bergregal gemeint haben.

So läßt sich das wenigstens denken: die Concession wird auf ein mögliches Maß beschränkt.

Einmal stößt man auf eine Abweichung in einem die Ansprüche verstärkenden Sinne. Wenn es in den deutschen Artikeln heißt, der Herzog von Friedland solle des Hauses Oesterreich und der Krone Spanien Generalissimus sein und verbleiben, so liest man über das Wort „verbleiben" hinweg; in dem Italienischen sieht man erst, wie es verstanden werden konnte und wahrscheinlich verstanden wurde. Es heißt da: mentre vive, Generalissimo non solamente di Cesare, ma anche di tutta la Casa d' Austria e della Corona di Spagna. Man sieht: auf ein lebenslängliches Generalat war es abgesehen; ein solches wird nach dem italienischen Text sehr ausdrücklich, nach dem deutschen mit einem Wort, das wenigstens dahin gedeutet werden kann, schon als zugestanden bezeichnet. Sehr möglich und selbst wahrscheinlich, daß die Absicht Wallensteins dahin gerichtet war: nimmermehr aber konnte es zugestanden werden. Die Artikel haben überhaupt mehr die Form von Vorschlägen, als von Festsetzungen. Wie sollte in eine Capitulation, die dem Kaiser zur Genehmigung vorgelegt werden mußte, ein Motiv aufgenommen worden sein, wie es in dem Artikel über die Confiscationen vorkommt: daß der Kaiser zu mild sei, um sie ihm selbst zu überlassen, da er jedem verzeihe, und dadurch der Soldateska ihren Unterhalt entziehe.

In Dudiks „Waldstein" findet sich S. 478 noch eine halb italienische, halb deutsche Fassung desselben Inhaltes, die deutschen Worte erscheinen als nachträglicher Zusatz. Bei dem Artikel über die Recompens z. B. hat das Italienische nur: gli sara assicurata una ricompensa, — bei dem Artikel über die Confiscationen kommt jenes wunderliche Motiv nicht vor, — alles ist kürzer, allgemeiner. Und aus den ersten Worten sieht man, daß noch nicht von einer geschehenen Verständigung die Rede war, sondern nur von vorbereitenden Verhandlungen darüber; es heißt: l'Imperatore tratta col Friedland per fargli ripigliare il Generalato, il quale egli accetta a cotali condizioni. Das Wort accetta wird dahin zu verstehen sein, daß Friedland sich bereit erklärt hatte, das Generalat unter den dann folgenden Bedingungen anzunehmen. Sie enthalten, daß er 1) zugleich General des Königs von Spanien sein; 2) daß er eine vollkommene, durch keine Anwesenheit des Kaisers oder des Königs beschränkte Autorität haben; 3) daß ihm eine Recompens zugesichert werden; 4) daß ihm das Recht der Confiscation zustehen solle. Böhmen sollte durch Maradas gegen Rebellionen gesichert werden und das gesammte erbländische Gebiet zum Besten des Heeres offenbleiben. Dieses Document, das einzige, das sich, wiewohl vielleicht zufällig, in dem Kriegsarchiv zu Wien über die Sache findet, dürfte als die erste ächte Vorlage Friedlands bei der Verhandlung betrachtet werden können: die andern Texte dürften nur Erweiterungen desselben sein. Ob sie jemals vorgelegt worden sind, bleibt freilich zweifelhaft; mit Bestimmtheit aber wage ich auszusprechen, daß keiner von allen, auch nicht der im Kriegsarchiv vorhandene, angenommen worden ist. Denn davon, daß die Krone Spanien den Herzog von Friedland als ihren Generalissimus auch nur widerruflich anerkannt hätte, kann gar nicht die Rede sein. Der im höchsten Vertrauen von Spanien nach Wien im Jahre darauf abgeschickte Botschafter Oñate erklärt in einem seiner Berichte: er kenne die mit Friedland geschlossene Capitulation nicht, er habe noch keine Zeit gehabt, sich danach zu erkundigen. Wie wäre es aber denkbar, daß ihm eine so wichtige Bestimmung, wenn sie stattgehabt hätte, unbekannt geblieben wäre: und ein solches war das Verhältniß des Wiener Hofes zu dem Madrider nicht, daß er eine Sache dieser Art, ohne anzufragen, hätte bewilligen können. Der spanische Hof hatte an sich kein Bedenken, Feria als seinen General im Elsaß aufzustellen, und nicht deshalb erhob Wallenstein Schwierigkeit dagegen, weil er Generalissimus der Krone Spanien sei. Das Zugeständniß, das ihm der kaiserliche Hof gemacht hatte, war ein anderes. Man hatte ihm versprochen, daß innerhalb der Gebiete des deutschen Reiches kein anderer General neben ihm commandiren solle. Diese Zusage setzte der kaiserliche Hof den Wünschen der Spanier entgegen, welche sich denn auch fürs Erste fügten. Genug, des Hauses Oesterreich und der Krone Spanien Generalissimus in absolutissima forma ist Wallenstein nie gewesen. Die Capitulation ist in den Formen, wie die Artikel sie andeuten, niemals angenommen worden. Wie diese Artikel vieles enthalten, was nicht bewilligt worden, so wurden dem General Concessionen gemacht, die darin nicht vorkommen. Eine ist eben die, deren wir gedachten, daß ihm innerhalb des Reiches das ausschließende Commando zustehen solle; einer andern gedenkt er in den Verhandlungen mit Sachsen. Sie besteht darin, seine Recompens sei ihm zugesichert worden auch für den Fall, daß er es nur zu einem annehmbaren Frieden bringe. Dazu, den Frieden zu schließen, bekam er eine sehr ausgedehnte Vollmacht; eine Entschädigung für Mecklenburg ließ er sich blos in einem unbestimmten Artikel zusichern: sie wurde ihm durch Glogau unmittelbar zu Theil. Vielleicht die wichtigste von allen lag in dem Versprechen des Kaisers, dem Beichtvater in diesen Angelegenheiten kein Gehör zu geben. Von alle dem schweigen die Artikel. In der freilich nicht sehr zuverlässigen

Schrift, deren gleich zu gedenken ist, dem Chaos perduellionis, geschieht auch dieser Verhandlungen Erwähnung; der Abkunft über Glogau gedenkt dieser Autor; auch spricht er richtig nur von einem Regal, das dem General verheißen worden sei (unum ex majoribus regalibus); zu wiederholten Malen aber erwähnt er, Friedland habe sich ausdrücklich ausgemacht, daß er seine Winterquartiere fünf Jahre hintereinander in den österreichischen Erblanden nehmen dürfe. Ich weiß nicht, ob sich dies so verhält, und wir wollen statt des Unrichtigen nicht etwas ebenfalls Ungewisses in die Geschichte einführen. Nur soviel ist augenscheinlich, daß die Artikel, welche bei Khevenhiller, Aretin und Antelmi vorliegen, nicht als die Grundlage der Verhältnisse zwischen dem kaiserlichen Hof und dem Herzog von Friedland betrachtet werden können. Wahrscheinlich sind die Versprechungen, die er allerdings erhielt, niemals in eine förmliche Capitulation zusammengefaßt worden.

## 2.

## Friedensvorschläge, Anfang Juni 1633.

Gewiß ist, daß Ende Mai alten, Anfang Juni neuen Styles von Wallenstein Vorschläge zu einem allgemeinen Frieden gemacht worden sind, — es geschah bei seinem Zusammentreffen mit den sächsisch-brandenburgischen und schwedischen Heerhaufen; — welche aber waren dies? Nach Khevenhiller (Ann. Ferd. XII, 578) begann Friedland mit der Versicherung, wenn der Kaiser den Frieden nicht so, wie man ihn schließe, eingehen wolle, solle er dazu gezwungen werden. Die Concessionen, die er anbietet, sind dann folgende: Erneuerung aller Privilegien, Herstellung der böhmischen Emigranten in ihre Besitzthümer, Entfernung der Jesuiten aus dem Reich, Verwerfung des Axioms haereticis non est servanda fides; wogegen Sachsen und Brandenburg ihrerseits auf keine Entschädigung dringen sollen. Mit den Schweden soll über die Erstattung ihrer Kriegsunkosten Festsetzung getroffen werden. „Unterdessen aber sollten sie alle die Oerter, welche sie als Festungen eingenommen und inne hätten, zu ihrer Sicherheit behalten", unter der Garantie von England und Frankreich. Das gesammte Kriegsvolk sollte alsdann gegen die Türken geführt werden. Auch Chemnitz, das Theatrum Europaeum und Pufendorf theilen diese Vorschläge mit, die ersten gleichlautend, der letzte in entsprechendem lateinischen Excerpt. Die eigentliche Quelle dafür ist doch wohl das Theatrum Europaeum, dessen dritter Band, in welchem sie pag. 71 stehen, schon 1639 erschienen ist. Chemnitz hat sie wahrscheinlich eben daher. Denn wiewohl er hier wie sonst eigenthümliche Nachrichten beibringt, so stimmen diese doch nicht mit den Artikeln überein; namentlich wird behauptet, daß Wallenstein dem Obersten Fels den Antrag gemacht habe, sich mit der Krone Schweden auf ewig zu verbinden und ihr allezeit mit ein paar tausend Mann zu Hülfe zu kommen. Aus Chemnitz nahm sie Pufendorf ohne weitere Kritik.

Zieht man sie nun aber, wie sie vorliegen, in Betracht, so muß es das größte Erstaunen erregen, daß sie das Verhältniß der beiden Confessionen im Reiche übergehen und dagegen von den Nebendingen handeln, der Entfernung der Jesuiten und der Verwerfung ihres Satzes über das Recht den Ketzern das gegebene Wort nicht zu halten. Wie soll dem General beigekommen sein, England und Frankreich als Garanten einer rein deutschen Abkunft zu bezeichnen? wie soll er gleich in dem ersten Artikel, wie es hier heißt, gedroht haben, den Kaiser mit Gewalt zu nöthigen die Friedensbedingungen zu unterschreiben, „wozu er dann schon gute Mittel wüßte?“ Höchstens im Eifer des Gesprächs kann er dies geäußert haben. Ueberdies bleibt bei diesen Bedingungen und Vorschlägen die Hauptsache, auf die es ankam, der Widerruf des Restitutionsedictes, unberührt.

Glücklicherweise haben wir einen andern Bericht, der auf der Stelle aufgesetzt, die vorgeschlagenen Bedingungen glaubwürdig mittheilt und sich auch über die Gespräche, die dabei vorkamen, verbreitet. Ich theile ihn aus dem Magdeburger Provinzial-Archiv mit.

Nach Erwähnung kleiner Kriegsvorfälle heißt es dort weiter:

Bei wehrenden Scharmützel hatt Hr. General leuttenant (Arnim) vf begehren des Generals, Fürsten von Friedlant, zu ihme auf eine vnterredung hienüber kommen sollen, welcher es aber abgeschlagen, es ist aber der Graff Terzki herüber kommen, mit den General Leuttenant gessen,[1] vnd vngeacht, es schwer zugangen ihn doch dahin disponiret, das er neben Obr. Burgsdorff, vnd Herrn von Felß zu dem General mit hienüber geritten, da den der General von Wallenstein wieder ihn zu reden angefangen; Demnach es seinem Keyser vnd den Fürsten des Reichs an mitteln ermangeln wollte, den Krieg ferner zu Continuiren, auch bei Gott nicht verantwortlich mehr Christen blut zu vergießen, als wolte er einen solchen friede schließen helffen, bei welchen die Ihenigen puncta, alle, so sie selbst vorschlagen würden, eingegangen werden solten, hat auch hierzu selber, die nachfolgende puncta fürzuschlagen angefangen.

1) Sesyma kennt dies Mittagsmahl; Arnim gab eine schriftliche Antwort auf den Antrag, bei der Zusammenkunft sprach der General mit Arnim und Burgsdorf, „Wir aber sind nit weit davon gestanden.“

1) Das in den ganzen Röm. Reich ein allgemeiner durchgehender Friede soll beschloßen vnd getroffen werden.
2) Das alle die religionen menniglich frey gelassen, vnd vnperturbiret bleiben sollen.
3) Das alle vnd iede, so von den ihrigen veriagt vnd vertrieben worden, genzlichen restituiret, vnd wieder eingesetzet werden sollen.
4) Das die Chron Schweden, sintemahln dieselbe zu rettung der teutschen libertet vnd wieder erlangung des Religion vnd Prophan frieden, merkliche vnd hohe Spesen auffgewendet, mit ansehnlichen Örttern, vnd stattlichen recompens Contentirt werden solte, wofür nicht alleine, das gantze Röm. Reich pro Assecuratione stehen, sondern auch wieder alle vnd iede, so ermelte Chron zu Offendiren gesonnen, manuteniren helffen solltenn.

Hierauf hatt der Obr. Burgsdorff excipiret, es wehre zwar nichts gewüntschders, als wen ein gutter vnd bestendiger friede könnte getroffen werden, weil aber das einzige Fundament, dergleichen Contractus auf Trew und Glauben bestünde, hingegen aber notorisch vnd weltkündich, das von Catholischer seite ganz vor keine Sünde geachtet, wan den Evangelischen dem vorsprechen zuwieder, iz einmahl zugesaget worden retractiret würde, vnd also die Evangelische, von den Catholischen sich keiner bestendigen versicherung zugetröſten hetten. Der General Wallenstein geantworttet, will dan der Herr die Catholischen von den Evangelischen, so gar ausschließen, welchen der Obr. Burgsdorff wieder geantworttet, er meine nicht die altte Cathol. mit denen man vor dieser Zeitt wohl friedlich leben können, sondern nuhr die Jesuiter, welche offentlich statuirten, das den Kätzern kein glaube zu haltten sey, worauff der Wallensteiner gesagt, Gott schendt, weis der Herr nicht, wie ich den Huntsfüttern den Jesuitern, so gram bin, ich wollte, das der Teuffel die Huntsfütter lengest geholet hette, ich will die Huntsfütter alle aus dem Reich zum teuffel iagen, item, er bezeuge es mit Gott, so war er wünschen thet, ein kint Gottes zu sein, ia das Gott kein theil an seiner Seele haben sollte, wann er anders in seinen Hertzen meine, als die wort lautteten, vnd will der Keyser nicht friede machen, vnd die Zusage haltten, so will ich ihn darzu zwingen, der Bayerfürst, der Bayerfürst hat das spiel angefangen, ich will ihm keine Assistentz leisten, wollte das die Herren allbereit sein ganzes lant ruiniret hetten, das weder Henne, noch Han, noch einiger mensch mehr drinnen zu finden sey, vnd wollte, das er lengst todt wehre, würt er nicht friede machen wollen, so will ich ihn selbst helffen bekriegen, den ich will einen ehrlichen, aufrichtigen, bestendigen frieden im Reich stifften, vnd nachmals mit beyderley

Armeen gegen dem Turcken gehen, vnd den Huntsfutt alles nehmen, was er von Europa entzogen, das andere mag er behaltten.

Als sie nuhn von einander gezogen, hatt Hr. General leuttenant alle diese puncta auff pappier gebracht, vnd Hr. General Wallenstein wider hienüber geschickt, mit vermeldung, er wollte hiemit Ihr. Fürstl. Gn. die mündtliche proponirte friedens puncta schrifftlichen zuuerstehen, geschicket haben, ob etwan ein oder der ander von ihme nicht recht wehre verstanden, oder angenommen worden, damit dieselbe nach dero beliebung emendiret, davon ab oder zuthun wollte, auf dieses hat der General Wallenstein ihme wieder zu entbieten laßen, es wehren alle diese puncta also abgefaßet, wie es von ihme an vnd vorgebracht, wüste darinnen nicht das geringste zu endern, wollte auch dem Hrn. General Leuttenambt frey gestellet haben, was er etwa noch mehres dabey zu erinnern, vnd darzu zu setzen vermeinte.

Der Bericht unterscheidet, wie wir sehen, zwischen den Expectorationen Friedlands, die seine Art und Weise recht eigen vergegenwärtigen, und den Bedingungen, die er vorschlägt. Wir haben auch diese nicht eben in bündigster Fassung, jedoch ist darin wirklich von den wichtigsten Dingen die Rede, der Freiheit des Bekenntnisses, der Herstellung der des Ihren Entsetzten, d. h. doch vor allem der aus den geistlichen Stiftern durch das Restitutionsedict Verjagten. In dem vierten Artikel wird die Erneuerung des Religionsfriedens ausdrücklich erwähnt und den Schweden für ihr Verdienst um dieselbe eine stattliche Vergütigung und der Besitz ansehnlicher Oerter verheißen; damit war aber nach allem Vorangegangenen doch nur die Abtretung eines und des andern Seehafens gemeint; von einer Versicherung für die einstweilige Ueberlassung der von ihnen besetzten Plätze, die sich allenthalben im Reiche fanden, war nicht die Rede, noch auch von einer Garantie fremder Mächte. Das ganze Reich sollte dafür gut stehen und mit den Schweden in Bund treten, wie die Nachricht des schwedischen Obersten bei Chemnitz ausdrücklich sagt. Nach meinem Dafürhalten muß man hienach die sieben Punkte, wie sie vorliegen, verwerfen; doch ist ihr Verhältniß zu dem, was wirklich vorkam, merkwürdig und für diese Art von Mittheilungen unterrichtend. Was Wallenstein im Gespräche mit gewohnter Aufwallung gesagt hatte, wurde förmlich in Artikel gefaßt und zwar mit einer Uebertreibung und Ungenauigkeit, welche alles verunstaltet.

Eine ähnliche Bewandniß wird es mit den folgenden vier Artikeln über die persönlichen Ansprüche Wallensteins haben. Welchen Sinn hat es, daß er im dritten Artikel dem Baierfürsten das demselben versetzte Land ob der Enß wegnehmen will? Maximilian hatte es schon längst aufgegeben und anderweitige Entschädigung dafür erhalten. Chemnitz hat die Vorsicht, sie als ausgesprengt zu bezeichnen; sie sind ohne Zweifel vollkommen erdichtet.

## 3.

## Sesyma Raschin.

Ich kehre zur Lebensgeschichte Wallensteins zurück. Von allen Fragen, die dabei zur Sprache kommen, ist keine wichtiger, als die auf die Glaubwürdigkeit des Berichtes von Sesyma Raschin bezügliche. Ich deutete schon den Ursprung desselben an. Im Jahre 1635, als man bei Hofe und in dem Publikum über die Schuld Wallensteins noch immer Zweifel äußerte, erschien ein böhmischer Exulant des Namens Kustosch in Wien, der, um zu seiner Begnadigung zu gelangen, zum Katholicismus zurücktrat, nachdem er bei Pater Lamormain gebeichtet hatte; indem er einige Nachrichten über Wallenstein welche den Anklägern sehr willkommen waren, mittheilte, machte er sie zugleich auf einen seiner Bekannten aufmerksam, von dem noch mehr zu erfahren sein würde. Es war Jaroslav Sesyma Raschin, aus einer der Terzka'schen Herrschaften im Königingrätzer Kreise gebürtig, der bei den ersten Verfolgungen mit seiner Familie nach Sachsen ausgewandert und dann hauptsächlich als Zwischenträger zwischen Wallenstein und den Schweden gedient hatte. Da nach dem Prager Frieden seines Bleibens in Sachsen nicht mehr war, wollte er sich zu den Schweden wenden, die ihm die besten Versprechungen gemacht hatten, als er durch Kustosch, seinen Freund, die Aufforderung erhielt, ebenfalls um seine Begnadigung nachzusuchen. Er bedachte sich eine Weile, entschloß sich aber dazu. Die Bedingung seiner Begnadigung war aber vornehmlich Mittheilung alles dessen, was er im Dienste Terzkas und Wallensteins über ihre Verhältnisse mit den Feinden erfahren hatte: nicht ohne daß er dabei von Seiten der Regierung an Eines und das Andere erinnert worden wäre, wovon sie selbst einige Kunde besaß. Er hat seinen Bericht ursprünglich böhmisch abgefaßt; ein Concipist der böhmischen Hofkanzlei hat ihn hierauf ins Deutsche übersetzt; Raschin hat ihn dann noch einmal durchgesehen und einige Veränderungen angebracht, die aber von geringer Bedeutung sind, wie die Vergleichung des Originals zeigt. Slawata, der die Sache vermittelt hatte, ist über den Inhalt der Mittheilung höchlichst erfreut: denn wer könne nun noch an der Verrätherei Wallensteins zweifeln? Er zögerte nicht ihn dem Kaiser vorzulegen, der die Veröffentlichung billigte, wenn er in eine bessere Form gebracht sei.

Bisher war dieselbe nur ungenügend geschehen: Khevenhiller hat den Bericht aufgenommen — wir werden noch darauf kommen, wie —; in lateinischer Uebersetzung war er Senkenberg bekannt und von Murr zum Druck befördert worden; dieser Druck aber stimmte wieder mit Khevenhiller nicht recht zusammen und war kaum verständlich. Man kann sich so sehr nicht wundern, daß er kein besonderes Zutrauen erweckte: Friedrich Förster, der von der Schuldlosigkeit Wallensteins durchdrungen war, hat ihn für ein Gewebe von absichtlichen Lügen erklärt. Allein seitdem haben sich so viel einzelne Thatsachen gefunden, welche die Meldungen Sesymas bestätigen, daß ihre Glaubwürdigkeit unmöglich so ins Allgemeine geläugnet werden darf. Die Tage, die er angiebt, stimmen mit anderweit bekannt gewordenen Daten zusammen: man hat Briefe des Grafen Thurn gefunden, welche die Verhandlungen bestätigen, in die er verflochten war: auch aus den Prozeß-Acten sind Aussagen bekannt geworden, welche keinen Zweifel an der Art und Weise seiner Thätigkeit, wie er sie schildert, übrig lassen. Ich erwähnte soeben, wie genau er über kleine Einzelheiten bei den Friedensunterhandlungen mit Sachsen unterrichtet ist. Erst vor Kurzem in: Fr. Dvorsy, Historické doklady k zámerum Albrechta z Valdstyna (Prag 1867) ist der Bericht in der ursprünglichen Gestalt, deutsch, wie er dem Kaiser vorgelegt wurde, veröffentlicht worden; er macht den Eindruck einer gewissen Naivität und Wahrhaftigkeit. Von der Hand zu weisen ist er durchaus nicht: man muß ihn aber darauf ansehen, was er denn eigentlich enthält.

Der Bericht zerfällt, der Zeit nach, in drei Abschnitte. Der erste beschäftigt sich mit den nach der Abdankung Wallensteins und vor dessen Wiedereintritt vorgekommenen Annäherungen zwischen ihm und Gustav Adolf. Sesyma trug die Botschaften hin und her: er sah den König und Wallenstein selbst. Was er erzählt, ist das Denkwürdigste, was über die Beziehungen zwischen diesen beiden großen Heerführern überhaupt bekannt geworden ist, und trägt das Gepräge der Wahrhaftigkeit. Wallenstein, der damals nicht im Dienste war und nur seinen Anspruch an Mecklenburg zu retten suchte, wird dadurch noch nicht zum Hochverräther gestempelt, obwohl er einen sehr bedenklichen Weg einschlägt. Ich denke, man darf alles glauben, was da berichtet wird, da es ein persönlich Erlebtes enthält. Der zweite Theil umfaßt, was vor Nürnberg im September 1632 und während des Feldzugs von 1633 vorgekommen ist. Da ist Sesyma minder authentisch: er ist erst durch Mittelspersonen unterrichtet, wobei denn mancherlei Irrthümer vorkommen konnten. Wenn er z. B. versichert, Wallenstein habe dem Reichskanzler melden lassen, er denke sich der Krone von Böhmen zu bemächtigen, so ist sein Zeugniß doch dafür nicht genügend, da er Wallenstein selbst nicht zu sprechen bekam. Die Sache, die Sendung Bubnas ist unbezweifelt. Sie wird in den Berichten des englischen Gesandten Curtius erwähnt, dem Oxenstierna sagte, Wallenstein habe ihm seinen Wunsch ausgesprochen, die Emigranten nach Böhmen zurückgeführt und das Wahlrecht der Böhmen wieder hergestellt zu sehen. Ich habe die Stelle oben in einer Note eingeschaltet und nur eben dies annehmen zu dürfen geglaubt. Es ist leicht zu erklären, wenn die Emigranten, welche ihre Herstellung jetzt von Wallenstein, der zum König erhoben werden müsse, erwarteten, das Eine mit dem Andern vermischten und das Eine für das Andere nahmen. Für das, was unter diesen vorging, ist Sesyma immer von vielem Werth. Man entnimmt aus ihm, daß Thurn, der stets für die Annahme der

31*

Krone war, und Friedland, der die Sache, wenn er ja daran dachte, ins Weite schob, sich darüber mit einander entzweiten.

In dem dritten Abschnitt berichtet Sesyma über die im Dezember 1633 und seitdem gepflogenen Unterhandlungen. Er sah auch damals den Fürsten — so heißt der Herzog von Friedland bei ihm schlechthin — nicht selbst; er wiederholt nur, was er von Kinsky und hauptsächlich was er von Terzka gehört hat. Das sind wieder die Gedanken und Entwürfe, mit denen sich die Emigranten trugen, nunmehr durch die wiederaufgenommenen Verhandlungen mit Frankreich belebt; ohne Zweifel besprachen sich Terzka und Kinsky viel über die Bestimmungen über die böhmische Krone, bei Lebzeiten Wallensteins und über sein Leben hinaus; — hätte Sesyma zu Wallenstein selbst Zutritt gehabt, so würden wir auch die Modifikationen wahrnehmen, in denen diese Pläne von ihm selbst behandelt wurden. An dem Auftrag, den Sesyma empfing, und den Umständen, unter denen er denselben vollzog, kann kein Zweifel obwalten.

Nach dem allen bildet der Aufsatz einen authentischen und werthvollen Beitrag zu der Geschichte Wallensteins und der damaligen Zeit, wiewohl er unter Einwirkungen entstanden ist, durch die er verdächtig werden könnte.

Khevenhiller nun hat ihn zwar aufgenommen, aber als seine eigene Erzählung und auf seine Weise.

Um den Unterschied zu bemerken, vergleiche man Annalen XII, S. 1123 mit der entsprechenden Stelle des Originals; man sieht erst in diesem, wovon die Rede ist, und fühlt sich erleichtert, daß man über die beschwerliche Khevenhillersche

Ausdrucksweise hinweg kommt. Aber die Hauptsache ist, daß bei Khevenhiller einige Stellen weggefallen sind und zwar solche, welche zur Auffassung der Verhältnisse wesentlich beitragen. Da tritt namentlich die Unverbindlichkeit der gewechselten Entwürfe deutlich hervor, z. B. wenn es S. 32 heißt: „Dann er Oxenstierna hat besorget, er Friedland möchte ihn eben also wie seinen König betruegen." Damit wird das Gravirende in den Beziehungen zu Gustav Adolf gutentheils verwischt. In der lateinischen Uebersetzung findet sich die Stelle: ich hatte sie bemerkt, als mir der originale Druck durch die Güte Gindelys zu Handen kam, der dann vollends alle Zweifel hob. Am auffallendsten ist, daß die ganze Erzählung von dem Mißvergnügen des Grafen Thurn über die Zurücklegung des Projectes auf die böhmische Krone, und der darüber zwischen ihm und dem Friedländer entstandenen Mißhelligkeit, weggeblieben ist.

Sollten aber diese Weglassungen in dem vorliegenden Texte zufällig sein? — Es ist nicht anzunehmen. Gewiß erscheint die Schuld Wallensteins bei Khevenhiller größer und zweifelloser, als bei Sesyma.

## 4.

**Außführlicher vnd gründlicher Bericht, Der vor**gewesten Friedländischen vnd seiner Adhaerenten abschewlichen Prodition, was es damit für eine eigentliche Beschaffenheit gehabt, vnd was für boßhaftige Anschläg allbereit gemacht worden, ꝛc. Alles aus denen einkommenen Glaubwirdigen Relationibus, Original Schreiben, vnnd andern Briefflichen Vrkunden, wie auch der dißfalls Verhafften gethanen gütlichen Außsagen. Mit Röm.

Käys. Mayt. Freyheit Zu Wien gegeben, vnd nach selben Original p. Hs. Jb. Kleinhansen Käyserl. Postverwaltern in Hamburg, Verlegt. MDCXXXV[1].

Die eigentlich offizielle Schrift, die, wie wir erfahren, den Beschwerden entgegengesetzt wurde, welche selbst die früheren Feinde Wallensteins über dessen Execution erhoben. In der Vorrede wird der „ungleichen und unwahrhaftigen Discursen, der boshaften Urtheile" gedacht, nach welchen dem Haupte der Conspiration Gewalt angethan und großes Unrecht geschehen sey; aber, so heißt es, nach allen vernünftigen Rechten und den Satzungen des heiligen Reiches werde in Fällen dieser Art, in denen der Verzug das gemeine Wesen gefährden würde, kein weiterer Prozeß gefordert; die Execution sei instar sententiae.

Der Inhalt dieser Schrift ist durch Khevenhiller allgemein bekannt geworden: erörtern wir, an das Vorangehende anknüpfend, zuerst das Verhältniß beider Texte.

Die erste Frage wird sein, ob Khevenhiller den „Gründlichen Bericht", wie wir ihn besitzen, vor sich hatte; da er seinen Auszug wieder unterbricht und einige kleine Verbesserungen und Zusätze beibringt, so könnte es scheinen, als habe ihm eine der gedruckten vorausgegangene Copie vorgelegen. Bei weiterer Nachforschung ergiebt sich doch das Gegentheil.

---

1) Ich gebe den Titel des vor mir liegenden Exemplars genau und vollständig wieder. In Murrs Beiträgen geht ihm die lateinische Aufschrift voran: V. Alberti Fridlandi perduellionis Chaos, welche einer andern Schrift, deren wir sogleich gedenken wollen, angehört; dann folgt nach dem Worte Außsagen ein weiterer Zusatz, nach welchem der Druck „Auff sonderbaren der Röm. Kays. Mayest. Allergnädigsten Befehl" von Albert Curtius besorgt worden sein soll.

Man muß es schon bei der Erörterung über sich gewinnen, den Wortlaut der Texte zu vergleichen. Auf S. 1144 (Bd. XII.) kommt eine ganz unverständliche Stelle vor, wo es nach einer dem Bericht wörtlich entnommenen Erwähnung des kaiserlichen Hofes heißt: „den er mit Friedens-Tractaten zu unterhalten und schläfrig zu machen worden, und zu diesem Ende einen Kayserl. Assistenz-Rath .... begehrt.“ In dem Bericht liest man: „Entzwischen ist er Friedland Vorhabens gewesen, den Kayserlichen Hof mit allerhand Listen, und vornemblich unter dem Deckmantel weiterer Friedenshandlungen, mit guter Hoffnung .... zu interteniren und zu speisen, wie er dann zu mehrerem Schein, auch wiederumb einen Kayserlichen Rath zu jhme fürderlich solcher Tractation halber zu schicken, inständig begehrt.“ Man sieht, nur das Original giebt einen Sinn. Eine ähnliche Stelle ist Seite 1144, bei Erwähnung der Generale, welche Wallenstein von seinem Vorhaben abzubringen suchten. In dem Original heißt es: (sie haben) „bey sich selbsten betrachtet, wie starck Sie mit jhrer Ehr und reputation hiebey interessiret, vnd mit was hohen Eydspflichten der Kay. Mayest. Sie verbunden, als haben sie zwar anfangs, vnter sich selbsten, allerhand Consilia communicirt.“ Khevenhiller springt, sei es mit Absicht oder ohne solche, von dem „bei sich selbst“ auf das „unter sich selbst“ über und läßt den Mittelsatz weg. Ich gehe hier nicht auf den Inhalt ein; ich wollte nur zeigen, daß der ursprüngliche Text dem Verfasser der Annalen vorlag. Auch das Wort „zwar“ könnte man nicht entbehren; denn darauf bezieht sich das folgende „doch aber“, mit dem bei Khevenhiller sehr unrichtig ein neuer Satz beginnt.

Ist nun aber dies Verhältniß unläugbar, so gewinnen die Auslassungen aus dem ursprünglichen Text, welche man in den Annalen bemerkt, Bedeutung.

Unter anderem knüpft Khevenhiller: Seite 1135, an die Erwähnung der ausschweifenden Entwürfe, die er dem Original folgend dem Friedländer zuschreibt, die Worte an: „Dieses alles nun in das Werk zu setzen, hat der Herzog alle Commendanten ohne alles Ihr. Maj. Vorwissen oder Erinnern zu sich nach Pilsen beschrieben", — gleich als sei es bei der Zusammenkunft von Anfang an auf eine Verschwörung abgesehen gewesen. Der Verfasser des Berichtes verschweigt nicht, daß Wallenstein einigen Grund hatte, Besorgnisse zu hegen, einmal wegen der für Baiern aus Oberösterreich und aus Böhmen angeordneten Hülfe, und sodann wegen des Antrags, an den spanischen Infanten 6000 Pferde abzugeben: das habe „bey dem Friedländer allerhandt widrige gedancken erweckt, vnd in die sorg gestellt, daß dergestalt jhme alle kräfften benommen, und er alsdann desto leichter von seinem Charigo wiederumb abgesetzt werden möchte." Unter anderem Schein hat er dann die Obersten und Commandanten „abermalen, ohne alles Ihrer Kayserl. Maytt. Vorwissen oder Erindern zu sich nacher Pilsen beschrieben." Die Worte sind in den Annalen möglichst beibehalten; aber das entschuldigende Motiv ist weggefallen. So fehlt daselbst auch was in dem urkundlichen Bericht zu lesen ist, daß die Absicht Wallensteins gewesen sei, erst im Frühjahr loszubrechen, nachdem er mit den Feinden „das ganze Werk verglichen" haben würde; denn darin läge eine Unbestimmtheit der Anschläge, die als definitiv gefaßt erscheinen sollen. Die Absicht liegt hier, wie bei den Auszügen aus Sesyma, am Tage: Wallenstein schuldiger erscheinen zu lassen, als diese Nachrichten ausweisen.

Augenscheinlich ist, daß man in allen zweifelhaften Fragen von den Annalen auf deren Quellen zurückgehen muß.

Für die Nachricht, der Kaiser habe den Befehl gegeben, Friedland lebendig oder todt einzubringen, hat man meistens Khevenhiller verantwortlich gemacht, und allerlei Einwendungen hervorgesucht, um sein Zeugniß zu entkräften. Er folgte aber nur dem Ausführlichen Bericht, den er hier wörtlich abschreibt. Aus seiner Wiederholung desselben wächst ihrer Erzählung keine neue Beglaubigung zu. Ohne die Frage selbst nochmals zu erörtern, will ich mir nur eine Bemerkung über den Wortlaut in dem gründlichen Bericht erlauben. Es heißt da nämlich: Ihre Maj. „haben sich resolvirt vnd vnterschiedlichen dero vornember Kriegs-Commendanten Befelh aufgetragen, daß sie, auff thunliche Weiß und Weg, jhne Friedlanden, wie auch seine führnehmste zween Adhärenten, den Illo und Tertzka, in gefängliche Verhafftung und an ein solches sicheres Orth bringen solten, allda er gehört werden und sich vber alles dieses gnugsamb defendiren und purgiren möge, oder doch sich seiner lebendig oder todt zu bemächtigen, diß wichtige Werk auch dextre vnnd mit solcher Fürsichtigkeit moderirn und anstellen, damit Ihrer Kays. May. Intention erreicht, das gemeine Wesen, wie auch die Reichs Constitutiones, dero Kayserliche Authoritet, und jhr hauß, für dem machinirten Untergang conservirt würden." Welch ein abenteuerlicher Satz! Wallenstein soll verhaftet und an einen sichern Ort gebracht werden, wo er gehört werden und sich vertheidigen kann, und dann: man soll sich seiner lebendig oder todt bemächtigen. Der Satz hat Zusammenhang, wenn man dies Einschiebsel wegläßt, mit demselben keinen. Auch ist der Anlaß, auf welchen es geschehen sein mag, nicht unbekannt. Wie berührt, vor dem Druck war die Schrift dem König von Ungarn mitgetheilt worden; der aber machte die Einwendung, daß es rathsam sei, wider die Verräther sententiam post mortem zu publiciren. Man ersieht das aus Mailath (österreich. Gesch., III, 382) der bereits daraus argumentirt, daß der angebliche Ausspruch des Kaisers nachträglich eingeschaltet sei. Das hat in der That auch sonst Einiges für sich. In der Vorrede heißt es, die Execution sei instar sententiae: ein sehr gewagter Satz, in so fern nicht wenigstens ein Befehl der Execution von der höchsten Gewalt vorlag. Ein solcher aber läge in den eingeschalteten Worten. Die historische Frage bleibt, in wie fern Oñate, auf den sich Piccolomini bezieht, von dem Kaiser ermächtigt war. Ich neige mich zu der Meinung, daß beide mehr der allgemeinen Ansicht folgten, als einer besonderen Ermächtigung. Der Kaiser hat auf das feierlichste in Abrede gestellt, eine solche gegeben zu haben. Aber sie konnte nicht entbehrt werden. Der Bericht schaltet sie ein, so gut es eben anging.

Auch diese alten Zeiten haben ihre blauen oder gelben, d. i. in die Parteifarbe getauchten Bücher.

An sich darf man der officiellen Publication deshalb, weil sie das ist, keineswegs eine volle Originalität zuschreiben. Der Verfasser bezieht sich auf die eingekommenen glaubwürdigen Relationen; welche aber sind dies? Ich finde ihrer besonders zwei: einen von Baiern eingegangenen „Discours vber des Friedlands Actiones vnd gegebne vngleiche ordonanzen, Ao. 1632 et 33"[1], und das wirkliche

1) Aretin, Bayerns auswärt. Verhältnisse I, Urkunden S. 337.

„Perduellionis Chaos“, das schon im Frühjahr 1634 erschienen war. Der Verfasser folgt ihnen von vorn herein wechselsweise.

Aus dem Chaos entnimmt er, daß Wallenstein mit dem König von Schweden schon vor dessen Expedition in Verständniß gestanden und aus diesem Grund Pommern nur mangelhaft in Vertheidigungsstand gesetzt habe. Das Chaos sagt (pag. 155 bei Murr): Maris Baltici insulas finitimaque oppida et civitates tam levi praesidio munitas obvia Raptori reliquit, ipse procul abinde Oceano Germanico in Sueviam ad Alpes prope usque se obtulit; — der Gründliche und ausführliche Bericht: Indem er Friedländer nicht allein die Pommerischen Insulen vnd Meerhafen sehr schlecht providirt verlassen, sondern auch sich selbst weit von denen örten in Schwaben .... begeben. In dem Chaos wird auch Arnim von vorn herein als einverstanden mit Friedland betrachtet; über das Gespräch in Kaunitz heißt es (pag. 160): Quatuor duntaxat horis ambo soli egere, cautiusque visum est, Generalatum summa cum potestate Fridlando recuperare; — ebenso in dem Gründlichen und ausführlichen Bericht: Als aber Arnheimb auch dahin kommen vnd in die vier stunde allein mit jhme geredt, hat er denselben .... dahin persuadirt, daß er Friedland auf alle weiß dahin trachten solle, damit jhme die Käyserliche Armada wieder vntergeben werde. Ich will die Stellen nicht häufen; wenn man den Gründlichen Bericht von S. 209 bis 214 (bei Murr) mit dem Chaos vergleicht, so sieht man, daß er allenthalben auf demselben beruht, obwohl er einiges aus anderer Kunde hinzugefügt. Auf S. 214 aber geht er zu seiner andern Quelle über.

| Discours. | Gründlicher Bericht. |
| --- | --- |
| Als Anno 1632 im martio weilant der graue von Tilli seliger den Schwedischen Veldtmarschal Horn bei Bamberg geschlagen, vnd darauf der König in Schweden sich mit ganzer macht von dem Rhein vnd Mainstromb herauf in Frankhen vnd gegen Bayern gewendet, haben Ire Curf. Dl. in Bayern ꝛc. des Herzogen zu Mechlburg und Fridlandts frl. Gn. sowol durch schreiben als aigen abordnung vnderschidlichmal vmb soccors ersuecht. | Anfänglich, als im Martio des 1632. Jahres Weyland Herr Graff von Tilli See. den Schwedischen Feld-Marschalck Horn bey Bamberg geschlagen, darauf der König in Schweden sich mit ganzer Macht von dem Rhein- vnd Maynstrom herauff in Francken vnd gegen Bayern gewendet, haben Ihre Churf. Durchl. von Bayern demselben zu begegnen vnd der Orten ab- vnd wiederumb zuruck zu treiben, mit welchem auch der ganze Thonawstrom were versichert worden, durch viel vnterschiedliche Abschickungen vnnd bewegliche Schreiben einen Succurß begert. |

Ganz so geht es nun allerdings nicht weiter. Der Gründliche Bericht ist meistens nur ein Auszug aus dem Bairischen Discours; er fällt mehr als einmal aber selten wieder mit ihm wörtlich zusammen. Bei der Erzählung der Unterhandlung in Schlesien kommt der Verfasser aufs neue auf das Perduellionis Chaos zurück, aus dem er z. B. die Klage, daß dem kaiserlichen Bevollmächtigten Trautmannsdorf „von seinen vorgehabten Tractaten nichts eigentliches communicirt“ — der andere hat: ex aula missis nihil, in quo momentum esset, communicavit — herübernimmt. Von umfassender eigener Information ist hier überall nicht die Rede.

Bei dieser Beschaffenheit des Berichts fällt es nun besonders ins Gewicht, daß er für gewisse Ereignisse in dieser Geschichte, die seit Reproduction derselben durch Khevenhiller allgemein angenommen sind, die vornehmste Quelle ausmacht. Was über die Zusammenkunft in Pilsen und den dort unterzeichneten doppelten Revers in alle Geschichtsbücher eingedrungen ist, beruht zunächst auf dieser Schrift. Darin heißt es S. 247 bei Murr: Ilow habe die Formel einer Obligation vorgelegt, „darinnen aber auch sonderlich diese Clausula begriffen gewesen, so lang er Friedland in Ihrer Kays. May. Diensten verbleiben und zu befürderung deroselben Diensten sie gebrauchen würde, es ist aber dieses alles mit fleiß auff einem vormittag gleich vor dem Essen tractirt worden, damit inmittels die Zeit gewunnen, vnnd Illo darauff alle Commendanten bey dem vorhero schon zugerichteten Pancket bey sich behalten, da dann der vorhero abgelesene Schluß wiederumb umgeschrieben, die vorbemelte substantial Clausula außgelassen, und nach auffgehobener Tafel, da die mehresten mit dem Wein ziemlich beladen gewesen, zum vnterschreiben fürbracht", u. s. w. Das ist nun fast der controverseste Punkt der friedländischen Geschichte und einer der wichtigsten. Die Vertheidiger Wallensteins haben freilich die Sache einfach geläugnet; auch einer seiner Gegner, Aretin, nimmt an, die Clausel habe wohl nie in dem Reverse gestanden: damit ist aber die Sache nicht abgethan. In dem Verhöre eines der Angeklagten, Mohr von Waldt, ist ausführlich davon die Rede. Mohr, der eine hohe Stelle in der Armee bekleidete, sagt, Neumann habe ein Concept des Reverses verfaßt, worin des Kaisers keine Meldung geschehen: „er selbst Feldmarschall-Lieutenant Mohrwaldt habe Ilow gefragt, „warumb die Wort, daß Ihre Kays. Maj. Dienst angesehen, nicht darin bemeldt seien", was Ilow damit entschuldigt habe, daß es sich von selber verstehe. Man sieht unwidersprechlich, daß von dieser Differenz die Rede gewesen ist. (Vgl. Archiv der österr. Geschichtsquellen Bd. XXV.) Doch dürfte man daraus nicht schließen, daß es mit der Erzählung von den verschiedenen Formeln der Verpflichtung, von denen die eine vor

Tisch vorgelesen, die andere nach Tisch zur Unterschrift vorgelegt worden sei, seine vollkommene Richtigkeit habe. Die größte Beachtung verdient ohne Zweifel der Bericht des spanischen Gesandten Oñate — derselbe, der am Schluß gedruckt ist. Oñate erzählt: Wallenstein selbst habe in der schriftlichen Obligation die Clausel, daß das Versprechen nur so lange gültig sein solle, als er im Dienste des Kaisers sei, nicht dulden wollen und sie ausgestrichen; darüber sei dann große Bewegung entstanden, denn Vielen sei die Auslassung dieser Clausel unangenehm gewesen; endlich aber, bei einem großen Banket des Oberst Ilow, sei die Obligation ohne die Clausel unterzeichnet worden. Ich will auch das nicht unbedingt annehmen; nur so viel geht daraus hervor, daß von der Differenz schon vor dem Banket die Rede gewesen ist. Und das stimmt nun sehr wohl mit der Aussage Mohrwaldts überein. Alles, was dieser von seinem Gespräch mit Ilow erzählt, ist vor Tisch geschehen, unmittelbar nach der Verhandlung mit dem Herzog. Dann wurde das von Neumann nach Anweisung Friedlands verfaßte Concept, in welchem die Clausel nicht enthalten war, vorgelegt, und man unterschrieb es auf der Stelle. Einige Unterschriften scheinen noch bei Tisch erfolgt zu sein.

Demnach trage ich kein Bedenken, die viel wiederholte Erzählung zu verwerfen.

Die Frage ist nur, wie sie in den Gründlichen Bericht, der hier sonst mancherlei Gutes hat, gekommen ist. Ich nehme unbedenklich an, daß sie der Verfasser aus dem Chaos perduellionis schöpfte, das er so oft copirt. Da heißt es (S. 174): Sed hoc notandum est, quod primae literae, quae subscriptae fuere, clausulam continuerint: quamdiu Fridlandus in Caesareae Majestatis fide permanserit Caesarisque servitia curaverit. Sed bene jam potis (ducebandur quippe statim post subscriptionem ad paratum eo fine convivium) subjecta fuerunt alia ad subscribendum exemplaria, quod pluribus opus esset. Omissam vero clausulam cum nonnulli adverterent, excusabat loquax Iloius, parum interesse: sufficientem enim Caesareae Majestatis mentionem in principio contextus fieri. Das ist eben dasselbe, was der Gründliche Bericht hat, nur daß es hier noch etwas weiter ausgeschmückt worden ist. Der eigentliche Autor der Erzählung ist der Verfasser des Chaos. Ich werde sogleich ihm in diesem Werkchen noch einen besondern Artikel widmen. Zur Sache bemerke ich nur noch, daß in dem ersten Theile des Chaos (S. 141. 142) von dem Ereigniß in Pilsen bereits die Rede war und zwar auf sehr eingehende Weise, wobei von dem Widerspruch, der sich bei der Unterschrift der Obligation erhoben, die Rede ist, nicht jedoch von dem Banket, noch von der Verwechselung der Formeln. Das ist eine nachträgliche Erfindung. Man sagte im Publicum, wie sich das auch in einem Berichte nach München findet: bei dem Banket, wo es tumultuarisch herging, seien auch noch Unterschriften erfolgt. Daraus und aus der verworren bekannt gewordenen Notiz, daß Friedland eine in die Obligation aufgenommene Clausel wieder beseitigt habe, ist dann diese Erzählung durch die populäre Phantasie gebildet worden.

Kommen wir nun wieder auf Khevenhiller, so würde von dessen Zusätzen die Rede sein müssen, von denen wenigstens einer zumeist Glauben gefunden hat.

Nachdem er (XII, 1128) von dem Bericht Sesymas zu einer Wiederholung des Gründlichen Berichtes übergegangen ist, und zwar ohne allen Absatz, folgt er diesem auf der nächsten Seite noch, dann aber flicht er eine Erzählung über die Sendung Quirogas ein, an die sich eine Erwähnung des Verhältnisses zwischen Wallenstein und seinem Neffen Maximilian knüpft, die wir beide in dem Bericht nicht finden.

Von Pater Quiroga wird berichtet, er sei von den beiden in Wien anwesenden Gesandten, Castañeda und Oñate, nach Pilsen geschickt worden, um ihnen Auskunft über das Thun und Treiben Wallensteins zu verschaffen; der habe nun durch geistliche Vermittelung das verrätherische Vorhaben Wallensteins erkundet, und dann in Wien den beiden Herren Meldung gethan in der höchsten Stille und sub juramento.

Aber wir wissen, daß die beiden Gesandten wetteifernd mit einander längst ihre eigenen Erkundigungen eingezogen hatten: von einem spanischen Agenten im Lager hatten sie so viel erfahren, daß sie keinen Zweifel mehr hegten. Wir haben den ziemlich ausführlichen Bericht Quirogas und theilen ihn unten mit; darin ist jedoch kein Wort davon enthalten, und eigentlich kein Raum dafür.

Von dem jüngeren Wallenstein meldet Khevenhiller, er habe sich mit seinem Oheim entzweit: trotz der Gefahr, seine Expectanz auf die Nachfolge zu verlieren, habe er sich nicht zu dem geringsten Präjudiz seines Kaisers verstanden. Das soll noch vor der ersten Pilsener Zusammkunft geschehen sein. Aber selbst dies Factum ist mehr als zweifelhaft. Nach einem Schreiben Castañedas vom 22. Januar, zehn Tage nach der Zusammenkunft, war er erst damals abgefertigt worden: „viene esser depachado.“ In einem späteren Schreiben Oñates heißt es dann: der Herzog rede seinem Neffen viel von seinem Gehorsam gegen den Kaiser vor, und betrüge ihn dadurch.

Diesen authentischen Nachrichten gegenüber kann sich die Erzählung Khevenhillers gewiß nicht behaupten.

Wie aber? einer der höchsten kaiserlichen Staatsbeamten der mit dem spanischen Botschafter auf das genaueste bekannt war, soll alle diese Falschheiten geglaubt und erzählt haben?

Man verzeihe mir, daß ich daran zweifele. Ich meine, daß diese Excerpte mit ihren Weglassungen und Zuthaten von den Unterarbeitern herrühren, welche den annalistischen Stoff sammelten und ihn zugleich in einem der kaiserlichen Politik angemessenen Sinne bearbeiteten.

Khevenhiller, der Staatsmann, hat daran schwerlich persönlichen Antheil genommen. Was hätte er alles sagen können, wenn er gewollt hätte? Oñate erwähnt ihn unter den Mitgliedern des geheimen Rathes, welche ihm nach dem Fall Wallensteins die definitiven Vorschläge zur Vereinigung der spanischen und deutschen Streitkräfte machten, die darnach befolgt worden sind. Von Dingen dieser Art aber schweigen die Annalen.

## 5.

## Alberti Fridlandi perduellionis chaos ingrati animi abyssus, cum licentia superiorum anno MDCXXXIV. (am Schluß unterzeichnet mense Martio.)

Wenn man so oft genöthigt ist, wie von den späteren Darstellungen auf den Gründlichen Bericht, so von diesem auf das Perduellionis chaos zurückzukommen: welche Bewandniß hat es mit dieser Schrift?

In der Vorrede versichert der Autor, wie oben berührt, daß er nur das melde, was er als Privatmann gesehen, gehört und erfahren habe; denn der Kaiser halte es noch nicht für rathsam, das Geheimere mittheilen zu lassen, vielleicht auch deshalb nicht, weil er lieber zurückhalten, als noch mehr aufreizen wolle. Sein Werkchen besteht aus drei Abschnitten, von denen die zwei ersten die verschiedenartigsten Materien in einander mischen. Da ist viel von den Zügen Teuffenbachs im Jahr 1631 und 32 die Rede; zwischen denen wird eine Erzählung über die erste Zusammenkunft in Pilsen eingeflochten; dann folgt wieder eine Anmahnung an den Kaiser und eine Notiz, die das Datum des 24. Januar 1634 trägt: man fühlt sich versucht, das Eine mit dem Andern zu verwerfen und bei Seite zu legen.

Darin thäte man jedoch Unrecht; denn etwas Aechtes liegt dabei doch zu Grunde, wenn es auch ursprünglich eine andere Gestalt gehabt haben mag.

In der angeführten kleinen Sammlung von Dvorsky findet sich unter andern Briefauszügen aus den Papieren Slawatas eine Mittheilung mit dem Titel: Aliud ex Bohemia 1634, welche wörtlich mit dem Chaos perduellionis übereinstimmt. Ich will nur die Stelle über die Zusammenkunft von Pilsen anführen, welche, wie wir sahen, von Bedeutung ist. Da heißt es nun in dem Chaos:

Duodecim in mensa coram omnibus ostensarum Epistolarum originalibus probari, inquit Iloius, consilia Principes cum Imperii libertate opprimendi et haereditariam Monarchiam machinandi. Dictatoris sui acta in Aula cavillari. Illi toxicum, Exercitui interitum cogitari et parari ab iismet, pro quorum laribus et focis vitam suam et fortunas omnes exponant.

Ex Questenbergeri ab Aula missi instructione additisque Caesaris litteris omnia perspicue demonstrari. Ob quas aliasque enormes injurias, diversas offensiones, et contra eum machinationes, velit Generalissimus et debeat Caesari resignare Imperatoriam potestatem.

in dem Briefexcerpt, Aliud ex Bohemia:

Duodenis ostensarum epistolarum originalibus probari consilia principes cum imperii libertate opprimendi et haereditarlam monarchiam machinandi: imperatoris sui acta cavillari, illi toxicum exercitui interitum cogitari ab iis, pro quorum laribus et focis vitam suam et fortunam exponant. Questenbergeri instructionem et praesentes literas omnia docere, ob quas aliasque injurias et machinationes velit et debeat caesari resignare imperatoriam potestatem.

In beiden folgt die Sendung der Obersten an den General, der nicht übel als exorabiliter inexorabilis bezeichnet wird, und dessen Zusage alsdann die Unterschrift des Reverses herbeiführt, „welche manchem sehr schwer wird", aber sie geschieht. Es werden fünf Exemplare desselben ausgefertigt; alles ist vollendet; dann schreitet man zum Banket: magna convivia magnum diem excepere. Das Chaos hat einige Zusätze; z. B. wird darin ein nach Schlesien bestimmtes Exemplar erwähnt, welches das Schaffgotschische sein könnte, wovon in dem Briefexcerpt nichts steht; dieses hat wieder die Namen der an Friedland abgeschickten Deputirten, die im Chaos fehlen; der Brief war mit einer Rücksicht auf Friedland geschrieben, die in dem Chaos wegfällt, wogegen hier wieder andere Rücksichten auf die noch Lebenden eingetreten sind. Von einer Verwechselung der Reverse bei dem Banket ist aber in beiden nicht allein nicht die Rede, sondern sie wird durch den Verlauf der Erzählung ausgeschlossen; ebensowenig von dem Plane Friedlands auf die böhmische Krone; dessen Absichten sind Herstellung der Emigranten in ihre Güter, der Prediger in ihre Stellen, Aufhebung des kaiserlichen Edictes, Verbindung mit den Churfürsten zu diesem Zweck: für diese Handlungen verspricht man ihm die Unsterblichkeit. Locis suis restitutis exulibus, delubris praedicantibus, sublato caesareo edicto et electorum obtento exercitu — so heißt es in beiden Texten. Bemerkenswerth dürfte noch eine Abweichung sein, die sich auf den Papst bezieht. Bei den Vorrichtungen zu einer neuen Zusammenkunft und neuen Gelagen in Prag heißt es in dem Brief: Pacem convivia dabunt, sed pacem non pacem, cui nec Roma in caput suum contradicet, etsi religio decrescat, dum Austria nimirum non crescat. Der Schreiber hat offenbar die Meinung, daß man in Rom allenfalls bewogen werden könne, auf die Verhandlungen Friedlands einzugehen, und zwar aus Abneigung gegen Oesterreich. Das Chaos drückt sich hierüber etwas glimpflicher aus; nach den Worten non pacem heißt es: cui licet Roma Patresve patrati non contradicerent, vera pax tamen non erit. Sed decrescat non nihil Religio, dicet aliquis, dummodo Austria non crescat amplius. Der Verfasser will nicht Wort haben, daß der Papst selbst diese Meinung hegen könne: von Oesterreich ist er fest überzeugt, es werde auch im Unglück triumphiren.

Kommen wir nun auf den dritten Abschnitt, bei weitem den wichtigsten und den einzigen, den man bisher benutzt hat.

Er führt die besondere Ueberschrift: Fridlandus, ultimus Machiavelli partus; denn den Machiavell habe Wallenstein mehr studirt, als Alexander d. G. den Homer.

Da wird nun die Meinung, daß Wallenstein in den letzten Jahren auf nichts als Verrath gesonnen, umständlich ausgeführt. Der Autor nimmt an, Gustav Adolf habe schon vor seiner Ueberkunft nach Deutschland in Verbindung mit Wallenstein gestanden: er würde sich sonst gar nicht dazu entschlossen haben; zwischen ihnen habe ein Bündniß bestanden, in Folge dessen, nachdem Gustav Adolf der Oder Meister geworden, er sich nicht gleich nach den Erblanden begeben habe: — non absque foedere — statt seiner sei Arnim auf den Grund einer förmlichen Aufforderung nach Böhmen gekommen, und dann bei der Zusammenkunft in Kaunitz zwischen ihm und Wallenstein ausgemacht worden, daß dieser das Generalat wieder annehmen solle, und zwar unter Einräumung einer dictatorischen Gewalt. Die Kriegshandlungen erscheinen nur als Spiegelfechterei befreundeter Feinde: nicht allein das Zusammentreffen bei Nürnberg, sondern auch die Schlacht bei Lützen. Selbst der Sieg von Steinau wird einer vorangegangenen Uebereinkunft zwischen Arnim und Friedland zugeschrieben, damit der Kaiser hinter das Licht geführt werde. Eigentlich ist es dieser Autor, der die Auffassung aufgebracht hat, die seitdem in so vielen Büchern wiederholt worden ist. Ihm ist Wallenstein maximus generis humani impostor.

Einige Beachtung möchte seine Schrift nur auf den letzten Seiten verdienen, welche die Katastrophe in Pilsen und in Eger behandeln. Unter anderem zeigt sich, daß er über den Obersten Beck und dessen Erlebnisse in Pilsen gut unterrichtet war. Was er erzählt, stimmt fast wörtlich mit dem überein, was in einem erst durch Förster bekannt gewordenen Briefe zu lesen ist; z. B. wenn das Chaos sagt: Beckius a Fridlàndio vocatus insuetis rituum honorum verborumque lenociniis mulcebatur, so heißt es in dem Briefe Becks an Gallas: „hat mich Friedland zu sich gefordert und mich angefangen zu caressiren, so ich nicht von gewohnt." Ich behaupte nicht, daß der Brief dem Autor vorgelegen habe; seine Relation ist selbst ausführlicher als der Brief; er wird mit Beck gesprochen und die Vorgänge von ihm vernommen haben. Wir beschäftigen uns hier mit untergeordneten Hervorbringungen, die kaum noch zur Literatur gehören; aber auch aus denen läßt sich zuweilen noch etwas lernen. Unser Autor theilt über die Vorgänge in Prag, in dem Augenblick als sich die Garnison für den Kaiser erklärte — so weit reichte seine Kenntniß — bemerkenswerthe Notizen mit, die man nicht verwerfen kann. Aber über die eben vorangegangene zweite Zusammenkunft in Pilsen ist er sehr schlecht unterrichtet. Er läßt da einen Vortrag halten, der nach seiner eigenen Erzählung bei der ersten Zusammenkunft vorgekommen war. Bei der zweiten war von Questenberg und Quiroga nicht mehr die Rede, sondern, wie er angibt, von ganz andern Dingen.

Die Frage über die Glaubwürdigkeit des Autors tritt besonders noch bei einem Moment von historischer Bedeutung hervor, der Ermordung Friedlands in Eger. Der zweifelhafte Punkt ist folgender. Nach der Erzählung des Gründlichen Berichtes haben sich die Obersten bereits am 24. Februar, als sie der Verhandlungen Wallensteins mit den Schweden und den protestantischen Nachbarn inne wurden, zu der Ermordung Wallensteins entschlossen. Butler weist das kaiserliche Patent und eine von Gallas empfangene

„Ordinantz" vor; Gordon und Leßley verbinden sich mit ihm, weil sonst die Conjunction Wallensteins mit dem Feinde binnen zwei Tagen geschehen könne und es kein anderes Mittel gebe sie zu verhindern, als ihn und seine Genossen als entdeckte Verräther an der Majestät umzubringen; sie vereinigen sich dazu mit einem körperlichen Jurament. Am 25. früh haben sie noch eine Audienz bei Friedland. Durch das, was sie da hören, bewogen, gehen sie zu Rathe, wie sie „ihre hievor geschöpfte Resolution zur Execution bringen möchten", und beschließen zu dem Ende, Ilow, Terzka, Kinsky, Neumann auf die Burg zu Gaste zu laden.

Etwas verschieden lautet die Darstellung in der Schrift, welche die betheiligten Obersten unmittelbar nach der Handlung selbst herausgegeben haben.

> Apologïa. Kurtze doch gründliche Ausführung, wie vnd auß was Ursachen von etlichen redlich vnd getrewen Käys. Kriegs Obristen vnd Cavaliren .... Albrecht von Friedland sonsten Wallensteiner genandt, mit seinen ... Adhaerenten .... den 25. diß zu Nachts zwischen 9 vnd 10 Vhr auß dem Mittel geraumet .... worden.

Dieser ihrer eigenen Erzählung zufolge nahmen Gordon und Leßley am 24. allerdings wahr, daß Friedland in den gefährlichsten Verbindungen stehe. Sie fürchteten besonders für Ellenbogen, und beschlossen, den Hauptmann dieses Postens aufzufordern, denselben in guten Vertheidigungsstand zu setzen, damit die Getreuen dahin ihre Zuflucht nehmen könnten: weiter wären sie damals noch nicht gegangen. Am 25. haben sie die erwähnte Audienz. Erst auf die Aufforderung, dem Kaiser unbedingt abzusagen, nach alle dem, was dann weiter vorkam, nähern sie sich dem Oberst Butler, „welchem sie anfangs noch nicht ... trauten"; erst dann, sagen sie, „seien sie schlüssig worden, sich mit einander zu verschwehren, heut zwischen 9 und 10 Uhr selbige alle aus dem Mittel zu raumen, darzu ihnen .... wohl gedienet, daß auf den Abend sie sich selbst zu Gordon in die verschlossene Burg zu Gast gebeten." Die Differenz ist in sofern nicht unwichtig, als die Motive ihrer Weigerung, sich von dem Kaiser zu trennen, dunkel bleiben und selbst zweifelhaft, wenn sie den Beschluß schon früher gefaßt haben. Wie verhält sich nun der Autor des Chaos dazu? Er läßt Butler den beiden Protestanten schon am 24. den kaiserlichen Befehl, Friedland und seine Anhänger todt oder lebendig einzubringen, vorlegen. Leßley tritt ihm bei, Gordon ist noch zweifelhaft. Nach der Audienz aber tritt auch der bei, und sie entschließen sich gleichsam durch göttlichen Antrieb, die Rebellen hinzuschlachten: Deo feruntur ad mactandos perduelles. Er versichert, sie hätten das kaiserliche Patent zwar empfangen, aber noch nicht gelesen. Ich denke, es kann kein Zweifel sein, daß wir der Erzählung der Betheiligten zu folgen haben; diese allein macht die Handlung verständlich, sie sind in ihrer Sache die besten Zeugen. Die historische Methode fordert es ohnehin gebieterisch. Wenn der Gründliche Bericht davon abweicht, so beruht das wohl auf der Erzählung des Chaos selbst. Einige Momente, die der Bericht über die Audienz demjenigen einfügt, was wir aus der Apologia erfahren, stammen ebenfalls aus dem Chaos. Der Gründliche Bericht vereinigt diese Nachrichten, hat aber dadurch der Wahrheit Eintrag gethan; denn wie in alle dem, was er nicht vor sich sah und erlebte, ist der Autor des Chaos auch hier unzuverlässig.

Wir sehen, welch eine Rolle er in dieser Geschichte spielt; auf ihn führen sich einige allgemein angenommene Erzählungen zurück;, für die verrätherischen Umtriebe Friedlands ist er die vornehmste Quelle; er hat die spätere Auffassung in ihren Grundzügen beherrscht. Wer aber war nun dieser Autor? Im Jahre 1629 war er selbst in Madrid; einige seiner Bemerkungen stimmen wörtlich mit dem überein, was wir in den Depeschen des spanischen Gesandten finden; damals lebte er in Prag. Wir wollen keine Vermuthung über seinen Namen wagen: auf den Namen kommt so viel nicht an: schon genug, wenn wir ungefähr seine Stellung kennen. Uebrigens war er ein gelehrter Mann, wie seine Erinnerungen aus der alten Geschichte, die er häufig einflicht, beweisen, selbst mit einer gewissen Ostentation Nachahmer des Tacitus. Das Vorkommen seiner Briefe in den Papieren Slawatas beweist, daß er mit diesem in naher Verbindung stand. Ich denke, der intellectuelle Urheber des großen Verschwörungs-Chaos zur Erwerbung der böhmischen Krone ist Slawata gewesen, der nächste Verwandte und bitterste Feind Wallensteins. Feindschaft wird durch den Tod nicht aufgehoben.

# II.

## Aus den sächsischen Verhandlungen.

### 1.

### Puncta, so Chur Brandenburg bey der Conferentz zu Torgaw vbergeben worden, Ao. 1632.

Summa des ienigen, was vff seiten der Euangelischen, bey der Key. Mait. vnd den Catholischen Ständen zusuchen, vnnd darauff zubestehen, billich erachtet wirdt.

In gemein vnd in Summa wirdt an seiten der Evangelischen dieses begehrt, daß sie, sowol in Geistlichen als Weltlichen sachen, wiederumb in die Freyheit, das Recht vnd die Sicherheit, welche sie vor diesem gehabt, gesetzet, vnd was dem Zugegen eine Zeit hero fürgelauffen, abgeschafft werden möge.

Dieses nun Zuerreichen, würden fürs Erste in Geistliche Sachen nachfolgende Puncta billich zu begehren sein:

1. Daß das in Anno 29. publicirte Keyserliche Edict gentzlich cassirt werde.
2. Daß den Euangelischen Ständen, über alle die Geistliche güttern, so in Anno 1618 bey angehung der Böhemischen Vnruhen, schon eingezogen, Ingleichen über alle die Ertz- vnd Stiffter, so damahls schon reformirt gewesen, genugsame vnd bestendige Versicherung, vf alle künfftige Zeit geschehe.
3. Daß hinfuro die potestas reformandi aut de religione disponendi, bey allen vnd ieden Ständen des Reichs, vnd insonderheit auch bey den Reichs Städten, vnd zwar soviel dieselbte betrifft, nicht allein soweit ihre Stadtmauern gehen, sondern auch, soweit sich ihr gebieth vf dem Lande erstreckt, Wie auch der freyen ReichsRitterschafft, absolute vf die Landesfürstliche Obrigkeitt, oder Hoheit, gewiesen werde, Also, daß ein ieglicher Standt vom kleinesten biß zum grösten, in seinem gebieth wegen laßung oder einführung der Catholischen oder

Euangelischen Religion, es also anstellen möge, wie ers in seinem Gewissen verantworttlich befindet. Was aber die Einkünfften der ienigen Stiffter oder klöster betrifft, welche Anno 18. noch nicht eingezogen oder reformirt gewesen, derselben halben möchte es endlich vff handlung vnd vergleichung der beyderseits Stände bestehen.

4. Daß der Geistliche Vorbehalt entweder gar cassirt, oder ia zum wenigsten 1. die ienige Stiffter, so vor dem Religionfrieden bereits reformirt worden, 2. der casus, wo eine Euangelische Person, wissentlich, zu einem Ertzstifft, Bistumb, oder praelatur erwehlet, oder postuliret wirdt, Vnd 3. auch der Fall, wo einige ErtzBischoffe, Bischoffe oder Prälaten, sich mit vnd zusampt ihren Stifftern vnd Capituln, der reformation in ihrem Stifft oder gebieth verglichen, nominatim excipirt werde, Vnd also der Geistliche Vorbehalt alleine in dem fall stadt habe vnd behalte, wovon die Wortt eigentlich reden, Wann nehmlich ein Ertzbischoff, Bischoff oder Prälat, der zu der Zeit, wie er erwehlet oder postuliret worden, noch Catholisch gewesen, nach der Zeit wieder willen seines Stiffts oder Capituls, Euangelisch werden oder reformiren wolte.

5. Daß die außiagung der Vnterthanen, so in der Religion von ihrer Herrschafft discrepiren, entweder gantz vnd zumahl, oder ia zum wenigsten bey den Vnterthanen, so über dem exercitio der Euangelischen Religion, durch die declarationem Ferdinandi, oder durch special-reversalen vnd privilegia versichert sind, abgeschafft, vnd aufs wenigste in allen fällen die allzugroße persecutionen derselben, moderiret vnd gelindert werden.

6. Daß dieses zu einer allgemeinen Regel stabilirt werde, daß zwischen der Catholischen vnd Euangelischen Religion, allerdings vnd durchaus eine gleichheit gehalten werde, vnd was der einen Religion zugethanen Ständen in ihren Gebiethen zuthun freystehet, auch der andern ebenmeßig frey vnd beuorstehen solle.

7. Daß die in dem Religionfrieden enthaltene Suspension der Geistlichen Jurisdiction, soweit erleutert werde, daß sie nicht nur in etlichen stücken alleine, sondern in omnibus et quoad omnia gegen die Stände, so itzt Evangelisch wären, oder künfftig werden möchten, vnd ihre Lande, stadt haben solte.

8. Daß die schädlichen axiomata der Dillingenschen Juristen, vnd anderer Päpstischen Scribenten, welche entweder die validitet oder Bestendigkeit des Religionfriedens anfechten, oder restringiren, oder doch den Euangelischen Ständen gleichsamb statum controversiae moviren, vnd Ihnen die fähigkeit des Religionfriedens abschneiden wollen, damniret vnd öffentlich verworffen werden.

9. Ob künfftiger Zeit abermals über dem verstande des Religionfriedens streittigkeiten zwischen den Catholischen vnd Euangelischen Ständen entstehen sollten, daß deren decision gar nicht beym Keyserlichen Hofe, sondern allein bey beyderseits Ständen einmüthigen gütlicher vergleichung, oder aber einem solchem Rechtlichen Außtrage, da die erkendtnüs bey Leuten von beyder Religion in gleicher Anzahl beruhe, bestehen solle.
10. Daß über alle diese puncta eine deutliche resolution vnd erklehrung begriffen, vnd vff offentlichem Reichstage sanciret vnd publiciret werde.

In Politischen dingen wären gleichergestaldt nachfolgende puncta billich zu urgiren.

1. Daß die bißherige Kriegespressuren ins gemein abgeschafft, vnd keine Stände zu einiger contribution angestrenget werden sollen, als die durch herkommene wege vff offenem Reichstage mit gutem willen eingegangen.
2. Daß insonderheit mit Außwertigen Potentaten kein Krieg angefangen werde, oder ia kein Stand hülffe darzu zuleisten verbunden sey, es geschehe dann communi laude statuum in comitijs.
3. Daß nach geschehener Satisfaction an die Euangelische Stände, vnd getroffenem Frieden mit dem Könige zu Schweden, alle arméen, sowol die Keyserl. als der Catholischen Stände, gentzlich gecassirt, vnd die Catholische Liga totaliter aufgehebt werde, Vnd auf alle künftige Fälle, da ein theil die Waffen quocunque praetextu ergriffen, dem andern solches auch beuorstehe.
4. Daß die Confiscationes, deren man sich am Key. Hoffe nun eine Zeit hero, in anderer Stände Landen, gegen die ienigen vnd deren Gütter vnterstanden, die sich etwa itzo, oder vor der Zeit in Krigsdiensten gegen die Key. Mait. gebrauchen lassen, abgeschafft vnd nicht mehr angemasset werden mögen.
5. Daß zu erlangung vnpartheyischer Justitz, sowohl der Key. Reichs-HofRath, als das Keyserliche Cammergericht mit Leuten von beyden Religionen besetzt werde, vnd in denen sachen, wo Euangelische mit Catholischen zu litigiren haben, alle Zeit Assessores vonn beyden Religionen, pari numero erkennen mögen.
6. Daß es wegen der Chur Pfaltz in specie vff richtige billiche maße accommodirt werde.
7. Daß die Hertzoge zu Meckelnburgk, ohne vorbehaltung einiges fernern processes, zu ihren Fürstlichen Würden, Landen vnd Leuten restituirt werden.

8. Daß der Herzog zu Pommern, Churfürst zu Brandenburgk, vnd alle vnd iede Stände, so mit dem Könige inn einige Vorträge (sic) geschritten, genugsamb versichert werden, daß sie deshalber in alle ewigkeit, ohne alle gefahr vnd schaden sein vnd bleiben sollen.
9. Daß die Stände, welche dem Leipzigischen Schlusse zu renunciiren genöthiget worden, solcher ihrer renunciation erlaßen vnd totaliter in vorigen standt wieder gesetzt werden.

Ich nehme diese Punkte auf, weil sie die Tragweite der protestantischen Forderungen und zugleich ihren Zusammenhang mit den dem Kriege vorangegangenen Bestrebungen und Anträgen bündig erkennen lassen. Sie lagen bei den damaligen Verhandlungen mit dem Kaiser und dem Herzog von Friedland zu Grunde, freilich nicht ohne mannichfaltige Modificationen. Etwas weiter zurück liegen die in dem Buche: die Pirnischen und Pragischen Friedenspacte, S. 291 mitgetheilten media futurae pacis. Da wird das Jahr 1612 als Normaljahr festgesetzt und Manches mit noch genauerer Beziehung auf die vorangegangenen Streitigkeiten bestimmt. Daß unsere Artikel später sind, ergiebt sich daraus, daß Brandenburg bei seinen Bemerkungen zu den andern eine nähere Bestimmung über die Verbindung des jus territoriale mit dem jus reformandi fordert, welche hier erfolgt ist. Artikel 8 des ersten Entwurfes, welchen Brandenburg als „gar wohl gesetzt" lobt, erscheint in dem zweiten, dem unsern, als Artikel 7. Doch ist der erste Entwurf keineswegs bei Seite gelegt worden. In späteren Verhandlungen wird ausdrücklich darauf Bezug genommen. Man sollte diese Entwürfe einmal zusammenstellen, weil sie die Idee von dem Verhältniß der Confessionen im Reich ausdrücken, an der man bis zum Prager Frieden festhielt.

## 2.

## Schriftwechsel zwischen Churfürst Johann Georg von Sachsen und General Arnim über die Verbindung mit Wallenstein.

Der Herr Gen. Leutenant Arnimb Erinnert vnd sucht erleüterung in ezlichen Puncten.

Dreßden den 20./30. Januarii 1634.

Durchlauchtigster Hochgebohrner Cuhrfurst

E. Chrfl. Durchl. Seindt meine vntertenigste gehorsambste dienste bevohr, gnedigster Herr, höchlichen hatte Ich zwahr zubitten gehabt, Wan E. Cuhrfl. Drchl. mich mitt der reiße zu S. Fürstl. gn. Herzogen zue Fridelandt gnedigst verschonen wollen, dieweil Ich aber consideriret, daß Er auf meine wenig persohn solcher gestaltt gezilet, daß er absonderlichen, einen schluß mit mihr zu machen gemaint vnd auch die Wolfart des H. Rom. Reichs auff den Seligen friden beruhet, Habe Ich nicht viel darinnen difficultiren mögen, Nicht zwahr daß Ich vohr andern, etwas nutzliches darin zuerrichten mihr getrauen sollte, Sondern weil Ich allezeit auß Christlichen wolgegrundeten fundamenten, dazue gerahten, daß ich nicht edwa ein bösen argwohn alß Wan solches nuhr zum schein von mihr geschehen were, In deme ich mich, da es sich dazue edtwas anließe, anitzo der bemuhung entzihen woltte, auff mihr laden möge, Ihr Fürstl. g. auch darauff schon vertröstunge gegeben, So laeße bey E. Churfl. Durchl. gnedigster verordenung Ichs billig beruhen. Alleine wie es eine vberauß hohe vndt sehr wichtige sache, So Erfordert dieselbe auch eine gewaltige groeste Vohrsichtigkeit, die woll Menschlichen, Insonderheit meinen wenigen Verstande weit vbertrifft, vnd weil solche nirgents anders alß von dem vielguetigen Gott erbeten vnd zuerlangen sein, Waß nuhn durch dise gnedige Eingebung, mihr in der Eille beyfallen wollen, Habe Ich nötigk Erachtet, E. Cuhrfl. Durchl. hocherleuchte gedancken vnd gnedigsten befelich mich darein zuerholen,

Daß E. Cuhrfl. Durchl. von deroselben vohrnehmen Herren geheimbten rehten mihr einen Zuordenen werden, Zweiffle Ich nicht, Weil die wichtigkeit dieses negotii solches Erfordert, von Ihr Kay. May. selbsten, vnd hienach auch von Ihr Fürstl. gn. Herzog zu Fridelandt es begehret,

Demnach aber diese schickung, nicht zu einer relation, sondern tractation vnd Entlichen schlusses angesehen, Erfordert es auch eine vollenkombliche instruction,

Die dan darauff bestehen will, 1. mitt wehme, 2. auff was Conditionen, vnd 3. mitt waß sicherheitt zu tractiren vnd zuschließen, Do würde nuhn zu anfangs eine erleuterung von nöhten sein,

1. Ob ohne der Catholischen Ligen Volmacht, mitt Ihr Kay. May. die Handelung alleine anzutreten? Oder

2. Wann der Herzogk zu Fridelandt seinem ersten vohrschlage nach, bey der meinunge beruhete, Daß die Herrn rehte mit einander, Er aber absonderlichen, ohne beysein E. Cuhrfl. Durchl. Raht, mit mihr tractiren woltte, Ob Ich mich mit ihme Ein zu laeßen,

3. Wan dieses bewilliget, Ob vohr deßen ehe der anfangk zu den tractaten gemachett, Ich vom Herzogen zu Fridelandt begehren solte, mihr die Volmacht von Ihr Kay. May. vohrzuzeigen,

4. Wan nuhn die limitata were, Er aber daruber schreiten, auch edtwas anderes vnd mehrers alß die Herrn Rehte sich vergleichen konten, mit mihr schließen wolte, wie Ich mich darinnen zuverhalten?

5. Im fall aber keine Volmacht verhanden Sondern zu E. Cuhrfl. Durchl. besten, vohr seine persohn, der Herzogk zu Fridelandt, mit mihr edtwas tractiren woltte, waß alß dann Zutuhn?

6. Do auch der Herzogk zu Fridelandt sich so weit kegen mich herausließe, daß er von S. Kay. May. disgoustiret, vnd sein Vohrhaben, wieder derselben, vnd dem Hause Oesterreich gerichtet, vndt zu deßen, alß E. Cuhrfl. D. itzigen Feindes Verderb zu handelen vohrhabens, Wie Ich mich darinnen zuerzeigen vnd wie weit zu gehen?

7. Soltte aber, daß Ich zu Gott hoffen will, Ihr Fürstl. g. dieße einige Christliche intention haben, Haupt vnd glieder wieder mitt einander zu vereinigen vnd dadurch daß H. Röm. Reiche in ruhe vnd sicherheit zu setzen, So werden ohne Zweiffel E. Cuhrfl. Durchl. die conditiones solcher gestaltt verfaßen lassen, daß sie zu der Ehre des allerheilichsten gottes, Fortpflantzung vnd Erhaltung seines h. Worttes zu bestendiger ruhe der Christlichen Kirchen, zu wolfart des Röm. Reichs vnd also gerichtet, daß in gemein alle, so sich nuhn nicht guet vnd muetwillig außschließen wollen, auß vnd Einwertige darin begriffen, Alles waß bey werender vnruhe, zerruttet vnd verendert, im vorigen stande gesetzet, Ein ieder, wie er bey fridens Zeiten, gewesen, bey hoheit, Ehre, Stande vnd wurde, landt vnd leuten, priuilegien vnd Freiheitten, Verbleiben, vnd keiner mitt fugk sich deßen Zubeschweren, uhrsache haben könne, damit also der gantzen Weltt kundt werde, daß E. Cuhrfl. Durchl. zu keinem andern Ende, alß dises zuerlangen, ihre Christliche waffen Ergriffen, Daß wirdt Gott belohnen, vnd alle Nachkommen werden es hochlichen ruhmen.

8. Soltten aber auff seiten Ihr Kay. May. die conditiones nicht,

aber von Herzogen zu Fridelandt wollen angenohmen werden, Ihr Fürstl. g. Erböten sich auch dieselbe mit gewalt der Waffen, wieder alle die sich denen opponiren woltten, zu behaubten, begehreten aber Ein gleiches von E. Cuhrfl. Durchl. waß hierein zubewilligen?

9. Im fall man über diesem auch Einigk und Ihr Fürst. g. begehreten eine coniunction der Waffen, praetendirten aber daß Commando, wie Weit sich ihme hirein zu fügen?

10. Wen nuhn alles seine richtigkeit, wurde ohne Zweiffel diese frage Entfahren Bei welchen teile auf die approbation des schlußes, zuforderst zu dringen? dabei fallen nuhn allerhand sorgkliche gedancken vohr Insonderheit, Wan daß mißtrauen noch soltte in seinen Wurtzeln verbleiben, den die sterckeste partei hette wider den bezwungenen, allzeit daß sie nichts Einbewilliget, vnd also zu keinem auch nicht obligiret Ein zuwenden, Waß hirein vohr ein heilsahmes vnd sicheres medicum zu finden?

11. Da nuhn nach der Norm meine instruction durch gnedigen beistandt gottes ein schluß gemachet, Ob Ich zuforderst E. Cuhrfl. Durchl. denselben zu verlesen, erstlichen vberschicken oder zu gewinnung der Zeit, biß auff E. Cuhrfl. D. ratification, alß geschloßen vollen Zihen soltte?

12. Es mochte auch vielleicht der Hertzog zu Fridelandt abermahlen auff eine Vereinigung beider armeen gehen, Ob solches zubewilligen,

13. Wan nuhn solche einigkeit aufgerichtet, So wurde auch davon zu reden sein, Wie dan entlichen mittel Zufinden, dadurch die officirer Contentiret, vnd die Soldaten gestillet, da des Herzogen zu Fridelandt gedancken dahin Zileten, Wan die sachen im Röm. Reiche gestillet vnd die bezalungen so geschwinde nicht erfolgen konte, die armeen außerhalb teutschlandt anders wohin zu führen, Waß vohr hofnungk Ich ihme dazue machen sollte?

14. Ohne Zweiffl wirdt auch der Herzogk zu Fridelandt, alle seine bemuhungen nicht wollen vmbsonst tuhn, Wan er nuhn suchete E. Cuhrfl. Durchl. mochten ihme zu einem billigen vnd rechtmeßigen recompens behulflichen sein, Wie weit Er darauf zu vertroesten?

So viel gnedigster Cuhrfurst ist mihr in der Eille beygefallen, Zweifle aber nicht der gleichen, werden in fleißiger nachsinnunge sich noch mehr finden, Wan nuhn E. Cuhrfl. Durchl. gnedigst belibete, In der Zeitt Ich Zu S. Cuhrfl. Durchl. zu Brandenburg reise disen wenigen puncten nachsinnen zu laeßen, vndt bei meiner widerkunft darauff gnedigsten befehligk Zuerteilen, Hette Ich vntertenigst darumb zubitten, Ingleichen auch, daß E. Cuhrfl. D. dero hocherlauchten verstande nach selbsten allen Vohrsinnen, Waß mihr, zu einer volkommenen instruction weiter notigk sein wurde, vnd absonderlichen Erteilen woltte, So soll es an meiner äußersten bemuhung nichts Erwinden, Gott aber wirdt es schicken wie es sein gnediger wille, verbleibe

E. Cuhrfl. D.

vntertenigst
gehorsambster

Dresen, den 20./30. Jan.
Ao. 1634.

H. G. Arnimb.

Churfl. Resolution vff des H. General-Leutenants erinnerte Puncten.

Dreßden den 3. Febr. 1634.

Der Durchlauchtigste, Hochgeborne Fürst vnd herr, herr Johann Georg, Herzog zu Sachßen, Gülich, Cleue vnd Berg, des heiligen Römischen Reichs Erzmarschalch vnd Churfürst, Landgraff in Düringen, Margkgraff zu Meissen, Burgkgraff zu Magdeburgk, Graff zu der Marck vnd Ravenßbergk, Herr zu Ravenstein, erinnert sich mit mehrerm, was dero bestalter General Leutenant, der WohlEdle, Gestrenge vnd Veste, herr Hanns Georg von Arnimb vff Böizenburgk, vor seinem Abreisen von hier nacher Perlin, wegen fürhabender Friedens tractaten, für vnterschiedliche Puncten in Schrifften übergeben, vnd darüber Seiner Churfl. Dhr. gnedigste Resolution gebethen.

Allermaßen nun Seine Churfl. Dhr. mit dem herrn General Leutenant ganz einig, daß dieses eine vberaus hochwichtige vnd sehr schwere Sache, darinnen große Vorsichtigkeit zugebrauchen: Also wünschen Sie von dem GOTT des Friedens hirzu einen guten Anfang, glücklichen success, vnd einen solchen gemeinnüzigen vnd seligen Außgangk, der zu beförderung der Ehre GOTTES, der Christlichen Kirchen zu Trost, dem heiligen Römischen Reich zu bestendiger Ruhe, Nuz und Wolfarth, zu Erquickung soviel millionen harttbedrengter Winßlenden vnd bluttweinenden Menschen, zu wieder an- vnd auffrichtung des Reichs Grund Geseze vnd anderer heilsamen allgemeinen Constitutionen, conservation der so theuer erworbenen Teuzschen Libertet, administrirung gleichmeßiger Justiz, Auffhebung des hochverderblichen Mißtrauens, auch Stifftung vnd erhaltung guter Einigkeit vnd Vertrauligkeit der sämptlichen Chur-Fürsten vnd Stände beydes vnter sich, vnd zuförderst mit Irem Oberhaupt, gereichen möge.

Belangende hierauff die vom herrn GeneralLeutenant begehrte adjunction eines Geheimen Raths auff die Reise nach Pilßen, halten Seine Churfl. Durchl. dafür, weil der Herzog zu Fridlandt nunmehr denselben allein begehret, auch der von Neuem vberschickte Paß nur auff Ihn gerichtet, vnd Seine Churfl. Dhl. nicht vernehmen können, daß noch zur Zeit Jemand von Keyserlichen Räthen daselbst ankommen, Oder Churfl. Durchl. zu Brandenburgk rc. die Ihrigen dahin zu senden inn willens, es werde solcher Zuordnung für dißmahl nicht bedürffen, Sondern der herr GeneralLeutenant seiner tapffern Qualiteten vnd Geschickligkeit nach, dieses werck ohne dieselbe rühmlich verrichten können. Ermessen aber hierbey selbst für nöthig, daß Ihm eine gewiße Instruction, derer mann sich zu vergleichen, ertheilet vnd ausgeantworttet werden müße.

Soviel dann die drey Haupt=Puncta Mit wehm? Auf was Conditionen? vnd mit was Sicherheit zu tractiren vnd zu schließen? betrifft, Da können Seine Churfl. Durchl. nach reiffer des wercks Erwegung, anders nicht befinden, alß daß mit des Herzogs zu Fridlandt Fürstl. G. als Keyserlichem hochansehenlichem Plenipotentiario vnd Gevollmächtigtem, die Tractaten vorzunehmen, Sintemal derselbe nicht suo nomine, sondern im Nahmen vnd vff Befehl der Röm. Key. Mait. den Kriegk führet, die Armée auch Irer Key. Mait. zustehet, derer sich dann Ire Fürstl. G. selbst, vnd die Officirer sampt der Soldatesca verwandt gemacht, vnd werden Ire Key. Mait. das Arbitrium Belli et Pacis nicht absoluté von sich gestellet, Sondern Ihr, alß das höchste Jus Majestatis, reserviret vnd vorbehalten haben.

I. Sonsten ist eine bekandte Regula, Quod omnes tangit, ab omnibus debet approbari. Item, de uno quoque negotio, praesentibus omnibus, quos causa contingit, tractari oportet. Item, Res inter alios acta, aliis non praejudicat etc. Wenn nun der Röm. Key. Mait. die Catholische Liga das ganze Pacificationwerck freymächtig anheim gestellet hätte, vnd Seine Churfl. Durchl. weren des genugsamb versichert, Es befünde auch der Herr General Leutenant, daß hirunter weiters kein Bedencken, So möchte es einiger fernern Vollmacht von der Catholischen Liga nicht von nöthen thun. Were aber eine solche heimbstellung der Key. Mait. nicht geschehen, würde der herr GeneralLeutenant von Irer F. G. vernehmen, wie dann das Werck also zu faßen, daß die Catholischen Chvr=Fürsten vnd Stände darein verwilligen, damit nicht hernach ex integro mit denselben gehandelt werden müße. Zum fall nun hierinnen eine Versicherliche Gewißheit vorhanden, köndte mann sich desto ehender mit des herrn Generalissimi Fürstl. G. inn Tractaten einlaßen. Solte es aber hieran ermangeln, vnd die Handlung allein mit Irer Key. Mait. fürgenommen werden, hat mann sich bedächtlich zu erinnern, wie Ire Key. Mait. hiebevor selbst zu mehrmahlen von sich geschrieben: Sie köndte den Catholischen Chur=Fürsten vnd Ständen dero Recht nicht vergeben, die hetten ein Jus quaesitum, welches Ihnen wieder Ihren willen nicht zu entziehen. Woltte mann hierkegen repliciren, es würde Irer Fürstl. G. an Mitteln nicht ermangeln, die Catholischen zu Annehmung des Vertrags zu zwingen, So hat mann zu bedencken humanorum casuum varietatem, vnd wie leicht vnversehene Menschliche Fälle sich begeben, darburch das ganze Werck, so klüglich vnd weißlich es auch angefangen, plötzlich vber einen hauffen geworffen werden köndte, Doch wirdt der herr General Leutenant vernehmen, was Ire Fürstl. G. der herr Generalissimus, dißfalls für Vorschläge thun werde, vnd dieselbe seiner Discretion nach reifflich erwegen.

II. Weil noch zur Zeit Seine Churfl. Dhl. die Abschickung dero Räthe aus angezogenen vrsachen nicht vor nöthig erachtet, hat der andere Punct dahero seine Erledigung.

III. Wo gemeine Sachen alieno nomine gehandelt werden sollen, pflegt mann zu allererst nach den Personen zu fragen, ob sie ad tractandum Befehl vnd Vollmacht haben, welchen Sie zu produciren schuldig, damit mann wisse, ob die Handlung sicherlich vnd cum effectu fürgenommen werden könne, Wieviel weniger wirdt mann inn dieser vberwichtigen Sach zu verdencken sein, daß man des herrn Generalissimi Fürstl. G. ersuche, dero Keyserliche Plenipotenz fürzu weisen, Dann es haben gleich Ire F. G. einen so general weit umb sich greiffenden illimirten Gewaltt, circa belli administrationem, als Sie immer wollen, muß doch ein rechtes wolgelegtes vnbewegliches Fundament, die Friedenstractaten anzutretten, vorhanden seyn, die Plenipotenzen sind enges Verstandts vnd Rechtens, vnd laßen sich vff andere darinn nicht ausgedruckte Händel vnd Sachen aus diesem Fürwandt, daß es Dependentia, connexa, in generalitate comprehensa, in causis praesertim arduis et irreparabilis praejudicii nicht sicherlich extendiren.

IV. Zum fall nun die Vollmacht limitata, So kan Sie auch keinen illimitatum effectum haben, Sondern der Effect mus regulirct werden nach seiner causa, vnd consequenter müsten Ihre Fürstl. G. in terminis der Vollmacht verbleiben, Wolten Sie dieselben vberschreitten vnd weiter gehen, hette es keinen bestandt, würde nullitatis vitio laboriren, vnd bloß bey der Key. Mait. stehen, solches zu belieben vnd vor genehm zu halten oder zu verwerffen.

V. Hetten aber Ire Fürstl. G. ganz keine Vollmacht in specie auff güttliche Tractaten gerichtet, würde das wergk weit sorglicher vnd gefährlicher werden, weil zu befahren, daß die Keyserliche, vnd der Catholischen Stände Ratification nicht erfolgen möchte, Do dann Seine Churfl. Durchl. mehr nicht, als allerhandt beschwehrliche Nachrede darvon zu gewartten, auch deß wegen einige Versicherung nicht haben würden. So lange der Generalissimus am Leben vnd das Generalat behielte, möchte er zwar vest darüber halten, Trüge sich aber mit Ihme ein Fall zu, oder das Commando vber die Armée würde von Ihme genommen, stünde mann dieses ortts ganz bloß.

VI. Von des Herzogs zu Fridlandt privat-offenten vnd disgusto haben Seine Churfl. Durchl. keine Wissenschafft, Sehen Ires theils einzig vnd allein, als ein hochlöblichster Reichs Churfürst, vnd alter Regent, vff das Publicum, vff die Beruhigung des heiligen Reichs, vnd salutem totius populi. Hirzu wissen vnd ersehen Seine Churfl. Durchl. kein ander zureichendes Remedium, als die restaurir- vnd herwiederbringung eines bestendigen, auffrechten, ehrlichen, sichern Universal-Friedens, Zu diesem Gottseligen Zweck haben Sie bißhero collimiret, inn allen Iren Rathschlägen, Thuen vnd Vornehmen, Vnd in solcher Christlichen vnd löblichen intention gedencken Sie mit GOTT bestendig zu verharren. Es seind zwar von der Key. Mait. Ire Churfl. Durchl. hartt beleidiget, welches Sie auch, die Rettungswaffen zu ergreiffen vnd bißhero zu continuiren bewogen vnd veranlaßet, Aber darumb einen immerwehrenden Kriegk zu führen, auch ein vnd das andere hauß zu ruiniren nicht gemeinet.

VII. Seine Churfl. Durchl. versiehet sich zu des herrn Generalissimi F. G. Sie werde genzlich intentioniret vnd bemühet seyn, das Haubt vnd Glieder wiederumb mitteinander vereiniget, vnd dardurch das heilige Röm. Reich inn Ruhe vnd Sicherheit gesezet werden. Nachdem aber zu erreichung dieses Zwecks hiebeuor gewiße Puncta, als Conditiones Pacis, zusammen getragen, vnd inn ein Corpus gebracht, solche auch von vielen vornehmen Chur- vnd Fürsten vor billich geachtet worden, Sehen Seine Churfl. Durchl. am liebsten, daß solche von den herren Catholischen insgesampt, vnd sowohl dem Haupt als Gliedern, gebilliget vnd eingegangen werden möchten, Inmaßen dann der herr GeneralLeutenant hierienen seinen eüsersten vleiß anzuwenden nicht vnterlaßen wirdt. Solte aber in alles nicht zu erheben seyn, werden zwar auff dem euserſten fall, vnd allgemeiner Ruhe willen, Seine Churfl. Durchl. thun, was zu thun möglich, auch Ehren vnd Gewissens halben kegen GOTT vnd der werthen Posteritet verantworttlichen. Weil aber solche Puncten dieselbe nicht allein, sondern die sämptlichen Evangelischen Stände concerniren, halten Sie für rathsamb, wann Ire Fürstl. G. der Herzog zu Fridlandt ꝛc. etwas difficultiren würde, daß Seine Churfl. Durchl. deßen auff der angelegten Post eilends berichtet werde, als dann Sie sich nach befindung ferner erkleren, vnd resolviren wolten.

VIII. Vnd nachdem Seiner Churfl. Durchl. intention dahin gerichtet, dem heiligen Römischen Reich den lieben Friede wieder zu bringen, vnd die grausame Krigsflamm darinnen zu dämpffen, Wünschen Sie nichts mehrers, als das alles durch friedliche, freundliche, güttliche vnd schiedliche wege beygeleget werden köndte, vnd kein Theil zu ergreiffung des Edlen Friedens durch die Waffen (daraus gar leicht ein neuer Kriegk entstehen köndte) getrungen werden dürfte. Würde aber, do ein Christlicher vnd Erbarer Friede geschlossen, sich Jemand finden, so solchen nicht eingehen, sondern noch grössere vnd weitere Vnruhe im Römischen Reich erwecken woltte, werden Ihre Churfl. Durchl. kein dienliches Mittel, denselben hirvon abzuhalten, vnterlaßen, vnd hierinnen gerne treulich mit cooperiren helffen.

IX. Doch köndte Ihre Churfl. Durchl. wann es gleich zu einer zusammensezung oder beytrettung kommen solte, das Commando vber dero Armée nicht aus handen geben, oder einem Frembden einreumen.

X. Gebe GOTT Glück, daß alles zu Seiner Churfl. Durchl. vnd der andern Evangelischen vnnd Protestirenden Stände gutem Contento seine richtigkeit erlangte, Müste bey den Catholischen die approbation des Schlusses zuerst begehret werden, dann wann solches nicht vorher erfolgete, hette mann kein fundament inn die Evangelischen vnd Protestirenden Stände zu tringen.

XI. Do Ire Churfl. Durchl. zu Sachssen &c. die Tractaten mit dem Herzog zu Friedlandt allein antretten solten, müsten Sie desto behutsamer verfahren, vnd mit dem Schluße sich nicht übereilen, Dahero wol der sicherste Wegk seyn würde, daß mann für allen Dingen des Herzogs zu Friedlandt eigentliche Intention, Vnd ob auff die bewusten Puncta er zu tractiren, auch wie weit derselbe einen vnd den andern Punct inn Vollmacht einzuwilligen gemeinet, vernehme, Alßdann wolten sich Ire Churfl. Durchl. nach befindung ferner dergestaldt erkleren, daß Ihr friedliebendes Gemüth genugsamb daraus zu verspüren sein solte.

XII. Weil der Zwölffte Punct vor Krigserfahrne gehöret, wirdt der herr GeneralLeutenant Seiner Churfl. Durchl. vernünfftiges Bedencken vnterthenigst eröffnen, ob die Vereinigung beeder Arméen, wann zuvorn ein gewisser Schluß gemacht, vnd eine richtige Vergleichung getroffen, zu rathen, vnd was darbey für praecautiones inn obacht zu nehmen, Alßdann wollen sich Seine Churfl. Durchl. ferner hierauff resolviren.

XIII. Wie bey dem Achten Punct gedacht, wünschen Seine Churfl. Durchl. daß der Kriegk gänzlichen auffgehoben werden möchte, Dahero Sie nicht gerne wolten, daß im Römischen Reich weitere KrigsEmpörungen erwecket, noch Seiner Churfl. Durchl. Churfürstenthumb vnd Landen mehr Verderbligkeit zu gezogen werde. Do mann aber im Hauptwerck einig, würde sich pro re nata hierinnen auch wohl eine resolution finden.

XIV. Wenn ein allgemeiner Fried, vermittelst des herrn Generalissimi Cooperation im heiligen Römischen Reich auffgerichtet vnd wol bevestiget würde, köndten von Sr. Churfl. Durchl. Irer Fürstl. G. eine billiche rechtmeßige Recompens wol gegönnet, Es müste aber dieselbe ad terminos honestatis et possibilitatis reducirt werden vnd also beschaffen seyn, daß Sie kegen dem heiligen Reich vnd der Posterität verantworttlich, vnd den Evangelischen vnd Protestirenden Churfürsten vnd Ständen vnabbrüchig vnd vnnachteilig.

Welches Seine Churfl. Durchl. dero herrn GeneralLeutenanten zur gnedigsten Antwortt, auff die von Ihme vberreichte Puncta, vermelden wollen, Vnd seind demselben mitt Churfürstlichen gnaden wolgewogen.

Signatum Dreßden am 3. Februarij Anno 1634.

Des herrn Gen. Leutenants Arnimbs fernere Erinnerung in ezlichen Puncten.

Vbergeben am 4. Febr. 1634.

1. Dieweil S. Cuhrfl. D. gedancken dahin gehen, daß ohne der h. Catholischen Volmacht nicht zu tractiren, halte Ich vnvorgreiflichen davohr, so muste man sich deßen ehe hingeschicket erkundigen, den wen man alßdan zuhr stelle dorin scrupuliren wollte, wurde es nuhr allerhandt offension gebehren,

2. Dieweil es so Wichtige sache, darauff wie S. Cuhrfl. D. hochvernunftig Selbst bekennen, die wolfart des h. Rom. Reichs beruhet, dahero mit großer Vohrsichtigkeit darin zu verfahren, dieselbe sich auch schwehrlichen bey einem menschen befinden, Ich auch bevorab meine geringschetzigkeit darin gern bekenne, woltte wol die Zuordenung eines von ihr D. Rahts vnd also die resolvirung dieses puncta von noten sein.

3. Dieses were Zwahr eine vnnotige frage von mihr gewesen, Wan Ich nicht auff des Herzogen zu Fridelandt persohn vnd humeur gesehen, Wan darauf zubestehn verbleibt es billig dabei,

4. Hierin habe Ich darauff gezilet, wan die Volmacht so enge Verschrencket, daß man sehe die conditiones bey ihr Kay. May. nicht zuerheben, Ihr f. g. herr Generalissimus sich aber solche Einzugehen bemechtigen vnd zubehaubten verbinden woltte, ob solches nicht zu acceptiren, denn da dieser punct so stricte zu obseruiren, hette Ich meines teiles wol geringe hoffnung zum friden,

5. Hirein ist dises mein absehen, wan der Herzog zu Fridelandt sich die authoritet zu tractiren nehmen, oder gewißer puncta halben mit Ihr Cuhrfl. D. vereiniget, vnd solche nebenst den Evangelischen, wider

alle so sich denen wiederlegen zu behaubten verobligiren woltte, ob solche von ihme an zunehmen.

6. Bei dieser resolution habe Ich meines teiles nichts zuerinnern, sondern ist vohr hochloeblichen dieselbe zu achten vnd zu wunschen, daß nuhr bey allen solches Christliches Vohrhaben sich erzeugen mochte, Wan aber der Herzog zu Fridelandt auf solche gedancken gefallen, vnd zubeforchten, wan man ihn ganz damit abwiese, daß er sich an Franckreich vnd Schweden hangen mochte, so wehre hirein gemeßener befelig hochnotigk, Ob man sich bemuhen soltte, ihn auff einen beßern wegk zu fuhren, damit man nicht neue suspicion auff sich lude, vnd Ihr Cuhrfl. D. gantz Entblösete,

7. Es ist S. Cuhrfl. D. bekant, Wie hart der Herzog zu Fridelandt nicht alleine in die tractaten dringet, sondern auch zum schluß Eilet, so ist es S. Cuhrfl. D. hirmit heimgestellet, Ob sie in den schwersten puncten, dorein man sich befurchtet, es anstehen mocht, wie weit solche zu moderiren Erkleren wolte, damit durch den vielen hin vnd wieder schicken Er zu keiner vngedultt bewogen,

8. Daß S. Cuhrfl. D. daß ienige waß geschloßen zubehaubten, vnd darin dem Herzog zu Fridelandt zu assistiren sich anerbeut, wil woll aufgenommen werden, Wirdt auch propter commune periculum hochnötigk sein,

9. Des Commando halben, Verstehe Ich also, wan ohne ihr Cuhrfl. D. kegenwart, die armee beysahmen, Ob die ienigen, so dabei, ihme den h. Generalissimo alß dan obediren soltten, den Er wurde nicht gerne eine Compotentz leiden,

10. Dieses woltte woll der sicherste wegk sein, dieweil aber den Catholschen eben die consideration, So E. Cuhrfl. D. hochvernunftig angezogen, beywohnen wirdt, so muste gleichwoll hirein ein Medium gefunden werden, welches bey keinem teyll stracks zu anfangs, nicht ein schedtliche suspicion gebehren mochte,

11. Wie S. Cuhrfl. D. es bey disem puncte gefelligk, muß es billig dabei verbleiben,

12. Diesen punct verstehe Ich also, Wan der Herzogk zu Fridelandt, Im fall der schluß des fridens so geschwinde nicht konte gemacht werden, die vereinigung der Armeen auff die Weiße Wie ers vohrmalen begehret, suchete, Ob man sich nochmalen so generaliter mit ihme einzulassen, oder alles biß zu gentzlicher hinlegung der sachen, außschlagen soltte,

13. Hirein seind billig des Herzogs zur Fridelandt gedancken, erstlichen zuvohrnehmen, vnd S. Cuhrfl. D. vnterthenigst zuberichten, vnd derselben resolution altz dan darauff ferner zu erwarten,

14. Es wirdt zwahr Ihre fl. g. der Herzog zu fridelandt. daran

nicht zweifeln, Wan durch seine bemuhung daß H. Rom. Reich in ruhe gesetzt, Daß E. Cuhrfürstl. Durchl. ihme ein billige recompens woll gonnen werden, Sondern wißen wollen Ob E. Cuhrfl. Durchl. ihme auch dazue wollen behulflichen sein.

dat. Dreßden den 5. Febr. 1634.

Des Durchleuchtigsten Churfürstens zu Sachssen vnd Burggraffens zu Magdeburgk rc. Resolution vff des herrn GeneralLeutenants Hanns Georgens von Arnimb rc. anderweit vberreichte wolmeinende Erinnerungs-Puncta.

Auff den 1. Punct.

Sehr gut, nüzlich vnd nöthig were es wol, do der herren Catholischen Stände Vollmacht bey der handt, Dieweil aber daran nicht ohne vrsach gezweiffelt wirdt, müße die Handlung vnd künfftiger Schluß vff der Catholischen Stände Ratification gestellet, des Herzogs zu Fridlandt Fürstl. G. auch ersucht werden, zuversprechen, daß binnen einer gewissen Zeit dieselbe eingeschafft vnd zu wege gebracht werden solte.

Auff den 2. Punct.

Seine Churfl. Durchl. halten sich versichert, der herr GeneralLeutenant werde zu den vorstehenden Tractaten keiner adjunction bedürffen, Seine vornehme Qualiteten, Geschicklikeit vnd rühmliche Experienz seind bekandt, vnd wissen Jhn dieser Sach, vnd Sr. Churfl. Dhl. also affectioniret, daß er nichts einreumen wirdt, darauß der wahren Evangelischen Kirch, dem Römischen Reich, vnd Sr. Churfl. Durchl. vnd dero Landen vnd Leuten einiger Nachtheil erwachsen köndte, Laßen es derwegen bey voriger Resolution nochmals gnedigst bewenden, vnd haben das gnedigste Vertrauen zum herren GeneralLeutenanten, er werde diese Mühewaltung aus vorigen angeführten Vrsachen allein guttwillig vber sich nehmen.

Auff den 3. Punct.

Seine Churfl. Dhr. sehen nicht, warumb des Herzogs zu Fridlandt Fürstl. G. empfinden solte, wann gebethen würde, die Keyserliche Plenipotenz fürzulegen, Dann Herzog Franz Julii Fürstl. G. inn vnlengst vberreichten Memorial attestirt, daß die Röm. Key. Mait. dem herrn

Generalissimo zu dieser handlung Plenipotenz vnd Vollmacht allergnedigst auffgetragen. Darumb werden Ire Fürstl. G. dieselbe ohne einig Bedencken gerne exhibiren vnd vorlegen, vnd Ir nicht laßen zu wieder seyn, daß der herr General Leutenant darvon vidimirte Abschrifft nehmen müge.

Auff den 4. Punct.

Weil die Röm. Key. Mait. Irer Churfl. D. frey stelleten, mit des herrn Generalissimi F. G. biß vff dero ratification schliessen zu laßen, vermeinten Sie, wann er den Schluß vff den scopum, auff welchen Ire Churfl. Durchl. zu Sachssen ꝛc. dero Absehen iederzeit gehabt und noch hetten, richten, vnd solchen Schluß alßdann behaupten wolte, es soltte dieses nicht auszuschlagen seyn.

Auff den 5. Punct.

Wann die Puncta zu Irer Churfl. Durchl. vnd der ganzen Evangelischen Parthey bestem gereichten, vnd der herr Generalissimus wolte biß vff der Key. Mt. Ratification schließen, die Conclusa auch gegen dieienigen, so sich wiederlegten, behaupten, Achten Seine Churfl. Durchl. darfür, daß solches acceptiret werden köndte.

Auff den 6. Punct.

Seine Churfl. Durchl. lassen Ihr gefallen, daß der herr General-Leutenant vff den in diesem Punct exprimirten fall sich alles vleißes bemühe, vnd ihm angelegen seyn lasse, Seine Fürstl. G. vff einen bessern wegk zu führen.

Auff den 7. Punct.

Weil Seine Churfl. Durchl. noch zur Zeit nicht wissen kan, was an den auffgesezten Puncten des Herzogs zu Fridlandt Fürstl. G. belieben oder difficultiren möchte, Weren Seine Churfl. Durchl. der Gedancken, es köndte Ihre Excell. der herr GeneralLeutenant, mit Sr. Fürstl. G. dem herrn Generalissimo, von Puncten zu Puncten gehen, vnd dieselben ingesampt zu erhalten sich bestes vleißes bemühen, Do aber bey etlichen angestanden werden solte, Seiner Churfl. Durchl. also fort vff einmahl, welche gewilliget, vnd worbey etwas erinnert, auff der angelegten Post vnterthenigsten Bericht einschicken, So were Seine Churfl.

Durchl. des gnedigsten Erbiethens, sich also zu resolviren, daß die Tractaten darumb nicht solten removiret vnd auffgehalten, weniger zu vielen hin vnd wiederschicken, zu Ihrer Fürstl. G. verdruß, anlaß gegeben werden,

Auff den 8. Punct.

Zum fall mit dem herrn Generalissimo vber die wegen Seiner Churfl. Dhl. übergebene Puncta, mit Seiner Churfl. Dhl. beliebung ein Schluß gemacht werden wirdt, wollen Sr. Churfl. Durchl. sich bemühen, den Schluß in seine krafft vnd würcklichkeit bringen zuhelffen.

Auff den 9. Punct.

Welcher maßen Seine Churfl. Durchl. sich des Commando halber mit der abgeleibten Königl. W. in Schweden glorwürdigsten andenckens vereiniget, Also werden sich Seine Churfl. Dhl. hierinnen gegen Ihre Fürstl. Gn. dem Herzog zu Fridlandt, wann es zum Schluß kommen, vnd alles richtig, zuerzeigen vnd zubequehmen wißen.

Auff den 10. Punct.

Wann die Key. Mait. der Herzog zu Friedlandt dahin disponiret, daß Sie den Schluß ratificiret, wirdt ein vnd der andere Theil, desto ehe zu bewegen sein, sich dem Schluß zu accomodiren.

Auff den 11. Punct.

Seine Churfl. Durchl. haltens darvor, daß Ihr der Schluß zuuorher vff der angeordneten Post zu vbersenden vnd der herr Generalissimus dahin zu disponiren, Ihme einen kleinen verzugk in einer so hochwichtigen sache nicht zu wieder sein zulaßen.

Auff den 12. Punct.

Keine vereinigung vnd conjunction der Arméen wirdt geschehen können, es sey dann erst der Fried gemacht, vnd etwas gewisses vnnd bestendiges geschlossen, vnd werden Seine Churfl. Durchl. sich alßdann darüber ferner, mit dero Generalen vnd Obersten vernehmen.

Auff den 13. Punct.

Seine Churfl. Durchl. seind der meinung, es könte dieser Punct differirt werden, vnd daß am rathsambsten sey zuuorn zuerwartten, wie die Friedenstractaten ablauffen werden.

Auff den 14. Punct.

Seine Churfl. Durchl. wollen erst gewertig sein, was der Herzog zu Fridland vff Ihrer Churfl. Durchl. Postulata der begehrten satisfaction wegen der Keyserlichen richtigen gestandenen, vnd versicherten Schuldforderung vnd sonsten sich resolviren werde, vnd sollen hierauff Seiner Churfl. Dhl. Forderungspuncta specificirt worden. Wird sich nun Ire F. gn. wol resolviren, werden auch Seine Churfl. Durchl. wiederumb sich zu demienigen, so Christlich, erbar, billich, ihren Mitglaubensgenoßen vnschädlich, thunlich vnd verantwortlich, willig erfinden laßen. Doch müsten Sie vor allen Dingen wißen, was dann Ihre Fürstl. Gn. vor eine recompens begehrten. Signatum Dreßden den 5. Februarij Anno c. 1634.

# III.

## Aus den spanischen Papieren in Brüssel.

### 1.

### Relacion dada al conde de Oñate por fray Diego de Cuiroja del viaje que ha hecho á Bohemia, en enero de 1634.

(Para embiar al S. Infante.)

En execucion de las órdenes de V. E., llegué á Pilzen, jueves 5 deste, á medio dia. El mismo, á la tarde, tube audienzia del duque general, á quíen hallé en la cama algo indispuesto: díle la carta del Emperador, y, en conformidad della y de las instruciones de V. E., le encarecí mucho la importanzia y necessidad de haver de passar la Alteza del S^r Cardenal á Flandes con la mayor brevedad possible. Hízele dueño del como, quando y por donde, assegurando que el disponerlo y facilitarlo seria uno de los mayores servicios y que mas estimaria el Rey nuestro señor, y con que mas le podria obligar. Apuntéle lo que cerca dello aquí se havia discurrido sobre lo que el s^or Duque de Feria havia propuesto, subordonándolo todo á su parezer y elecion, por la mucha satisfacion que S. M. y sus ministros tienen dél, y la confianza que hazen del buen zelo que siempre ha mostrado al servicio de S. M., á quien debe toda buena corespondenzia, por lo que S. M. hasta aquí ha procurado continuar con él, y por lo que siempre ha inclinado à sus mayores aumentos y grandeza: de que le podria yo hazer fee jurada, por lo que en encarecidas cartas de S. M. havia visto en muchas ocassiones, anssí escritas á mi como á otros ministros.

Despues de haverme oydo con atencion, y respondido con corteses cumplimientos á la confianza que dél se hazia, y satisfacion que se mostrava tener de su buen zelo en lo tocante á la materia, confessó con mucha ponderacion la importanzia y necessidad de la yda de S. A. con la mayor brevedad posible; pero, en lo tocante al como y por donde, me propusso de repente muchas difficultades, á su parecer insuperables. Procuré revencérselas todas, lo mejor que pude, no dándome por combencido de ninguna; y despues de haver dado y tomado gran rato en el casso, viendo que no daba nada de sí, al cavo dixe con muestra de sentimiento: „Al fin el Rey mi señor tiene poco ó nada que esperar de lo de por acá en ningun tiempo, pues en todos y en quanto se le offreciere, es fuerça de haverse de topar con difficultades de consideracion, y no tratando de atropellar por ninguna, es fuerça haver de dar la negativa á quanto de parte de S. M. se pretendiere."

Con esto me quedé mesurado, dando á entender en el semblante mi mucho sentimíento y poca satisfacion con que quedava de la plática, sin haver querido entrar yo en ninguna de muchas que él procuró introduzir. Y advirtiéndolo el duque, resolvió para el dia siguiente la ressolucion, diziendo que pensaria mejor en ello, y lo consultaria con el maesse de campó, general Hilo, y con el teniente-coronel de Aldringuer, que se hallava allí. Advertile que la consulta era peligrosa, por el secreto que se requeria; respondióme que les propondria solamente la marcha de cavallería, en este tiempo, para jornada larga, sin dezir á donde ni á que. Con esto, á cabo de tres oras, me despedí, dexándole, á mi parecer, algo confusso.

El dia siguiente, y el otro despues, le hallé afirmado en las mismas difficultades, dándome por última respuesta que yo las propusiesse al Emperador, y como él, en conssideracion dellas, hallara por impraticable por aora la jornada, en el modo y por donde se le proponia; que su parecer era que S. A. dilatase su viaje hasta pasada pasqua, y que para entonces se concertase con el conde Phelippe de Mansfelt (que se halla aora en Viena y va á governar las armas cesareas hacia las partes del Vezer, Saxonia inferior y Vesfalia), que, con las tropas de cavallería que pudiere, pase de repente á Lucemburc, y juntándose con algunas de Flandes atraviesen la Lorena, y entendiéndose con S. A. el s^or^ cardenal infante, vengan á encontrarse en los confines de Alsacia, hacia donde podrá S. A. acertare con las tropas del cargo de Aldringuer y con las mas que S. A. pudiere juntar. Esto le parece lo mas seguro y praticable, y en que se podrán facilmente superar las difficultades que se offrescieren.

Las que me propuso para lo demas fueron: primeramente, quanto al camino por Franconia, desde Egra á Colonia averse de atravesar mas de cien leguas todo per pays de enemigos, donde no tenemos ni una sola plaça, y no pudiendo la cavallería hazer en este tiempo de quando mucho dos leguas y media al dia, seria largo el viaje, y tendrian los enemigos que están por aquella parte, lugar para poder á su salvo, juntándose de los presidios y quarteles, dar de refresco sobre los nuestros, que cansados y en número mucho menor del que ellos pueden con facilidad juntar, irian expuestos á una rota; y S. A. no poderse retirar ni donde acoxerse; y dado casso que por gran suerte pudiese pasar S. A. hasta Colonia con la cavallería, sin dar lugar á que el enemigo pudiese salir al paso, la vuelta por lo menos seria del todo imposible, particularmente haviendo de bolver de necessidad tan desecha que quiça no seria la mitad, y essa cansada de tan largo viaje, en tal tiempo y sin reposso: ansí que por estas y otras consideraciones semejantes tiene por intratable la plática de aquel camino.

Quanto al de Alsacia, de modo que lo proponia el duque de Feria, dice el general que le tuviera por mas seguro, y praticable desde luego, si la cavallería se hallara acia aquellas partes, pero que, havieudo de caminar desde los quarteles donde se halla hasta Brisac mas de cien leguas por la buelta que han de yr dando respecto á aber de vaxar á pasar el Danubio por Pasau, y en tiempo tan riguroso y por pais de los de mayores inclemencias de Alemania, tiene por impossibile que llegase allá la mitad, y essa tan destroçada que en muchos dias no podrá S. A. servirse della: con que se hallaria en mal pasaje.

Demas desto, dize que los enemigos que están hazia aquellas partes y riveras del Danubio pueden facilmente juntar doze ó catorze mil cavallos, con que saliendo al passo, á esta cavallería seria difficultosso escapársele, y mas haviendo los enemigos de caminar poco, y pudiendo ser muy presto avissados. A todo lo dicho añade que, sacándose de su armada seis mil cavallos effectivos, no le quedarian dos mil arriva en ella (estando tan lexos Galasso con tantas tropas): con que quedarian los quarteles de la infantería á poligro de ser rotos, y de entrar los enemigos á alojarse en Bohemia, y hazer en ella y en los demas paises hereditarios grandes daños.

En consideracion destas difficultades funda su parezer, Subordinado á lo que el Emperador determinare, despues de haverlo bien considerado: y esto me repitió algunas vezes. Con que me despedí dél, el savado á la noche, y me partí el domingo al amanescer, con poco crédito en la resignacion que hazia de su parezer, sujetándole á lo que el Emperador determinase, si ya no fuesse en caso que con affecto él dexasse el cargo y se retirase del todo, como aquellos tres dias me havia dado á entender con atestadas exageraciones. Que es quanto se me offrece tocante á mi comission.

Guarde Dios á V. E. como desseo. De La Celda, 16 de enero 1634.

---

2.

**Copia de carta del conde de Oñate, escrita á S. M. en 21 de hebrero 1634.**

(Para embiar al S. Infante-Cardenal.)

Señor, El Emperador ha resuelto de yr en persona á Budbais, y la instancia del S^or^ rey de Ungria ha sido tanta para yrle acompañando, que al fin ha venido en ello, y mañana parte el conde de Trautmenstorff á abocarse con el cardenal de Estrigonia y palatino de Ungria, para ver si se puede dilatar la dicta de aquel reyno (que se havia de començar á los primeros del mes que biene), ó bien yrla á tener, en nombre del Emperador, el S^or^ archiduque Leopoldo.

El señor Rey y Reyna, de órden de S. M. Cessarea, me han apretado, mas de lo que yo sabré decir, sobre que socoriese al Emperador, con lo mas que pudiese, para ayuda á dar una paga al exército, que hacen cuenta montará un millon de florines. Y como el duque de Fridlant se halla con dinero, y hará lo estremo para atraer á si la mayor parte del exército; si me hallara sin caudal, no dejará de hazer algun socorro considerable; faltándome los medios. Los que se toman para suplir á esta necesidad son 200 mil florines, que yo he retenido algunas semanas, resistiendo á varias inportunaciones, y aun quejas, que ha havido para sacármelos, despacharáse á Nápoles, con órdenes para que el feudo de Ponblin se dé á los Apianos, si dieren prontamente el dinero, y sino al príncipe de Venosa, y que se remita luego luego el dinero. Y porque alegavan estar todo consignado, offreci de dar yo los 60 mil florines que me havia consignado el Emperador en esta partida, para que con este exemplo se pudiese apretar á los demas asignatarios, para que hagan lo mismo. El Emperador lo ha acetado, y mostrado agradecer: y sobre este effecto se buscará aquí todo el dinero que se pudiere hallar.

Señor, la ocasion no puede ser mas apretada, pues es cierto que sino se hubieran cortado los pasos á Fridlant, por lo menos hechará al emperador de Alemania en todo el mes que viene, y si agora pudiere obtener que le siga parte considerable del exército, le hará mas estimado de los enemigos, y se harán mayores sus fuerzas, con deminucion de las del Emperador que tanto necesitavan de aumentarse. Para suplir esto, no pueden llegar á tiempo las provisiones y órdenes que V. M. mandare hazer sobre este despacho; mas como no puedo yo saver lo en que habré de empeñar la real authoridad y crédito de V. M., para reparar que no se caiga todo, y como tras esta ocasion viene inmediatamente la de disponer este exército para la campaña que viene, me ha obligado á suplicar á V. M., con la instancia que pide su mayor servicio, se sirva de mandar se acuda á esto con el esfuerzo estraordinario que pide la necesidad. Y V. M. no estrañe el pedir ahora aun mayores sumas de las que digo en este despacho, pues, como sobrevienen acidentes tales y tan inpensados, con ellos crece el aprieto y la necessidad: y assí es forzoso representarlo á V. M., para que con su real grandeza lo ampare, pues es cierto que despues de la misericordia de Dios no ay otro en el mundo.

Nuestro Señor guarde la Real y Cessarea persona de V. M. muchos años, como la christiandad ha menester y sus criados deseamos. Viena, à 21 de hebrero 1634.

---

## 3.

## Carta del conde de Oñate al Cardenal-Infante de 21 de hebrero 1634.

Serenísimo Señor, en todos mis despachos he avisado á V. A. lo que aquí se ha ydo juzgando y sospechando de las acciones y intentos del duque de Fritlant, y particularmente de la plática que hizo á los officiales del exército, quando el Emperador le mandó bolviesse á socorrer al duque de Baviera, dándoles con ella motivo para escrivir á S. M. Cessarea: lo que entonces avisé á V. A. En la junta que despues hizo en Pilsen, descubrió mas su dañada intencion, porque, si bien la combocó con pretexto de querer renunciar el generalato de las armas, ya tenia dispuestos la mayor parte de los cavos y officiales á instár en que no las dexase, protestando y prometiéndole de no querer admitir otro general: á lo qual quiso que se obligasen por escrito, y llegó esto á tanta declaracion que no quisso consentir en el papel una claúsula en que reservavan que esta promessa se havia de entender en servicio de S. M. Cessarea, y assí la mandó borrar. Y huvo sobre ello grandes debates, por la instancia que algunos hizieron en que no se omitiese esta claúsula; pero finalmente lo firmaron sin ella en un gran banquete que se hizo en casa del coronel Lilo, á quien havia cometido esta negociacion.

Poco antes desto, me havian hecho honrra algunos de los principales cavos del exército del Emperador de fiar de mí el secreto de lo que havia de passar en esta junta, y de las maquinaciones que traya Fritlant en deservicio de S. M. Cessarea, para que yo le desengañase y se procurase encaminar el remedio. Y assí por mi medio lo vino á entender todo S. M. Cessarea, y á saver con evidencia la infidelidad con que procedió en los trutados del verano passado, que todos yvan endereçados á los fines y intereses particulares del duque, y á irreparable daño y deservicio del Emperador, que tenia tratados con la corona de Francia, y ya señalado personas para embiar á Roma y á otros potentados de Italia á disponer una comocion universal contra la casa de Austria; que llamava á Arnheim y Francisco Alberto de Saxonia con yntento de concluyr la paz con los dos electores de Saxonia y Brandenburg, haciéndoles qualesquier partidos, á trueque dé que le diessen sus armas, para con ellas, y las que tiene, hazerse elegir rey de Bohemia, obligar el Emperador á salir de Alemania, y en summa fundar su fortuna y grandeza sobre la ruyna de S. M. Cessarea y depression de la casa de Austria.

Huvo despues avisos de diferentes partes, y yo los tuve de Bohemia y Saxonia, correspondientes á este: y assí desengañado el Emperador de lo que podia fiar del duque, y temiendo lo que podria concluyr ó declarar en la segunda junta que havia combocado de los cavos, por haverse de hallar tambien en ella los comissarios del enemigo, despues de haverlo consultado en una juntilla en que me mandó intervenir, embió órden secreta á los cavos fieles para que, con ocassion de yr á la junta, le procurasen prender á él y á algunas pocas personas sus mas confidentes, para oyrle y hacerle su processo sobre los cargos que sele imputavan; embiando al mismo tiempo órden para la forma del govierno del exército, hasta que se dispusiese otra cossa. Y aunque los cavos lo han procurado executar, no se ha podido executar, por haver el duque de Fritlant en este ynterin mudado la guarnicion de Pilsen, introduciendo en la plaza y su contorno gente y officiales de quienes tiene toda confiança.

Estando las cossas en este estado, se offrezian dos medios: uno el de la dissimulacion, y el otro juntar el Emperador sus fuerças, separando los fieles á su servicio de los que no lo son. El primero no huvo lugar, saviéndose de cierto que Fritlant caminava muy á prissa, y que con mucha brevedad queria yr á Praga, y venir aquí á executar su dañada intencion: con lo qual forçosamente se huvo de seguir el segundo, si bien se anteven los daños, y menoscavo del exército que necesariamente sucederá, y los grandes peligros á que se espone todo. Y assí se resolvieron los cavos á apartarse dél, saliendo de Pilsen con diferentes pretextos: y por mandado del Emperador se an dado órdenes en todas partes, declarando que S. M. le ha quitado el cargo, para que los coroneles no le obedezan de aquí adelante; y que respetivamente á las provincias donde estuvieren alojados, estén á órden de los condes Galasso, don Baltassar Marradas, Aldringuer, Picolomini y Coloredo, hasta otra dispossicion. Todos estos hazen officios y diligencias para confirmar los officiales y soldadesca en la fidelidad y servicio del Emperador. Y de quien mas se puede temer es del conde Tersca, cuñado del duque de Fritlant, por los muchos regimientos de cavallería que tiene, y tambien de la gente que pudiere descaminar Lilo, porque estos dos son muy confidentes y declurados por suyos: si bien todavía so espera negociar algo por medio de sus tenientes coroneles, con quienes tambien se hazen diligencias. No obstante todo lo qual es de temer que, por poca gente que quede con Fritlant, quedará harto descompuesto el exército del Emperador, y que, si se dexa lugar al duque para dar órden á sus cossas y ajustarlas con los enemigos, sin duda pondrá las del Emperador en gran aprieto.

Ha venido el conde Aldrínguer para consultar y tomar órden de lo que en este frangente se ha de hazer. El Emperador ha resuelto que las tropas que havian venido á los alojamientos se buelvan á encaminar todas la buelta de Pilsen y de acercarse á Bohemia. Procura seguirle S. M. Cessarea en persona, y el S^or^ rey de Ungria, para alentar y confirmar los fieles en su devocion, procurar reducir los que aun no se huvieren declarado, intentar contra el duque de Fritlant lo que se pudiere para apagar esta llama en su principio, ó resistir con tiempo á lo que él con ayuda de los enemigos quisiere intentar ó emprender.

Esta es hasta ahora la determinacion del Emperador, de que me embió luego á dar quenta. Háme parecido darla á V. A. con correo expresso, para que, viendo el aprieto y último peligro á que todo queda expuesto, se sirva de mandar acudir y asistir á estas cossas, en conformidad de lo que en otras cartas deste despacho represento y supplico á V. A., cuya Real persona guarde Nuestro Señor muchos años, como sus criados desseamos. Viena, á 21 de hebrero 1634.

Serenísimo Señor,

Besa los pies de V. A.
El Conde de Oñate.

---

4.

## Relacion de la muerte de Walenstein y de sus sequaces.

Cuando Walenstain se retiró de Pilsen, gobernara á la saçon en Egra el theniente-coronel Cordon de nacion Escocés, que era uno de los del conde Tersca á quien Walenstain havia dado, pocos dias antes, un regimiento, y órden para yr á tomar la possesion; pero poco despues la tuvo de no partir de Egra; de cuyo presidio era sergente mayor un cavallero irlandés, llámado Lessele, á quien el Walenstain embió á llamar á Pilsen, pero en el camino le encontró que se yva retirando. El pretexto con que cubrió su retirada con estos cavos, fué decirles que, haviendo el rey de Ungria querido salir en campaña y mandar las armas contra el gusto de su padre, se havia dividido el exército en dos parcialidades, y que él sustentava la del Emperador, exhortándolos á quedar constantes en su séguito y obediencia: y como estos officiales no tenian aun avisso de la traycion de Walenstain, ni de haverle S. M. Cessarea quitado el generalato, le bolbieron á assegurar de su fidelidad en el servicio de S. M. Cessarea, y le valió esta treta para que le admitiessen en la plaça sin escrúpulo, si bien le costó despues la vida.

Los discursos que luego tuvo, con quejas del mal tratamiento que recivia del Emperador, y ostentacion del poder y hacienda que tenia para levantar y sustentar un exército independiente de nadie, hicieron reparar mucho en estos officiales: pero despues quedaron mototalmente desengañados, quando Walenstain, para alentar y moverlos mas á seguir su fortuna, les mostró par una carta del duque Francisco Alberto de Saxonia que el de Weymar juntava su gente para venirle á socorrer. Conocido su intento y traycion, consultaron los dos officiales referidos, y otro llamado Putler, de la misma nacion, la forma en que se havian de gobernar en este frangente, y despues de considerado por una parte la traycion á que los queria persuadir (en que ellos no havian de consentir), y por otra la difficultad y peligro que tenio el tratar de prender á Walenstain y á los confidentes que llevava consigo, por estar ya tan zerca el enemigo, resolvieron el darles muerte, para librarse ellos de la traycion á que los querio apremiar, y cortar con esto el hilo á quanto havia tramado en desservicio del Emperador. Para ponerlo en execucion, convidó el Cordon á zenar en el castillo á los condes Tersca y Quinsqui y al maesse de campo Lilo, juntamente con el sargente mayor Lessele y Putler, donde al tiempo de los postres entró un capitan de la misma nacion con algunos pocos soldados, con el nombre que tenia concertado á dar la muerte á estos sequazes de Walenstain: como se hizo. Y poco despues se executó, en la ciudad, lo mismo contra Walenstain en su alojamiento, donde le atravesó un capitan con una partesana, diciéndole primero la caussa de su muerte, sin que él respondiesse palabra: ni en el lugar aya havido rumor ni alteracion por esta caussa.

Este es el fin que ha dado la tragicomedia deste prodigio. Y poco despues fué tambien presso Francisco Alberto de Saxonia, que, ygnorando lo que havia passado, venia abocarse con él.